만주란
무엇이
었는가

지은이

나카미 다사오中見立夫／고미네 가즈오小峰和夫／유효종劉孝鐘／야스토미 아유무安富步／야마모토 유조山本有造／니시자와 야스히코西沢泰彦／이상철李相哲／니시하라 가즈미西原和海／까오위엔高媛／이지마 와타루飯島涉／마쓰모토 도시로松本俊郎／가와사키 겐코川崎賢子／와다 히로부미和田博文／야마구치 다케시山口猛／이누쓰카 야스히로大塚康博／이자와 고타로飯沢耕太郎／니시노미야 고西宮紘／하라다 가쓰마사原田勝正／고바야시 히데오小林英夫／스기타 노조무杉田望／모야 마리아 티 로스 앙헤레스Moya Maria de los Angeles／뤼위엔밍呂元明／천띠陳隄／리우후이쥬엔劉慧娟／쉬치엔徐謙／기시 요코岸陽子／미와 기미타다三輪公忠／와다 하루키和田春樹／얀소레키Jan J. Solecki／후흐바토르呼和巴特爾／김찬정金贊汀／쓰루시마 세쓰레鶴嶋雪嶺／도미나가 다카코富永孝子／아라라기 신조蘭信三／다카하시 유키하루高橋幸春／노자와 도시히코能沢嘉彦／기자키 사토코木崎さと子／베쓰야쿠 미노루別役實／쟝신펑張鑫鳳／하네다 스미코羽田澄子／왕인王音／김수봉金壽奉

옮긴이

박선영(朴宣泠, Sunyoung Park)은 포항공대 인문사회학부에서 중국 근현대사와 일본 근현대사를 가르치고 있다. 1965년생으로 덕성여자대학교 사학과를 졸업하고, 대만국립사범대학교 역사연구소에서 석사학위를, 남경대학 역사과에서 중국 근현대사(동아시아 근현대사)로 박사학위를 받았다. 동경대학 동양문화연구소, 오차노미즈대학, 그리고 하버드 옌칭연구소에서 연구를 수행하였다. 대표 논저로『東北抗日義勇軍』(저서, 1998),『중일문제의 진상』(역서, 우수 학술 도서, 2009),「국민국가 경계 민족─근대 중국의 국경의식을 통해 본 국민국가 형성과 과제」(2003),「중화인민공화국의 판도 형성과 신강─신강의 특수성과 신강생산건설병단의 국내외적 도전」(2006) 등이 있다.

만주란 무엇이었는가

초판 인쇄 2013년 3월 2일 **초판 발행** 2013년 3월 10일
지은이 나카미 다사오 외 **옮긴이** 박선영 **펴낸이** 박성모 **펴낸곳** 소명출판 **출판등록** 제13-522호
주소 서울시 서초구 서초동 1621-18 란빌딩 1층
전화 02-585-7840 **팩스** 02-585-7848 **전자우편** somyong@korea.com

값 43,000원
ⓒ 소명출판, 2013
ISBN 978-89-5626-735-7 93910

What was Manchuria

만주란
무엇이
있는가

나카미 다사오 외 지음 | 박선영 옮김

소명출판

일러두기

1. 이 책은 藤原書店 編輯部 編, 『滿洲とは何だったのか』(新裝版, 2006, 藤原書店, 東京)을 한국어로 옮긴 것이다.
2. 각주의 표기 형태는 글별로 조금씩 차이가 있으며, 가능한 한 원서를 기준으로 했다. 구체적 서지 사항을 요구하는 글은 글별로 참고문헌을 실었다.
3. 원문에서 동북지역을 '만주'나 '중국 동북' 혹은 '동북지역' 등으로 표기하고 있는데, 원문대로 번역하였다.
4. 구체적인 지명이 아닌 지역을 지칭하는 경우 한자음을 사용하였다.
    예 : 동북(東北), 남만(南滿), 북만(北滿) 등
5. 원문에서 인명이나 지명은 고유 발음을 적용하고 원명을 [ ]에 병기하였고, 한자음은 ( )에 병기하였다.
6. 국립국어원 표기에 따른 중국어 발음은 張(Zhang, 쟝)과 蔣(Jiang, 지앙)을 모두 장으로 표기하지만 원음과는 차이가 있어서 가능한 한 중국어 발음에 가깝게 표기하였다. 일본어는 국립국어원 표기를 따랐다.
7. 강(江)의 경우 강 이름인 경우는 강으로 표기하였으나 지명으로 사용되는 경우 지앙(江)으로 표기하였다.
    예 : 헤이룽강[黑龍江]과 헤이룽지앙 성[黑龍江省]
8. 독자의 이해를 돕기 위해 필요한 곳에는 사진 자료를 추가하였다.

'만주'라는 말은 일정 연령 이상의 일본인에게 잊기 어려운 울림으로 쓰이고 있다. 19세기 말부터 20세기 중엽에 걸친 약 반세기 동안 일본인은 중국 동북부를 '만주'라고 불렀다. 그 지역은 일본의 식민지였다. 태평양전쟁 후, 만주가 일본에서 중국으로 반환된 것은 말할 필요도 없다.

그러나 지금, 일본인에게 '만주문제'는 해결된 것인가? 2002년에는 중일국교정상화 30년을 맞이하였다. 최근 중·일 간 문화교류와 경제교류도 성행하고 있다. 단 '만주문제'에 있어서만은 중국과 적극적으로 교류하지 않는 듯한 느낌이 있다. 그것이 무엇일까? 그것을 발견해 가는 것이 본서가 노리는 것이다.

19세기 후반 서구열강의 아시아 침략과 지배 가운데 청일전쟁, 러일전쟁을 거쳐 스스로 대륙으로의 거점을 얻은 일본. 중국 동북부(만주)의 패권을 둘러싼 서구열강과의 쟁탈전. 또 중국 국내에서의 권력투쟁 중 일본은 만주를 지배하였다. 만주는 경제적으로도 문화적으로도 일본 본토와는 다른 역사를 걸었다. 그중 만주를 경영한 중핵의 하나는, 조사를 기반으로 통치하고 민중에 의한 자치를 이상으로 하는 고토 신페이[後藤新平]가 초대 총재를 지낸 만철이다. 그러나 제1차 대전 후의 세계사적 상황의 변화와 민족주의 고양에 따라 만주 경영의 주도권은 점차 관동군으로 전이되었고 일본은 만주국을 건국하여 그 만주국을 기점으로 중국 내부를 한층 더 침략하였다.

　일본에게 '만주'는 어떤 의미인가? 또 일본은 '만주'에게 무엇인가? 21세기를 맞이한 지금, 당시 국제정세에서 전후 동아시아사까지의 시야로 세계사 가운데 '만주'라는 장(場)이 가진 의미를 물어야 한다고 생각한다.

후지와라쇼텐[藤原書店] 편집부

만주에서 일본은 무엇을 하였는가

문화의 선진지역이었던 만주

만철 연구

중국에게 만주란

주변지역에게 만주란

만주에 살았던 사람들

나에게 만주란

만
주
란
무
엇
인
가

역사 속의 '만주'상

나카미 다사오[1]

1. 들어가며 – 다양한 '만주'상

본서에서는 다양한 연구자에 의한 '만주(滿洲)'상이 언급될 것이다. 특히, 일본인에게 '만주'는 논의하는 이의 관심, 입장 그리고 세대에 따라 다른 의미와 울림이 있다. 전근대 역사나 언어학, 문화인류학을 연구하는 이에게 '만주'라는 말은 동북아시아를 무대로 활동한 종족집단(ethnic group)의 명칭이다. 또한, 일본 근대사 및 구식민지 문제를 연구하는 이에게 '만주'는 일본제국주의가 침략했던 중국 동북지역에 대한 일본 혹은 외국에서 본 지역명의 통칭으로 사용된다. 현대에는 많은 경우 '만주'

---

1 中見立夫, 1952년생. 외교사, 국제관계론. 저서로 『境界を超えて』(編著, 山川出版社)가 있다.

를 '만주(滿州)' 혹은 '구만주(舊滿州)'라고 표기한다. 한편, 연배의 사람들 중 '만주'에서 산 경험이 있는 이에게 '만주'는 괴로운 기억이 포함된 노스탤지어(nostalgia)의 대상이다. 최근 '만주'지역에서의 이종(異種)혼합성에 착안해 그곳에서 나타나는 문화 코스모폴리타니즘(cosmopolitanism)에 대한 관심도 높아지고 있다.

현대 중국의 맥락에서 '만주'는 복잡하고 기피해야 할 감정이 담긴 말이다. '만주'는 일본제국주의의 괴뢰국가인 '만주국'으로 계승되었기 때문에, '만주'에서의 감상과 기억을 더듬을 때는 '만주'가 아닌 '중국 동북'이라고 부른다. '중화민족'을 구성하는 민족의 하나로 들 수 있는 것은 '만족(滿族)'이지 '만주(민)족'이 아니다. 전전기(戰前期)일본의 동양사학자이며 '만주문제'에 깊이 관여한 야노 진이치[矢野仁一]는 교토[京都]제국대학에서 수업을 시작할 때, '만주'가 지명일까 민족명일까에 대해 수강생에게 항상 질문했다고 한다. 이 글에서는 '만주'라는 말의 유래와 의미를 역사 속에서 재검증해 보고자 한다.

2. '만주'인의 경계

원래 '만주'라는 말은 만주어의 '만주'를 한자 음역으로 표기한 것이다. 16세기 후반 여진족의 건주좌위(建州左衛)에 속하는 누르하치가 세력을 확대하여 자신의 집단을 '만주'라 하고 그 '국명'을 '만주 그룬'이라 불렀다고 한다. 누르하치는 근린을 제압하고 문자(만주 문자)를 창제하는 등 국가체제를 정비하여 1616년 스스로를 겡기엔 칸(英明汗)이라고 칭하고 국호를 '아마가 아이신 그룬', 한자 표기로는 '후금(後金)'이라고 하였다. 하지만 자신이 통솔하는 집단에 대한 호칭에 혼란이 있었던 것 같다. 누르하치의 후계자인 홍타이지는 1635년, "우리나라(그룬)의 이름은 원래 만주, 하다, 울라, 예허, 호이파이다. 이를 이해하지 못하는 자는 주선(여진)이라고 한다. 앞으로는 우리나라를 원래의 만주라는 이름으로 불러라. 누구라도 주선이라고 불렀을 때는 처벌한다"[2]라고 엄명을 내렸다. 따라서 이 시점 이후부터는 '만주'라는 족명으로 표기가 통일되었을 것이다. 이듬해인 1636년에는 국호를 '다이칭 그룬', 즉 '대청(大淸)'이라 하였다. 참고로 말하면, '만주'는 문수보살(文殊菩薩, 만주스리)에서 유래한다고 한다.

이로써 '만주(滿洲)'가 역사에 등장하게 되었지만, 과연 '만주'를 '민족' 명칭으로 볼 수 있을 것인가? 원래 '민족'이라는 단어는 영어의 'Nation' 또는 독일어의 'Volk'에 대한 번역어로 근대 일본어에 등장한 후, 한자어로 도입되었다. 그렇지만, 최근 '민족'에 상응하는 영어 어휘는 'Ethnic Group'이다. 'Nationalism'의 경우는 이전엔 '민족주의', '국민주의', 경우에 따라서는 '국가주의'라고 번역되었지만, 최근에는 혼란을 피하기 위해서인지 '내셔널리즘'이라고 번역하고 있다. 어쨌든 '민족'이란 개념은 근대 이후에 유럽에서 동아시아로 이입된 개념이고, 청조 성립시기에는 '민족'이라는 말 자체가 존재하지 않았다. 마찬가지로 '제국'이라는

---

2 『旧満洲档』, 天聰 9년 10월 16일 조(条). 번역문은 동양문고청대사연구실 역 참조.

표현도 요시무라 다다노리[吉村忠典]에 따르면 에도시기 일본의 네덜란드 연구자[蘭學者]가 고안한 번역어이다. 중화 세계의 논리에 따르면, 황제가 군림하는 것이 곧 '세계'이기 때문에 황제가 지배하는 '나라'라는 것은 분명히 모순이다. 현재의 중국에서도 사람들이 '제국'이라는 말에서 연상하는 것은 'Imperialism'이지 'Empire'와는 관계가 없다.

청조 즉 '대청'이라는 '제국'이 이른바 다섯 개의 주요한 종족적 집단, '만(滿)·몽(蒙)·장(藏)·회(回)·한(漢)'으로 구성되어 있다는 견해는 '오체청문감(五體淸文鑑)' 같은 흠정[3]사전의 편찬에서 시작되었고, 청 말기에는 '오족공화(五族共和)'라는 구상으로 연결되었다고 할 수 있다. 그러나 청조기에 있어 당시에는 인식되지 않았던 '만주 민족'이라는 집단보다는 '팔기(八旗)' 아니면 '기인(旗人)'이라는 존재가 훨씬 중요한 의미를 가지고 있었을 것이다.

원래 팔기는 "만주의 수렵 시스템과 명대의 위소제도(衛所制度)[4]에서 연원"[5] 을 두고 있지만, 후금의 세력 확대와 함께 다수의 몽골인과 한족이 후금의 지배하에 들어오자, 1635년과 1637년에 팔기몽골와 팔기한군이 각각 편성되었다. 이를 구분하기 위해 기존의 팔기를 팔기만주라고 하였다. 팔기에 소속된 사람은 기인이지만 '만주', '몽골', '한군'으로 구별하는 이상 각각의 혈통과 출신에 대한 인식이 있었다. 그러나 '팔기몽골'에 편입되었던 몽골인과 일반 몽골의 왕공(王公)·목민(牧民)과는 명백한 차이가 있었다. 청조의 인사행정에서도 기인은 팔기만주에 속하였고, 팔기

---

3 흠정은 황제가 손수 제도나 법률 따위를 제정하던 일 또는 그런 제정을 말한다.
4 위소제도는 중국 명(明)나라 때의 군사제도로 경사(京師)에서 황제를 호위하는 위소와 지방에서 치안유지와 국방의 임무를 담당하는 위소로 나뉜다.
5 細谷良夫 참조.

몽골인 모습

몽골 출신일지라도 기인 회전에 따라 이동하였다.

단적인 예로, 청조 말기에 후레(중국어로는 쿠룬[庫倫], 러시아어로는 우르가, 현재의 울란바토르)에 청조정부의 소위 대표(만주어와 몽골어로는 안반, 중국어 직명은 쿠룬빤스따천[庫倫辦事大臣]) 자격으로 부임한 싼뚜오[三多]라는 인물이 있었다. 그의 부임과 함께 시작된 억압적인 정책은 몽골인들에게 반청 감정을 일으켰고, 신해혁명 발발과 동시에 몽골은 독립을 선언하였다. 이 싼뚜오라는 인물은 팔기몽골 출신이므로 지금의 민족 관점으로 보면 '몽골인'으로 분류되겠지만, 당시의 몽골인들과 현재의 독립국가 몽골국의 몽골인들은 그를 '만주인'으로 간주하였다. 청조 통치하에서의 '만주인'은 좁은 의미로는 팔기만주 사람들을 가리키는 것이지만, 넓은 의미로는 대체로 기인을 의미했다고 생각해 볼 수 있다. 최근에 청조 제국에 대한 관심이 커지면서 그 구성원의 '다민족성'에 주목해야 한다는 논의가 있다. 그러한 관심 자체를 부정하지는 않지만, 애초에 '제국'이 '제국'이 될 수 있는 가장 중요한 요소는 다민족과 이종혼합성에서 찾아야 할 것이다. 그러나 청이든 다른 제국이든 창립 당시에는 '민족'이라는 개념이 존재하지 않았다. 오히려 유럽으로부터 '민족'이라는 개념이 도래함에 따라 '제국'은 붕괴되어 갔다.

3. 에도시대 일본인이 발견한 '만주'

만주라는 말의 본래 의미는 앞서 언급한 바와 같다. 일본이나 서구 여러 국가에서는 언제부터 어떠한 이유로 만주를 지명으로 사용하게 되었을까? 지명으로 사용할 경우 '만주', '구만주', 'Manchuria'는 지금의 중국 동북지방으로, 동삼성(東三省)이라고 불리는 지리적 공간을 가리킨다. 그러나 만주어에서는 해당지역을 한 단어로 부르는 명칭은 존재하지 않는다. 그렇다면 일본인은 이 지역을 어떻게 불렀을까?

일본 에도시대, 간에이[寬永] 21년, 청조 순즈[順治] 원년, 즉 1644년 청조가 수도를 베이징[北京]으로 천도한 바로 그 해에 에치젠[越前]의 선주(船主) 다케우치 도우에몬[竹內藤右衛門] 일행 43명은 사도가시마[佐渡島]를 출항한 후 조난되었고, 지금의 러시아 옌하지쵸우 갈레와라만 근처에 표류되어 많은 사람이 목숨을 잃었다. 생존한 15명은 셩징[盛京](훗날 펑티엔[奉天], 지금의 선양[瀋陽])을 거쳐 곧 베이징으로 보내졌다. 그들은 반년 가량 베이징에 체재한 후 조선을 거쳐 일본으로 귀국하였다. 귀환자 중 구니다 효우에몬[國田兵右衛門], 우노 요사부로[宇野與三郎]는 에도막부에 불려가 취조를 당했는데, 그 진술서가 『달단표류기(韃靼漂流記)』이다. 소노다 가즈키[園田一龜]에 따르면 "일본인이 입수할 수 있는 청조 입관 당시의 참고 사료로서 유일무이한 문헌"이라 할 수 있다. 책 표제에서도 추측할 수 있겠지만, 구니다[國田] 등이 표류한 때는 '청국'이 아니라 '달단국(韃靼國)'이라고 불렀다. 실은 이러한 '달단국(韃靼國)'이라는 명칭은 당시 에도막부 및 조선과의 교섭 실무를 담당했던 쓰시마번[對馬藩]에서도 사용되었다. 표류민 송환에 관한 사절이 된 쓰시마번의 다치바나 나리에쓰[橘成稅]가 지녔던 감사장에도 '달단국'이라고 쓰여 있었던 관계로 이를 영접한 조선 측과의 사이에서 분규가 있었다.

'달단'이라는 말은 중국 당대부터 존재하였고, 명대에는 몽골을 '달단'이라 불렀다. 한편, 유럽에서는 중국 북쪽, 북방 유라시아 지방을 '타르타리야' 즉 타타르인 혹은 타타르족의 토지라고 명명하였다. 그리고 만주족 출신의 황제에 의해 새롭게 수립된 제국 즉 청조를 타타르인의 제국이라고 인식하였다. 그런 의미에서는 도쿠가와 초기의 일본과 유럽의 청조 인식 사이에는 거의 차이가 없었다. 약간 시대를 내려가 1736년에 출판된 뒤알드의 『중국역사지리지』[6]를 보면, 청조 황제 지배하에 있는 북방 유목민의 생활 지역을 '중국의 타르타리'라고 불렀고 그 지역의 서부를 '서 타르타리' 혹은 '몽골인(아니면 몽골족)의 토지', 동북에 대해서는 '동 타르타리', 혹은 '만주인(아니면 만주족)의 토지'라고 하였다.

---

6 J. B. du Halde, *Description geographique, historique, chronologique, politique, et physique de l'emprire de la Chine et la Tartarie chinoise.*

뒤알드 등의 지도에서 볼 수 있는 '만주인의 토지'는 1689년 네르친스크조약에서 합의된 러·청 국경 이남의 청조 영토, 즉 오늘날 러시아의 옌하지죠우도 포함된 헤이룽강 유역을 중심으로 한 지역이다. 그러나 이는 '만주인' 본래의 생활권이기보다는 퉁구스계 주민의 생활공간이었다. 그 안에는 현재 중국 헤이룽지앙성과 지린성 구역은 들어가지만 자세히 보면 '유조변장(柳條邊牆)'이라 불리는 제방(만주기인이나 몽골인의 생활권과 한족의 구역을 가르는 일종의 둑 안쪽의 한족 지대)은 제외되었다. 그러한 이유로, 예를 들어 셩징, 훗날 펑티엔(奉天), 지금의 션양(瀋陽)은 '만주인의 토지'에 들어가지 않았다. 아울러 '동 타르타리'라는 지역을 일본인이 알게 된 것은 유럽에서 제작된 지도를 통해서였다. 분카(文化) 9년(1809) 마미야 린조(間宮林藏)는 사할린에서 옌하지죠우를 거쳐 헤이룽강 유역을 조사하였다. 그 기록이 바로 마미야(間宮)가 구술하고 무라카미 데스케(村上貞助)가 기록한 유명한 『동달(東韃 : 지방)기행』이다. 여기에서 '동달(東韃)'이란 '동 타르타리'의 일본어 번역명이다.

마미야의 조사 목적은 데렌[7]에 위치한 '만주임시정부'까지 가서 그 상황을 직접 보고자 하는 것이었다. 이곳은 싼싱(三姓)에 주재한 청조의 부도통아문(副都統衙門 : 쑹화강(松花江)과 무딴강(牧丹江)의 합류점에 위치)에서 매년 관원이 파견되어 가옥을 짓고 헤이룽강 하류, 사할린에서 온 "추장들로부터 공납으로 표피를 징수하고 의류를 상으로 주었던 (…중략…) 임시 관서(官署)"[8]를 말한다. 마미야의 일련의 저술에서 '동달·만주 지방' 또는 '만주지역'이라는 기록을 볼 수 있다. 따라서 이미 '만주'는 지명으로 쓰이고

---

7 데렌은 아무르강 하류의 교역도시를 말하는데 실제로 어디인지는 밝혀지지 않았다.
8 洞富雄 참조.

있을 뿐만 아니라, '만주(滿洲)', '만주(滿州)'라는 두 개의 한자 표기가 혼용되고 있었다. 마미야의 기술에서 '만주'는 종족 명칭으로 사용되었고 그와 더불어 지명으로는 '동달' 즉 '동 타르타리'와 같은 의미로 사용되었다.

야노 진이치[矢野仁一]는 "서기 19세기 초반까지는 서양인도 일본인도 (…중략…) 아직 만주를 지명으로 생각하지 않았다"라고 지적하였지만 이것은 정확하지 않다. 간세이[寬政] 6년 즉 1794년에 가쓰라가와 호슈[桂川甫周]가 편찬한 『북사문략(北槎聞略)』은 러시아에서 귀환한 다이코쿠야 고다유[大黒屋光太夫]로부터 들은 내용을 토대로 쓴 책이다. 이 책에 첨부된 〈아세아전도(亞細亞全圖)〉에서 '기타이스카야 타르타리야'라는 가타카나가 달린 '지나달이단(支那韃而靼)'의 아래에 '만주'와 '몽골'의 이름이 보인다. 이것은 고다유가 러시아에서 가지고 온 지도를 번역한 것으로 추정된다. 또 다카하시 가게야스[高橋景保]가 작성한 〈일본변계략도(日本邊界略圖)〉(1809), 〈신정만국전도(新訂萬國全圖)〉(1810) 지도에는 모두 '만주'라는 지명이 표기되어 있다. 이처럼 18세기 말부터 19세기 초의 일본 문헌에는 '만주'를 지명으로 사용하는 용례가 보인다.

그러면 왜 에도시대의 일본인은 가장 먼저 '만주'란 지명을 만들었을까? 그 이유는 일본어와 유럽 여러 언어의 표현법 차이에서 찾을 수 있다. 영어를 예를 들면 종족집단으로서의 '만주'는 'The Manchus', 지역명은 'Manchuria'라고 기술하여 어형으로 구별한다. 그렇지만 일본어 표현에서는 그런 구분이 원래 없고, 굳이 구별하려고 한다면 고유명사 뒤에 종족집단이라면 '족(族)', 지명이나 국명이라면 '지방'이나 '국(國)'이라는 글자를 붙여서 구별하게 한다. 아마도 유럽에서 도래한 지도를 토대로 일본의 독자적인 정보를 가미하여 지도를 작성하는 과정에서, 원도본에

'만주인의 토지'라고 되어 있던 것을 단지 '만주'라는 한자로 표기하였을 것이다. 이렇게 하여 에도시대 일본에서 '만주'라는 지명이 성립되었다.

에도시대 일본이 파악한 '만주', 사할린[樺太], 홋카이도[北海道], 지시마[千島](쿠릴제도)와 같은 지역은 실은 당시 세계지도상에서 가장 불분명한 지리 공간이었다. 쇄국당시 일본에는 네덜란드를 통해 유럽제 지도와 지지(地誌)가 들어왔다. 다행인 것은 유일한 유럽 측 통상 상대인 네덜란드가 그 분야에서 가장 선진국이었다는 점이다. 또한 일본은 중국제 지도와 지리서도 입수하였다. 그리고 마미야 린조의 예에서 볼 수 있듯이 독자적인 조사도 진행하였다. 이 결과로 19세기 초 일본은 '만주' 지역에 관해서만큼은 세계 최고 수준의 자세한 지리 정보를 수집하였다. 그 성과가 지도로 결실을 맺은 것이 앞에 언급한 다카하시 가게야스[高橋景保]의 〈일본변계략도(日本邊界略圖)〉나 당시의 〈북방도(北方圖)〉 등이다. 이러한 〈일본변계략도〉는 일본에 와 있었던 독일인 시볼트에게 입수되었고, 그의 저서 『일본』[9]에 번역 게재되었다. 거기에서 '만주'는 'Mandschurei'라 표기되었는데 이는 '만주'를 지명으로 기술한 것이다. 이렇게 '만주'를 지명으로 사용한 용법은 18세기 말 일본에서 최초로 나타났으며 그 다음 유럽 제국으로 확대되었다고 할 수 있다.

이 시기 일본 경세가인 사토 노부히로[佐藤信淵]는 황당무계하다고 할 수 있는 대륙침략론을 주창한 것으로 유명하다. 그는 『혼동비책(混同秘策)』(1823)에서 "다른 지역을 경략(經略)하는 방법은 약하여 취하기 쉬운 곳에서부터 시작하는 것이 길이다. 지금 세계 만국 중에 황국이 공격하여 취

---

9 Philipp Franz von Siebold, *Nippon, Archiv zur Beschreibung von Japan und seinen Nebenlandern*, 1832.

하기 쉬운 토지 중 중국의 만주보다 쉬운 것은 없다'라고 썼다. 이 때문에 사토[佐藤]의 논의는 이른바 메이지시기 이후 일본이 대륙으로 세력 확대를 시작하자 선구적인 논의를 한 것으로 간주되었고, 그가 쓴 『혼동비책』은 "전쟁 시기 초국가주의자가 즐겨 읽는 책의 하나"[10]가 되었다. 그러나 그가 말하는 '만주'의 범위는 에도시기 일본이 인식한 '만주'로, 구체적으로는 헤이룽강 유역을 중심으로 현재의 러시아 옌하지죠우에서 기껏해야 중국 지린성 주변까지이고, 요컨대 '지나달이단(支那韃而粗)'의 동쪽 절반, 유럽인이 말한 '만주인의 토지'를 의미할 뿐이지, 후에 말하는 '만주' 즉 현재의 중국 동북지방을 지칭한 것은 아니다. 막부 말기 일본에서 '북방'에 대한 관심이 높아졌다. 〈북방도〉는 일본 주변 지역에 대한 러시아의 위협적 공세에 대응하는 과정에서 발전하였다. 그러한 상황하에서 사토는 일본해의 대안 지역, 구체적으로는 현재 러시아 옌하지죠우를 목표로 적극적인 공격을 꿈꾸었던 것이다.

4. 근대 세계에서의 '만주'문제

1853년은 일본에 있어 페리 제독 내항의 해로 기억되지만, 크림전쟁이 발발한 해이기도 하다. 이 전쟁에서 주목할 부분은 전선이 발칸반도

---

10 島崎隆夫 참조.

高橋景保, 〈日本邊界略圖〉(1809). 당시 일본인이 인식한 '만주'를 확인할 수 있다.
이 지도는 시볼트의 『日本』(1832)에 그대로 번역 소개되었다.

에서 동아시아로 확대된 것이다. 즉, 세계적인 규모로 유럽열강의 세력 각축이 일어났고, 그것이 동아시아까지 영향을 미쳤다. 또한 '만주'라는 지역이 본래의 그 지리적 범위를 달리하면서, 현지 세력에 세계열강까지 가세하여 만주가 새로운 쟁탈의 대상이 된 기점이기도 하다. 러시아가 헤이룽강 하구 주변에서 세력을 신장시키는 가운데 영국과 프랑스 해군이 이를 공격할 가능성이 존재하였다. 이를 계기로 러시아 측은 헤이룽강 문제 해결을 위해, 1858년에 청조와의 아이훈[愛琿]조약을 체결하고 헤이룽강 좌안 대부분을 수중에 넣었다. 그리고 1860년 베이징[北京]조약에 따라 지금의 러시아 엔하지죠우도 획득하는데 성공하였다. 19세기 중엽, 일본과 유럽에서 '만주'를 지명으로 사용한 용법이 확립되었지만, 러시아가 점령한 부분이 빠지게 되자 '만주'라는 본래의 지리적 공간은 급속히 축소되게 되었다.

메이지유신을 통해 단기간에 근대적 군사 국가를 형성한 일본은 대외팽창을 지향하였고 먼저 한반도, 그 다음은 중국 동북지방으로 세력 확대를 노렸다. 그에 따라 20세기 초 일본과 러시아의 세력 충돌이 있었다. 19세기 말 이후에 일본이 말하는 '만주' 그리고 러시아어의 'Маньчжурия'가 표기한 범위는 현재의 중국 동북 지역과 거의 같아졌다. 이렇게 북쪽에서는 러시아, 남쪽에서는 일본이라는 양대 세력이 '만주'로의 영향력을 확장해 나가는 가운데 청조정부는 1907년, 종래의 성징, 지린, 헤이룽지앙의 각 장군을 대신해 동삼성 총독을 신설하고 각성에 순무(巡撫)를 두었다. 이 제도개혁은 동삼성을 행정적으로 하나의 광역 지역으로 파악하는 방향성을 보여주었다. '중국 동북'이라는 공간이 탄생하는 것도 실질적으로는 이때 이후일 것이다.

1911년 신해혁명으로 청조가 붕괴되고 그에 따른 혼란 속에서 동삼성에서 점차 세력을 확대했던 것은 말할 것도 없이 장쭤오린[張作霖]이다. 일본에서는 그를 '만주의 왕'이라고 불렀다. 장쭤오린의 정치권력 확대 과정을 추적해 보면 1916년에 펑티엔성, 1917년에 헤이룽지앙성, 그리고 1919년에는 지린성의 권력을 장악하였다. 그는 이미 1918년부터 '관내(關內)', 즉 산하이꽌[山海關]을 넘어 베이징까지 진출하려고 하였다. 그러나 1928년 일본군에 의해 폭살(爆殺) 당하였으므로 '만주' 또는 동삼성의 '왕'으로 있을 수 있었던 것은 불과 10년 정도였다. 그의 관심은 베이징 정국을 장악하는 것이었지만, 당시 일본 군부나 정계로서는 그가 고분고분하게 '만주의 왕' 자리에만 만족해 주기를 바랐다. 어쨌든 장쭤오린과 일본 사이에는 명백한 의식의 차이가 존재하고 있었다.

장쭤오린이 사망한 후 그의 유지를 이어받은 장쉬에리앙[張學良]은 '동삼성 역치(易幟)'를 일으켜 동삼성이 '중국'의 일부라는 것을 내외에 알렸다. 이에 대해 일본 관동군은 무력을 발동하여 동삼성과 러허[熱河]성을 점령하여 1932년 괴뢰국가 '만주국'을 성립하였으며 제정 실시와 함께 '만주제국'이 되었다. 흥미로운 것은 공식 영어 명칭은 'Manchukuo(Manchoukuo)'이지, 'Manchuria' 또는 'The Manchu Empire'가 아니라는 것이다.

'만주국'을 만든 일본 군부 및 협력자들은 '만주국'을 '다민족국가'로 인식하였다. 따라서 '오족협화(五族協和)'라는 슬로건을 사용하였다. 그것은 '한(漢)·만(滿)·몽(蒙)·일(日)·조(朝)'의 다섯 '민족'으로 구성된 것을 말한다. 여기에서 '만주'라는 '민족'이 창조되었다. 그러나 아마도 가장 곤혹스러운 것은 '만주 민족'을 '한족'과 다르게 식별한 점이었을 것이다. 분명 황제는 틀림없는 '만주인' 출신이지만 일본에서 온 언어학자는 헤이룽지앙 벽촌에서 만주어의 모어 화자(native speaker)를 찾으려 했다. '만주국'의 국어는 '만(주)어'라 불렸지만 이것은 중국어였다. 그리고 '만인(滿人)'이라는 기묘한 말도 출현하였다. 이것은 '만주국'을 구성하는 다섯 '민족' 중에 '한(漢)'과 '만'을 지칭하지만, 냉정하게 보면 '한'을 표면적으로는 부정하면서도 '만주국'에서 '만주어'와 마찬가지로 '한'을 실체로 인정할 수밖에 없는 상황이 존재하는 것을 의미한다. 근대 국가에서 국가로 귀속되는 '국민'의 정의는 국적법에 명시된다. '만주국'에서는 그 국적법 편찬이 좌절되었다.

1949년 중화인민공화국이 성립됨과 동시에 중국정부는 '민족식별공작(民族識別工作)'을 시작하였다. 여기에서 '만주족' 즉 '만족'은 작업 시작 초기부터 '민족'으로 인정되었다. 1953년 통계에서는 약 240만 명이었지만 1990년 통계에서는 약 985만으로 증가하였다. 그렇다면 어떻게 하여 '만족'으로 식별될 수 있는가? 현재 중국에서는 개인의 신고에 따라 각자의 '민족'이 인정된다. 이 문제에 대해 상세하게 연구한 호소타니 요시오[細谷良夫]에 따르면, 팔기 호적에 선조의 이름이 있다거나 족보에 기록이 있는 경우 '만족'으로 인정되기도 하지만 경우에 따라서는 동향촌민의 증언으로 인정되기도 한다. 또한 팔기만주의 후예는 말할 것도 없고 팔기몽골, 팔기한군의 자손도 즉 기인의 피를 양친 어느 쪽에서 조금이라도 받았다면 '만족'이 될 수 있다. 단, 팔기몽골의 후예는 '몽골족'으로 신청하는 것도 가능하다. 바꿔서 말하면 '한족'에 관한 식별은 하지 않는다. 중국 공민은 자신이 '한족'이 아니라고 신청하지 않는 한 모두 '한족'이다. 이것이 최대 다수파 '민족'인 '한족'의 실태이다. 게다가 중국정부가 말하는 '민족'은 영어에서는 일정하지 않지만 대략 'Nationality'로 번역되어 왔다. 그러나 중국사회과학원 산하에 '민족문제' 연구거점인 '민족연구소(Institute of Nationality Studies)'의 이름을 최근 '민족학과 인류학연구소(Institute of Ethnology and Anthropology)'로, 중국어와 영어병기로 이름을 변경하였다.

　전후 일본에서는 무슨 이유인지 몰라도 '만주(滿洲)'를 '만주(滿州)'라고 표기하였다. 청조 때 '滿洲'를 '滿州'라고 쓴 예는 물론 없다. '州'는 '洲'의 약자이고, 게다가 '洲'는 상용한자가 아니라는 반론이 있을지도 모른다. 그렇지만 '州'와 '洲'는 뜻이 다르고, 고유명사의 경우에는 상용한자가 아닐지라도 사용할 수 있다. 스모토시[洲本市], 오즈시[大洲市], 나가스 가즈시[長洲一二], 전 가나가와현[神奈川縣] 지사(知事)를 각각 州本市, 大州市, 長州一二라 쓰지 않는다. 어쩌면 '洲'라도 음은 '주'로 읽을 때는 '州'로 바꾸고 '스'라는 훈으로 읽을 때만 '洲'를 사용하는 것일지도 모르는데 그 근거는 잘 모르겠다. 물론 이미 언급한 것처럼 일본에서 '滿洲'와 '滿州'의 혼동은 에도시기에도 있었다.

참고문헌

神田信夫, 「滿洲(Manju)国号考」, 『山本博士還暦記念東洋史論叢』, 山川出版社, 1972.
_____, 「滿洲という呼称」, 『満学50年』, 刀水書房, 1992.
_____ 編, 『世界歴史大系 中国史 4 : 明一清』, 山川出版社, 1999.
園田一亀, 『韃靼漂流記』, 平凡社東洋文庫, 1991.
東洋文庫清代史研究室 訳註, 『旧満洲档 天聡 9年 2』, 東洋文庫, 1975.
中見立夫, 「地域概念の政治性」, 『アジアから考える (1) : 交錯するアジア』, 東京大学出版会, 1993.
_____, 「'北東アジア'からみた'東アジア'」, 『東アジア世界の地域ネットワーク』, 山川出版社, 1999.
_____ 編, 『境界を超えて : 東アジアの周縁から』, 山川出版社, 2002.
_____, 「'北東アジア'はどのように、とらえられてきたか」, 『北東アジア研究』 제7호, 2004.3.
尾藤正英, 島崎隆夫 校注, 『日本思想史大系 45 安藤昌益, 佐藤信淵』, 岩波書店, 1977.
細谷良夫, 「マンジュ・グルンと'満洲国'」, 『世界史への問い 8 歴史のなかの地域』, 岩波書店, 1990.
閑宮林蔵 述, 村上貞助 編, 洞富雄, 谷沢尚一 編注, 『東韃地方紀行』, 平凡社東洋文庫, 1988.
矢野仁一, 『滿洲近代史』, 弘文堂書房, 1941.
吉田金一, 『近代露清関係史』, 近藤出版社, 1974.
吉村忠典, 「'帝国'という概念について」, 『古代ローマ帝国の研究』, 岩波書店, 2003.

만주라는 땅을 둘러싼 역사

고미네 가즈오[1]

만주가 태어난 것은 중국 동북의 한 귀퉁이다. 중국 동북은 지금은 국내 유수의 공업지역으로 알려져 있지만, 전전(戰前)까지는 '아편과 마적(馬賊)은 만주의 꽃'이라고 불리었다. 원래 이곳은 중국 역사서나 고전에서 보면 장성 밖에 펼쳐진 새외(塞外)지역으로 야만 민족이 활동한 지역이었다. 중원에 거주했던 한족에게는 두렵기는 하지만 멸시할 수 있을 만한 곳이었다. 이 동북의 땅과 만주는 어떤 관계를 맺어 왔던 것일까.

---

1 小峰和夫, 1945년생. 사회경제제사. 저서로 『滿洲』(御茶の水書房)가 있다.

1. 중국사에 이름을 떨친 퉁구스들

동북의 소수민족이 중국사에 얼굴을 내민 것은 기원전 7세기경이다. 화북(華北) 고지(高地)의 선비계(鮮卑系)민족 산융(山戎)은 번번이 한족을 괴롭혔고, 동북 오지에는 숙신(肅愼)이라 불리는 퉁구스(通古斯)계 민족이 잠재해 있었다. 진(秦)은 춘추전국의 전란을 수습하고 동북의 카이위엔[開原]까지 장성을 확대하여 랴오허(遼河)유역에 진출하였고, 전국시대에는 한(漢)족 세력인 연(燕)이 동북 남부부터 조선 북부까지 진출하여 최초로 동북에 한(漢)문화를 전파하였다. 전한(前漢)의 무제(武帝)는 기원전 141년에 즉위하여 조선 북부에 낙랑(樂浪) 등 사군(四郡), 동북 남부지역에는 요동(遼東), 요서(遼西) 이군(二郡)을 설치하였고, 전성기에는 동북 남부에 60만의 한(漢)족을 이주시켜 중화의 농경 문명을 전파했다.

따라서 동북 남부는 일찍이 한 문화의 영향을 받았지만, 중부나 남부의 오지에는 수렵과 농경을 겸한 읍루(挹婁), 부여(夫餘), 옥저(沃沮) 등의 퉁구스계 민족이 건재하였다. 읍루는 숙신의 자손으로 여겨지고, 부여는 국가를 만들어 한족과도 활발하게 교역하였다. 이것을 멸망시킨 세력이 물길(勿吉)이었지만 이 또한 퉁구스계 민족이었다. 이윽고 부여의 일파가 동북 남부로 진출하여 전한의 지배를 무너뜨리고 처음으로 동북 전역을 통치하는 국가인 고구려를 건설하였다. 이후로 동북에서의 한족과 중국 왕조의 영향력이 약화되었다.

수 세기에 걸친 고구려 시대는 668년에 당과 신라의 공세로 막을 내렸다. 고구려 멸망 후 동북에서는 물길의 후예인 말갈(靺鞨)이 대두하여,

유력 수장인 대조영(大祚榮)이 698년에 국가를 세웠고 그는 당(唐)나라로부터 발해(渤海) 군왕으로 임명되었다. 이것이 바로 일본과 교류가 있었던 발해국(渤海國)이다. 당의 세력이 쇠퇴하자 랴오하 상류 동부 내몽골에서 유목을 하던 거란족 지도자 야율아보기(耶律阿保機)가 나타나 민족을 통일하고 916년에 요(遼)를 건국하였다. 전성기에 요는 북부 한반도, 요동, 요서, 화북 및 중앙아시아까지 진출하였고, 발해국도 요(遼)에 의해 멸망되었다.

그러나 요의 세력이 미치지 않는 동북 오지에는 숙신, 읍루, 물길, 말갈의 피를 받은 여진족이 여러 부족으로 분산되어 세력을 온존하며 요와 조공관계를 맺어 힘을 축적하였다. 이윽고 유력한 부족에서 완안아골타(完顔阿骨打)가 나타나 부족의 결합을 추진하고 요에 반기를 들어 1115년에 금(金)을 건국하였다. 10년 후 금은 요를 멸망시켜 발해의 한을 풀었다. 금의 영토는 북으로 멀리 헤이룽강안[黑龍江岸], 북동으로는 구발해의 전역을 포함하여 동해에 달하고, 남으로는 동부 내몽골에서 화북 전역을 포함하였다. 여진문자를 만들어 민족적 정체성 강화를 도모하고, 중화왕조인 송(宋)을 시종 위협하였던 금이었지만, 중국식 관제를 받아들이면서 결국 중국문화에 융화되었다.

세력이 약화된 금을 멸망시킨 것은 용맹한 몽골족 원(元)이었다. 원은 1234년 금(金)을 멸망시키고, 동북 남부에서 조선(朝鮮) 전역을 수중에 넣었다. 왕조를 잃어버린 여진족은 다시 오지(奧地)에 들어 박혀 잠잠해졌다. 그로부터 백년 후 1368년 베이징 왕조는 원에서 한족 통일왕조인 명(明)으로 교체되었다. 동북 땅에 만주라는 이름이 탄생한 것은 명대부터이다.

2. 만주의 탄생

명은 원에 이어 동북지역에 대한 경략을 계속하였다. 그 목적은 몽골에 대한 대책(對策)으로 명은 동북 여진족을 이용하여 몽골의 역습에 대비하였다. 이른바 '이이제이(以夷制夷)'의 방책(方策)을 채용한 것이다. 이를 위해 도입된 것이 위소제(衛所制)라는 것인데 이것은 여진족을 외인(外人)부대로 편성한 것이다. 명은 한편으로는 여진족의 부족자치를 존중하는 간접통치를 하면서, 다른 한편으로는 위소제에서 칙허제(勅許制)의 조공무역을 연결시켜 경제적인 면에서 여진족을 화이체제(華夷體制) 아래로 편입시켰다.

동북에서 생산되는 모피, 말, 조선 인삼과 중화의 은화(銀貨)나 공예품 등을 교환하는 조공무역(朝貢貿易)은 명이나 여진족에게도 매우 실리가 있어 여진족 수장들은 무역이권을 확장하기 위해 고심하였다. 이로써 부족 간의 항쟁이 시작되었고 아이신쥐에루오(Aisin Gioro) 누르하치라는 영웅이 두각을 드러내 여진족 통일을 달성하게 되었다. 여진족을 통합한 누르하치는 험악한 관계로 변한 명과 결별하고, 여진족의 국가를 재흥시키고 이를 후금(後金)이라 명명하였다. 하지만 여진족의 경제는 오랫동안 조공무역을 한 결과, 중화경제와의 교역 없이는 제대로 성립할 수 없는 상태가 되어 있었다.

그러나 상대방인 명조는 이미 완전히 노쇠한데다 여기에 결정적인 타격을 가한 것이 농민반란군이었다. 이를 본 여진족은 장성(長城)을 돌파하고 중화를 침공하여 농민군을 누르고 스스로 베이징에 군림하였다.

사태는 의외의 방향으로 전개되어 나갔다. 이보다 조금 앞서 후금은 국호를 청(淸)으로 바꾸었다. 이는 당시 군대에 여진족 외에 이미 다수의 몽골족과 한족(漢族)이 병합되어 있었기 때문에 복수의 민족을 묶을 국호가 필요하였으므로 중국왕조풍의 국호를 채택했던 것이다. 청이 베이징에 들어간 것은 1644년이었다. 만약 이때 여진족이 중화를 침공하지 않고 본거지인 동북에 머물러 독립국을 갖추었다면, 그 후 중국과 그 주변부의 역사인 동북의 운명은 완전히 달라졌을 것이 확실하다.

그러나 여진족은 동북에 머물지 않았다. 중국 최후의 왕조가 된 청은 동북에서 침입한 퉁구스계 민족인 여진족 정복왕조였다. 그 후 장기적인 원정으로 대제국을 구축한 청의 판도에는 동북 · 중화 외에 몽골 · 신지앙(위구르) · 시짱(티베트) 등이 편입되었다. 본거지인 동북 이외에는 모두 여진족의 식민지가 되었다고 볼 수 있다. 현재 중국의 판도는 청조가 구축한 것을 거의 그대로 계승한 것이다.

문제의 만주가 탄생한 것은 명 · 청 교체가 한창 진행 중인 시기였다. 말을 조금 앞으로 되돌리면 동북 여진족을 통일시킨 것은 아이신줴에루오 누르하치로 그는 자신에게 속한 세력 건주여진족을 장악할 때 국호를 만주(滿珠 또는 滿洲)라고 명명하였다. 이것이 만주(滿洲)이름의 발상이라고 생각된다. 만주(滿珠)나 만주(滿洲)는 문수보살의 문수(文殊 : 범어의 Mãnjuśń의 음자)에서 유래한 것이다. 당시 여진족 사이에 문수신앙이 융성하여 누르하치 자신도 티베트의 달라이 라마에게 문수사리황제(文殊師利皇帝)라는 존호를 받았다고 한다.

여진족을 통일한 후 명으로부터 독립을 결심한 누르하치는 1618년 국호를 만주에서 금(金)으로 변경하였다. 금은 원(元)에게 멸망된 여진족

국가의 영광을 소생시키는 이름이었다. 여진족 전부를 묶을 수 있는 것은 새로 발흥한 지역적인 만주(滿珠, 滿洲)보다 유서 있는 금이라는 명칭을 덧쓰는 것이 상책이었다. 결과적으로 이때 국호인 만주(滿珠, 滿洲)는 역사 무대에서 사라졌다. 그 후 앞에서도 서술한 것처럼 누르하치 계승자시대에 국호는 후금에서 청으로 변경되었고 중화 정복과 더불어 대청제국 = 청조라는 국호가 되었다.

한편, 국호에서 제외되어 버린 만주였지만 실제로는 다른 곳에서 살아남았다. 동북을 통일하는 과정에서 누르하치는 여진족의 수렵 조직인 니루를 중심으로 독자적인 군사조직을 편성하여 거기에 계속 투항 세력을 편입시켰다. 이것을 기(旗)라고 하였다. 기는 누르하치의 세력 근간이었다. 투항 세력이 증가하면서 기는 여진, 몽골, 한(漢)의 민족별로 편성되었고 각기 팔기로 구성되었다. 여기에서 가장 격이 높은 조직의 핵심으로 둔 것이 여진족 기이다. 이는 한편으로 민족 합작의 모양새를 갖춘 대청제국이 실제로는 여진족의 정복국가에 불과한 것을 보여준 것이다. 이 여진족 기의 이름이 '만주팔기'였다.

만주는 청대 최고의 특수 신분인 '만주팔기'라는 이름으로 남겨졌고, 이와 더불어 여진족이라는 호칭도 만주족으로 변하여, 만주를 민족명으로 사용하게 되었다. 청조의 조상 누르하치가 여진족의 일부를 산하에 모았을 때 불렀던 국호 만주는 청조시대에 여진족을 대체하는 민족명, 즉 만주족이나 만주팔기로 되살아났다.

그러나 만주가 지명으로 사용된 것은 청대가 아니다. 불가사의한 것은 동북을 총칭하는 이름도 태어나지 않았다. 펑티엔[奉天], 지린[吉林], 헤이롱지앙[黑龍江]이라는 지방명은 청대 초기부터 사용되었지만 그것의 지역명이 정식적인 성명(省名)이 된 것은 청조 말기이다. 그렇다고 동북에 대한 청조의 관심이 박약했던 것은 아니다. 오히려 그 반대이다. 청조는 동북을 자신의 발상지라 여겨 특별시하였고 이곳에서는 중화와 달리 민정(民政)이 아닌 군정(軍政)을 하였다. 동북은 청조와 지배 민족 만주의 고향, 본거지로서 한족 등의 이주를 함부로 허락하지 않았던 토지였다. 청대시기 동북은 '봉금지'였다.

3. 확장과 축소를 거듭한 동북 지배의 범위

청조는 본거지 동북을 지키기 위해 여러 수단을 강구하였다. 베이징 침공 후 얼마 되지 않아 동북의 광닝[廣寧]과 카이위엔[開原] 사이에 토벽을 쌓았다. 이것이 유조변장(柳條邊牆)인데 동부 내몽골과 요서(遼西)의 경계가 되었다. 그 후 카이위엔에서 동으로 향하는 토벽이 싱징[興京] 동변을 지나 펑황청[鳳凰城]까지 쌓아졌다. 이로써 요서(遼西)와 요동(遼東), 즉 동북의 남부가 거의 범주로 들어왔다. 범위는 명의 동북 지배 지역과 거의 중첩되지 않을까 한다.

청조는 이전에 지엔죠우[建州]여진의 한 부족인 오도리 만선[滿鮮] 국경 백두산(중국 장백산) 부근을 조종의 발상지라고 여겼다. 따라서 이를 보호하려고 카이위엔으로부터 창춘[長春]을 거쳐 슈란[舒蘭]에 이르는 토벽을 만들어 지린[吉林] 지방의 남부도 방위선 내부로 들어갔다. 이러한 토벽은 어쨌든 서쪽에서 기회를 엿보는 몽골나 유입하는 한족을 방비하려는 것이지만 토벽 내측의 범위가 성립 당시 청조의 동북 지배 지역이라고 볼 수 있다.

그러나 동북에서의 청조 지배 지역은 시베리아에서 남하하려고 노리는 러시아와 만남으로써 일순간에 확장되었다. 일찍이 러시아의 위협을 감지했던 시점에서 청조는 처음으로 동북 북방에 관심을 강화하고 닝구타[寧古塔], 모얼껀[墨爾根], 치치하얼[齊齊哈爾], 그리고 헤이룽강 남안(南岸)의 아이혼[愛琿]에 군사 거점을 설치하였다. 이 단계에서 청조 국경의식의 북쪽 한계는 헤이룽강이라고 생각된다. 러시아와 청의 격돌은 청군 정예부대의 압도적 우세로 끝나 역사적으로 유명한 네르친스크조약이 체결되었다. 1689년이었다. 일패도지(一敗塗地)한 러시아는 헤이룽강 유역에서 먼 북쪽으로 철퇴하여 국경선은 와이싱안링[外興安嶺](스타이보이산맥)까지 북상하였다.

현재 중국에서 출판한 지도를 보면 예를 들어 청조 후기 1820년 당시 동북지방 범위는 '만주국'이나 현재의 '동북부'보다도 훨씬 넓은 것이었다. 이는 러시아와의 국경선이 헤이룽강 하구를 기점으로 와이싱안링 연안 서쪽까지 이어졌기 때문이다. 네르친스크조약에 따라 청의 동북지배 범위는 비약적으로 넓어졌다.

그러나 시대가 크게 내려간 19세기 후반, 이미 석양의 노을을 짙게 물들인 청조는 다시 시작된 러시아 남하의 압력에 대항할 힘도 없이 간단하게 헤이룽강 이북과 옌하이죠우[沿海州] 전역을 빼앗겼다. 일본이 관심을 갖기 시작할 때 청의 동북지배 범위는 이미 대폭 축소되어 있었다. 그 후 오늘날에 이르기까지 북쪽의 국경선은 변하지 않았다.

4. 몰려오는 한족의 농업이주

베이징에서 청조의 성립은 동북 만주족이 대거 장성을 넘어 중화로 이동하는 것을 의미했다. 대략 100만도 안 되는 만주족이 거대한 한족을 지배하에 두었기 때문에 인구의 대부분을 본거지에서 중화로 이동하지 않으면 안 되었다. 그들은 고향을 버려야 했다. 동북 땅은 주인인 만주족에게 방치되었다.

이때 청조에게 두 가지 걱정이 생겼다. 하나는 중화로 이주한 만주족이 한족으로 동화되는 것이고, 또 다른 하나는 비워 둔 동북으로 몽골나 한족이 침입하는 것이다. 중화의 정복은 만주족에게 양날의 칼이었지만 아나나 다를까 청조의 염려는 현실이 되었다.

한족의 동북 유입은 청대 초기 무렵부터 증가 일로를 걸었다. 물론 거기에는 배경이 있었다. 하나는 이주자를 배출한 화북(華北)농촌의 압도적인 빈곤과 인구 팽창이다. 토지가 없기 때문에 마을에서 밀려나온 빈민 무리는 끊이지 않았다. 또 다른 하나의 배경은 청조 통치하에 찾아 온 평화였다. 정복왕조 청의 통치는 항상 군사적인 긴장감이 떠돌았지만 어쨌거나 사회 질서는 안정되었다. 이러한 상황 하에서 각지의 상업, 교통, 운수가 발달하여 확대된 시장경제망은 동북에도 파급되어 빈민과 더불어 상인의 진출도 활발하게 되었다.

그러나 청조로서는 동북을 왕조와 민족의 고향에 걸맞게 유지하고 싶었다. 퉁구스계 수렵민족의 피를 이어 받은 만주족의 고향은 동북에 펼쳐진 삼림원야로 청조는 그것을 가능하면 개발하지 않고 그대로 두고자

했다. 역대 황제들은 여러 가지 규제 벌칙을 두어 한족의 유입과 개간을 방지하기 위해 고심하였다. 이것을 총칭하여 만주봉금정책이라 불렀다.

만주봉금정책은 현실과 괴리된 모순을 안고 있으므로 효과가 없는 정책이었다. 왜냐하면 베이징에서 청조가 성립된 것은 한족을 동북으로 쉽게 이주시켰기 때문이다. 만주족의 정복국가 청은 중화, 몽골, 티베트, 신지앙新疆, 그리고 동북 등지를 이미 통일정권하에 두어 민족 합작의 국가를 만들었다. 뿌리 깊은 민족 간의 항쟁도 강대한 청조의 위광에 빛을 감추고 어느 지역으로의 통행도 눈에 띄게 안전하였다. 한족 농민이나 상인에게 이민족의 이른바 '새외(塞外)'의 땅도 그다지 위험한 곳이 아니었다. 그것도 동북의 경우는 청조가 요동, 요서를 중심으로 왕후, 귀족, 팔기병 등의 장원을 개설하였기 때문에 어느 정도는 한족의 노동력이나 상인을 불러들일 필요가 있었다.

이러한 동북 개발은 화북에서 이주한 농민의 노동력과 중화상인의 자금력을 원천으로 진행되었다. 농업개척에 따라 산림원야가 개간되어 수수밭(고량전(高粱畑))이나 콩밭(대두전(大豆畑))으로 변하였다. 수수는 개척농민의 일상적 식량이고 이것을 원료로 하는 주정도(酒精度)높은 술은 오랜 극한의 겨울을 견디는 필수품이 되었다. 도처에 소과(燒鍋)라고 불리는 술 제조사가 건립되고 옥수수와 비슷하게 키 큰 수수가 지평선 멀리까지 동북의 대지를 덮었다.

또 하나 동북의 독특한 풍물이 된 것은 포대에 넣었거나 그대로 산더미처럼 쌓아 둔 콩이었다. 동북과 중화와의 교역은 개척의 진전과 더불어 증가하여 중화에서 동북으로는 의류, 섬유, 잡화가, 동북에서 중화로는 콩이나 콩깨묵이 팔렸다. 콩이나 콩깨묵의 소비지는 샹하이[上海] 배후에

고량전을 일구고 있는 농부의 모습과 사람 키를 넘어 서도록 자란 고량의 모습

만주지역에서 유명한 콩 시장 모습

넓은 챵강[長江] 하류의 델타 지대였다. 이 지방의 면화 재배자가 비료용 콩깻묵을 필요로 하였기 때문이다. 동북과 중화는 굵은 경제적 파이프로 연결되어 한족의 동북 진출은 억누를 수 없는 거대한 흐름이 되었다.

5. 청조 멸망과 '주인 없는 땅'의 환상

고향이 잠식되는 것을 싫어한 청조는 열심히 봉금정책을 계속하였다. 그러나 농경민족 특유의 인내심 때문인지 한족은 꾸준히 동북의 오지로 개척 전선을 넓혀나갔다. 농경문명의 힘은 수렵문명의 땅을 가차없이 변모시켰다. 삼림원야는 개간되어 농지로 변하였고 중화풍의 도시도 발달하였다. 동북은 중화와 일체화의 길을 걸음과 동시에 거기에 개척지 특유의 풍토나 경관을 형성시켰다.

그렇지만 19세기 후반에 들어가 동북은 계속 큰 충격을 받았다. 그 시작은 러시아의 침입이었다. 전술한 것과 같이 이때 청조가 지배한 동북의 범위는 대폭 축소되어 있었다. 러시아의 남하는 쇄국을 벗어난 일본에게도 동북에 대한 전략적 관심을 불러 일으켰다. 세기말에 일어난 청일전쟁은 제2의 충격이었지만 그 무렵 러시아나 일본의 손으로 동북 땅에 근대화된 공업문명을 갖고 들어오기 시작하였다. 외국 세력은 농업문명이 아니라 공업문명을 가지고 몰려왔다. 동북에서도 철도, 항만, 공장, 광업 등이 나타나게 되었다. 동북은 외국의 투자대상이 되어 제국주의 식민지로 변모하였다.

동북의 공업화는 눈부신 속도로 진행되었다. 그에 따라 러시아인, 일본인, 구미인 등의 모습도 증가하여 동북은 국제적인 투자 식민지의 풍모를 갖추기 시작하였다. 그러나 외국자본에 의한 공업화시대의 도래는 거기에 이르기까지 한족 농민이 운영하는 농업개척의 축적 없이는 생각할 수 없었다. 귀족·지주·상인·관리의 횡포를 견뎌내면서 참을성 있게 개척지를 넓히고 농업을 축적한 그들의 노고가 있었기 때문에 급속한 공업화도 가능했던 것이다. 수렵문명 위에 농업문명이, 농업문명 위에 공업문명이 각기 외부로부터 접목되게 되었다. 이것이 동북 역사의 큰 특징이다.

20세기에 들어와 동북은 또 하나의 큰 충격을 받았다. 1911년의 청조 붕괴(신해혁명)이다. 20세기 중반까지도 계속된 만주족 왕조가 멸망하여 정권은 다시 한족의 손으로 돌아갔다. 정복자였던 만주족은 왕조를 잃었고, 정예 만주 팔기도 해체되었다. 만주족은 특권도 업무도 박탈당했다. 실제로는 이미 그때 만주족 대부분이 쇠락하여 금지되었던 한족과의 동화도 진행되었다. 상황은 중화에서도 동북에서도 마찬가지였다. 게다가 일단 내팽개쳐진 그들의 고향은 오랜 시간이 지나면서 한족의 개척 파도에 휩쓸려버려 이제 와서 만주족이 되돌아갈 토지도 아니었다.

동북 땅은 청조라는 지배자도 만주족이라는 본래의 주인도 잃었다. 활과 화살로 대담하게 한족을 정복해 버린 만주족은 250년간 중화에 군림했던 영화의 결과로 호미와 괭이로 만주를 일군 한족에게 고향을 빼앗겼다. 뿐만 아니라 만주족 스스로가 자신이 증식시킨 한족 안으로 흡수되어 버렸다. 이것은 장대한 역사의 역설이라고 말하지 않을 수 없다. 동북은 '주인 없는 토지'가 되어 버린 셈이다.

이 상황을 이용하여 나타난 것이 '만주국'이다. 이것도 또한 동북에게 큰 충격을 주었다. '만주국'은 오족협화를 주창하며 민족합작국가라고 공들여 치장하지만, 내용은 일본민족을 지배자로 한 정복국가 바로 그 자체이고 결국 제국주의의 식민지였다. 그것은 만주족을 지배자로 하면서 복수의 민족을 규합하여 만든 정복국가인 대청제국과도 어딘가 닮았다.

일본과 러시아는 전략상, 동북을 중화에서 분리할 모략이 있었다. 동북이 '극동의 발칸'이나 '극동의 화약고'라고 불리는 것과 같이 실제 이곳을 무대로 하여 청일전쟁, 러일전쟁, 만주사변 등의 무력충돌이 일어났다. 외국세력은 전략과 투자의 목적으로 동북에 침입하여 동북과 중화 사이를 분단하고 동북을 '독립'시킬 계획을 품었다. 그 끝에 출현한 것이 '만주국'이다.

외국의 침입은 중화에서 동북으로의 한족 이주를 종래와는 비교가 안 되는 규모로 촉진하는 결과를 낳았다. 공업개발투자의 진전은 중화에서 농민 유입을 단숨에 가속시켜 동북 인구는 순식간에 팽창하였고 압도적 부분을 한족으로 채워 버린 상태가 되었다. 외국세력도 동북이 한족 땅이 되는 것을 조장할 뿐이었다.

냉정히 보면 현실은 그러하였다. 그럼에도 불구하고 새롭게 동북 땅에 만들려고 한 국가의 이름을 일부러 '만주국'이라고 한 것은 시대착오적이었다. 설명이 중복될지도 모르겠지만 만주족은 고향 상실이라는 치명적인 대가를 지불하며 공전의 대청제국을 쌓고 최고 신분에 올라 오랫동안 한족 위에 눌러 앉았다. 그렇지만 그 때문에 스스로 한족에 동화·흡수되어 거의 흔적 없이 사라지고 흩어져 버리는 또 하나의 대가를 치러야 했던 것이다.

만주는 분명히 중국 동북에서 태어났다. 그리고 중국 동북은 만주에게 버려졌다. 그 대신에 그것을 추스른 것이 한족 농민이었다. 그들은 동북 대지를 계속 착실하게 일구어 사실상의 주인이 되었다. 그런 토지에 '만주국'이라는 이름이 어울리지 않는 것은 확실하다. 어떻게 봐도 '만주국'이라는 이름은 그 실체를 드러내지 못하였으며 그런 의미에서 보아도 허구의 국가였다.

만주에서 여러 민족의 지배

'팔기' 체제에서 '지역 자치'로

유효종[1]

만주국의 영토가 되었던 현재 중국 동북지방과 내몽골자치구의 동부지역(이하 '만주')이 '중국' 판도 속에 본격적으로 편입되어 그 전역이 한족의 거주지역이 된 직접적인 계기는 만주인의 나라 '청'이 산하이꽌을 넘어 '중원'에 들어가 전 중국을 지배하에 두었기 때문이다. 한족 이주는 그 이전에도 보여지지만 랴오허遼河 하류지역 중심의 한정적인 것으로 본토 북방민족의 지배하에 놓인 경우가 많았다.

청의 입관에 따라 한족 이주의 길이 열렸다고 하더라도 그 과정이 곧 바로 진행된 것은 아니었다. 입관 초기에 청은 만주 개간을 위해 한족을 모집했지만 사회 안정이나 그에 따른 인구 증가로 입주자가 급증하면서 새로운 이주를 금지함과 더불어 이미 이주한 사람들도 본적지로 돌려보내는 대책을 취했다. 그 후 중국 내지의 인구 증가가 더욱더 심화되는 한

---

1 劉孝鐘, 1954년생. 민족관계론, 동북아시아사. 저서로『変容するモンゴル世界』(共著, 新幹社)가 있다.

편 청도 전성기를 지나 국가통제가 저하되기 시작한 18세기 말부터 다시 유입이 격화되었다. 게다가 19세기 후반부터는 러시아 동진에 대응하여 국경지대의 방위체제를 강화하는 일환으로 '이민실변'책이 취해지면서 눈사태가 나듯 급격하게 한족이 유입하게 되었다.

무엇보다도 지역주민의 압도적인 부분을 한족이 차지하게 되었다고 해서 바로 한족 지배가 확립된 것은 아니지만, 청 건국 이래 본토 주민 각 민족의 생활이나 상호관계를 규정해 온 체제는 부분적인 변화를 더해 가면서도 기본적으로는 유지되었다. 그런 의미에서도 한족이 지역주민의 압도적 다수를 차지하게 된 19세기 말은 과거 체제가 본격적으로 무너지고 그에 대신하는 한족 중심의 '신체제'가 만들어져 가는 오랜 과정의 출발점이었다.

1. 청조시대의 민족 지배체제

건국 이래 청은 자신의 발상지인 만주에서 네 종류의 서로 다른 체제를 운용하면서 지역주민을 지배하였다. 네 개의 체제는 당시 지역주민이 된 네 개의 민족 혹은 민족 집단 각각에 대응하는 형태로 만들어졌지만 서로 밀접하게 결합되어 전체적으로 지역에 대한 청조의 지배체제를 이룬 것이다.

첫째는 팔기제이다. 팔기제는 원래 만주인의 전신인 여진족의 독특한 군사, 행정조직이지만 누르하치가 여진의 여러 부족을 통일한 후 점

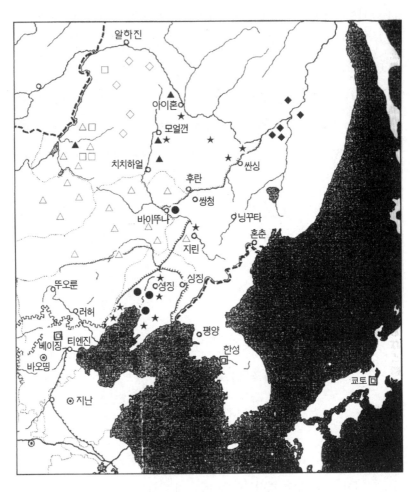

●● 한
★★ 만주
△△ 몽골
□□ 소론 (에벤키)
▲▲ 다우르
◇◇ 오로천
◆◆ 나나이(허저)

청조시대 만주의 민족분포(1820년대)

차 확대되었다. 기본적으로 만주(여진)인을 대상으로 하지만 건국초기에는 청에 '귀화'한 몽골인과 한족에게도 적용되어 '팔기만주', '팔기몽골', '팔기한군'이 생겼다. 이러한 세 개의 팔기군 대부분은 입관하여 수도 베이징을 비롯한 관내 각 주요 지역에 배치되었지만 일부는 본토에남아 펑티엔[奉天], 헤이룽지앙[黑龍江]장군 등을 정점으로 한 지역 지배체제 전체의 골간을 이루었다. 아무르 강 유역으로 러시아가 진출하던 17세기 후반부터는 그때까지 '변민(邊民)'이었던 다우르, 소론, 오로천 등퉁구스계의 원주민에게도 이 제도가 도입되었다.

다음은 몽골인을 대상으로 한 맹기제(盟旗制)인데, 몽골 지배를 위해팔기제를 응용한 것이라고 한다. 그 기본 단위는 '기(旗)'이다. 기는 과거몽골의 유목 구획을 고쳐 새롭게 책정한 분봉 영지에 설치한 것으로 자사크의 영주가 지배하는 독립성이 강한 소왕국 같은 존재였다. 자사크는 기내의 행정, 군사, 사법, 징세 등 전권을 위임받아 문자 그대로 기의봉건영주였다. 기 위에 맹을 두었고, 맹장(盟長)은 그 맹에 속한 자사크중에서 황제로부터 임명되었지만 스스로 명령을 발포할 권한은 없었으며, 맹은 황제를 대신하여 자사크를 감독하는 기관에 불과하였다. 결국이 시스템은 과거 지배층을 우대하고 회유해서 체제 내적으로 변화시키는 한편, 몽골인 사회를 독립성이 강한 기를 단위로 재편하여 분할통치하기 위해 만든 것이다.

셋째는 한족을 관리하기 위해 도입한 중국식 부(府), 주(州), 현(縣)제로, 1653년에 랴오양[遼陽]부를 설치한 것을 시작으로 먼저 랴오하 일대의 한족지역에 확대 적용하였다. 그 후 한족의 유입이 증가하고 이주 지역이 쑹화강[松花江] 유역까지 확대되자 1800년에는 창춘청[長春廳]이 설치되었다. 일반 한족에게 군역 의무는 없었으며, 그들은 장군과 동격인 장관(長官) 부윤(府尹)의 통치하에 민지(民地) 개간이나 상업, 그 외 각종 생업에 종사하였다.

마지막은 '변민'제도라 불리는 것으로 변경의 일부 주민에게 적용되었다. 그들은 도성 근처에 이주하여 팔기에 편입되었던 만주인과는 달리 원래 거주지에 머무는 것이 인정되어 팔기에 편입되지도 않았다. 그 대신에 매년 청에 표피(豹皮)를 공납하는 것이 의무였다. 단 17세기 이래 그중 팔기에 편입되는 집단도 출현함에 따라 점차 대상이 축소되었고 1858~1860년에 헤이룽강 좌안과 우수리강 우안이 러시아에 할양됨으로써 결과적으로 소멸하게 되었다.

이러한 네 개의 제도 혹은 체제는 전체적으로 각 민족 집단 간의 접촉을 가능한 한 차단하여 각 민족 집단을 각기 분할 지배하려는 발상에서 나온 것이다. 또한 각각 체제의 지배하에 두어 여러 민족이 서로 다른 지방에 통합되어 있는 상황에도 부응한 것이었다. 이러한 점은 결과적으로 각 민족 집단이 통합을 유지하기에 유리한 조건으로 기능할 가능성이 있었고 실제로 그렇게 작용한 경우도 많았다. 그러나 이 체제는 몽골인의 경우에서 두드러지게 나타나듯이 지역을 넘어 동족 간에 결합하는 것을 방해하여 분단시킬 가능성도 있었다. 몽골인에게는 청조가 처음부터 의도적으로 적용한 것이지만 다우르인처럼 반드시 의도된 것이라고 보기 어려운 경우도 있다. 팔기로 편성하는 과정에서 훌룬보이루 지역과 푸도하 지역 등으로 거주지역이 나누어진 다우르인은 서로 다른 지역에서 오랫동안 생활하게 됨에 따라 각기 서로 다른 의식을 형성하게 되었다. 여기에서 네 개의 다른 제도에 따른 분할 지배에는 민족성 유지와 민족이나 민족 간 관계 재편이라는 상이한 2개의 벡터(Vector)[2]의 가능성이 동시에 잠재해 있다고 할 수 있다.

2. 두 개의 동화주의 — 중화민국과 만주국의 민족 지배정책

주지하는 바와 같이 1911년 후룬보이루 지역에서의 독립선언은 직전의 몽골독립선언과 연동하는 형태로 되었다. 그 배경의 하나로 1907년부터 시행되기 시작한 '민치제(民治制)'(현치제, 부현제) 도입을 골자로 한 일련의 관제 개혁에 대한 반발이다. 이 관제 개혁은 점차 강해진 일본 등의 외국 세력에 의한 분할 위험에서 변경을 지키려는 목적과 동시에 유목지 등의 개방을 통해 지역을 개발하려는 의도에서 시작된 것이다. 그러나 그것은 지역의 최고 통치자인 부도통(副都統)이 처음으로 한족을 임명한 것에서 상징되듯이, 19세기 후반 이래 내몽골 지역으로 한족의 유입이 증가함으로써 이 지역에서도 농지 확대의 물결이 본격화되었음을 보여주는 것이다. 이 지역에서 예전부터 거주해 오던 여러 민족의 입장에서 보면 자기들의 전통적인 생활 기반이 근본적으로 위협되는 것이었다.

후룬보이루 지역에서의 독립선언은 외몽골 경우와 마찬가지로 그 자체로 실현되지 못하고 과거 체제를 거의 그대로 온존하여 중앙 직할하에

---

2 크기와 방향으로 표시되는 양(속도 · 힘) 등에 대하여 쓴다.

있는 '특별(자치)구역'으로 일단 낙착되었지만 이는 청조를 대신한 중화민국에게도 하나의 '양보'였다. 왜냐하면 그에 따라 유목지 등으로의 한족의 유입은 다시 제한되어 일단 팔기제도 존속하게 되었기 때문이다.

그렇지만 후룬보이루 자치를 만들어 낸 하나의 요소였던 제정 러시아가 혁명으로 무너지고 대신 수립된 지 얼마 되지 않는 소비에트 정권이 열강의 간섭을 받는 상황이 되어 '특별구역'은 취소되고 현치제가 본격적으로 도입되었다. 더욱이 그와 동시에 기를 중심으로 한 종래의 제도가 폐지된 것은 아니지만 그것이 종래와 같이 지역 전체를 통괄하는 체제는 이미 아니어서 부현제가 실시되는 지역에서 한족 이외의 여러 민족을 관할하는 보조적 제도로 점차 변질 되어갔다. 한편 동북 군벌하에서 분할된 헤이룽지앙, 지린, 펑티엔(랴오닝) 각 성에 편입된 내몽골 동부지역의 사태는 한층 더 심각하여 재정수입의 확대를 노리는 군벌정권에 의해 '몽지(蒙地)'의 불하나 그와 관련된 현치제의 확대가 급속히 진행되었다.

민족 관계에서 보면, '한화(漢化)'의 심화를 의미하는 프로세스는 그 대상이 된 여러 민족의 반발을 불러일으키면서 만주사변으로까지 이어졌다. 그것을 가능케 한 큰 요인 중의 하나는 이민족 왕조인 청을 대신하여 만주에서도 이미 인구의 압도적인 부분을 차지한 중화민국을 책임진 다수민족의 한족이었던 것은 말할 것도 없다. 그리고 '오족공화'라는 슬로건은 이를 뒷받침하는 것이었다고 할 수 있다.

만주국이 중화민국과 마찬가지로 특정 민족(이 경우는 일본)에 따른 일원적인 지배를 꾀하면서도, 민국기까지의 상황과는 달리, 구체적인 제도의 유무나 본연의 모습이 어떻든 기본적으로는 청조시대의 분할지배

방식을 다시 도입할 수밖에 없었던 이유도 바로 이런 점에 있었다고 할 수 있다. 즉 한족과의 관계에서 보면, 만주국은 무력으로 그들을 그 토지와 함께 동족 국가로부터 분리시켜 자신들의 지배하에 둔 것이었다. 게다가 한족이 압도적으로 다수를 차지하는 상황이 변하지 않은 만큼 한족의 민족 통합을 가능한 한 약화시켜 영향력을 막는 것은 만주국 그 자체의 존립에도 요긴하였다. 따라서 민족분할통치는 그를 위한 유효한 묘책으로 생각되었던 것이다.

그러나 분할통치로 일본인이 한족을 대신하여 지배민족 지위에 올랐지만 인구수로는 절대적인 열세였다. 민국시대 한족처럼 스스로 확대해 나가는 방법을 취할 수 없었던 일본인은 다른 여러 민족을 동원하여 한족을 억누르는 방법을 택하였다. 그것은 필연적으로 여러 민족 간의 반목과 대립을 조장하고 심화시킬 수밖에 없었다. 동시에 이것은 민족으로 자기 유지나 확대를 기대하고 만주국에 바짝 다가온 여러 민족도 배신하여 그들을 더욱 더 괴로운 상황에 빠지게 만드는 것이었다.

몽골인 지배를 위해 1932년 내몽골 동부지역 휴룬보이르를 포함한 지역에 설치되었던 싱안성[興安省]은 이러한 민족 분할지배의 상태를 보여준 좋은 예라고 할 수 있다. 싱안성은 원래의 구역 안으로 한족의 이주나 개간을 금지하고 왕공(王公)을 성장(省長)이나 기장(旗長)에 임명하는 등 본토 민족의 기대에 부응하는 일면도 있었다. 그러나 그것은 일본이 처음부터 만주사변을 몽골이 다시 독립할 수 있는 호기로 파악하고 활동한 몽골 여러 세력의 움직임을 적극적으로 이용하여 몽골인 지역 그 자체를 만주국과 중화민국 사이의 방파제로 삼으려는 의도에서 구상된 것이다. 따라서 몽골의 독립은 물론이고 성장이나 기장을 본토 사람 중에서 발탁하고, 참사관 등의 지위에 배치된 일본인 감독하에서 행정이 내실화 되었다는 것에서 단적으로 보여주는 것과 같이, 싱안성을 설치할 때의 선전 문구였던 '자치'와도 거리가 먼 것이었다. 그 외의 다른 민족은 싱안성 같은 형태로 존재하지 않았고, 있는 것은 '민(오)족협화'라는 공허한 슬로건과 일본인을 정점으로 서열화 된 민족 간 관계뿐이어서, 그들은 민족 간 대립과 그에 대한 대응을 계기로 한 동족 내부의 분열 가능성을 항상 가지고 있었다.

3. 만주국의 질곡 – '과경민(跨境民)'의 도가니

그런데 만주국 여러 민족에게 공통적으로 두드러진 특징의 하나는, 만주지역의 거의 모든 민족이 '과경민'이라는 것이다. 즉 만주국과 국경을 접하고 있는 여러 지역이나 국가에 통합되어 있는 동족이라는 점이다. 따라서 이러한 점을 어떻게 파악하고 그에 대해 어떻게 대응해 갈 것인가는 민족 정책에 있어서 뿐 아니라 만주국의 존립 그 자체와도 관련된 중요한 포인트이다.

물론 각각의 민족이 '과경민'이 된 경위는 각기 다르다. 일본인, 조선인, 러시아인 등은 비교적 새로운 시기에 국경을 넘어 이 지역에 유입된 민족인 데에 반해, 만주인이나 한족은 만주국 건국 그 자체의 결과로 '국경'을 걸치게 되었다. 그리고 러시아의 국경지대에 거주하는 소수민족은 19세기 후반 러시아의 영토 할양으로 동족으로부터 분단된 민족이다. 이러한 경위의 차이 때문에, 당연하겠지만 민족 사이에는 만주국에 대한 견해도 국경 건너편에 있는 동포를 생각하는 상황도 각각 달랐다. 그러한 차이는 같은 민족 내부에서도 보였다. 그러므로 만주국 민족 지배정책은 만주국 구성원으로의 '자각'을 촉구하여 통합시키는 것을 기본으로 하였다. 그러면서도 통합을 위한 개별 정책을 수행하는데 있어서는 거주하는 여러 민족 각각의 '과경성(跨境性)'의 상태와 만주국과의 이해관계 혹은 이용가치 등과의 관계를 면밀하게 계산하여 추진할 필요가 있었다.

만주국에서 국경을 넘는 동족 사회와의 연결에 가장 엄격한 제한을 가한 것이 한족이었던 것은 당연한 일이었다. 그러나 그렇게까지 엄격한 것이 아니었더라도 다른 민족의 경우도 과경성에 대해 어떠한 '배려'가 드러난 예는 거의 없었다. 오히려 역으로 조국이나 동족이 사는 국가를 상대로 했던 첩보활동 등에 내몰려(예를 들어 '백계') 러시아인이나 오로천 등 소수민족의 예에서 보는 바와 같이 과경성을 잔혹한 형태로 이용한 경우도 많았다. 몽골인에 대해서도 마찬가지였다고 말할 수 있다. 한족에 대한 대책이라는 의도도 있지만 싱안성 설치에서 볼 수 있는 것과 같이 몽골에 대한 어느 정도의 '우대'정책을 도입하였다. 그러나 만주국을 건국할 당시 몽골인이 가장 기대를 걸었던 '내외몽골인의 재통합과 독립'에 대해 만주국이 처음부터 부정적이었던 것은 잘 알려져 있는 그대로다. 만주국 측의 이러한 기본방침은 당연하게 해당 몽골인을 점차 만주국으로부터 분리시킴으로써 사람들로 하여금 결국 한을 품고 만주국에 대적하게 만들었다. 싱안북성의 성장으로 발탁된 후 소련과의

'내통' 혐의로 체포되어 일본인에게 처형된 다우르인 린셴[凌陞](별명 푸산[福善])의 행보는 만주국에 기대를 걸고 급히 참여한 소규모 민족과의 동상이몽의 엇갈림으로 약한 자가 감당할 수밖에 없었던 비극성을 가장 극적인 형태로 드러낸 것이라고 할 수 있다.

이상과 같은 상황을 공유하면서도 조선인, 대만인은 다른 민족과는 조금 다른 위치에서 만주국 운영에 영향을 미쳤다. 그들은 만주국 이외의 다른 지역이나 국가와 마찬가지로 일본의 지배를 받고 있지만 만주국에서 그들의 과경성이 유난히 번거로웠던 것은 그들이 동일하게 일본의 지배를 받지만 적용된 제도나 정책은 거주한 장소에 따라 각각 달라 그들 사이에서 정합성의 확보나 유지가 쉽지 않았기 때문이다.

조선인과 대만인은 조국이나 고향이 일본 식민지가 되었고, 만주국에서 '일본 신민'으로 일본의 만주국 지배를 지지하는 의무를 갖게 되었다. 특히 조선인에 대해서는 '민족협화'를 추진하는 핵심 '오족'의 하나로 보다 큰 역할이 기대되었다. 그렇지만 그들은 '일본 신민'으로 살면서도 (원래의) 일본인과는 달리 (일본)국적법을 적용 받지 못하여 일본 국적에서 이탈하거나 그것을 전제로 한 제3국으로의 국적변경이 불가능한 처지였다. 이것은 국외에서의 항일운동을 보다 유리하게 추진하기 위한 수단으로 해당국으로 국적편입이 이용되는 것을 방지하기 위한 대책의 일환이었던 것으로 추측되고, 실제 그와 같이 기능하였다.

한편 만주국 측에서 보면, 스스로를 실체화하기 위해 무리를 하더라도 그곳에 거주한 사람들을 새로운 '국민'으로 만들어낼 필요가 있었기 때문에 최대한 빨리 국적법을 제정해야 했다. 그렇게 만들어진 '국민' 중에는 당연히 조선인도 포함되었다. 그러나 그렇게 하는 것은 일본이 항일운동 억압을 위한 유력한 수단을 스스로 포기하는 것이어서, 조선인이 대거 만주로 유입될 위험성도 있으므로 조선 지배 그 자체를 뿌리에서부터 위협할 지도 모르는 것이었다. 만주국이 갖가지 시안이나 초안을 작성하면서도 붕괴될 때까지 결국 국적법을 제정하지 못했던 이유는 만주국 국적을 취득할 경우 일본 국적을 상실할 것을 두려워한 일본인을 위한 것이었다는 견해가 있지만, 보다 근본적인 원인은 역시 조선인, 그리고 대만인에 대한 '지배'와 '이용'의 양립이 특히 만주국에서는 어려운 일이었다고 보는 것이 타당할 것이다. 조선 등의 '식민지 지배'와 '만주국 지배'는 양립할 수 없는 모순 관계에 있었으므로 이러한 의미에서 만주국은 자기 붕괴의 계기를 처음부터 내포하고 있었다고 할 수 있다.

4. 지역 자치와 민족식별

중화인민공화국 건국 전 1947년 5월에 진행된 내몽골자치정부 수립은 일본의 패전으로 만주국 붕괴와 함께 재현된 내외몽골의 통합과 독립을 지향하는 몽골인 운동이 다시 실패하여 중국 판도에서 '민족자치' 형태로 결말지어진 것을 보여주었다. 동시에 민족자치는 신중국 민족 지배정책에서 기본 구조의 원형으로 형성되었다. 자치정부 성립을 맞아 공산당이 제시한 '평등 자치' 이념은 한족을 포함한 구역 내 모든 민족이 '일률적으로 평등'하다는 원칙을 기초로 서로 문화나 습관 등을 존중하면서 '새로운 내몽골을 공동으로 건설하자'는 것이었다. 그렇지만 실제 정부를 형성할 때는 몽골인이 보다 큰 비중을 차지하였다. 이 경험은 1949년 '정치협상회의 공동강령'에서 '각 소수민족이 집거한 지역에서는 민족의 지역적 자치를 실행하여 민족 집거의 인구 다과 및 지역의 대소에 따라 각각 각종 민족의 자치기관을 설립해야한다'는 형태로 정식화되어 중국의 새로운 민족정책의 근간이 되었다. 이 규정에 따라 많은 '민족자치구'가 설립되어 1955년에는 '지역 자치'를 실행하는 단위(민족자치지역)가 자치구, 자치주, 자치현(縣) 세 개 레벨로 구별되었다. 민족향(民族鄕)은 '자치 지역'이 아니지만 실질적인 운영에서는 '자치 지역'에 준하는 배려가 있었다.

그렇지만 여기에서 말하는 '민족의 지역 자치'는 해당 지역 명칭에 자신의 민족명을 덧씌워 '자치 민족'이 주체가 되는 본래 의미의 '민족 자치'는 아니지만 어떻든 해당 지역이 주체가 되어 이루어진(이른바 '지역 자치') '자치 민족은 민족 생활을 배려한 대상이나 객체라는 것이 점차 명확하게 되었다. 몽골인을 비롯한 '소수민족' 스스로가 이런 점을 자각하여 결정하게 된 것은 아니지만, 어쨌든 이것은 몽골자치정부 성립 시 '평등 자치'의 원칙에서 본다면 크게 후퇴하여 변질된 것이라고 할 수 있다. 더욱이 '자치 민족'이 배려의 대상이 된 이상 민족 간부 육성과 지역에서 인구비율을 상회하는 비율의 간부 발탁, 민족 언어에 따른 교육이나 출판 사업 등 민족 생활의 유지 발전에 관계된 여러 가지 우대조치가 취해진 것은 '지역 자치'가 가져다 준 성과로 민족 생활의 유지나 발전에 큰 의미를 가지게 되었다. 그러나 한편으로는 유목지역으로 한족이나 다른 민족이 유입되어 자연환경을 크게 변화시켰을 뿐만 아니라 각종시설 및 산업 유치, '민족 자치' 등, 소위 민족으로서의 생활 근간과 관련된 중요한 정책 결정은 처음부터 그들 권한 밖의 것이었다.

이와 더불어 '지역 자치'가 가져온 큰 문제점의 하나는 '배려'의 틀을 '지역' 단위로 구분함으로써 '지역' 그 자체가 벽이 되어 '지역'에 걸친 같은 민족끼리의 횡적 관계가 단절되었다는 점이다. 그 결과 민족 생활의 개선과 향상을 위한 다양한 운영일지라도 민족이 주어진 각각의 '지역' 틀 안에서 분단되게 되었다.

'지역 자치'가 가져온 이러한 면과 더불어 신중국 건국 이래 여러 민족의 '민족으로서의 생활'에 큰 변화를 가져온 것이 '민족식별공작'이다. '식별공작'이라는 것은 '지역 자치'를 전제로 어디에 어느 '소수민족'이 어느 정도 존재하는가를 조사할 목적으로 진행된 것이지만 민족을 구분하는 작업이 중심이 된 결과 자연스럽게 민족 간 경계가 명확하게 부여되었다. 자치정부 성립으로 내몽골 자치구 안에 편입된 후룬보이루 지역에서는 오로천, 에벤기, 다우르인이 각기 개별 민족으로 '인정'되어 1950년대 후반까지 각각 자치기(自治旗)를 부여받았다. 이 3개 민족의 '식별' 과정에서는 당사자들의 '희망'도 고려되었기 때문에 결과가 반드시 당국에 의한 일방적인 것이라고는 할 수 없다. 그러나 개별 민족으로서 각각의 '식별'이 각 민족의 민족생활에 플러스로 작용했다고 할 수 없고 '지역 자치' 원리나 이러한 민족의 수가 더불어 소수가 됨으로써 민족 생활의 폭을 오히려 협소하게 만든 면이 있음도 사실이다. 이러한 민족은 청조시대에 같은 팔기제 안에 편입된 이래 거주 지역을 조금씩 달리하면서도 몽골계의 바루카인과 함께 지역 전체를 공동의 장으로 형성하여 긴밀한 관계를 만들었다.

한편, 한국전쟁 전후 시기 조선족의 경우를 제외하고, '만주'에 있는 소수민족의 '과경성'은 만주국 붕괴까지의 상황과 마찬가지로 엄격하게 통제되었다.

요컨대, '지역 자치'라는 새로운 시스템을 기본으로 하는 신중국 민족 지배정책이나 그를 위한 여러 가지 제도는 몇 가지 점에서 새로우면서도, 기본적으로는 청조 이래 분할 지배의 연장선상에 있었던 것으로, 여러 민족의 내부통합보다는 우선 중국인(이른바 '중화민족')으로 통합을 주목적으로 한 것이었다.

이른바 개혁개방 정책을 실시한 이래, 민족을 둘러싼 상황도 크게 변하였다. 무엇보다도 국경을 넘는 동족끼리의 재회나 교류가 활발해졌다. 국내 이주 자유도 대폭 확대되어 지역을 넘는 동족끼리의 교류도 활발해졌다. 그러나 잊지 말아야 할 것은 개방이 결코 국경 밖만을 대상으로 한 것이 아니라 동시에 국내 다른 지역이나 다른 민족으로 개방되는 면도 있다는 점이다. '민족자치지역' 등 소수민족 집거지 입장에서 본다면, 그것은 불충분하지만 어느 정도는 제한되어 해당지역의 한족을 중심으로 다른 민족의 유입 가능성이 한층 높아졌음을 의미하는 것이다. 다시 말하면, 그것이 가져다 준 지역 환경의 변화와 함께 결과적으로 '지역'을 단위로 한 민족의 통합이나 민족 독자성 유지가 점차 곤란해져 '지역 자치' 그 자체도 점차 변질되어 가는 것을 의미한다고 할 수 있다.

수상 조직과 네트워크 조직의 운동 특성 차이에 대하여

만주와 샨뚱성의 비교를 중심으로

야스토미 아유무[1]

본고의 목적은 20세기 초 중국 동삼성에 성립한 '만주' 사회의 형성 과정과 그 운동 특성을 분명하게 밝히는 것에 있다. 여기에서 '만주' 사회라는 것은 동시대의 일본인이 막연히 '만주'라고 불렀던 이 지역에 성립한 한족 중심 사회를 지칭한다.

20세기 전반기 만주 주민의 대부분은 화북에서 이주한 한족이다. 특히 샨뚱성에서의 이민이 주류를 이루는 것으로 알려져 있다. 본고에서는 샨뚱과 만주의 시장구조를 다양한 관점으로 비교하여 전자는 네트워크 조직, 후자는 수상 조직(dentritic)이라고 하는 형태상의 차이가 있었음을 밝히고자 한다. 더욱이 양자의 차이가 어떤 이유로 생겨났고 그 운동

---

1 安富步, 1963년생. 일본식민지경제사. 저서로『満洲国の金融』,『貨幣の複雜性』(創文社)가 있다.

특성의 차이가 어떠한 역사적 의미를 지녔는지 고찰할 것이다. 이하의 논의는 야스토미(2002), 야스토미·후쿠이(2002), 후카오·야스토미(2004), 야스토미·나가이(2004)의 연구를 참조하였다. 자세한 것은 이들 연구를 참조하고, 특별히 필요한 경우를 제외하고는 참고한 자료와 문헌을 명기하지 않았음을 언급해 둔다.

1. 인구 밀도와 도시 분포

산똥과 만주의 인구 밀도와 도시 분포를 비교해 보자. 1930년대 산똥성 인구는 3천여 만 명으로 인구 밀도는 200명/1㎢을 넘는 수준이었다.[2] 한편 '만주국'에서 이른바 몽지(蒙地)인 싱안(興安) 4성과 러허[熱河]성을 제외한 지역의 인구는 1940년 국세(國勢)조사에 의하면 3,655만 명으로 산똥성과 거의 같은 수준이었다. 이 지역의 인구 밀도는 47명으로 산똥성의 1/4 정도이다.

산똥성 도시 분포를 보면 인구 5만 명 이상의 도시는 칭다오[靑島](47만 명), 지난[濟南](44만 명), 즈푸[芝罘](17만 명), 웨이하이웨이[威海衛](15만 명) 등 11개 정도다. 그런데 몽지를 제외한 만주국에는 펑티엔[奉天](114만 명), 하얼삔[哈爾濱](66만 명), 신징[新京](55만 명)을 비롯하여 인구 5만 명 이

---

2 南満洲鉄道株式会社調査部, 1939.

상의 도시가 29개 있었다.[3]

　인구 규모는 거의 동일하나 인구 밀도가 1/4 밖에 안 되는 지역에 큰 도시가 더 많다고 하는 이 현상은 양 지역의 시장구조 차이를 반영한다. 스키너(1964)로 대표되는 일련의 연구에 의하면, 중국 본토에서는 정기시(定期市)가 많이 관찰되는데, 이는 농촌 지역사회의 가장 중요한 기구 중의 하나라고 알려져 있다. 농촌 지대에는 농민이 도보 등으로 비교적 쉽게 접근할 수 있는 집시(集市)가 있는데 농민은 그곳에서 생산물을 판매하고 생활물자를 구입하고 또 각종 서비스를 공급받았다. 정기시는 단지 경제적인 기능뿐만 아니라 갖가지 소통의 결절점(結節點) 역할도 하였다. 농민에게 밀착된 수준의 집시(集市) 위에 도매 기능을 가진 보다 큰 집시, 한층 상위 수준의 집시라는 계층성이 보이지만 개개의 집시는 상층의 단독 집시에 종속되는 것이 아니라 복수의 상위 집시와 관계된다. 이와 같은 정기시는 중층적이고 네트워크적인 특성을 지녔다. 샨뚱성은 그중에서도 인구당 정기시 수가 많은 것으로 알려져 있다.

　그러나 만주에서는, 관내에서 보이는 것처럼 중층적인 정기시 네트워크가 관찰된 지역은 거의 없다. 야스토미(2002)는 각 현의 현지(縣志)와 함께 각종 일본어 자료를 사용하여 그 분포를 조사하였다. 그 결과 만주에서는 징펑[京奉]선 연선과 조선 국경지대에 약간 분포하는 정도에 불과했고 그 이외의 지역에서는 거의 관측되지 않았다.

　정기시 네트워크 대신 만주에서는 현성(縣城) 혹은 철도역이 현(縣) 전체 유통의 독점적 집결지가 되어 각지 농민이 그 중심지와 직접 거래하는

3　東亜研究所, 1940.

형태의 기구로 기능하였다. 이시다 고헤이[石田興平]는 이를 '현성경제(縣城經濟)'라고 불렀다.[4] 현성에 잡화상 · 량잔(糧棧) · 대지주 등이 연호(聯號) 등의 형태로 서로 연휴하면서 존재하여 보통은 영세한 점포 상인과 행상인을 거쳐 농민과 접촉하고, 경우에 따라 가을 수확을 담보로 한 금융을 공여하였다. 수확기에는 농민이 현성에 가 현성의 곡물 도매상에게 생산물을 직접 판매하고 관련 잡화상으로부터 생활필수품을 구입하였다. 현성은 펑티엔 · 하얼삔 등 대도시와 이출입(移出入)의 교역 · 금융 관계가 있었고, 이 대도시는 잉커우[營口] · 따리엔[大連] 등 항만도시와 연결되었다. 이러한 항만도시를 통해 중국 본토, 특히 샹하이[上海]와 만주의 관계가 이어졌다. 이시다는 이러한 중국 본토-항만도시-대도시-현성-농촌으로 이어진 수상(樹狀) 조직의 존재를 주장하였지만 이것은 상술한 중층적인 네트워크 정기시 기구와 대조적인 것이다.

2. 몽골말 · 장백산 삼림 · 엄동설한

이와 같이 샨뚱성과는 전혀 다른 시장기구가 왜 만주에서 샨뚱 출신 사람들에 의해 구축되었을까? 사견(私見)에 따르면, 그 첫 번째 요인은 몽골에서 공급된 말 때문이다. 20세기에 들어 한족이 급속히 이민을 시

---

4 石田興平, 1964, 242~257면.

겨울철 운송수단으로 널리 활용되었던 만주의 짐마차

작하기 이전, 만철선보다 서쪽 지역에서는 대개 '몽지(蒙地)'로 넓게 방목이 이루어졌다. 한족의 이주에 따라 방목지는 농지로 변하고 몽골인은 서쪽으로, 서쪽으로 쫓겨 갔다. 그런데도 몽골인이 사육한 가축 수는 방대하여 만주 한족은 생활물자와 이를 교환해 가축, 특히 말을 쉽게 얻을 수 있었다. 1930년대 후반의 경우, 몽지 이외의 만주에서 말과 소의 비율은 2 : 1로 말이 주류이지만, 샨뚱에서는 역으로 1 : 6으로 압도적으로 소가 많았다. 절대비교는 어렵지만 인구 1천 명 당 말의 데이터를 직접 비교해보면, 만주는 42마리인 것에 비해 샨뚱은 12마리였다.

말은 여름철에는 농경에 사용 되지만, 겨울철에는 짐수레를 이어 '대차(大車)'라고 부르는 짐마차로 사용된다. 이 짐마차의 재료, 특히 차축과 끌채[轅][5]를 만들 때 사용되는 광엽수 목재는, 장백산맥의 압록강 타이쯔[太子]하 유역에서 공급되었다. 이 광엽수의 견목(堅木)은 비중이 크

---

5 원(轅)은 수레의 양면에 길게 앞으로 나와 마소 등을 매는 곳이다.

기 때문에 수송에 적합하지 않고 수송비용이 많이 들었다. 청조 중기 이후, 만주에서 샨뚱으로의 목재 이출이 빈번하였지만 광엽수재는 거의 이출되지 않았다. 또 개척이 구석구석까지 미쳤고 삼림이 부족한 샨뚱성에서는 이렇게 많은 목재를 성내에서 확보할 수 없었다. 즉 만주에서는 짐마차용 목재를 확보할 수 있었지만 샨뚱에서는 어려웠다.

따라서 만주에서는 겨울이 되면 상당히 많은 농민들이 짐마차를 이용할 수 있었다. 만주의 겨울은 엄청난 한기 때문에 도로나 논, 강이 모두 얼어붙었다. 따라서 여름 동안은 진흙더미로 울퉁불퉁하여 통행이 곤란하던 도로가 겨울에는 완전히 포장도로로 변하였다. 매서운 한기는 물자를 보존하기에도 유용하였다. 예를 들면 여름철에 생선을 포획하면 매우 적은 양밖에 판매할 수 없지만 겨울철 결빙기에 강의 얼음에 구멍을 뚫어 잡은 생선은 순식간에 동결되어 봄까지 녹을 염려가 없었다. 따라서 냉동 보존된 생선은 만주 전역으로 팔려 나가고 때로는 멀리 러시아까지 수출되었다.

철도 부설 이전 창춘 주변의 농민들은 수십 대 대차의 대상을 조직하여 잉커우(營口)까지 왕복 한 달간 출하 · 매수 여행을 했다는 기록이 있다. 또 지린성 출신으로 도쿄대학에 유학한 어떤 연구자의 말에 따르면, 그가 아직 어렸던 1960년대 초 봄에 현을 두 개 정도 넘어야 했던 어느 농촌에 사는 할아버지가 대차로 그를 맞으러 왔다고 한다. 그는 꽃샘추위가 살을 에는 듯한 날씨에 하루 종일 대차를 타고, 무사히 할아버지 댁까지 갈 수 있었다. 겨울철 만주 농민의 이동 범위가 상당히 넓었음을 보여준다.

그러나 중요한 것은 이러한 마차 수송 시스템이 광범위하게 형성되기 위해서는 철도 건설이 불가피했다는 사실이다. 마차 재료로 쓰이는 광엽수는 물보다 무겁고, 장백산맥에서 벌목해도 강으로 흘러 보내는 것이 어려웠기 때문에 철도 부설 이전에는 공급량이 한정되었다. 이 때문에 19세기 말 무렵이 되면 마차 생산지는 목재공급지 근처, 즉 장백산맥 및 말 공급지, 즉 몽골과의 경계지대가 중요해졌다. 그러나 철도 부설 후에는 랴오양(遼陽) 등의 만철연선 도시가 유력하게 되었다. 즉, 마차 수송 시스템은 철도 부설과 함께 급격히 확대될 가능성이 높았다. 각 지역의 현지(縣志)를 보면 '거점(車店)'이라는 마차의 장거리 이동 중계시설이나, 마차에 붙은 세금에 대한 서술이 19세기 말 상황 정도로 한정되었지만 철도 부설 후에는 출현빈도가 급격히 높아졌다.

몽골말, 장백산 삼림, 건조한 엄동설한이라는 요인으로 겨울철에는 농민이 직접 현성에 접근하는 것이 가능하였다. 이러한 조건하에서는 현성(縣城)에 유통 말단기구를 설치하면 충분하였고 중국 본토처럼 현 사이에 수십 개의 정기시를 설치할 필요가 없었다.

일반적으로 정기시 네트워크가 있는 지역에 철도가 부설되면 상품 유통량이 급증하여 급격하게 정기시의 번영도 초래되는 것으로 알려져 있다. 만주에서는 그러한 정기시의 증가가 관측되지 않았다. 겨울철의 효율적인 짐마차 수송 시스템이 형성되고 철도가 부설되면 역이나 현성으로의 물류 집중이 더욱 가속되기 때문에 정기시는 오히려 쇠퇴된 것으로 여겨진다.

현성으로의 물류 집중은 유력 상인의 현성 집중을 초래하기 때문에 정치력의 현성 집중이나 인구의 현성편중을 초래하였다. 게다가 그들은 각지 진(鎭)의 소상점이나 행상인을 통해 농민과 접촉하고 수확기에는 직접 농민과 거래하여, 현성과 농촌과의 관계는 본토에 비해 긴밀했다. 그러므로 만주에서는 산똥에 비해 현성이 현 전체를 통제할 능력이 높았다고 짐작된다.

3. 사첩(私帖)과 현(縣)유통권

산똥과 만주의 현성 통제력을 비교하기 위해 양 지역에서 거래된 '사첩' 유통의 변화를 살펴보자. 사첩이란 민간 상점에서 발행한 지폐이다. 그 유통 범위는 중화제국 경제에서 통화 유통의 기본 단위를 반영한다.[6] 주지하는 바와 같이 통화 통합 문제는 중화민국시기 가장 주요한 정치 문제 중 하나였다. 그러므로 사첩 발행 권한의 현성 집중 정도를 보면 그 지역에서 현성의 현 전체에 대한 통제력의 강도를 추정할 수 있다.

1916년 10월에 실시된 산똥성 조사에 따르면, 산똥의 금융업은 매우 발달하여 전성(全省) 107현에 대해 은전업자(銀錢業者)는 천여 헌(軒)을 넘었고 많은 현에는 백 헌 이상도 있었다. 사첩은 금융업자뿐만 아니라 여러 상점에서 발행되었다. 전첩(錢帖)의 발행권은 완전히 상업관습에 따른 것이어서, 관청에 허가를 요청할 필요가 없었다. 현별 지폐 발행 상점 수는 7~100여 헌(軒)이었다. 산똥성 지난(濟南)에서는 1919~1922년에 전표(錢票) 발행이 가장 전성기여서 여러 업자가 잇달아 전표 발행업에 참가

---

6 黑田, 1996, 103~136면.

하였는데 그 수는 천 헌을 넘어 전표 인쇄업소가 250헌이 될 정도였다. 1925년에는 쟝쫑창[張宗昌]이 산뚱 지폐처리처를 설치하였지만, 성정부 지폐 신용 붕괴가 일어나 역으로 각종 지폐가 통용되는 것을 인정하는 상황이 되었다. 법폐(法幣)개혁의 영향으로 성(省)은 1936년에 사첩의 본격적인 회수를 시작하였지만 이것도 중일전쟁 발발로 중단되었다. 1940년 전후부터 '유통권'이 빈번히 발행되었지만 현뿐만 아니라 그 아래 '구(區)'가 유통권을 발행한 사례가 많은 것이 산뚱성의 특징이다.

한편, 만주에서도 1916년 자료에 따르면 사첩 발행 상점 수는 화이더[懷德]현에 45헌, 주앙허[莊河]현에 88헌, 티에링[鐵嶺]현에 248헌이었다. 이 수치는 사첩이 현의 통제를 받지 않고 독자 신용하에 발행되었던 것을 시사한다. 신해혁명 전후부터 이를 보다 공적인 통화로 치환하려는 노력이 본격화되어 1915년을 전후로 사첩 금지령이 몇 번이나 발령되었다. 특히 1917년 10월 2일에 실시한 사첩 금지령은 상당히 유효하여, 1929년 즈음 통상의 사첩 발행이 보고된 현은 만주 전체에서 10개현이 되지 않았다. 이렇게 하여 쓰카세[塚瀬](1993)가 주장한 것과 같이 만주사변 직전에 남만은 현(縣) 대양표(大洋票)와 조선은행권, 북만은 하얼삔 대양표와 관첩(官帖) 유통이 대부분을 차지하였다.

1931년 만주사변의 발발은 이 통화 시스템에 심대한 충격을 주어 만주 각 현은 엄청난 금융 경색에 직면하였다. 만주 상인들은 이 혼란에 사첩 발행으로 대처한 것이 아니라 현마다 유력자가 구성한 '금융위원회' 등을 결성하여 현공서와 협력하면서 '현(縣)유통권'이라는 지폐를 발행하였다. 야스토미·후쿠이[安富·福井](2002)의 조사에서는 50개현에서 현유통권 및 그와 유사한 지폐를 발행하였다고 하는 기록이 확인되었다. 만주국사편찬간행회에 의하면[7] 만주사변 시 만주 전체 60여 개 현에서 '사첩'이 발행되었고 총액이 1,200만여 원에 달했다고 한다. 여기에서 말하는 '사첩'은 '현유통권'을 의미한다.

일본군 침입하의 샨뚱 사례와 달리 만주에서는 구(區)수준 유통권은 발행되지 않았지만 상인 개개인에 의한 사첩 발행은 조금 있었다. 현유통권의 발행 주체인 '금융위원회' 등은 현성 유력자 단체로, 만주국 건국 때 그것이 주체가 된 '치안유지회' 등의 조직과 밀접한 관계를 맺고 있었다. 치안유지회는 일본 측이 강제로 설립했을 가능성을 배제할 수 없지만 현유통권 발행은 그렇지 않았다. 그것은 오히려 폐제 통일을 지향하는 일본 측 의향에 역행하였다. 사변 발발 후 각 현에 몰려간 자치 지도원과 현 참사관은 '현유통권'의 유통을 보고 한결같이 경악하였고 그들이 가장 먼저 한 일 중 하나는 그것을 정리하고 회수하는 것이었다.

현성을 중심으로 현성 유력자 단체가 이러한 독자적인 활동을 전개할 수 있다고 하는 사실은 현을 범주로 한 정치적 통합을 시사하는 것이다. 만주에서 현이라는 비교적 큰 단위(인구 20만 전후)는, 일본 측이 협박이나 회유 등 어떠한 방법이라도 동원할 수 있는 정치적 실체였다.

---

7 滿洲国史編纂刊行会 編, 1971, 214~215면.

4. 만주(수상 조직)와 샨뚱(네트워크 조직)의 차이

장쭈오린[張作霖] 정권은 1910년대 단기간에 동삼성의 정치권력을 통일하여 1920년대에는 중원(中原)에 진출하였다. 이러한 정치적 급성장은 위의 현성 일극 집중 경제가 현성으로 정치력을 집중하게 된 것과 관계있다고 생각한다. 현성으로 권력이 집중된다면 그곳을 잡기만 하면 현 전체를 통제할 수 있게 된다. 이는 소통의 결절점이 보다 낮은 수준의 시진(市鎭)으로 분산되어 있는 경우보다 훨씬 통합하기 쉬웠다.

이러한 기구는 묘회(廟會)의 방식과도 관련이 있다. 샨뚱성에서 묘회는 세시(歲市)의 기능을 담당했기 때문에 정기시와 같은 중요한 유통기구였다고 볼 수 있다. 즉 정기시가 열흘에 몇 번 주기적으로 개최되는 것에 비해 묘회는 일 년에 한 번 경우에 따라 복수 회로 개최되었다. 예를 들어 샨뚱성의 보싱[博興]현에서 묘회 기일 분포 중 일정을 알고 있는 16개소 묘회의 경우는 다음과 같다.

1월 1일 → 1월 15일(2개소) → 2월 2일(3개소) → 2월 19일 → 3월 1일 →

3월 3일 → 3월 8일 → 3월 15일 → 4월 28일 → 8월 15일 → 9월 9일(2개소)

중복된 것도 보이지만 예를 들어 2월 2일의 3개소는 태안묘(太安廟)·관음당(觀音堂)·장군총자묘(將軍塚子廟)로 서로 다른 신을 모셔 효험이 서로 다른 것을 보여주었다. 또한 이 현에서는 태안묘라고 한 명칭의 묘회가 천후[陳戶]진(鎭)과 이지아[伊家]향(鄕)에 있지만 회기(會期)는 전자가 2월 2일,

후자가 9월 9일로 다르다. 또 같은 현의 묘회 참여자 수를 보면 많은 곳에는 일만 명이 3개소, 8천 명이 2개소, 6천 명이 3개소, 5천 명이 1개소, 4천 명이 1개소 등으로 현 내에 대규모 묘회가 몇 개나 있는 것을 알 수 있다.

개개의 묘회를 구성한 인적 네트워크는 반드시 촌락 같은 특정 크기나 공간적 사회적 집단을 배경으로 하는 것은 아니다. 그러나 위에 언급한 개최일정에서 볼 수 있듯이, 화북의 경우는 중층적이고 자율적으로 묘를 설립하고 운영하였다. 묘회끼리 자율적이고 경합적으로 존재하는 경우 가능한 한 각각의 묘회 참배자를 늘리기 위해, 위에서 보는 바와 같이 일정을 조정하는 것이 합리적이다.

이에 비해 만주 묘회는 전혀 다른 기구가 있다. 먼저 만주에서는 '낭낭(娘娘)묘회'가 압도적으로 우세한 특징이 있다. 이 낭낭묘는 여성을 위한 아이 받기 묘로, 어느 지역에서도 볼 수 있는 보편적인 묘이지만 그것은 특별한 중요성이 있다.

만주에서 낭낭묘회 기일은 대부분 지역에서 음력 4월 18일로 정해져 있다. 화북에서는 같은 날에 넓은 지역에 있는 신의 묘회를 일제히 개최하는 사례가 보이지 않는다. 그러나 묘회 개최일이 일정하게 결정되어 있는 것은 낭낭묘회 뿐만 아니라 천제(天齊)묘회(3.28), 석가탄신일(3.3), 약왕(藥王)묘회(4.28), 관제(關帝)묘회(5.13)도 주요 묘회의 회기가 거의 같다.

또한 화북에서는 마을을 기반으로 한 묘회가 우세했지만, 만주에서는 취약하였다. 그 대신 보다 광역을 대상으로 한 묘회가 유력하였다. 특히 따스치아오[大石橋] 미젼산[迷鎭山] 낭낭묘(娘娘廟)는 남만주철도나 '만주국' 정부의 후원을 얻은 것도 있었고 철도나 마차로 온 몇 십만이라는 인파를 자랑하는 묘회가 있었다. 단, 다른 지역에서는 볼 수 없는 개인 소유의 작은 묘가 각처에 난립하는 경관이 보인다.

만주 묘회의 특이한 상태는 마을 수준의 공동체가 희박했다는 점을 시사해 준다. 그 대신 보다 광역의 정치권력이 묘회라는 문화적인 면에서도 중요한 역할을 다하고 있는 것을 알 수 있다. 이 특징은 만주 현성 경제기구의 상태와 정합되어 있다.

쟝쭈오린 정권이 성장한 1910~1920년대에는 만주 콩 수출이 급격히 신장되었고 이는 현성 상인과 농민과의 관계를 강화하였다. 콩을 상품으로 생산하는 농민은 콩을 현성 상인에게 매각해야 매각 대금으로 현성 상인에게 생활 물자를 구입할 수 있다. 이러한 콩 수출의 최종 단계를 장악한 쟝쭈오린 정권은 막대한 외화 자금을 획득하였다. 이 자금으로 근대 무기를 수입하여 병력을 비약적으로 증강시켰지만 이 병력 증강은 관내의 군벌 간 항쟁에서의 역량 확대뿐만 아니라 쟝쭈오린 정권 동삼성 내부의 정치적 기반을 강화시키기도 했다. 군사력 확대에 의한 역내 기반 강화는 현 수준 동 정권의 권위를 상승시키고 나아가 현성의 농촌 지배력을 높이는 효과도 가져왔다. 현성의 정치력 강화로 농민을 자가(自家)소비 작물에서 위험이 높은 콩 상품 생산으로 전환시키는 것이 용이하였다. 콩 생산이 증가하면 농민과 현성 상인의 결합은 더욱 강화되어 상술한 과정이 반복된다.

만주의 겨울, 대차(大車), 철도, 콩, 경제·정치·인구의 현성 일방 집중, 쟝쭈오린 정권의 군비 확대 등은 상호 기여하여 서로 그 효력을 강화하는 관계가 되었다. 이렇게 형성된 시스템은 20세기 초부터 작동되기 시작하였다. 일본이나 러시아의 제국주의적 투자도 이 시스템의 중요한 일부를 구성했지만 이 시스템 작동의 '원인'은 아니었다. 만주에서 형성된 이 시스템은 20세기 전반기를 통해 계속 발전하여 변경이 선진 지역이 되는 '기적'을 실현시켰던 것이다.

한편, 산뚱성은 중국 본토에서도 가장 정기시가 조밀하게 분포한 지역으로 다양한 사첩 유통이 계속되었다. 이 지역의 농촌 공동체는 현성 일극 집중형의 만주와 대조적으로 중층적인 네트워크 조직을 형성하였다. 현성이 모든 소통의 결절점이며, 그 지점을 파괴하면 현 전체의 운동에 좋지 않은 상황이 나타났다. 그렇지만 중층적인 정기시 네트워크로 구성된 유통기구는 현성이 점령되더라도 네트워크의 형상을 자율적으로 변형하여 활동을 유지할 수 있었다. 산뚱성에는 루난[魯南], 칭허[淸河], 지아오뚱[膠東], 루쫑[魯中], 삔하이[濱海]라는 항일 근거지가 형성되었고, 동삼성에는 만주국이 형성되었다고 하는 운명의 대비는 이상과 같은 시장 구조의 차이에서 기인한 것이라고 생각한다.

참고문헌

深尾葉子·安富歩, 「満洲の廟会―満洲国期を中心に」, 『アジア経済』 제45권 제5호, 2004.
石田興平, 『満洲における植民地経済の史的展開』, ミネルヴァ書房, 1964.
黒田明伸, 「20世紀初期太原県にみる地域経済の原基」, 『東洋史研究』 제54권 제4호, 1996.
東亜研究所, 『省別に見たる黄河流域地誌其ノ1(山東省)』, 資料丙 제113호 D(2委内1·中間報告·제8호), 1940.
塚瀬進, 『中国近代東北経済史』, 東方書店, 1993.
満洲国史編纂刊行会 編, 『満洲国史(各論)』, 満蒙同胞援護会, 1971.
南満洲鉄道株式会社調査部, 『支那における聚落(人口)分布の研究―(山東省)』, 満鉄調査研究資料 제9편, 田中盛枝, 1939.
安富歩, 「定期市と県城経済―1930年前後における満洲の農村市場の特徴」, 『アジア経済』 제43권 제10호, 2002.
_____·福井千衣, 「満洲事変と県流通券」, 『アジア経済』 제44권 제1호, 2003.
_____·永井リサ, 「満洲の馬車」, 未発表論文, 2004.
Skinner, G. W. "Marketing and Social Structure in Rural China, (I)-(III)", *Journal of Asian Studies* Vol. XXIV No. I-3, 1964~1965.

만주에서 일본은 무엇을 하였는가

만주국

어느 역사의 마지막, 그리고 새로운 시작

야마모토 유조[1]

근대 일본의 식민지 제국 역사는 청일전쟁 결과인 '시모노세키조약'을 시작으로 '포츠담선언'에 의한 태평양전쟁의 패전으로 끝맺는다. 근대 일본 식민지 제국의 50년사를 총체적으로 이해하려 할 때 우리를 번뇌케 하는 것이 '만주'이다. '만주'는 일본에게 어떠한 특징을 가진 식민지였을까? '만주국'의 출현은 어떠한 의미에서 획기적이었던가?

---

[1] 山本有造, 1940년생. 수량경제사. 저서로 『日本植民地経済史研究』(名古屋大学出版会)가 있다.

1. 공식적 제국과 '만주'

지금 일본 식민지로서의 홋카이도(北海道), 오키나와(沖縄, 琉球), 오가
사와라(小笠原), 지시마(千島)를 제외하면 일본의 해외 식민지 지배는 청
일전쟁 후 중국(청국)에서 대만을 할양 받은 1895년부터 시작되었다. 이
어진 러일전쟁 승리의 결과, 1905년에는 남사할린과 관동주(關東州 및 만
철 부속지) 조차권을 할양 받았다. 오랫동안 청일전쟁과 러일전쟁의 쟁점
이었던 조선(한국)을 1905년 11월에 '보호국'으로 삼았고, 1910년 8월에
병합하여 완전히 식민지화를 이루었다. 제1차 세계대전 중에 점령한 구
독일령 남양군도(南洋群島)가 1921년 국제연맹에 의한 위임통치지로 일
본의 지배하에 놓였다.

이상과 같이 공식적인 제국(formal empire)으로서 일본제국의 골격이
정해졌다. 즉 1890년 11월 '메이지 헌법' 시행 시점에서의 일본영토(本
州・四國・九州・北海道의 四大島, 千島・沖縄・小笠原의 여러 열도 및 여기에 부
속된 여러 섬)를 본토인 '내지(內地)'로 하고, 그 주변에 새로 복속한 식민지
즉, 조선, 대만, 남사할린, 관동주, 남양군도를 배치하여 '외지'로 삼았다.
그러나 순수한 속영지(屬領地)인 조선, 대만, 남사할린을 '순 영토인 외지'
로 하고, 영토권이 완전하지는 않지만 조차지인 관동주 및 위임 통치지
인 남양군도를 '준 영토인 외지'로 구별하였다. 공식적인 일본제국은 '내
지'를 중핵으로, 그 외연을 '순 영토인 외지'와 '준 영토인 외지'로 둘러싼
삼중 원환구조로 묘사할 수 있다.

러일전쟁 후, 공식적인 제국의 '만주' 지배는 관동주와 만철 부속지가

된 조차지 지배와 남만 여러 도시를 만철로 따리엔(大連)항과 연결시킨 '점과 선의 지배'라는 형태를 취하였다. 그것은 세계적 상품인 콩 수출을 기축으로 성장하여 '만주' 경제의 윗물을 떠내는 장치로서, 경제적 견지에서 보면 효율성이 나은 시스템이었다고 할 수 있다. 그러나 '십만의 생령(生靈), 이십억의 국탕(國帑)으로 구입한 만주'라는 국민 신화와 애매한 국제조약의 확대 해석을 기초로 한 '만몽특수권익'이라는 관념은 때와 장소에 따라서 자유롭게 비대화하는 성질을 가지고 있었다. 러일전쟁에서 만주사변에 이르는 '만몽문제'의 전개는 한정적인 지배 실태와 비대화한 관념 간의 낙차 사이에서 고민한 갈등의 역사였다고 할 수 있다.

신해혁명, 제1차 세계대전, 러시아혁명, 워싱턴 체제 이러한 세계정세의 격변 속에서 일본의 대중국 정책도 변화하지 않을 수 없었다. 만몽문제에 대해서는 중국 관내문제와 분리하고 열강과 협조하여 해결하는 이른바 국제 협조 노선을 선택하였다. 그러나 한편으로 중국의 국권 회수운동 고양의 위기감이 적화방지라는 또 하나의 과제와 얽혀서 만몽문제에도 새로운 양상이 나타났다. 국제협조 노선이 형성된 1920년대 중엽 결국 '만주사변'을 일으킬 주요 무대장치와 주역이 대두되게 된 것이다.

첫째, 만몽문제를 중국 관내문제와 분리하여 해결한다는 '만몽 분리주의'가 확립되었다. '만몽은 중국이 아니다'라는 인식의 유포도 이를 지탱하는 기반이 되었다. 둘째, 만몽 질서유지는 '제국의 강녕'에 관계된다는 '만몽 치안 유지론'이 대두되었다. 만몽은(혹은 만몽만은) 경제적·국방적으로 일본 국민의 생명선이라는 이른바 '만몽 생명선론'에 의해 지지되었다. 셋째, 만철 수비라는 한정된 임무에서 벗어나 만몽 치안 유지를 그 주요 임무로 자인한 관동군의 자립화 내지 정치화가 있었다. 즉 쟝쭤오린을 사주하여 간접적으로 만몽 치안을 유지한다고 하는 노선 한계가 명백하게 되면서 관동군의 군사력에 따라 군벌 내전을 직접적으로 재정(裁定)[2]하고 차단하게 되었던 것이다.

관동군 작전 주임 참모 이시하라 간지[石原莞爾]로 대표된 '만몽 영유론'의 목적을 한마디로 말하면 다가올 세계 총력전을 상정한 고도의 국방국가 건설, 그 전제로서 군사·경제 거점인 만몽 전역의 안정적 지배 달성이라고 요약할 수 있다. 그리고 그 목적을 달성하기 위해서 만몽 자치정권의 수립이라는 간접적인 방법이 아니라 일본에 의한 영유, 즉 식민지화라는 직접적인 방법만 필요하고, 또 "한족은 스스로 정치능력을 만들기 때문에 일본의 만몽 영유는 일본 존립 상 필요할 뿐만 아니라 중국인 스스로에게도 행복이다"[3]라고 주장함으로써 만몽문제 해결의 정당성과 방법을 명쾌하게 제시한 것이 특징이다. '정의' 실현을 위해 수단과 방법을 가리지 않았다면 벌써 이때 '만주사변'에 이르는 길은 그 고비를 넘었다고 말할 수 있다.

2. '만주국'의 성립

'만주국'의 성립이 일본 근대사에 각인시킨 의의는 무엇인가? 그것을 다음의 3가지에서 찾고자 한다. 첫째, 이른바 만몽 전역을 실질적인 제

---

2 재정(裁定)은 옳고 그름을 판단하여 결정한다는 의미이다.
3 石原莞爾,「滿洲建国前夜心境」, 角田順 編,『石原莞爾資料—国防論策』, 原書房, 1967, 90면.

국 지배하에 편입시킨 것으로 현안의 '만몽문제'를 해결하고 일본 식민지 제국에 일정한 '완성'을 초래한 것이다. 둘째, 그러한 제국 확대를 직접적인 영유라는 과거의 방식이 아니라, 독립 국가 수립과 괴뢰화라는 새로운 방식으로 실행한 것이다. 셋째, 만주에서의 성공을 통해 잠식적인 분리 처리방식이라고도 부를 수 있는 새로운 침략 방식을 일본의 군사 팽창주의를 위해 준비한 것이다. 일본의 '만주' 식민지화가 '만주국'이라는 형태를 취한 것은 일본 식민지사에서 '만주국'이 가진 이중성을 보여준다. '만주국' 성립은 어느 역사의 완결, 그리고 새로운 역사의 시작을 알리는 사건이었다.

그렇다면, 1931년 9월 '만주사변'을 일으키는 원동력이 된 관동군의 '만몽 영유안(滿蒙領有案)'이, 사변 발발 후 약 수일이 지나 '친일정권수립안(親日政權樹立案)'으로 변경되고, 군부 중앙 및 일본정부와의 교섭에서 '독립국가건국안(獨立國家建國案)'으로 이행하여, 1932년 3월 '만주국' 건국에 이르는 어지러울 정도의 변화를 만들어 낸 동인은 무엇인가? 이에 대해서 제1차 세계대전 후 세계 여론과 후발 일본제국주의의 타협의 선물로 보기도 한다. 피터 두우스는 다음과 같이 말하였다.

1931년 이후, 일본은 다른 제국주의 열강과의 협조 정책을 중지하고 중국에서 단독적인 팽창 정책을 추구하였다. 그러나 일본 정책 형성자는 공식적으로 중국의 직접 지배를 싫어하였다. 그 대신 그들은 새로운 협력 체제를 만들어 독자적인 '비공식 제국주의' 구조를 창출하였다. 이 '비공식 제국'의 새로운 형식은, 서구 열강이 '민족자결권'에 서약한 것을 고려한 것이다.[4]

관동군 지도부도 '중국인 스스로가 내부적으로 분리되어' 9개국조약에 위반되지 않는다는 군부 중앙의 설득에 넘어간 것이다.

이상과 같은 대외적인 사정과 함께 대내적인 사정도 '만주사변'의 귀결을 '만주국'이라는 형태로 수렴시킨 필연성을 가지고 있다고 생각된다. 만몽문제 해결의 궁극적인 목적이 '고도국방국가체제'의 구축에 있다고 한다면, "일단 국내 개조가 우선이라는 것이 일견 극히 합리적인 것 같지만 이른바 내부 개조 역시 거국일치로 수행하기 어려워 정치적 안정은 상당한 세월을 필요로 하는 것이다. (…중략…) 우리 국정은 국가로 하여금 신속하게 대외발전에 주력하도록 촉구하면서 상황에 따라 국내 개조를 단행하는 것이 적당하다."[5] 그 경우 '만주총독'을 두어 만주영유를 강행하고 국내 정치의 틀에 얽매이는 것보다, 오히려 체제 혁신의 독립 거점을 밖에서 구축하여 혁신운동이 밖에서 안으로 유입되도록 하였다. "이와 같이 만주국 국가 체제는 동시대 일본 정치 체제의 연장이 아니라 역으로 그에 대립하는 안티테제로서 구상되었다. 만주가 영토화되지 않고 명목적으로도 독립국가화 되었기에 가능했던 일이다."[6]

그러면 '만주국(滿洲國)'의 '성공'에도 불구하고 왜 일본식민지 제국은 자기 완결성을 높이고 비록 잠정적이나마 안정적인 체제를 성공적으로 구축해 내지 못했을까? 면(面)으로서 만몽 분리의 실현에서부터 5년도 되지 않아 일본제국이 중국 관내로 침략해 이른바 '화북(華北)분리공작'을 일으키게 된 인과 관계를 어떻게 이해하면 좋을까? 군부에 내재된 팽

---

4 「日本／西歐列強／中国の半植民地化」, 『近代日本植民地』 제2권, 岩波講座, 1992, 76면.

5 石原莞爾, 「滿蒙問題私見」, 『石原莞爾資料』(前揭), 78면.

6 三谷太一郎, 「滿洲国国家体制と日本の国内政治」, 『近代日本と植民地』 제2권, 岩波講座, 1992, 183면.

창주의에 대해서는 생략한다. 여기서는 '만주에서 화북으로' 욕망의 비대화를 초래한 경제적 요인으로 '본래 만주 경제가 가진 그 비완결성'을 지적하고자 한다. 일본에 대한 '만주 경제의 비완결성'은 ① '만주' 경제의 비자립성과, ② '만주' 자원의 불완전성으로 분리할 수 있다.

'만주' 경제의 기반이 된 콩(대두) 단일문화(monoculture)의 원형은 중국인(한족) 이주를 축으로 하는 중국 관내와의 순환 위에 형성되었다. 이러한 관내와의 관계를 도식화하면 화북과는 인적(노동력)으로, 화중(華中)과는 물적(콩 수출·생활필수품 수입)으로 그리고 각각에 대응하는 금융 네트워크로 연결되었다. 콩 수출의 주요부분은 결국 러시아와 일본의 외국인 자본에 맡겨졌지만 생산·국내유통·소비의 경우 중국인 네트워크·시스템에 기본적인 변동은 없었다. 일본에 의한 '만주국' 창설은 이 네트워크를 인위적으로 단절하는 것이었다. 만주 농촌 경제를 유지하든 광공업 개발을 도모하든 화북 노동자의 유입 혹은 계절이동을 금지하면 원활한 노동력을 공급할 수 없다. 그리고 그들의 생활필수품 공급과 배급을 모두 일본이 부담하지 않는 이상, 인위적으로 단절된 네트워크는 법의 망을 빠져 나가더라도 재생되었다. '만주국' 창설, 즉, 면으로서의 만주 지배는 점과 선에 의한 만주지배의 시대에는 보이지 않았던 만주경제의 비자립화를 분명히 하였다.

일본의 화북 침략의 동기가 된 보다 직접적인 경제요인은 자원문제에 있었다. 자원자급론의 입장에서는 만몽 다음으로 중국 관내라는 발상이 일찍부터 존재하였다. 이시하라(石原)의 만몽 영유론에서조차 장기적 전망으로서 "일미전쟁이 끝나지 않으면 단호히 동아시아가 봉쇄될 것을 각오하고 적절할 때 중국 본토의 주요 부분을 우리의 영유하에 두고 (…중략…) 동아시아 자급자활의 길을 확립하여 장기전쟁을 유리하게 지도하여 우리의 목적을 달성한다"라고 하였다.[7] 그러나 적어도 당면한 것은 반드시 만주가 기대했던 대로의 '국방 자원으로 필요한 대부분의 자원을 보유'하는 자원 잠재력을 가지지 않았던 것이 조금씩 분명해졌다.

일본이 만주국에서 취했던 경제 정책은 콩을 비롯한 농산물과 더불어 철광, 석탄, 유혈암(油頁岩 : oil shale) 등, 일본에 부족한 중요 자원의 공급지로서 개발하려는 것이었지만, 처음에 오히려 (만몽 영유가 아닌 만주 독립국 구상과도 관련하여) 일본에서는 일정한 독립성을 가진 경제권 건설이 기획되었다. 철강·알루미늄·석유라는 가공 자원 생산과 그것을 기초로 하는 중화학 공업 건설 계획이 그것이다. 여기에 일본과 만주 이외의 지역으로 자원 공급지를 추구하고, 만주에서는 불충분한 자원을 확보하고자 하는 움직임이 생겼다. 일본과 만주가 화북에 기대한 주요 자원은 다음의 여섯 가지다. 우선 철광과 석탄이다. 무진장이라고도 하는 그 양과 함께, 특히 제철에 불가결한 강점결탄(强粘結炭)[8]의 공급이 일만(日滿) 제철업 편성에 필요하였다. 다음은 소금과 석유이다. 석유는 만주에서 개발 중인 석탄액화(石炭液化)사업을 보충하였고, 또 소금은 공업용 원료염으로 아프리카에서 수입된 암염(岩鹽 : halite)[9]을 대체하여 화북 해안에서 천일제염(天日製鹽)[10]이 되었다. 마지막으로 면화와 양모이다.

---

7 「国運転回ノ根本国策タル満蒙問題解決策」, 『石原莞爾資料』(前掲), 40면.
8 경도(硬度)가 높고, 황(黃)·인(燐)·회분 따위의 함량이 적은 석탄. 주로, 제철 공업용으로 쓰인다.
9 다이아몬드와 같은 결정구조를 하고 있는 등축정계에 속하는 광물로 화학성분은 NaCl이다. 공업염, 식염, 소다 원료 등으로 이용된다.

이것은 화북 및 만주에서 농민·노동자에게 공급하는 생활 필수 의류의 원료라는 의미도 있다.

3. 새로운 침략 방식

이른바 '화북 분리 공작'은 현지 군부가 만주사변-만주국의 선례를 잘 배워, 그 침략과 통치 방식을 답습한 것을 지칭한다. 만주사변에서 그 원형이 정식화(定式化)되고, 마침내 중일전쟁을 일으키게 된 이 침략 방식을 후루야 데쓰오(古屋哲夫)는 '현지 해결 방식'이라 부르며 다음과 같이 요약하였다.

현지 해결 방식은 그것을 위해 필요한 지방 정권을 만들고 그 정권과 교섭하여 문제를 해결하는 것으로 그 지방이 중국 중앙으로부터의 분리성과 일본으로의 종속성을 동시에 강화해 가는 것이다. 그러한 성격의 '해결'을 도모하는 것이 현지해결 방식이다. 거기서는 현지해결이 실현될 때마다 일본의 권익도 확대되므로 그 내실은 점진적으로 조금씩 해결해 가는 침략 방식이라고 할 수 있다.[11]

---

10 화력을 전혀 사용하지 않고 태양에너지를 이용하여 염전(塩田)에서 해수를 농축하여 식염을 결정시키는 방법이다.
11 「日中戰爭にいたる対中国政策の展開とその構造」, 古屋哲夫 編, 『日中戰爭史研究』, 吉川弘文館, 1984, 16면.

침략 방식인 '현지 해결 방식'을 조금 더 통치 형태에 부합하게 말하면 '분치 합작'방식의 측면이 드러난다. 동북 삼성의 연성(連省)통합에 따라 '만주국' 건국의 선례(즉 동북 각지에서 자치위원회나 지방 정권을 결성시켜 자치 또는 독립을 선언케 하고 그 다음에 이것을 통합된 신정부로 만들어 중앙과의 분리와 단절을 정당화하는 방식)의 의의를 야마무로 신이치[山室信—]는 다음과 같이 말하였다.

분단 → 통합 수법이 만주국 건국에서 성공함에 따라 1935년 이후 본격화된 화북 · 화중에서의 점령지 통치 즉 1935년 11월의 기동방공(冀東防共)자치위원회(허베이성), 1936년 5월의 내몽군정부(챠하얼성), 1937년 10월의 몽골연맹자치정부(1939년 9월, 몽골연합자치정부), 1937년 12월 중화민국 임시 정부(베이징), 1938년 3월의 중화민국 유신정부(난징)의 수립에서 이 방식이 답습되어 최종적으로는 그것을 통합한 중앙 정권으로 1940년 3월 난징 중화민국정부가 만들어진 것이다. 그런 의미에서 만주국 건국 공작은 일본이 중국 점령지(중국에서는 윤함구(淪陷區)라고 함) 통치 형태, 이른바 '분치 합작' 방식의 원형이 되었다고 할 수 있다.[12]

침략의 새로운 방식과 함께 지배의 일방적 방식에 대해서도 또한 '만주국'은 '좋은' 선례가 되었다. 그 요점은 국제조약 및 협정을 체결할 만한 '형식적 독립성'의 확보와 통치 주권자의 '괴뢰화' 달성, 그 결절점으로서의 군에 의한 '내면(內面)지도' 방식의 확립이다. 군의 통치 의지를

---

12 『キメラ』, 中央新書, 1993, 71면.

전달하는 '내면적 지도권' 또는 '내면지도'의 회로(回路)는 주로 군에 임면권이 장악된 고문 및 일본인 관리를 통해 실행되었다. 만주에서 화북으로 전이(轉移)된 이러한 '내면지도'를 야스이 산기치[安井三吉]의 서술에서 인용하고자 한다.

'내면지도'라는 방식을, 화북 지배에 적용할 것을 처음 제안한 것은 1937년 8월 14일부 관동군 사령부 '대 시국처리 요강'이다. 거기에 "① 신 정권 총괄 기관 및 필요한 성정부에 유능한 일본인 고문을 배치한다. ② 총괄 기관의 내면지도에 임하기 위해 베이징에 티엔진[天津]군 예하의 대 특무 기관을 설치한다"라고 하였지만, 실은 이러한 괴뢰정권에 대한 지배 방법은 원래 관동군이 만주국에서 취해 온 방식이었다. 예를 들면 그러한 현상에 대해 정부의 추인에 불과한 것이었지만, 1933년 8월 8일부 각의에서 결정한 '만주국 지도방침 요강'은 "만주국에 대한 지도는 현 제도에서 관동군 사령관 겸 재만주국 대사의 내면적 통할(統轄) 하에 주로 일본계 관리를 통해 실질적으로 그것을 실행하는 것이다"라고 정하였다. 여기서는 '일본계 관리를 통해서'라고 하였지만, 임시 정부의 방침은 '일본계 관리'를 두지 않는 것이었기 때문에 전적으로 '일본인 고문'을 통해 시행하기로 하였다.[13]

이러한 '점진적 침략'이라는 방식에다 '루꺼우치아오[蘆溝橋]사건'을 중첩시켜 볼 때, 그 후 중일전면전쟁의 전개는 보기에 따라서는 일본 각층의 여러 가지 '잘못된 전망'이 누적된 결과라고 할 수 있다. 최초 당사자

---

13 「日本帝国主義とカイライ政権」, 『講座中国近現代史』 제6권, 東京大学出版会, 1978, 174~175면.

인 중국 주둔군에게 이 사건은 군사적 일격으로 중국 측으로부터 양보를 이끌어냈다는 관례적 행동의 계기에 불과하였다. '불확대' 방침을 표명하고 '사변'으로 사태 수습을 하는 일본정부에 의해서도 점진적 침략은 추인되었지만 전면전쟁에 돌입할 각오가 있었다고는 생각되지 않는다. 그러나 바꾸어 생각하면 관동군에 의해 시작되어 군부 전체로 퍼져나간 새로운 침략 시스템하에서 이때 일본의 정치적 · 경제적 · 군사적인 모든 장치가 중일전면전쟁을 향해 준비를 완료하였다고 할 수 있다.

4. '대동아공영권'의 장자

'화북 분리 공작'에서 '루꺼우치아오사건'이 발생한 것은 만몽에 이어 화북 5성으로 확대되어 새롭게 '만주국'화 하려는 시도였다. 그러한 욕망의 비대화가 화북과 화중을 목표로 하여, 마침내 중일전면전쟁에 이르는 과정에서 '만주국'에게 어떠한 역할을 기대하였고, 또 스스로 어떻게 변용하였을까? 이것은 별도로 언급해야 될 것이다. 그러나 이를 요약하면, '확대하는 제국'에서의 '일본화' 확산 현상의 일환으로, 보다 더 구체적으로 말하면 '외지의 내지화'(단, 이등 내지화)와 연동한 '만주국의 외지화' 현상으로 볼 수 있다고 생각된다.

그리고 일본제국의 '대동아공영권'으로의 비대화는 '만주국'의 '외지화'를 더욱 더 결정지우는 것이었다. 태평양전쟁이 개전된 지 약 일 년

만에, 벌써 일본의 전세가 기울어지자 주일본 만주국 대사 리쟈오껑[李招庚]은 다음과 같이 말하였다.

만주국 사상의 근간은 일본유신의 길에 생성 발전 귀일하였고 만주국은 일본의 건국 정신인 팔굉위우(八紘爲宇)의 현소(顯昭)로서 대동아공영권의 장자가 되었다.[14]

---

14 「我等は斯く建設せり」, 『創造』(前揭書), 1942.11(山室), 263면에서 재인용.

만주국 정부의 건축

니시자와 야스히코[1]

영화 〈마지막 황제〉에서 나오는 만주국 황제 '푸이[溥儀]'의 궁전은 실제 푸이가 1938년부터 1945년까지 사용했던 궁전이었는데, 그것은 '가궁정본전'이라고 불린 임시 궁전이었다. 푸이가 7년간이나 임시 궁전에서 생활한 것은 '신궁정(新宮廷)'이라고 불린 본래의 궁전이 미완성인 채로 만주국이 붕괴되었기 때문이다. 여기서는 만주국 정부가 실제 건설한 건축물과 그에 관련된 사람의 활동에 초점을 맞추어, 그 특징을 통해 만주국 정부의 특질, 즉 괴뢰성과 만주국 정부의 중국 동북지방을 논하고자 한다. 지면 관계상 만주국 정부가 건설한 건축의 전반적인 상황에 대해서는 기존 연구를 참조하고[2] 특히 건축 조직의 설립과 초기 활동,

---

1 西沢泰彦, 1960년생. 건축사. 저서로 『図説滿洲都市物語』(河出書房新書)가 있다.
2 越沢明, 『滿洲国の首都計劃』, 日本経済評論社, 1988; 西沢泰彦, 「滿洲国の建設事業」, 山本有造 編, 『滿洲国の研究』, 緑蔭書房, 1995; 西沢泰彦, 『海を渡った日本人建築家』, 彰国社, 1996.

관공서 건축, '특수 건축', 주택 건축에 한정하여 논하고자 한다.

1. 만주국 정부의 건축 조직

관청공사라는 정부나 지방공공단체의 건축물 건설에서는 시주(施主)인 정부나 지방공공단체가 스스로 설계하고 감리하는 것이 보통이다. 만주국 정부도 그 때문에 정부 내부에 건축 조직이 있었다. 우선 이 건축 조직에 관해 두 가지 사실을 소개하고자 한다.

하나는 만주국 정부가 성립되고 행정 기구가 정비되어 가는 초기 단계에서 건축 조직과 건축 활동을 만철에 의뢰했다고 하는 사실이다.

만주국 성립 직전 1932년 2월 19일, 관동군 주도하에 결성된 동북행정위원회는 만주국 정부 각 청사로 사용할 건물을 공표하였다.[3] 예를 들면, 국무원은 당시 상업 지구에 있던 챵춘시 정부청사를 이용하고 있던 상황이었고 그것은 모두 챵춘의 상업지구나 성내에 있는 기존의 건물이었다. 그러나 이것은 동북행정위원회가 독자적으로 결정한 것이 아니라 관동군 사령부가 만철에 의뢰하여 챵춘에 있는 기존 건축물을 조사하였고, 그 결과에 기반을 두어 동북행정위원회가 공표한 것이다.

이 청사는 모두 기존 건물을 보수한 임시청사였다. 그래서 만주국 정

---

3 「新国家の庁舎廿日から準備に着手す」, 『満洲日報』 9267호 夕刊, 1932. 2. 21, 2면.

부는 새로운 청사를 건설하기 위해 1932년 9월 16일, 정부 내에 건축 설계 감리를 담당하는 조직(국도건설국 건축과)을 만들었다. 최초의 책임자였던 아이가 겐스케[相賀兼介](1889~1945)는 그때까지 만철 건축 조직에 근무한 건축가였다. 아이가가 쓴 '건국 전후의 추억'[4]에 의하면 그가 실제 창춘에 들어가 활동을 시작한 것은 조직의 관제가 공포되기 4개월 전인 1932년 5월 5일이었는데, 그가 창춘에 도착하여 제일 먼저 방문했던 장소가 관동군 사령부였다. 이는 만철이 만주국 건국에 맞추어 사원 161명을 사원 신분에서 만주국 정부 직원으로 전출시켜 설립한 것으로 그 대강은 관동군 사령부에 의해 만들어진 것이라 할 수 있다.

또 하나의 사실은 만주국 정부의 건축 조직이 일본인 주체의 조직이라는 것이다. 만주국 정부 직원의 기술자 신분은 당초 기정(技正, 일본인 기사(技師)에 상당)과 기사(技士 : 일본인 기수(技手)에 상당) 두 계급이었고, 1934년에 기정을 보좌하는 기좌(技佐)가 신설되었다. 만주국 성립부터 소멸까지 약 13년간 만주국 정부의 건축 조직에는 총 35명의 기정이 있었지만 그 모두가 일본인이었다. 또, 기좌는 총 92명 중 84명이 일본인이었다. '오족협화'가 유명무실하고, 만주국 정부의 요직을 일본인이 차지한 것은 언제나 항상 지적된 것이지만, 기술자를 필요로 하는 건축 조직의 경우, 그것이 보다 현저하게 나타났다. 그 원인(遠人)은 만주국 정부의 괴뢰성이지만, 건축 조직이 극단적으로 일본인 중심의 조직이 된 직접적인 원인은 그 설립에 대한 협력을 만철에 의지하였기 때문이다. 간접적인 요인은 중국에서의 건축가 교육이 1920년대 후반까지 본격화

4　相賀兼介, 「建国前後の思出」, 『満洲建築雑誌』 22권 10호, 1942. 10, 5~14면.

되지 않았던 점에 있다. 행정기구에서는 각부(일본 성(省)에 해당)의 수장을 중국인으로 하여 만주국 정부의 괴뢰성을 위장(camouflage)하였지만 건축 조직에서는 위장할 수가 없었다.

2. 최초의 신축건물

만주국 성립 당초, 모든 정부청사는 임시 청사였다. 이는 협소하고 설비도 열악하였으며 챵춘의 상업지역이나 구 성내 등에 분산되어 있어 업무에 지장을 준다는 문제가 있었다. 아이가 겐스케는 이 임시 청사에 대해서 '빈약하고 비위생적이며 협소함까지 더해져 아주 불편하다'[5]라고 기록하였다. 또한 직원 주택도 마찬가지로 불편하여 다다미 4첩 반의 방에 4~5명이 새우잠을 자는 상황이었다.

거기서 아이가가 처음 부여받았던 일은 두 동의 정부청사, 100명을 수용할 독신 기숙사 한 동, 가족주택 60호의 신축설계였다. 국무원은 대동(大同) 원년(1932)도 예산에 건축비용으로 160만 엔을 계상하였는데, 이는 해당 년도의 세출예산 총액 중 1% 정도에 상당하는 것이었다.[6]

아이가가 처음 설계한 건물은 독신 기숙사였다. 이는 100명의 독신직원용 주택과 10세대의 가족용 주택을 병설한 집합주택으로, 만주국 정

---

5 「建国前後の思出」.
6 『満洲国政府公報』57호, 1932.10.19, 1~10면.

부 최초의 신축 건물로서 1932년 7월 11일에 기공되었다. 그리고 다음해 5월 30일에 대동 자치회관으로 준공하였지만 당시 옥죄는 주택사정으로 준공 반년 전부터 부분적으로 사용되었다.[7] 또한, '만주국 집합주택'이라고 이름 붙여진 가족용 주택은 연와조(煉瓦造 : 벽돌집) 이층으로 지어진 8동 64호인 집합주택으로 1932년 11월 20일, 만주국 정부의 최초 신축 건물로 준공되었다.

그러나 아이가의 가장 큰 난제는 두 동의 정부청사 신축 설계에 있었다. 그는 만주국 정부가 내놓은 정치 이념인 '순천안민(順天安民)', '오족협화', '왕도낙토(王道樂土)'를 정부청사에 표현하기 위해 고뇌하였지만, 결국 동일평면으로 외관이 부분적으로 다른 두 안을 계획하여 국무원 회의에서 선택하도록 맡겼다. 그렇지만 국무원 회의에서는 두 안을 각각 제1청사, 제2청사로 같은 광장에 마주보게 건설하기로 결정하였다. 그리고 제1청사(그림 1)는 1933년 5월 30일에, 제2청사(그림 2)는 같은 해 6월 15일에 각각 준공하였지만 긴박한 청사 사정으로 모두 공사 중간 단계인 1932년 11월부터 부분적으로 사용되었다.[8]

이 신축 건물에 대해 다음과 같은 사실을 지적하고 싶다. 만주국 정부가 이 신축 건물의 양식이나 의장(意匠)[9]보다도 건물에 요구된 기능이나 용도를 상대적으로 중시하여 신축하였기 때문에 국가 예산의 1% 정도의 자금만 투자하였다는 것이다. 1932년 단계에서 만주국 정부가 요구

---

7 「滿洲国単身倶楽部新築工事概要」, 『滿洲建築協会雑誌』 13권 11호, 1933.11, 43~44면.

8 「滿洲国政府第1庁舎新築工事概要」·「滿洲国政府第2庁舎新築工事概要」, 『滿洲建築協会雑誌』 13권 11호, 1933.11, 41~43면.

9 의장(意匠)은 시각을 통하여 미감(美感)을 일으키는 것. 물품의 형상, 모양, 색채 또는 이들을 결합한 것으로서, 의장권의 대상이 된다.

그림 1 만주국 정부 제1청사(1933년 준공)

그림 2 만주국 정부 제2청사(1933년 준공)

한 것은 정부 기관으로 업무를 할 수 있는 청사이고 주택난에 직면한 일본인 정부 직원을 수용하는 주택이었다. 따라서 거기서는 건물이 갖는 양식이나 의장이 중요시된 것은 아니었다.

예를 들면 제1청사와 제2청사같이 동일한 평면에 지붕 형태가 다른 정부청사를 같이 광장을 바라보고 인접하게 건설한다는 것은 상식적으로는 생각할 수 없는 현상이다. 아이가는 이 설계안을 '어쨌든 미완성'이라고 생각하였다.[10] 아이가가 말하는 미완성이라는 것은 설계안을 재고할 여지가 있음을 의미하는데, 다른 외관을 가진 청사를 설계하면서 그와 흡사한 정면 구성을 사용하고 세부적인 것만을 바꾸는 수법에 그쳤던 것이다. 제1청사와 제2청사의 외관을 비교하면 처마 아래 부분은 수직, 수평 방향의 비례관계, 창문 배치, 중앙과 양 날개의 전면에 돌출한 정도 등 양 청사의 정면 구성은 흡사하였다. 그렇지만 제1청사에서는 평지붕을 그대로 표현 수단으로 사용하여 난간(parapet)을 올린 것에 비해, 제2청사는 평지붕을 숨기는 듯한 난간으로 중국식 본기와를 얹은 처마지붕을 쌓았고 중앙의 옥탑과 다른 소탑(小搭)에 중국식 본기와를 얹은 방형 지붕을 만들었다. 아이가는 이 연출이 부자연스럽다고 생각하였다. 그는 어느 청사에도 건물 전면에 공터를 만들어 두었다가 그중 한 청사가 비판받으면 그 청사의 전면에 건물을 증축하여 청사의 정면을 가릴 계획을 세워 두었다.

이렇게 설계사가 '미완성'임을 인정한 청사를 그대로 건설한 것은 당시 만주국 정부가 청사의 외관, 양식, 의장을 중요시하지 않았기 때문으로 보인다.

또 주택에 대해서도 마찬가지였다. 같은 주택이지만 독신 기숙사(대동자치회관)에서는 건물 지붕에 전부 중국식 본기와를 얹어 조금이라도 중국건축의 요소를 외부로 보여준 데 반해, 가족용 주택인 만주국 집합주택에서는 그런 면이 전혀 없었다. 대동 자치회관의 내부는 서양풍이고 서양식 가구가 갖추어졌지만, 집합주택에서는 절반 정도의 집에 도코노마(床の間)[11]를 갖춘 일본식 방이 준비되었다.

---

10 「建国前後の思出」.

11 도코노마(床の間)는 일본 건축에서, 객실인 다다미방의 정면에 바닥을 한 층 높여 만들어 놓은 곳. 벽에는 족자를 걸고, 바닥에 도자기·꽃병 등을 장식해 두는 곳을 말한다.

이는 건축 직후 만주국 정부가 개개의 건물에 대해 그 기능이나 용도는 중시하였지만 건물의 외관에 나타난 형태는 중시하지 않은 데서 기인한 것으로 보인다.

3. 관공서 건축

만주국 정부가 관청가로 계획한 순천대가(順天大街)를 마주보고 선 관공서 건축의 외관은 중국풍의 지붕을 가진 것, 좌우 대칭의 정면, 정면 중앙에 옥탑을 세운 것, 외벽에 다갈색(茶褐色) 타일을 붙인 것 등 네 가지 특징이 있다. 사법부 기정(技正)을 맡은 건축가 마키노 마사미[牧野正巳]가 쓴 '건국 십년과 건축 문화'[12]에 따르면 이 외관의 발단은 만주국 정부의 중국인 관료를 중심으로 제2청사를 평가하는 소리가 높아졌기 때문이라고 한다. 그 후 제4청사인 국무원 청사(준공시에는 제5청사)의 설계안을 국무원 총리 직속인 관공서 건축계획위원회에서 심의하는 과정에서 그 의견을 고려하여 국무원 청사의 외관이 결정되었기 때문에 순천대가를 바라보고 선 관공서 건축의 외관이 결정되게 되었다.

관공서 건축 계획위원회는 정부가 건설하는 건물 양식이나 설계내용을 심의하는 기관으로 1933년 2월 8일에 발족되었다. 이후에는 국

---

12 牧野正巳, 「建国拾年と建築文化」, 『満洲建築雑誌』 22권 10호, 1942. 10, 15~24면.

그림 3 만주국 국무원 청사(1936년 준공)

그림 4 만주국 사법부 청사(1938년 준공)

무원 총리가 이 위원회에 정부청사 등의 설계안을 자문하여 결정하는 방식이 채택되었다. 이 위원회는 13명의 위원(정부의 각부 차장과 외국장(外局長) 등)과 10명의 간사(총무청의 사무관과 국도 건설국 기정 등)로 구성되었지만 건축 전문가로 소속된 것은 아이가 겐스케 한 명뿐이었다.

국무원 청사(그림 3)의 설계는 국도 건설국 고문을 맡은 도쿄대학 교수 사노 도시키[佐野利器]의 지시에 따라 아이가 겐스케의 부하인 이시이 다쓰로[石井達郎]가 담당하였다. 한편, 만주국 정부 건축 조직의 총수였던 아이가는 독자적인 설계안을 만들었는데 그 안이 채용되어 사법부 청사(그림 4)가 되었다.

이시이가 저술한 '국무원을 건축할 때'[13]에 따르면 그에게 주어진 국무원 청사의 설계 조건은 공사비 약 100만 엔과 만주풍의 외관 두 점 뿐이었다. 그는 만주풍의 외관이라는 조건에 대해 건물의 양 날개를 전면에 크게 돌출시켜 '궐(闕)'이라고 불리는 중국식 건축의 전통적인 형태를 사용하고 중국풍 본기와를 얹은 지붕을 설치하는 것으로 응하였다.

그러나 정면 중앙을 비롯한 3곳의 현관(porch)에는 4개의 토스카나[14]식이 나란히 서 있고, 정면은 지하(아래층), 1층부터 3층(중간층), 4층(상층)으로 3분할되는 등, 국무원 청사의 외관은 서양 고전건축의 의장과 설계 수법이 다른 관공서 건축에 비해 보다 많이 가미되었다. 정면 중앙에 선 옥탑 탑신에는 어느 쪽에서도 4개의 토스카나식이 나란히 서 있고, 그것이 지붕[裳階][15]을 받치고 그 위에 보주(寶珠, 寶頂)[16]를 얹어 방형지붕을

---

13 石井達郎, 「国務院を建てる頃」, 『満洲建築雑誌』 22권 10호, 1942.10, 35~36면.
14 토스카나는 이탈리아 서부의 주. 에트루리아(Etruria)인의 본거지로, 기원전 3세기에 로마화 하였다. 중세에 자유도시인 피렌체가 번영하여 르네상스의 중심지가 되었고, 1861년 이탈리아 왕국의 주가 되었다.

설치하는 '중국식과 서양식 절충'의 의장이 되었다. 이시이는 국무원 청사의 설계를 시작하기 직전에 베이징을 방문하여 당시 국무원 수요처(需要處) 영선과(營繕科) 고문을 맡은 아오키 기쿠지로[青木菊治郎, 전 만철 본사 건축과장]의 권고에 따라 고궁(故宮)만을 견학하였다. 이시이가 고궁 중화전(中和殿)의 지붕을 참고하여 국무원 청사의 옥탑에 지붕을 설치했을 가능성은 충분히 생각할 수 있다.

그런데 1920년대 후반부터 1930년대에 걸쳐서, 중국에서는 전통적 건축 형태를 서양고전주의 건축에 옮겨 놓고 그 형태를 이해하는 연구방법이 확립되었다. 이시이가 국무원 청사에서 보여준 설계 방법은 그와 마찬가지로 서양 고전주의 건축과 중국 건축과의 사이에서 정합성을 찾아내 '궐'을 서양 건축의 바로크적 형태로 옮겨 놓아, 서양 고전 건축의 요소를 가진 건물 본체에 중국 전통적 건축의 지붕을 설치하게 된 것이었다. 이 설계 방법이 사용된 만주국의 관공서 건축은 국무원 청사뿐이었다.

한편 아이가가 설계한 사법부 청사는 국무원 청사와 마찬가지로 건물 정면의 중앙에 옥탑을 세웠지만 건축 본체에 비해 옥탑의 부피가 컸다. 옥탑에 설치된 지붕이 편평한 방형지붕이고, 그 편평함을 숨기려는 듯이 '천조파풍(千鳥破風)'이 붙어있다. 당시 사법부 기정을 맡은 마키노 마사미는 옥탑의 의장을 '머리 큰 옥탑', '복잡괴기한 옥탑'이라고 비판하여 건물 본체와 지붕 형태의 정합성이 없음을 지적하고 "보는 사람을 아연시키는 것에 성공하였다"라고 비아냥거렸다.[17]

---

15 裳階는 처마 밑 벽면에 마련된 차양 모양의 지붕이다.
16 보주는 탑이나 석등 따위의 맨 꼭대기에 얹은 구슬 모양의 장식이다.

그림 5 만주국 경제부 청사(1938년 준공)

그림 6 만주국 교통부 청사(1938년 준공)

---

17 「建国拾年と建築文化」.

이와 같이 관공서 건축의 외관을 보면 사법부 청사 등 국무원 청사 외 대부분 관공서 건축의 외관(그림 5, 6)은 제2청사의 연장선상에 있어 방형 지붕이나 맞배지붕을 옥탑에 설치하는 것만으로 '왕도낙토' 등의 만주 국 정부 정치이념을 구현하려는 것에 불과하였다. 말하자면 잔재주의 극치였다고 말할 수 있다. F. L. 라이트의 제자인 건축가 쓰치우라 기조 [土浦龜城]는 1939년 만주건축협회 주최 좌담회[18]에 출석하여 국무원 이 외 관공서 건축을 '경제부와 전매총국 그 주변 일대는 추악하다'고 혹평 하였고, '국무원은 중앙부 등을 잘 보면 매우 좋은 데가 있다'고 평가하 였다. 또, 사법부 청사를 비꼰 마키노 마사미도 국무원 청사에 관해서는 '잘 되었다'고 평가하였다.[19] 건설 당시부터 건축 관계자들은 국무원 청 사가 다른 형태인 것을 인식하고 있었던 것이다.

그렇지만 국무원 청사를 설계한 이시이는 국무원 청사의 외관을 '혼미 한 건축사조'가 나타난 것이라고 자아비판 하였고, 1942년에 자재 부족 으로 초라하게 건설된 국무원 별관(제14청사, 그림 7)을 '가건물(barrack)'[20] 이라고 표현하면서도 '물자부족 사정은 얄궂게도 가장 적절하게 작동되 었다'고 그 형태를 평가하였다.[21] 이 국무원 별관의 외관은 다른 관공서 건축과 공통성이 보이지 않는 아주 이질적인 존재였다.

이 국무원 별관 외에도 이질적인 외관을 가진 관공서 건축으로는 외 교부 청사가 있다. 만주국 정부는 외국에서 투자를 유치하기 위한 일환 으로, 1935년 프랑스 자본으로 베트남 등에서 건설 사업에 실적이 있는

---

18 「満洲建築座談会(1)岸田・板倉両氏を囲みて」,『満洲建築雑誌』 19권 11호, 1939. 11, 27~33면.
19 牧野正巳,「満洲建築随想」,『国際建築』, 1936. 1, 10~16면.
20 크고 엉성한 건물.
21 「国務院を建てる頃」.

그림 7 만주국 국무원 별관(1942년 준공)

블라쌀 모뼁(Brossard-Mopin)사에 외교부 청사 설계를 의탁하여, 다른 관공서 건축과는 전혀 다른 형태의 청사를 건설하였다.

관공서 건축에 관한 이상과 같은 사실에서 다음과 같은 것을 지적하고 싶다. 당시부터 오늘날까지 속설로 불리는 관공서 건축의 형태와 만주국 정부 정치이념의 관계성이 실태로서는 희박하다는 것이다. 만약 만주국 정부가 공표한 정치이념을 구현화하는 건축형태에 대해 만주국 정부의 중추에 있는 사람들이 확고한 신념을 가지고 있었다면 다음과 같은 일이 일어났을 것이다.

먼저, 제1청사와 제2청사를 동시에 나란히 건설하는 일은 있을 수 없고, 건설 전에 어느 쪽이든 사안을 결정하여, 동일 사안으로 두 동을 건설하였을 것이다. 또한, 자재 부족이 이유였던 한 가건물적 청사인 국무원 별관을 건설하는 것이나, 외국기업에 관공서 건설의 설계 시공을 의탁한 일도 발생하지 않았을 것이고, 제2청사를 기조로 하는 외관의 건물을 건설하였을 것이다. 게다가 원래 관공서 건축의 형태를 논의해야 될 곳인 관공서 건축계획위원회가 국무원 별관이 건설될 때 유명무실화된 것은 있을 수 없는 것이고, 위원회가 제 기능을 계속하였을 것이다.

이런 것을 고려하면 관공서 건축은 건물로서의 기능이나 용도가 중요시 되었을 뿐, 그 형태는 만주국 정부에서는 그리 중요시되지 않았다고 말할 수 있다.

4. 특수 건축

만주국 정부는 1937년 4월 1일, 당시 건축 조직인 영선수품국(營繕需品局) 영선처(營繕處)의 기구 개혁에 따라 '특수 건축'이라는 개념을 보여주었다. 신궁정(신궁전), 건국묘(건국신묘와 건국충령묘), 징기스칸묘[成吉思汗廟], 러허[熱河]별궁 등이 여기에 해당한다. 그중 신궁정은 만주국 정부의 수도건설계획(국도 건설계획)에서 최대 관청가인 순천대가의 완성을 의미하며, 건국묘의 건설은 만주국에서 일본정부나 관동군의 지도적 입장을 과시하는 것이었다.

신궁정은 관청가인 순천대가 북단에 위치하였는데 거기에 황제 푸이가 거주한다는 것은 '천자남면(天子南面)'이라는 중국 전통적인 도시 건설의 개념을 받아들인 것이다. 신궁정 앞에 펼쳐진 순천대가를 사이에 두고 관공서 건축이 늘어선 형태는 문무백관을 좌우에 거느리고 정무를 보던 황제 모습을 그대로 도시에 응용한 것으로, 신궁정 건설은 황제 푸이가

그림 8 만주국 신궁정 정전(현 창춘 지질학원의 행정동 '지질궁(地質宮)'으로 1954년 준공) 의 현황

군림하는 것을 보여주는 행위로 만주국 정부에게는 중요한 일이었다.

신궁정의 중심적 건물인 정전(政殿, 그림 8)은 1938년 9월 10일에 기공되었지만 자재와 노동력의 부족으로 1943년 1월 11일 공사가 중단되어 미완인 채로 만주국은 붕괴되었다. 따라서 황제 푸이는 임시 궁정에서 생활할 수밖에 없었다. 신궁정의 미완성은 만주국의 중심 관청가의 미완성을 의미하고 수도 건설이 미완성이라는 것을 가리킨다.

한편 건국 충령묘는 만주사변 이래 사망한 관동군과 만주국군 장병을 기릴 목적으로 건립하였다. '건국 충령묘 조영 공사 개요'[22]에는 '동양풍을 기조로 한 만주의 독특한 새로운 양식'이라고 기록되어 있지만 본전은 1934년에 설계 공모를 거쳐 건설된 신징[新京] 충령탑과 흡사하고, 배전(拜殿)을 비롯한 다른 건물과 그 배치는 일본 신사 건축을 변형한 것이었다. 배전 등 건물의 세부적인 부분에서만 중국 건축의 의장이 사용

---

22 「建国忠霊廟造営工事概要」, 『満洲建築雑誌』 21권 1호, 1941.1, 33~35면.

되었다. 건설 공사는 1939년 9월쯤에는 종료되었지만, 신을 모시는(祭神) 문제로 진좌제(鎭座祭)[23]를 하지 못해 정식적으로 준공한 것은 1년 후인 1940년 9월 18일이었다.[24]

건국 충령묘의 제신 문제는 만주국 정부의 본질을 보여주었다. 특수 건축 개념이 공식적으로 등장한 1937년 4월, 건국 충령묘는 이미 건국묘로 기공되었다. 건국묘의 최초 안은 이 묘에 관동군과 만주국군의 전사자뿐만 아니라, 천조대신(天照大神)을 함께 모시기로 하였다. 따라서 배전과 본전을 잇는 건국 충령묘의 축선(軸線)은 일본의 이세(伊勢)신궁을 향하도록 계획되어 참배자는 필연적으로 이세신궁을 참배하는 구도가 되었다. 그러나 천조대신과 장병을 함께 모시는 것에 대해 일본 국내의 신도관계자로부터 비판이 심해졌기 때문에 천조대신에 대해서만 제사를 지내는 시설로 건국신묘가 창건되었다.[25]

건국신묘의 건설은 일본의 기원 2600년 제(祭)출석을 목적으로 한 푸이의 일본 방문에 맞추어 진행되었다. 푸이는 건국신묘의 신체(神體)로 일본에서 만든 신경(神鏡)을 받아 이세신궁에 참배하였다. 따라서 건국신묘는 만족의 조묘(祖廟)도 아니고 '오족협화'의 정신에 따른 다민족의 묘도 아니고, 이세신궁의 분사(分社)로 천조대신을 제사하는 묘가 되었다. 때문에 건물은(그림 9) 일본의 신사 건축의 한 양식인 권현조(權現造)가 되어 중국 건축의 의장은 전혀 보이지 않는다. 일본 식민지인 조선반도와 대만에는 각각 천조대신을 모시는 조선신궁과 대국혼명(大國魂命)

---

23 진좌제는 깨끗한 곳을 골라 신사를 세우고 신령을 모시는 제사를 말한다.

24 矢追又三郎,「建国神廟・建国忠霊廟」,『滿洲建築雜誌』 23권 1호, 1943.1, 4~13면; 嵯峨井建,「建国神廟と建国忠霊廟の創建」,『神道宗教』 156호, 1994.9, 26~62면.

25 위의 글.

그림 9 건국신묘(1940년 준공)

을 모시는 대만신사가 건립되었다. 조선신궁이나 대만신사가 이세신궁
과 같은 건축양식인 신명조(神明造)가 된 것에 비해 건국신묘는 권현조
가 된 것은 중국 동북지방의 매서운 겨울 추위에 대비하려는 것이었다.
건국신묘의 창건은 건축양식과 관계없이 결국 황제 푸이가 일본천황의
지배하에 예속된 것을 대외에 보여주는 셈이 되었다.

 이와 같이 특수 건축이라고 불리는 건물의 건설 경위와 형태를 보면 이
는 관공서 건축과 마찬가지로 '왕도낙토' 등 만주국 정부의 정치 이념의
구현과는 거리가 먼 것임을 알 수 있다. 신궁정의 미완성은 만주국 수도
건설의 미완성을 의미하지만 만주국 정부가 신궁정의 건설이 가져올 정치
적 영향력을 중요시한다면 건설공사를 속행해야 했다. 이 현상을 역설적
으로 말한다면 그와 같이 중요한 건축물의 건설마저 속행하지 못할 정치ㆍ
경제 상황이 만주국 내에 생겼다는 것으로, 신궁정의 미완성은 그 증거임
에 틀림없다. 관공서 건축에서는 관공서의 기능과 용도를 충족시키는 것
이 당연하지만 미완성으로 끝난 신궁정은 그마저 충족시키지 못하였다.

건국묘의 건설 경위와 거기에 사용된 건축양식이나 형태를 보면 만주국 정부의 괴뢰성이 여실히 드러난다고 할 수 있다.

5. 주택정책

만주국의 성립과 함께 각 도시에서는 주택 부족이 큰 문제가 되었다. 만주국 성립 직후에 아이가 겐스케가 관공서보다도 먼저 직원 주택 설계에 착수하였던 것이 이를 단적으로 보여준다. 건축국(建築局) 기좌(技佐)를 맡은 후지이 사다시[藤井定]가 1942년에 쓴 「만주 주택공급사업 10년의 흔적」[26]에 따르면, 만주국 성립부터 10년간은 언제나 주택 부족 상황이 발생했다.

만주국 정부는 제1차 산업 5개년 계획에 따른 주택 부족을 예측하여 1938년 2월 12일 만주 방산(房産)주식회사를 설립하고 정부 직원용 기숙사(관사 대용)의 건설을 위탁하였지만, 주택 부족을 해소하는 것은 이미 불가능하였다. 따라서 1939년부터는 '간이주택'이라는 간편한 주택이 건설되었다. 이는 건설비 절약을 위해 그때까지 채용한 온수집중난방을 중지시키고 페치카나 석탄난로를 사용하는 각호 난방으로 된 단층집으로 최소한의 거주공간에 몰아넣은 주택이었다. 이를 견학한 당시 도

---

26 藤井定, 「滿洲住宅供給事業10年の跡」, 『滿洲建築雜誌』 22권 11호, 1942. 11, 21~34면.

쿄[東京]대학 조교수 기시다 히데토[岸田日出刀]나 건축가 쓰치우라 기조[土浦龜城]는 그러한 주택을 '초라한 집', '신축 슬럼'이라고 비판하였다.[27]

1939년 만주국 정부는 만주방산(滿洲房産)에 8,000호 주택 건설을 지시하였지만, 자금·자재·기술자·노동력 부족으로 실제 건설된 주택은 약 3,850호였다. 그래서 1940년에는 만주국 정부가 직접 주택공급사업에 착수하려고 건축국에서 '주택 임시 대책 요강'을 작성하였다. 이에 따라 1941년도부터 3년간 20만 호 주택 건설을 목표로 하는 '주택건설요강'이 국무원 회의에서 결정되었지만, 사실상 만주국 특수회사의 사원주택은 각 회사가 건설하고 일반주택은 지방행정조직인 시(市)나 현(縣)이 건설하는 것으로 결정되었다. 즉 정부직원 주택을 확보하기 위해 특수회사의 사택과 일반주택을 무시하는 것으로, '관존민비(官尊民卑)'의 태도를 보여준 것이었다.

만주국 정부는 그 후에도 결정적인 주택정책을 명확히 내세우지 못하고 다수의 일본인이 필요로 하는 다다미[疊]의 공급이 어렵게 된 1943년 6월, '국민주택(일본계 적응주택) 설계 현상모집' 공고를 내 다다미가 필요 없는 주택안을 모집하였다. 당선된 것은 다베이 다이스케[田部井泰輔]의 주택을 1실로 만든다고 하는 '1실 주택'이었지만, 가작으로 선정된 건축가 고오리 기쿠오[郡菊夫]가 자신의 내용을 설명하는 중에 다다미를 구하기 어려워질 때까지 아무런 대책을 강구하지 않았던 주택정책 그 자체를 비판[28]한 것이 오히려 주목받았다.

1944년이 되어 자재 부족 현상이 극도로 심화되자 이에 대한 대응책으로 '건축물 전시 규격 설계 기준'이 결정되었다.[29] 주택에서는 다베이

---

27 「大陸建築座談会」, 『現代建築』 8호, 1940. 1, 49~61면.
28 郡菊夫, 「畳無し住宅から最小限住宅へ」, 『満洲建築雑誌』 24권 1호, 1944, 9~10면.

[田部井]의 '1실 주택'을 모델로 하는 일본인 대상 주택이 제안되었지만, 그것은 주택(건축)의 본질에서 요구되는 '최소한의 주택'과는 달리 국민에게 참을성만을 강제하는 주택이었다. 또한 주택은 일본인용과 중국인용으로 나뉘어, 중국인용 주택 규모는 일본인용 주택보다 소규모로 설정되었다.

결국, 주택 부족 문제는 해소되지 못한 채 만주국은 붕괴되었다. 주택 건설이 진행되지 못했던 원인은, 만주국 정부의 주택 수급 전망을 만만하게 본 것과, 전시체제에 따른 자금 · 자재 · 노동력 부족에 있다. 게다가 주택정책에 국민 전체의 거주환경 향상이라는 시각이 결여되어 있었다. 국민에 의한 '왕도낙토'의 출현을 만주국 정부가 진지하게 고려하였다면 국민에게 가장 밀접한 존재인 주택에 관한 정책이 이렇게 파탄나지는 않았을 것이다.

6. 패도의 건축

만주국 정부의 건축은 개별적으로 요구된 기능이나 용도를 충족시키는 것은 중요시 하였지만, 만주국 정부가 내세운 정치이념을 시각적으로 구현하는 것에 대해서는 무게를 두지 않았다. 따라서 도시 경관의 배

---

29 『政府公報』제3133호, 1944.11.21, 243~255면.

려도 부족하고, 외관의 정합성이 없는 제1청사와 제2청사가 인접하게 된 것과 관청가의 눈길을 끄는(eye stop) 신궁정 정전이 미완성인 채로 있는 사태가 발생한 것이다. 또한 특수 건축은 신궁정을 제외하고 일본 신사건축 등 기존 건축을 변형한 것으로 이는 일본인이 군림하는 '오족협화'일 뿐이었다.

이 현상에 대해 건축을 제작하는 측, 즉 설계·감리·시공하는 쪽에서 보면 타향에서 이민족 지배하의 건축 활동에 새로운 건축형태의 창출 등의 창조적 활동이 생길 여유도 없는 상황이 부각된 것이다. 즉, 일본인 주체의 건축 조직이 설계·감리를 하면서도 시공현장에서는 일본인과는 습관이나 언어가 다른 대량의 중국인 노동자가 일한다고 하는 이민족 지배 건설현장의 상황이 있었다. 또한 항일세력에 의한 건설현장의 습격이나, 겨울 한파에 따른 문제 등 일본 국내에서는 상정도 못할 상황에 대응할 필요가 있었다. 이는 실제 중일전쟁이 소모전이었던 것과 마찬가지로 건축 생산의 현장도 '소모전'이었다.

관공서 건축이 양과 기능면에서 최소한의 필요성을 충족시킨 것에 반해 음지에서 희생된 것은 주택 건축이었다. 만주국 정부의 주택정책이 전체적으로 뒤늦어, 만성적인 주택 부족 문제를 해결하지 못하고, '왕도낙토', '순천안민(順天安民)'과는 모순되게 국민은 협소하고 저질인 주택에 수용되었다. 또한 전시체제 진행에 따라 건축 통제 속에서 생긴 규격주택은 '오족협화'와는 관계없이 일본인만을 우대하였다.

결국, 만주국 정부 건축은 건축 형태뿐만 아니라, 국민 생활의 향상이라는 측면에서도 '순천안민', '오족협화', '왕도낙토'를 실현할 수 없었다. 좀 더 비판적으로 말한다면, '왕도'와는 대극에 있는 '패도'에 의한 침략과 지배 위에 성립된 만주국 정부가 '왕도낙토'를 실현한다고 하는 구도 자체에 무리가 있다는 것을 만주국 정부의 건축이 가시적으로 부각시킨 것이라고 말할 수 있다.

일본의 만주 경영과 신문

이상철[1]

1. 민간인이 만든 초기의 신문

1905년 7월 26일, 나카지마 사다오[中島眞雄](1859~1944)라는 민간인이 잉커우[營口]에서 『만주일보』를 창간하였다. 만주에서 일본인 신문 경영의 역사가 시작된 것이다.

일본 문헌 등에 니우주앙[牛莊][2]이라고 기록되어 있는 잉커우라는 도

---

1 李相哲, 1959년생. 매스커뮤니케이션론. 저서로 『滿洲における日本人経営新聞の歴史』(凱風社)가 있다.

2 중국에서는 '니우주앙[牛莊] 소저묘[小姐廟]'라고도 불렸다. 명(明)조에서는 만주와 중국 남방을 연결하는 중요한 항구로서 군수물자를 운반하는데 사용되었다. 청조에서는 미곡 무역 등으로 번영하였다. 1858년 영국은 청정부에 대해 통상 항으로서 니우주앙[牛莊]의 개항을 요구했지만 그때는 벌써 한적해져서 쓸 만한 것이 못 되었기 때문에 같은 행정구역내의 '잉커우[營口]'를 사용하였고 이름은 '니우주앙'으로 표기하였다. 니우주앙은 행정

시는 19세기 후반에 이미 외국인에게 개방되었다. 아편전쟁에서 압도적인 군사력으로 청정부를 굴복시킨 영국에 의해 1858년에 개항되었다.

일본은 1876년에 잉커우에서 영사 업무를 시작하지만 그 후 한동안은 일본인 거주자가 없었기 때문에 영사 업무를 영국에게 위탁하였다. 1891년, 만주에서는 처음으로 잉커우에 세관이 개설되어, 미쓰이[三井] 양행이나 요코하마[横浜] 쇼킨은행 등 일부 기업이 주재원을 파견하게 되었다. 그때 따리엔[大連]은 작은 어촌에 불과하였고, 국제도시 잉커우조차도 십 수 명의 일본인밖에 없었던 시대였다.

19세기 말경 잉커우는 영국인을 비롯하여 러시아, 프랑스, 독일 등 유럽 상사원, 외교관으로 활기가 넘쳤다. 만주에서 외국으로 운반되는 물자는 랴오허[遼河]를 왕래하는 범선에 실려 잉커우에 모여들었다. 외국으로 반출되는 외국 상품은 잉커우를 통해 만주로 들어갔다. 이 시기의 만주에서 잉커우는 상업적 · 정치적으로 의미가 컸지만 잉커우의 지정학적 가치는 러시아의 만주진출과 그에 따른 동청(東淸)철도의 건설에 따라 일변하게 되었다. 러시아는 동청철도 남단의 종착역으로 잉커우가 아니라 따리엔을 선택한 것이다.

러일전쟁에서 일본이 먼저 잉커우를 점령하고(1904.7) 거기에서 군정을 실시하면서 만주의 일본인 인구는 급격하게 증가하였다. 1904년 잉커우의 일본인 인구는 처음으로 1,000명을 넘었고, 1905년에는 5,000명을 돌파하였다. 만주의 첫 신문을 만들었던 나카지마 사다오가 잉커우에 온 것이 바로 이 시기이다.

구역으로 사용한 경우가 많았고, 잉커우는 시가지를 가리켰다.

나카지마 사다오는 가쓰라 다로[桂太郞], 다나카 요시카즈[田中義一], 무라타 세이후[村田淸風], 구사카 겐즈이[久坂玄瑞] 등 유명한 사람을 많이 배출한 야마구치[山口]현 헤이안코[平安湖] 출신으로, 18세 때 백부 미우라 간키[三浦觀樹] 장군(당시 少將)집에 떠맡겨졌다. 1890년 이후 샹하이[上海], 푸죠위[福州], 대만을 전전하면서 중국과 관련된 일을 열심히 하였지만, 신문을 제작하는 일 이외에는 어떤 것도 그다지 잘하지 못하였다.

1901년 12월 베이징[北京]에서 『순천시보(順天時報)』(일간, 중국어, 조간 8면)를 창간하지만, 러일전쟁 개전 전에 '주전론(主戰論)'을 전개하였고, 그것이 외무성과 군부의 인정을 받아 유명세를 타게 되었다. 1904년 8월 그는 처음으로 잉커우를 방문하였지만 이때는 잉커우에 군정이 실시된 지 얼마 되지 않을 때였다.

그 후 나카지마 사다오는 1904년 말에 베이징의 우치다 야스야[內田康哉] 공사(公使)와 함께 만주를 재방문하는 도중 옌타이[烟台]에서 고다마 겐타로[兒玉源太郞]와 만났으며, 뤼순[旅順]에서는 노기 마레스케[乃木希典] 장군과 만났다. 그때 무엇에 대해 의논했는지에 대한 공식적인 기록은 발견되지 않지만 꽤 깊은 대화가 이루어졌던 것은 틀림없다. 자유롭게 상상해 보면, 거기서 만주시국의 추이나 육군의 계획 그리고 만주의 장래에 대해서도 당연히 논의되었을 것이다. 만주에 진출하고자 하는 나카지마의 결심은 그때 이미 굳어졌다고 볼 수 있다.

그 후, 1905년 1월 우치다 공사와 함락 직후의 뤼순을 방문하였지만, 여행 도중 우치다 공사로부터 『순천시보』 매수에 대한 말이 나왔고, 나카지마는 그 말을 흔쾌히 승낙하여 3월에 베이징의 『순천시보』를 외무성에 일만 엔에 매각하였다.[3] 그 후 바로 티엔진[天津]을 떠나지만, 티엔

진 일본영사관에서 우연히 잉커우 군정담당관 요쿠라 기헤이[與倉喜平]
중좌와 만나게 되었다. 그 자리에서 요쿠라 중좌로부터 만주에서 신문
을 만들지 않겠느냐는 권유를 받았고, 잉커우 영사를 겸임하는 티엔진
총영사 이주인 히고키치[伊集院彦吉]도 적극적으로 추천하였기 때문에,
그해 4월 요쿠라 기헤이 군정 담당관과 함께 만주로 들어갔다. 그리고 3
개월 후인 7월 26일『만주일보(滿洲日報)』창간호가 나왔다.

『만주일보』는 군정서(軍政署)의 요망에 따라 일본어, 중국어, 영어 등
세 가지 언어로 기사를 게재하였고, 대판(大判) 6면의 어엿한 조간신문
으로 출발하였다.

『만주일보』창간 당시 잉커우에는 중국 관내(당시 '남청' 혹은 '남중국'이
라고도 불린 만리장성 남측)에서 많은 상인들이 들어왔다. 이 상인들은 군수
품이나, 생활필수품, 일상 잡화를 갖고 들어왔고 그와 함께 잉커우에 왕
래하는 선박, 차량도 증가하였다. 무역도 활발해졌고, 일본에서 출입하
는 사람도, 오가는 물자도 많아졌다. 중국 관내에서 한때 비난받았던 일
본인, 북만주에서 한때 정착하였던 일본인도 잉커우로 이주해 왔다. 그
중에는 군인 가족도 있었고 낭인(浪人), 각양각색의 기술을 가진 직인(職
人), 창부나 외지 노동자도 있었다.

인구 유입이 심화되는 가운데 러시아군의 내습에 대한 두려움도 있고, 때
로는 무장 강도가 시내를 활보하기도 해 잉커우 정치 상황은 상당히 혼란스
러웠다. 군정서의 주된 임무는 우선 '지방 민심을 다스려 제반 행정을 정돈'
하는 것이었는데『만주일보』는 이를 전면적으로 지지하는 신문이었다.

---

3 『순천시보(順天時報)』는 그 후 외무상이 직접 경영하기로 되어 사장에는 우에노 이와타
로[上野岩太郎]가 취임하였다.

"우리의 신문 발행 목적은 만주에서 개간한 토지로 인민에게 유익한 지혜를 주는 것으로 내정 외교에 관한 문제는 물론이고 세계에서 일어나는 사건을 자세하게 보도하는 것", "남하를 꿈꾸는 러시아의 야심을 미리 탐지하는 것"이라고 『만주일보』는 썼다.[4]

『만주일보』는 창간 당시 4천부를 인쇄하였지만, 지면 내용이나 경영 내용으로 보아도 분명히 단순한 상업적 목적의 신문은 아니었다. 나카지마 사다오라는 특별한 인물이 군의 힘을 빌리고 외무성의 지원을 얻어 내 창간한 것이었지만, 그러나 군이나 외무성의 관여하에 계획적으로 만들어진 것은 아니었다. 그 필요성을 통찰한 민간인 나카지마 사다오에 의해 만들어진 것이었다. 여기서 주목되는 것은 나카지마 사다오의 신분이다. 펑티엔[奉天]의 『셩징시보[盛京時報]』에 근무하였던 기쿠치 데이지[菊池貞二]는 『50명의 신문인』(電通, 1955.7)에서 "(메이지시대)대중국관계 대표적인 인물이 세 명 나왔다. 아라오 도호사이[荒尾東方齋]와 네주 산슈[根津山洲] 이 2명은 천하가 아는 바와 같지만, 또 한명 나카지마 사다오에 대해서는 일반적으로 그다지 알려지지 않았다"라고 기록하였다.

나카지마는 군이나 외무성 출장소와 폭넓은 관계를 가지고 있으면서, 펑티엔 중국인 유력자와도 깊은 관계를 맺고 있어서 일본정부에서 파견된 조사원도 먼저 나카지마에게 상담하러 가는 등 '특별한 신분'을 보여주는 기록이 여기저기서 보이지만[5] 확실하고 자세한 자료는 부족하다.

---

4 『만주일보』, 1906.7.26.
5 나카지마 사다오가 집필한 『対支回顧録』과 『続対支回顧録』(東亜同文会 編, 原書房, 1938)에서 몇 군데 보인다.

나카지마 사다오는 잉커우『만주일보』외에 선양(瀋陽)(당시는 펑티엔)에서 중국어 신문『성징시보』(1906.10.18),『만주일보』(1906.12), 몽골어 주간 신문『몽문보(蒙文報)』(1918)를 창간하였고, 하얼삔에서는『대북신보(大北新報)』(1922)를 발간하는 등 펑티엔을 중심으로 왕성한 활동을 전개하였지만, 1925년 11월『성징시보』를 만철 경영에 맡기고 신문계를 은퇴하여 일본으로 되돌아가 가마쿠라(鎌倉)에 있는 절에 은둔하면서『대지회고록(對支回顧錄)』과『속대지회고록(續對支回顧錄)』을 집필하였다.

나카지마 사다오가 창간한 잉커우『만주일보』를 포함하여 초기 만주에서 일본인이 경영한 신문은 창간 초기부터 러시아를 강하게 의식하였다. 그것은 신문 발행을 통해 여론을 환기하고 정보를 수집하려는 군이나 외무성 출장소의 의향을 반영하려는 측면도 있지만, 러일전쟁 후 만주 일본인 사회 분위기를 그대로 반영한 것이라고 생각한다. 또한 당시 신문은 만주에 대한 막연한 기대와 만몽 경영의 '웅지(雄志)'를 느낄 수 있는 부분도 있고, 단순히 '세계에서 일어나는 사건을 자세히' 전하는 데에 그치지 않고 선명한 주의 주장을 펼치기도 하였다. 게다가, 일본의 만주 진출에 따라 잇달아 설치된 여러 행정기관(군정서, 관공도독부, 관동청 등)의 홍보를 담당하는 등 홍보지의 성격을 갖기도 하였다.

나카지마 사다오 이후의 만주신문계는 남만주철도주식회사(이하 만철)가 신문에 관여함에 따라 민간인 경영 신문, 만철계열 신문, 외무성계열 신문으로 나뉘게 되었다.

2. 만철의 신문 경영

러일전쟁 결과로 일본은 만주의 이권을 대부분 독점할 수 있게 되었다. 일본의 만주 진출에 대해 다치바나 시라키[橘撲](『만주평론(滿洲評論)』의 주간을 맡았던 인물)는 이렇게 썼다. "청일전쟁으로 조선을 그 독점 경제 범위 내에 몰아넣은 일본자본주의는 십년 정도에 벌써 이익이 적음을 느꼈다. 때마침 제정 러시아의 만주 진출로 양자가 충돌하였고, 1905년의 러일강화조약 및 1906년 만주선후협약(滿洲善後協約)을 체결하여 일본의 독점 경제범위는 남만주까지 확장되었다."

그러나 만주를 어떻게 할까, 일본의 세계적 전략 가운데 만주를 어떻게 위치 지을까, 그 목적 달성을 위하여 어떤 수순과 정책 과정을 밟아야 하는지에 대해서 일본 국내에서 정부나 국민이 모두 진지하게 논의했던 것은 아니다. 러일전쟁에서 승리한 일본은 그 이권을 최대한 활용하여 청정부로부터 보다 많은 실리를 얻는 것에 급급하였다. 중국 동북에서 러시아의 최대 이권이 철도경영이었으므로, 그것을 이어갈 수 있는 것으로 고려한 것이 만철이었다.

만철총재 취임을 수락할 때 고토 신페이[後藤新平]는 일본의 대만주 정책은 동인도회사가 영국을 대신하여 인도라는 식민지를 경영한 것을 모방해야 한다고 주장하였다. 고토는 만주 경영을 위해 필요한 것이 첫째는 철도 경영, 둘째는 탄광 개발, 셋째는 이민 증가, 넷째는 목축 제농업·공업시설을 발전시키는 것이라고 하였는데 그 후의 추이는 그대로 수순을 밟은 결과였다.

러일전쟁 종료 후 우여곡절을 거쳐 반관반민의 남만주철도주식회사
가 설립되고 따리엔에 본사를 두었지만 그때까지의 잉커우를 어떻게 할
까는 두통거리였다. 처음은 만철 초대 총재에 취임한 고토 신페이가 잉
커우를 시찰 방문하여 해결 방법을 모색하였지만, 결국 '만주 경영'의 거
점으로서는 따리엔을 선택하였다.

"만주를 방문하였을 때 가장 먼저 고토의 눈에 띈 것이 신문과 인쇄사
업이었다"[6]라고 하였는데, 고토가 취임 초기부터 신문에 꽤 흥미를 보인
것은 확실하다.

고토는 처음에 따리엔에서 이미 발행되고 있는 『요동신보(遼東新報)』
(이하 『요동』)를 매수하려고 하였다. 『요동』은 도쿄에서 신문 『일본』에
근무하였던 경험이 있는 스에나가 준이치로[末永純一郎](1867~1913)라는
인물이 1905년 10월 25일에 창간한 일간신문이다. 『요동』은 따리엔에
서는 유일한 일본어 유력 신문으로, "불편부당(不偏不黨), 국가본위를 편
집방침으로 정하고, 만몽개발을 그 이상으로 내세워" 관동도독부의 홍
보 등에 협력하면서도 민간의 입장을 지키고 있었다.

『요동』 사장을 오랫동안 맡은 오키 슈지[大來修治]에 따르면 "고토 총
재로부터 『요동신보』를 매수하려는 내적교섭이 있었다. 금액도 지금이
니까 거침없이 3만 엔 정도라고 말하지만 우리 동인(同人)은 극력 반대
하였다"[7]라고 썼다.

고토의 의향은 신문을 통합하여 따리엔에 신문을 하나만 두게 하는 것
이었다. 만철부터 "신문을 하나로 통합하면 경영이 편해지지 않습니까,

---

6 『만주일일신문(滿洲日日新聞)』, 1926.6.23.
7 『만주일보』, 1932.11.3.

현재 당신은 종이가 부족해서 어려움을 겪고 있지 않습니까? 힘 드는 것보다 편하게 경영하는 것이 상책이 아니겠습니까?"[8]라고 계속 설득하였지만, 스에나가 준이치로는 "기관신문은 결국 민중의 의사가 통하지 않아 우리의 사명에 부합하지 않는다. 다른 신문을 인정하는 것은 별문제로 하겠지만, 신문을 통일하는 것에는 동의하지 못한다"라고 거절하였다.

매수에 난항을 겪다가 결국 동년 7월 고토는 기존 신문 매수계획을 포기하고 새로운 신문을 만드는 것으로 방향을 바꾸었다. 그는 "만몽개척의 지침을 보여주는 역할을 할 유력지를 만들고 싶다"고 하면서, 도쿄인쇄 사장인 호시노 세키[星野錫](1854년생, 1912년 총선거에서 중의원 의원에 당선)에게 협력을 요청하였다. 호시노는 그 말을 기쁘게 여겼다. 마침 그도 따리엔에서 인쇄 업무를 손대려고 하는 참이었다. 이 말에는 신문 업무에 밝은 평론가 모리야마 모리지[森山守次]도 참여하여, 동년 10월 대판(大判) 64면의 창간호를 만들었다. 지면 절반은 도쿄에서 만들고, 나머지 절반은 따리엔에서 만들어 11월 3일에 창간호가 따리엔에서 발행되었다.

만철이 창간한 『만주일일신문』은 그 후 『만주일보』(1927. 10~), 『만주일일신문』(1935. 8~), 『만주일보』(1944. 4~)라고, 제명을 되풀이 변경하고 『따리엔일일신문』이나 『평티엔일일신문』을 동시에 발행하여 그것을 다시 통합하는 복잡한 경위를 더듬어야 하기 때문에 다른 『만주일보』(잉커우, 평티엔)와 구별하기 위해서 습관적으로 『만일(滿日)』(이하 『만일』도 같은 의미로 사용한다)이라고 불렀다.

---

8 『만주일보』, 1932. 11. 3.

『만일』은 만철 기관지로 창간되면서, 경영상 만철과 관계없는 것처럼 보이게 하기 위해 호시노 세키 회사와 모리야마 모리지 개인이 자본금을 나누어 내는 형태를 취했다. 그렇지만 1910년대 초『만일』은 "거대한 세력의 비호하에 해를 거듭하면서 그 설비를 완성하고, 판로는 만선(滿鮮) 및 일본은 물론 러시아령 시베리아 및 유럽 제국까지 확대"하였다.

그때 따리엔에서는『요동』과『만일』이 서로 경쟁하였지만 "시국의 추이는 오랫동안 특정 신문만을 보호하지 않았다." 민간신문『요동』과의 경쟁에서『만일』은 우위에 서지 못하였다.

1911년 8월 만철은『만일』에 자본으로 참가하고 출자자를 대어『대만일일신문』을 경영한 경험을 가진 모리야 젠베이[守屋善兵衛]를 사장으로 초빙하였다. 1913년에는,『만일』자본금 13만 5천 엔 내, 만철 주식의 82%를 취득하여 본격적으로 경영하였지만『요동』의 기세를 막을 수는 없었다.

『요동』은 만철에 대해서는 작은 것이라도 철저하게 추적하여 그것을 기사화하였기 때문에 독자의 호평을 받았다. 만철은 그에 대해 자본적인 면으로 압력을 가하고(관계된 회사에 광고를 싣지 못하도록 압력을 가하는 등), 관동청에 대해서도『요동』을 엄하게 감독하도록 압력을 행사하였지만,『요동』은 그에 굴하지 않았다.

이 2대 신문의 경쟁 관계는 그 후에도 계속되지만, 거기에 석간지『따리엔신문[大連新聞]』이 가세하였다. 따리엔시의 일본인 실업가 수 명이 자금을 분담하여 1920년 5월에 창간하였다. 사장으로는 다치카와 운페이[立川雲平], 주필로는 마쓰이 하쿠켄[松井柏軒]이라는 인물이 취임하였다.『따리엔신문』은 처음부터『만일』,『요동』과 경쟁하기 위해서가 아니라, 따리엔 시민의 생활에 밀착된 석간지가 되는 것을 목표로 하였다. 그들은 "적극적으로 양 신문에 대항한다든가 크게 만몽 경영에 관하여 논의한다는 포부는 없고 오직 따리엔 시정(市政)을 중심으로 따리엔 시민의 신문이 되는 것을 목적으로 하여 발간"하는 것이라고 하였다.

『따리엔신문』이 창간될 무렵 만주에서 일본인이 경영한 신문의 분포를 보면, 따리엔에는 유력한 세 종류의 신문 외에『만주리아 데일리 뉴스(The Manchuria Daily News)』(영어신문, 만철계),『만주상업신보(滿洲商業新報)』등 전문지가 발행되었고, 펑티엔에는 중국어신문『성징시보』, 잉커우, 랴오양, 티에링[鐵嶺], 롱징춘[龍井村], 지린[吉林], 하얼삔, 카이위엔[開原] 등 만철 시설이 많은 도시에는 개인 경영 신문사가 만철의 원조 및 외무성의 보조금을 받으면서 근근이 일간지 및 주간지를 발행하는 상태였다.

이 상태는 만철이 신문의 독점 경영을 목표로 시작한 1927년쯤이 되어서 변화하였다. 만철이 신문을 경영하면서,『만일』이 일본 국내의 정당 정치에 깊이 관계하는 것과 각종 이권에 얽힌 인사문제 및 독점적인 신문 경영에 대해 가끔 세상으로부터 비판을 받았다.

만철이 만주신문을 독점적으로 경영하려고 한 배경에는 당시 국내외 정세와 관계가 있지만, 그것보다 정치적인 고려가 우선된 결과라고 생각한다. 1922년경부터 일본의 만주에서의 세력 범위는 "보전불능의 위기에 처해", 일본의 대륙 정책은 수세로 돌아갔고, 그에 따른 일본 국내에서 여론에 대한 단속이 서서히 강해져 그 필요성을 주장하는 소리가 언론계 내부에서도 나오기 시작하였다. 만주에서도 이 시기에 언론기관 통합의 논의가 많이 이루어졌는데, 쟝쭈오린[張作霖] 폭살사건을 계기로 더욱 강해졌다.

『만일』은 1927년 10월에 『요동신보』 매수에 성공하였지만, 사실 이 두 라이벌지의 합병은 만주신문 역사상 커다란, 나쁜 의미에서의 전환점이 되었다. 『요동신보』 편집장이었던 기쿠치 아키시로[菊池秋四郎]는 합병에 따른 영향에 대해 다음과 같이 말하였다.

이 합병이 스에나가[末永純一郎](초대 사장) 씨에 의해 심어진 요동혼의 멸망이라는 것도 부정할 수 없다. 요동혼은 무엇인가라고 이제 경직되게 설명할 필요도 없지만, (…중략…) 이 요동혼의 멸망을 유감으로 여기고 그 멸망은 결국 민중적 행동으로 어느 기관을 잃게 된 민논(民論) 신달(伸達)에 상당한 타격을 주는 것이 아닐까, 그것을 슬퍼하는 것이다.[9]

만철이 『요동』을 매수하여 만주에서는 만철 산하의 신문에 대항할 수 있는 신문이 이미 존재하지 않게 되었다.

그것보다 먼저 『만일』은 1925년 11월, 펑티엔의 『성징시보』를 사실상 지배하에 두었지만, 그것은 주식 조직의 개조(주식의 87%를 취득)에 의한 것이었다. 만철의 독보적인 승리는 신문계에서는 어쩔 수 없는 흐름이었다는 것이다.

그 후 유력 신문으로서는 유일하게 『따리엔신문』이 『만일』에 경쟁 상대가 되었지만 『따리엔신문』의 태도는 신문의 품격이나 내용을 가지고 『만일』에 대항한 『요동』과는 달리, 발행부수를 다투거나 과장된 지면 만들기 위해 다투었을 뿐 내용은 없었다. 일반 독자로부터 봐도 "(『따리엔

9　『요동신보』 마지막호, 1927.10.31.

신문』은) 일반적으로 추상적인 논의를 늘어놓기만 하고, (…중략…) 불쌍하게도, 2~3개 『따리엔신문』의 바보 같은 모습을 두고 보는 것인가. 만주에서는 서적 잡지에 정가보다 오 분(五分)을 더해 판매되었다. 『따리엔신문』은 이것이 적합하지 않다고 연일 귀중한 지면을 할애하여 이러한 불합리를 고발하였다'라고 『따리엔신문』의 태도를 비판하였다.

『따리엔신문』이 『만일』에 매수된 것이 1935년이었는데, 이 매수에 대해서도 불투명한 금전적인 거래가 있었고, 매수금의 '50만 얼마'의 '얼마'라는 부분을 교섭하는 협상의 배후에 관동군이 관여했다는 소문이 났다.

여기서 지적해야 할 것은 만철의 신문 경영 확대 노선(유력지 매수, 지방 신문 계열화)은 반드시 만철 스스로 적극적으로 실행한 정책이 아니었던 것처럼 보인다는 점이다. 만철이 『성징시보』를 매수할 때도, 어쩔 수 없이 그것을 산하에 두려 한다는 경위가 자세하게 기록되어 있다. 그러면 만철은 왜 신문의 독점을 시도하고, 모든 신문을 '자금적으로 조작'하려고 한 것인가? 만철은 신문 정책에서도 반드시 독자적인 판단으로 독자적인 노선을 걸어간 것은 아니었다.

3. 관동군의 신문관여

관동군 모략의 일환으로 시작된 리우티아오후[柳條湖]사건[10](이하 '만주사변'이라고 함)은 일본이 중국과의 관계에서 외교 교섭이나 국제법의 '틀'

을 스스로 포기하고 그때까지 일본이 만주에 요구해 왔던 '특수 권익', '특수 지위'를 무력으로 빼앗는 길을 선택한 것을 의미하는 사건이었다. '만주사변'을 일시적인 '성공'으로 이끈 관동군은 만주에서 온갖 영역에서 주도적 지위를 확보하게 되었다. 신문 경영에 있어서도 예외가 아니었다.

'만주사변'이 발발하기 전까지 육군은 선전전으로 여론을 조작하여 이끌어 나가는 정책지향적인 간접 통제를 시도하였지만, 사변 발발 후에는 행동으로 보여주었다. 관동군의 목적은 명백한 것이었다. 만주에서 발신된 정보는 물론이고 만주에 유입된 정보까지도 차단하여 군에게 유리한 정보만을 유통시키는 것이었다.

사건 발발 직후 관동군 참모본부는 오로지 언론 통제를 목적으로 하는 제4과(第四課)를 편성하고 동년 11월부터 업무를 시작하였으며, 신문연합사 펑티엔지국장인 사사키 겐지[佐佐木健兒], 만철의 사토미 회[里見甫] 등이 협력하였다. 처음에 사사키 등이 제안한 방책에서는 만주에서 발신된 뉴스를 통제하고 신문연합사가 가진 모든 통신망을 이용하여 세계에 대해 적극적으로 만주의 '진상'을 설명하는 것이었지만, 관동군은 '근본적이고 영구적'인 대책을 고려할 필요가 있었다.

1932년 8월, 관동군 참모장 고이소 구니아키[小磯國昭]의 명의로 '언론 통신 기관 취급에 관한 타합회(打合會)'(나중에는 '협의회(協議會)'라고 개칭)가 발족하였다. 제1회 회의에서는 주로 관동군 사령부, 만주국 정부, 펑티엔총영사관, 만철에서 여러 실무자가 참가하여 ① 재만 언론통신기관

---

10 1931년 9월 18일 저녁, 선양(펑티엔) 교외의 리우티아오후[柳条湖] 부근에서 일어난 관동군에 의한 철도폭파사건인 '만주사변'이 시작되었다. 중국에서는 '9·18사변' 혹은 '리우티아오후사건'이라고 한다. '리우티아오꺼위[柳条溝]사건'이라고 표기한 문헌도 많지만 '리우티아오후[柳条湖]'가 옳은 것이다.

설립, 개폐, 보조, 지도 등의 중요사항에 관한 결정에 대해 서로 연락하고 협조할 것과 ② 재만 언론통신기관을 정리하도록 지도하는 것이 타합회의 역할이라는 것에 대해 의논하였다.

이 타합회에서는 만주에 국책선전과 국론통일을 위해 통신사를 설립하는 것, 관동군 스스로가 신문을 창간하는 것, 유력지를 매수하여 언론계를 하나의 중앙 조직하에 통일하는 것, 유력지『만일』은 펑티엔으로 이전시킬 것 등의 구체적인 제안을 통합하였고, 두 번째 협의회 후에 통신사를 설립할 것을 공식적으로 발표하였다. 이로써 만주국통신사(통칭 '국통', 이하 동일) 구상은 바로 실현을 향하여 움직였다.

'국통'이 정식으로 설립을 선언한 것은 동년 12월 1일이다. 이 국책 통신사는 첫째, 대내 통신(수신)의 통제를 목적으로 하였지만, 구체적으로는 전통(電通)과 신문연합사에서 공급되는 뉴스를 통제하고, 그것을 만주 각지에 발신하였다. 둘째, 대외 통신(발신)의 통제를 강화하는 것이지만, 구체적으로는 만주 각지의 뉴스를 '국통' 본사에 집중시켜 그것을 통제하고 전통과 신문연합사에 공급하여 일본, 중국 내륙부, 구미 각국에 발신하는 것이었다.

'국통' 설립으로 뉴스의 발착신을 통제하는 것으로 목표로 삼은 관동군은, 대내 선전의 필요성에 의해 스스로『대만몽』(펑티엔, 오이시 타카오大石隆基] 사장)이라는 일간지를 창간하였지만, 군이 앉힌 경영자의 자질에 문제가 있어 처음부터 분쟁이 계속되어 경영은 그다지 잘 되지 않았다.

1933년 2월에는『만주리아 데일리 뉴스(The Manchuria Daily News)』(하마무라 요시키치[浜村善吉] 사장, 1910년 1월 따리엔에서 창간)를 매수하였다. 관동군의 매수에 처음에는 하마무라가 저항하였지만, 전 만철총재 마쓰오카 요스케[松岡洋右]의 강한 요청도 있었고, 게다가 대외 선전의 중요성과 '국제 문제에 대응하기 위해' 신문을 관동군에 양도하였다고 한다. 매수 후 다카야나기 야스타로[高柳保太郎] 전 장군이 그 신문사 사장으로 취임하였고 주필로는 원래 관동군과 깊은 관계가 있었다고 하는 캐나다인 G. W. 고르만이 취임하였다.

그 후 1936년 9월에 '만주홍보협회(滿洲弘報協會)'가 발족하였다. 만주의 모든 유력지는 이곳에 가맹하고 그의 통제를 받게 되었다. 설립 당시 이 협회에 가맹한 언론기관은 '국통' 이외에 『만일』, 『펑티엔일일신문』, 『대신징일보(大新京日報)』, 『하얼삔일일신문』, 『셩징시보』, 『대동보』, 『만몽일보』, 『만주리아 데일리 뉴스』, 『로문합시시보(露文哈市時報)』, 『사민(斯民)』 등 통신사 및 신문사와 만주사정안내소(滿洲事情案內所)의 12사였다. 이 12사를 더욱 더 통신사계, 『만일』계(일본어, 영어, 러시아어 신문을 망라), 『대동보』계(중국어, 조선어 신문을 망라) 3계통으로 나누어 관리하고 협회 본부에 만주사정안내소를 두어 경영을 맡겼다. 이것이 말하자면, 재만 언론기관의 제1차 정리였다.

그 후 그 해 12월에는 제2차 정리가 진행되어 1940년 9월까지 계속되었다. 제2차 정리에서는 ① 따리엔, 펑티엔, 신징[新京], 하얼삔 등 4대도시를 거점으로 중국어, 일본어 신문을 하나씩 남겨 그것을 홍보협회 가맹사라고 하고, 그 이외의 신문은 이 가맹사를 중심으로 합병하였다. ② 신문 발행 소재지의 특수 상황에 따라 인구나 구매력 등을 고려하여 별도의 회사를 존립시키는 것으로 하였다. ③ 영어, 러시아어, 조선어 신문에 대해서는 언어마다 대표지를 선택하고 가맹사를 통제하에 두었다.

1940년대에 들어가 일본 전체가 전쟁 확대로 치닫는 가운데 일본

국내에서는 국가총동원법이 공포됨에 따라 대중매체에 대한 통제가 강화되었다. 1940년 12월에는 '신문법'이 부분적으로 개정되어, 신문기자법 제정 등이 제안되었지만, 이와 같은 일본에서의 움직임에 맞게 만주에서도 홍보 일원화가 계획되어 여론의 '지도'는 한층 강화되었다.

1941년 1월부터 홍보협회는 만주국 총무청 관할하에 두고 협회 사업은 총무청이 접수하여 신문 용지나, 자재의 할당, 공급 업무를 하는 '만주신문협회'가 설립되었다. 이 신체제를 당시는 '홍보신체제'라고 불렀는데, 이 신체제하에서 1941년 8월, '신문사법', '기자법', '만주국통신사법'이 공포되었다.

새로운 체제하에 '인재 교류, 기재의 유무상통, 용지 절약, '여론지도 강화'가 도모되어 신문계 또한 재편되게 되었다. 홍보 신체제하의 만주 신문은 관동군이 허가하는 신문, 예를 들면 관동군 영향이 있는 신징의 『만주신문』[11] 중국어 신문인 『대동보』(1933.2 관동군이 창간), 조선어 신문 『만선일보』(1933.8 창간) 등 3지 이외에 따리엔의 『따리엔일일신문』, 펑티엔의 『만일』 정도밖에 없고 다른 신문은 사라졌다.

---

[11] 관동군이 창간한 『대만몽(大滿蒙)』으로 시작한 신문이다. 『대만몽(大滿蒙)』은 1934년 1월, 『신징일보[新京日報]』와 합병하고 2월 1일부터는 『대신징일보[大新京日報]』로 제목을 바꾸어 발행하다가, 1938년 10월, 『만주신문(滿洲新聞)』으로 제목을 변경하였다. 그 후 1944년 3월에는 『만일(滿日)』로 합병했다.

4. 마치며

『만일』의 분신인 『따리엔일일신문』은 1945년 9월까지 따리엔에서 발행되었다. 소련군의 따리엔 진주로 폐간되었지만, 러일전쟁의 결과 요동반도 남단에서 시작한 일본인이 경영한 신문의 역사는 40년 역사를 거쳐 러시아인의 요동반도 진주로 종말을 맞이하게 되었다. 국제도시 잉커우에서 시작하여 따리엔에서 펑티엔을 거쳐 신징,[12] 하얼삔까지 세력을 북쪽으로 신장시켜 간 일본인이 경영한 신문은 패전과 함께 그 모습조차 남지 않게 되었다.

40년 동안 일본인은 만주에서 60종에 가까운 일본어 일간신문을 발간하고 그 외에 중국어, 영어, 몽골어, 조선어, 러시아어 신문을 다수 만들어 만주 경영에 대한 기록을 지속해갔다. 이 신문은 '만주 경영'을 그 이상으로 내걸고 '신천지 개척'의 열정을 불태웠다. 이 시대 일본인이 경영한 신문에 일관된 모습이 있다고 하면 그것은 시대의 흐름에 편승하여 시대와 운명을 같이하는 것을 당연시한 점일 것이다. 많은 일본인이 그런 것같이 이 시대의 저널리즘은 일본인이 지향하는 것, 그 결과 행동자체가 무엇을 의미하는 것인가에 대해서는 생각하려고 하지 않았다. 생각하는 것도, 질문하는 것도 불가능했던 것인지도 모른다. 혹은 오로지 그 기록에만 의의를 느꼈는지도 모르겠다. 그러한 의미에서 만주에는 저널리즘이 없었다고도 할 수 있다.

---

12 본고에서는 '만주(滿洲)', '펑티엔[奉天]', '신징[新京]', '만주국(滿洲国)' 등 중국 동북의 현대사를 기술할 때 피할 수 없는 말은 그대로 사용하였다는 점을 언급해 두고 싶다.

지금 우리가 생각해야 할 것은 그 시대의 신문의 역할이나 흑백을 판정하는 것이 아니라 오히려 그 사실이 누구에게 어떤 교훈을 남겼느냐 하는 것이다.

사진으로 본 '만주' 이미지

니시하라 가즈미[1]

1. 따리엔 - 2개의 이미지

지금, 여기에 2개의 사진이 있다. 모두 전쟁 전 일본 통치시대 따리엔의 중심부인 대광장의 경관을 부감(俯瞰)촬영한 것이다. 그 당시의 따리엔에 관심을 가진 적이 있는 사람에게 이러한 대광장의 경치는 당시 사진첩이나 그림엽서 등 여러 종류의 문헌을 통해서 이미 친숙한 것임에 틀림없다. 그러면 '당신의 경우 이 두 가지 광경 중 어느 쪽이 눈에 익숙한가'라는 질문을 받으면 어떨까? 어떻게 대답을 해야 할지, 의외로 많은 사람이 당황할는지도 모른다.

---

1 西原和海, 1942년생. 문필업(文筆業), 근대문학. 저서로 『夢野久作著作集』(編著, 葦書房)이 있다.

이렇게 2개를 나란히 놓고 보면 어느 사진을 조작하였는지 누구의 눈에도 명확할 것이다. 전자인 그림 1의 사진은 따리엔 시가의 배경이 된 연이어 솟아 있는 산이 완전히 삭제되어 있다. 요새지대법(要塞地帶法)에 의해 어느 시기부터 따리엔 부근 산용(山容)의 촬영이 금지되었기 때문에 이러한 처치를 하게 된 것이다(사진 좌측 하단에 '旅順要塞司令部許可濟'라고 인쇄되어 있다). 이전에 이 도시에서 잠시라도 살아본 적이 있는 사람이라면 전자의 하나를 손에 쥐기만 하면 이 사진이 조작된 것을 한눈에 간파할 수 있을 것이다. 어쩌면 당신의 경우, 이 2장에 찍힌 어느 쪽의 광경과도 친숙할지도 모른다. 단지 각각을 다른 기회에 보았기 때문에 양자 간의 차이에까지 주의를 기울이지 못했을지도 모른다.

나의 경우가 바로 그러하였다. 아주 오래전의 일이지만, 그림 1과 비슷한 상황의 사진에 대해 따리엔에 오래 거주했던 어떤 사람이 '산이 지워졌다'고 알려주어, 처음으로 내 자신의 아둔함과 문제의 중대함을 깨달았다. 시가지의 배경에 연이어 솟아 있는 산이 보이는 것과 보이지 않는 것은 당연히 도시의 이미지를 다르게 하였다. 그때까지 나의 시선은 대광장의 건축물이나 도로의 모습에만 집중하여 원경까지는 미치지 못했다. 그로 인해 나는 무의식적으로 이 도시의 성격을 꽤 오해하고 있었을지도 모르고 혹은 전혀 이해하지 못했을 지도 모른다.

또 문제가 되는 것은 그림 1과 유사한 '산을 지워버린 따리엔'의 사진이 당시의 책 등에 복사되어 현재의 출판물에 실리는 경우가 있다. 그러면 이제 완전히 잘못된 역사 정보가 독자의 뇌리에 박히게 되는 것이다. 사진을 실을 때 편집자가 거기에 어떠한 설명을 달면 되겠지만, 무릇 그런 설명이 필요한 사진이라는 인식이 있다면 편집자는 그것을

그림 1 따리엔 대광장(『최신만주사진첩』1939, 大正寫眞工藝所간행)

그림 2 따리엔 대광장(『세계지리풍속대계 제1권』1930, 新光社간행)

사용하지 않고 그림 2 같은 사진 입수에 노력했을 것이다. 결국 편집자 사이에서도 독자 사이에서도 실제와는 이질적인 따리엔의 이미지가 형성되고 정착되어 증폭되어 갔던 것이다.

이 두 개의 사진은 하나의 사례에 불과하다. 하나의 사례로 여기에 채택해 본 것이다. 그림 1과 2의 사이에 보이는 차이(조작의 유무)는, 현재 우리가 가지고 있는 따리엔의 이미지와 이전에 실재한 따리엔 사이의 차이를(오해의 유무) 바꾸어 놓았다고 생각할 수 있을지도 모른다. 오해가 원인이 되는 연유는 다양할 것이다. 물론 이것은 한 식민지 도시의 한 경관만의 문제에 그치지 않는다.

2. 미궁(迷宮)의 '만주' 전체상

오늘날 일본인은 일반적으로 '만주'라는 말에서 어떠한 이미지를 환기시킬까? 아마 상당히 애매한 것이 아닐까 생각된다. 예를 들면 '만주'는 즉 '만주국'인 것처럼 이해하는 사람들이 상당수를 차지하지 않을까? 내적으로는 '만주'에 관련된 주제를 전문으로 하면서, '만주'와 '만주국' 2가지를 혼동하여 기록하거나 논의하는 필자조차 눈에 띈다. 새삼스레 말할 것도 없지만, '만주'는 일본인이 오랫동안 습관적으로 불렀던 중국 동북 지역을 가리키는 것으로, 그 지역의 대부분을 일본이 군사적으로 점령하여 만든 국가가 '만주국'이다.

앞에서 '대부분'이라고 말한 것은 '만주' 안의 '일부분', 즉 요동반도 끝자락인 따리엔, 뤼순을 중심으로 하는 지역은 '관동주'라 불렸는데, 러일전쟁 후 일본이 중국에서 조차한 토지였기 때문이다. 특정 시기(1932~1945) '만주'에서는 '만주국'과 '관동주'라는, 정치적 성격이 다른 두 지역이 병존했다. 의외로 '만주'에 관하여 제법 글을 쓴 필자 중에서도 이 2개의 차이를 거의 이해하지 못한 채 무엇인가를 말하려는 사람이 많다. 일반인들 사이에서 '만주'에 관한 이미지가 애매한 것도 이러한 지리적(공간적)인 면에서의 오해와 이해 부족에 기인하는 부분이 많다고 생각된다.

또한 역사적(시간적)인 애매함도 여기에 중첩된다. 만주와 일본과의 관계 양상을 역사 연표의 대 항목에서 찾아보면 러일전쟁(1904~1905), 만주사변(1931), 만주국 건국(1932), 일본패전과 만주국 괴멸(1945)이라는 굵직한 길이 보이는 것은 교과서대로지만 실은 이 대 항목 전후에 다수의 중 항목이, 또 그 사이에는 무수한 소 항목이 가득 차 있어, 한 걸음 안으로 들어가면 거기에는 골목이 있고, 뒷길이 있고, 비밀스런 좁은 길도 있으며 막다른 골목도 있는 것처럼 마치 대 미궁 속에 던져진 느낌을 가질 수밖에 없다. 애매하다는 것은 그것을 말하는 것이다. 약 13년 반으로 수명을 다한 만주국에 한해서도 그 미궁의 구조를 정확하게 간파하는 것은 극히 어렵다.

어려움은 일반인뿐만 아니라 연구자도 그럴 것이다. 예를 들어 만주 체험자로부터 인터뷰를 시도해 본 적이 있는 연구자라면 잘 이해할 수 있을 것이라 생각한다. 이전에 만주에서 살았던 자들의 개별적인 체험 폭이 좁아서 그 견문이 얼마나 한계가 있는지(그 증언의 중요성은 별도로 하고) 때로는 아연할 정도이다. 그들도 또한 거대한 미궁의 한 모퉁이를 혼자 떠도는 것에 불과하다. 농업 이민으로 만주에 송출된 사람의 대부분이 자신의 개척단 마을과 그 주변 밖에는 거의 모른 채 패전의 날을 맞이한 것과 같다.

그런 개인적 체험의 기억이나, 문헌 자료의 단편적인 애매한 집적(集積)을 통해 연구자는 '만주(국)'의 총체적 실상을 구축해 가야 한다. 이는 물론 어려운 작업이지만 한편 이 미궁에는 아직 손대지 못한 연구 주제가 무진장이라고 해도 될 만큼 묻혀 있어서 그것을 발견하고 추적하려는 사람들에게는 더할 나위 없이 자극적이라고 생각된다. 어느 주제에 몰입해도 이를테면 미답의 황야를 개척하는 것이나 다름없다. 근년 '만주(국)'을 대상으로 하는 연구회도 서서히 증가하고 있는데(몇 가지는 나도 관계하고 있지만), 이것을 '만몽연구개척단'이라고 칭한다. 지금, '단원'들의 대부분은 일본 국내에서 결핍된 관련 사료를 중국 동북에서 찾고 있는데 기회가 있다면 틈틈이 그러한 사진 자료를 취급하는 것은 어떨까?

3. 사진 '조작'이 시사하는 것

만주의 실태를 알기 위해 당시 사진이나 지도가 얼마나 중요한지는 새삼스럽게 말할 것도 없이 제1급 자료로 간주해야 할 것이다. 사진에 관해서도 앞에서 서술한 것처럼 지리적, 역사적으로 애매함은 항상 따라다녀, 보는 자에게 모호한 이미지를 줄 가능성도 높다. 한 장 사진 속의 피사체(건물, 거리, 인물, 풍경 등)가 구체적으로 무엇인지 모르는 경우는 논외로 하고, 그 촬영지나 촬영 시기 등의 데이터를 주지 못할 때 그 자료는 자칫 불안정하게 되는 경향이 있다. 사진집이나 그래프 잡지를 비롯하여 각종 출판물에 게재된 사진은 그 발행연월일이나 첨부된 캡션을 참고하여, 나름대로 판단도 가능하지만, 이것이 그림엽서라면 촬영 데이터 불비는 물론이고 그 용도로부터 보아도 그다지 믿을 수 없다.

그림 3은 '진귀한 만주 풍속'이라는 제목의 그림엽서 세트 중의 한 장인데, 중국인이 경영하는 노상 음식점의 광경이다. 이 사진이 촬영되어 그림엽서로 판매된 것은(후술한 바와 같이) 만주국 건국 이전이지만 그 장소는 캡션에 설명되지 않았다. 아마 만주 어느 도시에서 촬영한 것이 아닐까 상상할 뿐이다. 원래 그림엽서는 주로 여행자를 상대로 그 토지의 관광적인 이미지를 판매할 목적으로 제작되기 때문에 그의 객관적인 자료성을 과대하게 요구할 것도 없겠지만, 전후 만주 관련 간행물에서는 의외로 수많은 그림엽서 사진이 자료로 채용된 예를 볼 수 있다. 고증하지 않고 채용했다면 여기서도 더욱 애매함이 확대되어 갈 것이다.

주의해야 할 것은 그림 3의 그림엽서에 붙어있는 캡션이다. '불결하기 짝이 없는 노방 음식점'이라고 기재되어 있다. 거기서 엿 볼 수 있는 것은 이러한 형태의 음식점에 대한 호기심과 찍혀 있는 중국인에 대한 차별적인 시선이다. 그러나 내 자신은 이 사진의 광경에서 '불결'하다는 인상을 전혀 받지 않았다. 중국인들의 생활이 결코 풍족하다고 말할 수 없는 것은 상상할 수 있지만 그 뿐이다. 당시 일본도 비슷하게 빈한하였다. 이러한 광경을 굳이 렌즈에 담아 불필요한 설명을 붙이는 것은 일본인(그림엽서 제작자)의 거듭된 차별 의식을 보여준 것이다.

그림 3 그림엽서(발행년도 불명)

그림 4 중국인 사진집『신만주』에서
(1935년, 국무원 총무청 정보처 간행. 캡
션에 '일·만 소녀! 친근'이라 써 있다.)

만주국이 성립된 후에는 이런 종류의 그림엽서나 사진이 모습을 감추었다. 그 이유는 명확하다. 만주국 건국이념의 하나인 '민족협화'의 건전(建前)에서 보면 노골적인 민족차별은 부정되지 않으면 안 되는 것이었다. 통치자는 대외적으로나 국내적인 선전 면에서도 민중생활의 빈약하고 어두운 부분은 힘을 다해 숨기고 싶었기 때문이다. 피사체로 등장하는 중국인들은 예를 들면 노동자든 노인이나 유아든 '왕도국가'의 미래에 몸을 내맡기고 다부지고 쾌활하게 사는 모습이 선택되게 된다. 또한 그림 4에서 보여 주는 것처럼 중국인, 일본인 등을 중심으로 한 이민족간의 융화를 강조한 구도의 사진이 눈에 띈다.

그림 3, 그림 4에서 모두 어떤 '조작'성을 엿볼 수 있다. 전자의 사진에서는 그림엽서 제작자의 손으로 의도적인 민족차별의 모티브가 표현되었다. 그러나 만주국 건국 후, 이러한 사진이 공식적으로 나오지 않게 되었다고 하더라도 그와 동시에 여기에 찍혔던 중국 민중의 빈약함까지 일거에 사라진 것은 아니다. 만주국시대에도 이런 빈한함은 당연히 남겨져 있었다. 후자의 경우, 화면 속 사람들은 이른바 '사전 각본' 수법으로 촬영된 것이 자명하다. 만주국의 이상면(理想面)을 내외에 홍보하고 싶어 하는 촬영자의 의도가 이 한 장에서 잘 보인다.

이 두 장의 사진은 당시 실정을 객관적으로 찍지 않았다고 하는 의미에서 만주국에 대한 우리의 이미지를 오해로 인도할 두려움이 있고, 역사 자료로서의 가치는 낮다. 그렇지만 전자의 존재가 만주국 치하에서는 인정되지 않았고, 후자가 선전성을 가감 없이 드러내는 작품일 뿐이라는 것을 알게 되면 이들 또한 만주국 본질을 역방향에서 증언하는 역할을 다한다고도 생각할 수 있지 않을까? 요컨대 이 두 장의 모습에서 만주국 통치의 한 측면을 읽어 내는 것도 가능하다는 것이다. 이때 이 사진들도 자료로서의 존재 가치를 주장하기 시작한다.

4. '조작'으로 '조작'을 공격

지난해 중국 창춘[長春]에서 한 권의 사진집이 간행되었다.[2] '역사로 거울삼는다'라는 의미 있는 제목에서 분명히 드러나는 것처럼, 이 책은 '괴뢰 만주국'의 역사를 사진자료로 증언하려고 하였다. A3판, 본문 556면, 무게 2.5킬로그램이라는 중량급 제품으로 수록 사진의 분량도 상당하다. 전체적으로는 이미 나도 본 적이 있는 사진도 많지만 그 안에는 관동군, 만주국 정부와 관련된 기밀서류의 쪼가리 등도 소개되어 있어 흥미를 돋우고 있다.

이 책의 페이지를 넘기면서 바로 인식할 수 있는 것은 대부분의 사진을 일본인이 촬영하여 당시 공간물에 게재했었던 것이라는 점이다. 물론 동북 항일 연군이나 팔로군 관계는 예외로 한다. 현재 중국에 만주국 시대의 사진 자료가 그런 정도 밖에 남지 않았다는 것이 아쉬울 뿐이다. 전후 일본에서 출판된 『일본식민지사 2 — 만주』(별책 『일억인의 소화사』)[3]

---

2   吉林省政協文史資料委員会・吉林省档案館 編, 『以史爲鑑 — 日本製造偽満洲国図証』, 吉林人民出版社刊, 2000.9.
3   『別冊 一億人の昭和史』, 毎日新聞社刊, 1978.8.

의 사진을 게재한 것도 많다. 만주국 공간물에 보이는 사진은 많든 적든 그림 4에서 말했듯이 선전색이 덧칠해져 있다. 그것은 아마, 당시 일본인조차 싫증낼 정도일 것이다. 그러한 사진을 "역사로 거울삼는다"라고 했던 편찬자들은 어떤 솜씨로 처리하여 보여줄까, 이 책에 대한 나의 관심은 먼저 그 부분에 향해 있었다.

말하자면 이 사진들은 '조작된 사진'이다. 이 책의 편찬자들은 이 '조작된 사진'을 역으로 이용하여 '괴뢰 만주국'의 실태를 이미지화하여 보여 주는 것이라고 말할 수 있지 않을까. '조작'으로 '조작'을 공격하는 것이다. 그 이미지도 또한, 만주국에 관한 하나의 이미지에 불과하다는 비판을 유보한다면 편찬자들의 방법론은 확실하게 성과를 거두었다. 일본인의 죄의식을 지겨울 정도로 자극해 오는 정도였다. 이전에 몇 군데에서 서술했던 것 같이 이러한 사진조차 역설적인 형태로 만주국의 본질을 조명해 낸다고 하는 것이다.

전후 일본인 시야에서 완전히 사라졌던 종류의 사진이 이 책에서는 빈번히 등장한다. 일본 장병이나 경관에게 잔학하게 처형된 반만항일 중국인 '비적'의 모습이나, 참수된 머리를 촬영한 사진 등이다. 물론 일본인 손으로 찍었던 것이다. 당시 이러한 사진이 인쇄되어 공공연하게 공간된 것은 아니지만 나의 추측으로는 일부 관계자들 사이에는 상당히 유포되어 있었다고 생각한다. 사진 그 자체가 조직적으로 배포되지 않았다면 판매된 것일지도 모른다.

그렇게 말하는 이유는 이전에 내가 만철(남만주철도주식회사)에 오래 근무했던 어느 유족에게서 개인 앨범을 빌려 본 적이 있었는데, 거기에 붙어 있던 일련의 명함 사이즈 사진(비적이 파괴한 철도현장 등을 기록한 것)속에서 앞에서 말한 잔학한 광경을 찍었던 몇 점을 본적이 있었기 때문이다. 그 상황은 정말 세트로 배포된 것 같은 외관을 유지하고 있었고(육필의 캡션이 인화된 사진도 일부 포함), 특히 '비밀 취급'된 것 같은 기색도 감지되지 않았다. 만주의 일본인 사회에서 이런 종류의 사진은 그렇게 신기한 것은 아니라는 인상이었다.

이러한 잔학한 사진은 전후 '금기'의 덮개를 씌워 소유자 앨범에 숨겨진 채 결코 표출되지 않았던 것이다. 미디어를 통해 세상에 공포된다면 구 일본군 관계자 등에게 폐를 끼치는 것이 아닐까, 일반적으로는 노악(露惡) 취미라고 여겨질지 모른다는 두려움도 있었기 때문이지만 우선 무엇보다도 일본인의 그러한 잔학행위(소유자가 직접 관계했든 안 했든)를 수치나 죄라는 의식, 이제 잊어버리고 싶다는 생각이 강했었던 것이 틀림없다. 한편 이 사진집『역사로 거울삼는다』를 좋은 사례로 삼아 중국 미디어에서 이러한 사진을 수차례 사용하였다. 우리는 이것을 기피할 이유가 없다. 그것은 '조작된' 사진이 아니라 사실이기 때문이다. 그것을 매개로 우리는 만주(국)에 대한 이미지를 총체적으로 바꿀 필요성이 있다.

5. 만주의 '기본형 이미지'의 행방

그러면 그것을 '기본형 이미지'라고도 부를 수 있을까? 만주에 대한 일본인의 일반적인 이미지는 전전부터 이어지는 여러 가지의 패턴이 존재한다. '붉은 석양과 지평선', '쏭화강[松花江]의 흐름, 따싱안링[大興安嶺]의 밀림', '광야를 쾌주하는 특급 아시아', '러시아 서정을 자아내는 하얼삔 거리', '아마카스 마사히코[甘粕正彦], 푸이[溥儀], 리시앙란[李香蘭]' 등등, 바꾸어 말하면 이러한 것이 대표적인 것은 아닐까?[4] 그러한 이미지에 맞게 사진을 찍게 된 것인지, 사진에 의해 그러한 이미지가 형성된 것인지 간에 그러한 '기본형 이미지'에 부응하는 사진을, 20세기 초 이래 일본인은 방대하게 축적해 왔다(그림 5).

이러한 '기본형 이미지'는 앞으로도 오랫동안 일본인의 기억으로 계속 남아 있을 것인가? 일본인이 현대의 중국 동북을 마주 대할 때 그 시선에 그런 종류의 이미지가 무의식적으로 또는 집요하게 얽혀있지 않을까? 앞에서도 언급하였지만, 오늘날 학계 저널리즘을 중심으로 만주(국) 역사에 관심을 가진 사람들이 급속하게 늘어나고 있다. '만주 붐'의 도래마저 예감된다. 이때 개별적인 관심의 깊은 곳에 역시 그러한 이미지가 숨어 있고 그것이 연구 동기에 관여하여 큰 힘이 되었다고 생각할 수 없을까? '기본형 이미지'라고 해도 그것이 일종의 민족적 감성까지 성숙시킨 것은 아닌가 ― 라고.

내 개인의 견해를 말하면, 이런 문제에 대해서는 그다지 걱정할 것도 없다고 생각한다. 전후 한 시기에 『만주 모정(慕情)』, 『아아 만주』, 『안녕 신징[新京]』이라는 제목의 사진집이 거듭 출판되었다. 이런 책의 대부분이 만주 체험자에게 대륙의 노스탤지어(nostalgia)[5]를 강하게 호소하는

---

4 〈귀환열차〉, 〈잔류고아〉, 〈시베리아 억류〉 등, 패전체험을 통한 이미지도 관계자에게는 강렬할 것이다.
5 고향을 몹시 그리워하는 마음 또는 지난 시절에 대한 그리움.

그림 5 하얼삔의 키타이스카야 거리 (『만주개관 2601년판』 1941년, 만철 간행)

기조로 편집되어 '기본형 이미지' 집성에 공헌해 왔다고 할 수 있다. 자기가 살아 온 토지에 대해 향수와 애착을 느끼는 것 그 자체는 인간의 일반적인 본성으로 한 마디로 부정할 수 있는 것은 아니다.

그런데 그 노스탤지어라는 것은 개인 체험에서 나오는 감성적인 상태의 하나에 불과하다. 이전에 만주에 있었던 사람들의 개인적 체험이나 식견이 좁은 것은 이미 지적한 바와 같다. 그래서 '기본형 이미지'를 체험자 개인에게 환원해 보면 어떨까? 누구나 특급 아시아를 탔던 것이 아니고 하얼삔의 돌계단을 산책했던 것도 아니다. 만주에 관한 이미지 제상(諸相)도 개인 차원에서는 근거가 희박하게 될 것이다. 그리고 그 노스탤지어 세대도 지금은 적어졌다.

'관광낙토'로서의 만주

제국의 야외극장[1]

까오위엔[2]

대륙을 보아라! 조선과 만주를 보아라! 대륙에 대감격(大感激)이 없다면 얻을 수 없다![3]

만주만큼 강하게 여행자를 끌어당기는 토지는 없을 것이다. 그것은 우리 일본의 진로에 위대한 해답을 주는 토지이기 때문이다. 풍요로운 광야, 평온한 민심, 그리고 불타는 오족협화의 정신, 모두 일본인으로 보아야 되고 알아야만 하는 것뿐이다.

'먼저 만주를 알아라.'[4]

---

1 본고는 2002년 6월에 간행된 高媛, 「'楽土'を走る観光バス─1930年代の満洲都市と帝国のドラマトゥルギー」, 『講座·近代日本の文化史 제6권·拡大するモダニティ』(吉見俊哉 編), 岩波書店, 2002와 중복된 부분이 있음을 밝혀 둔다.

2 高媛, 1972년생. 역사사회학, 사회정보학. 저서로 『1930年代のメディアと身体』(共著, 青弓社)가 있다.

3 일본여행협회주최 제1회 '선만(鮮満)시찰단' 모집 선전표어, 『旅』, 1929.9.

4 『満洲の観光バス案内』, 大連都市交通·奉天交通·新京交通·哈爾浜交通株式会社 共同発行, 1939.

1. 제국의 2대 실천 해후(邂逅)의 장

만주는 제국 본토에서 시행하지 못한 도시 계획이나 근대개발의 '실험장'으로 도움이 되었듯이, 일본에서는 갖기 힘든 관광객의 열정을 불러일으켜 그들에게 '대감격'을 주는 기골이 장대한 '야외극장'으로 간주되었다고 할 수 있다. 이 극장은 식민지 정부나 괴뢰정권을 총지배인으로 하고, 제국의 출장기관인 철도나 여행 알선기관이 연출을 담당하였다. 제국의 중심인 '제도(帝都)'에서 진행된 천황의 가장행렬(pageant)처럼 국가가 직접 연출한 공식 제전과는 분위기가 다른데, 만주 관광은 제국의 원격지(遠隔地)에서 펼쳐지는 재만 일본인을 연기자로, 일본 관광객을 관중으로 한 세속적인 제국의 구경거리이다. 바꾸어 말하면 만주 관광은 관광과 식민이라는 제국의 2대 실천 해후의 장으로 만주 경영이라는 제국의 가장 '자극적인' 사업의 하나를 '연극화'한 것이다.

2. 러일전쟁과 만주여행 붐

주지하는 바와 같이, 1905년 러일전쟁 전승에 따라 일본은 중국 요동반도 남단 '관동주' 조차권과, 동청(東淸)철도 내 챵춘-뤼순 간의 제 권익을 러시아한테 물려받아, 주요 역 주위의 시가지 및 철도 선로 양쪽 폭

62미터인 띠 형태[帶狀]의 '부속지' 행정권과 경호권을 획득하여 실질적으로 식민지 경영에 착수하였다. 이를 계기로, 이상의 지역으로의 일본인 자유도항이 시작되었다.

전승한 다음해 여름, 국책회사인 남만주철도주식회사(만철)의 성립에 앞서, 도쿄와 오사카의 양 아사히신문이 주최한 '로셋타호 만한순유선(滿韓巡游船)'(379명)이나 문부성과 육군성의 장려로 전국 중등학교 합동 만주여행(3,694명)이 실시되었다.[5] 만주 지역 단체여행의 선구라고 할 수 있는 이상 2개의 여행은, 관광을 할 수 있는 어떠한 환경도 정리되지 않은 생생한 전적지(戰跡地)에서 실행된 것이다. 일본인의 열정으로 얻어낸 '영지(靈地)'로의 순례와, 전승의 과실을 맛보기 위한 '부원시찰(富源視察)'에 대해 관심이 넘친 것은, 관광과 식민의 유착이라는 만주여행의 특이한 태생을 여실하게 말해주는 것이다.

관동대지진 이후 흥성한 국내 여행과 궤를 같이 하여 만주여행에도 본격적인 붐이 일어났다. 1924년, 일본여행 문화협회의 기관지 '여행'은 제9호(동년 12월)에 일찍이 '만선호(滿鮮號)' 특집을 편성하여, 같은 해 만주를 방문한 시찰단이 1만 명을 넘었다고 보도했다. 만철(1906)과 만철 후원인 일본여행국 따리엔 지부(1912)는 일찍부터 나쓰메 소세키[夏目漱石], 요사노 아키코[與謝野晶子], 고스기 미세이[小杉未醒]를 필두로 하는 많은 일본 문화인을 적극적으로 만주여행에 초대하였다. 여행에서 수확된 문장이나 스케치는 나중에 만철이 발행한 여행팸플릿이나 가이드북, 사진집 나아가서는 그림엽서 등 여러 가지의 여행 미디어에 활용되었

---

5 高媛, 「'新天地'への旅行熱 上・下」, 『観光文化』 제150・151호, 日本交通公社, 2001.11・2002.1; 有山輝雄, 『海外観光旅行の誕生』, 吉川弘文館, 2002.

고, 또 일본관광객의 여행기에도 반복하여 인용되었다. 이러한 일본 문화인은 어느 의미에서 만주를 관상하는 눈빛을 심어 주는 극평론가적인 역할을 다하였고 그러한 작품이 일종의 권위 있는 '만주상'을 만들어 만주로 여행하는 붐을 형성하여 만주라는 '야외극장'의 꿈을 한층 더 부풀렸던 것이다.

3. 만주국 건국과 '관광권'의 확대

만주사변 다음 해(1932) '왕도낙토', '오족협화'를 내세운 괴뢰국가 '만주국'이 생기자 만주여행을 둘러싼 환경이 크게 변화하여 만주여행에 한층 더 박차가 가해졌다. 만철의 선만(鮮滿)안내소나 '뷰로(bureau)' 따리엔 지부의 주최와 알선으로 1933년부터 40년에 걸쳐서 연간 약 1만5천 명에서 2만 명을 웃도는 일본인 단체 관광객이 만주로 몰려갔다. 여기에 개인 관광객을 가산한다면, 만주여행자의 전체 수는 더욱 증가될 것이라고 추정된다. 만주국 건국 후 종래보다도 늘어난 수학여행단에 더해 신문사나, 철도성 각 지방도시 운수사무실, 뷰로, 일본여행회 등의 여러 단체도 모두 '신 만주국 시찰단'의 일반 모집에 나섰다.[6] 이 여행은 사반세기 전 러일전쟁 직후 실행된 여행과 비슷한 시선으로 '황군이 분

---

6 高媛, 「'楽土'を走る観光バス」, 吉見俊哉 編, 『講座・近代日本の文化史 제6권・拡大する モダニティ』, 岩波書店, 2002.

전하는(皇軍奮戰) 새로운 전쟁터의 유적'을 그리워하는 것과 재만 동포 만주개발의 '활약'상을 주제로 하는 코스가 기획되었다.

만주사변 전까지 일본인이 여권을 사용하지 않는 여행 범위는 제국 세력 범위 내의 관동주와 만주 철도선을 중심으로 한 남만주에 집중되었고, 동청(중동)철도를 따라 하얼삔이 가장 멀었지만, 만주국시대에 들어가면서 군사력을 배경으로 한 일본 세력의 침투로 만주 치안이 보장되어 관광 루트의 반경도 서서히 광대한 만주 전역으로 확대되었다. 1932년부터 시험적 이민이 이어졌고, 1936년에는 20년 동안 백만 호 오백만 명 개척 이민 계획이 준비되면서 만주 북부와 소련 국경을 중심으로 많은 개척민과 청소년 의용군이 이민하였다. 거기에서 종래 기본형 코스인 도시 관광에 더해 '개척지'도 만주의 독특한 관광자원으로서 등장하여, '용무 없는 사람까지 단순히 만주 여행담 때문에 시찰하는 자도 있었고, 현지에서는 이러한 접대 때문에 일에 지장을 초래하는 것이 많아서 오히려 시찰이 좋지 않는 경향으로 간주될 정도라고 할 만큼 '개척지 관광'이 일종의 유행이 되었다.[7]

한편 중첩되는 관광권과 세력권은 단순히 동시적으로 팽창을 하기만 하는 것은 아니다. '만주여행은 국민에게 부과된 필수 의무 과목'으로 간주되어 일본 관광객과 재만 일본인 시선의 상호작용 속에서 관광권과 세력권의 상호 촉진과 상승효과에 강한 기대를 걸고 있었다. 만철여객 과장인 우사미 다카야(宇佐美喬爾)가 '관광만주'라는 제목의 문장에서 일본 관광객에게 다음과 같이 호소하였다.[8]

7 山田健二,「観光満洲の進むべき道中」,『月刊満洲』, 月刊満洲社, 1939.5.
8 『旅行満洲』, ジャパン・ツーリスト・ビューロー満洲支部, 1937.4.

이와 같이 의미심장한 만주 땅에 족적을 새긴 것은 우리 국민에게 부과된 책임이자 의무이고 권리이다. 풍요로운 북만주 땅에는 이미 국책이민의 괭이가 내리쳐졌다. 새로운 땅에 와서 즐겁게 일하는 씩씩한 사람들의 모습을 보라. 산업·문화·정치에서 발하는 찬란한 태양은 조국 관광객의 열성 있는 이해와 지원 속에서 생겨나기를 기대한다.

재만 일본인은 관광을 통해 건설성과를 보여주고, 일본관광객에게 이해와 지원을 구함과 더불어 일본 관광객의 상찬하는 눈빛으로 자기 과시욕이 충만하게 되는 것을 원했던 것이다.

4. '게스트' / '대리호스트' / 네이티브의 중층구조

만주 관광 코스 중 많은 비중을 차지한 러일전쟁 및 만주사변과 관련된 '전적(戰跡)'이나 충령탑과, 만철을 비롯한 재만 일본인의 건설성과는 재만 일본인의 역사와 현재를 말하는 '의미 있는 장소'이다. 한편 '일본색의 범람'을 좋아하지 않고 '비일상적인 체험'을 원하는 일본 관광객의 눈빛에 부응하여 연기자(performer)인 재만 일본인은 단순히 '자신 보여주기'에만 머무르지 않았다. '만주 정서'나 '러시아 정서'라고 일컬어지는 다채로운 '민족자원'을 섞어 적극적으로 원주민의 '대타'로 자처하였다.

종래의 관광(tourism) 연구에서는 '호스트'(관광객을 받아들이는 사회)와 '게스트'(관광객)가 기본 팩터가 되었다. 그러나 이 2항(項)의 구도에서는 제국과 그 지배지 사이 불균형적인 권력 관계를 배경으로 한 관광의 복잡한 위상을 규명하는 관점을 보여주지 않았다. 여기서는 제국의 권력공간과 식민지적인 역사 배경하에서 '호스트 부재'에 가까운 비대칭적인 권력 구도하에 본래의 '호스트'(네이티브)에 군림하면서, 그들을 표상(대표)하는 '대리 호스트'라는 개념을 제시하고 싶다. '대리 호스트'는, 본래의 '호스트'에 대신하여 일본에서 온 관광객을 독차지하고 호스트 사회의 '관광자원'을 제국적 눈빛으로 발견하며 해석하고 가치를 매기는 '권위의 잠재적 대행자[9]를 의미한다. 한편 '대리 호스트'(재외 일본인)와 '게스트'(일본관광객)의 관계도 결코 대칭적인 것은 아니다. 재외 일본인은 식민지에서 제국적 눈빛의 직접적인 체현자이면서, 일본인에게는 가끔씩 제국의 주연자, 더 나아가서는 식민지 네이티브와 일체화된 것으로 보이는 양면적인 존재이다.

일본에서 온 관광객의 요청으로, 재만 일본인은 일부러 평소 잘 가지도 않는 '만인가(滿人街)'나 백계 러시아 아가씨가 춤추는 카바레 같은 '이국정서 가득한' 장소로 그들을 안내하여 '우리'와 다른 '그들'의 '생활정도의 낮음'이나, '망국 여자로서의 비애' 등과 그 '광경'을 게스트에게 번역해 주는 '대리 호스트'로서 수행자적인(performative) 행동을 해 버린다. 이러한 행동 속에서 일본관광객 / 재만 일본인 / 네이티브 사이의 불균형적인 권력관계가 강화되어 '게스트'와 '대리호스트'가 공모하는 눈빛 하에서 네이티브가 대리로 보여지는 폭력적인 권력구조가 재생산된다.

---

9 エドワード・W・サイード, 今井紀子 訳, 『オリエンタリズム』, 平凡社, 1986, 200면.

'관광낙토'로서의 만주는 일본 관광객이 관객이고, 재만 일본인이 배우이며, 네이티브가 무대 도구인 거대한 '야외극장'이다. 이 '극장'에서 상영되는 것은 단순히 '왕도낙토'의 선전이 아니고, 제국 대 만주라는 단순한 권력 도식의 반영도 아니다. '게스트' / '대리호스트' / 네이티브라는 복잡하게 얽힌 시나리오 속에서 '보다 / 보여 주다 / 보여지다'라는 중층적인 정치적 · 사회적 관계를 연출하고, 관광하는 자신이 발동하는 '극장적 권력' 바로 그 자체이다.

식민지주의와 의학

개척의학과 만주

이지마 와타루[1]

1. 만주의 트라우마

1980년대 초 중국연구를 지망한 나에게 만주는 되도록 피하고 싶은 주제였다. 그것은 베이징에 유학중이던 1983년 5월, 동북을 여행했을 때의 추억이 큰 이유가 되었다. 따리엔에서 과거에 따리엔 신사였던 건물을 볼 때부터 마음이 불안한 여행이 시작되었다. 하얼삔에서 일본과 싸웠던 인물을 추모하는 시설인 동북열사관을 견학했을 때 그런 생각이 정점에 달하였다. 정말로 '오지 않았다면 좋았을 걸. 빨리 베이징에 돌아가고 싶다'고 생각했다. 이 여행은 스위스 친구와 함께 갔는데 날이 갈

---

1 飯島涉, 1960년생. 동아시아 사회경제사. 저서로『ペスト と近代中国』(研文出版)가 있다.

수록 피로해져 가는 나를 보던 그는 나의 심경의 변화를 헤아릴 수 없는 모양이었다. 문득 "스위스 사람인 당신이 부럽다"라고 중얼거렸다. 드디어 베이징에 돌아가는 날 저녁, 선양[瀋陽]역에서 침대칸 열차를 탈 수 있는 차표를 구하지 못했던 우리는 '뒷문으로 들어가는' 방법을 택하였다. 먼저 1등석 대합실 입구를 통해 플랫폼으로 들어간 후 간부로 보이는 듯한 역무원을 찾아서 이등 침대칸 차장과 상의하여 차표 문제를 해결하려고 하였다. 일본인인 나 혼자라면 상의하기 어렵겠지만 '서양인' 과 함께 있으니까 잘 되지 않을까. 그런데 그것이 잘 안되었다. 동북 여행이 수월하게 마쳐지지 않았다. 이등 침대는 벌써 만원이고 결국 운임 비싼 일등 침대로 갔는데, 거기도 만원이었다. 곤혹스러운 차장이 잠 잘 준비를 벌써 끝낸 손님을 어디론가 쫓아 보내고 우리를 일등 침대에 밀어 넣었다. 선양에서 베이징으로의 그 밤은 유난히 길었다.

2. 식민지 의학 · 제국의료와 만주

만주 트라우마로 나는 어느새 따리엔을 비롯한 동북을 피하게 되었다. 다음에 동북을 방문한 것은 1997년, 유학시대의 여행으로부터 꽤 시간이 지나고 나서다. 결국 나의 연구는 만주에 당도해 버렸다.

현재 나는 식민지 의학(colonial medicine) 및 제국의료(Imperial medicine)라고 불리는 의학이나 위생학 체계에 관심을 가지고 있다. 그렇지만 나는 의사가 아니기 때문에 의학이나 위생학이 식민지 통치에 어떠한 의미를 가지고 있었는지에 대해 관심이 있다. 식민지주의에 관한 일본의 연구는 군사 또는 경제 영역에 편중되어 진행되었다. 이 배경에는 물론 레닌의 제국주의론이 있다. 그러나 식민지주의를 이러한 문맥에서만 파악하는 것은 명백하게 무리다. 식민지주의는 여전히 그 명맥을 유지하는 근대주의의 산물이기 때문이었다.

일본 식민지주의의 이론가로 몇 사람을 들 수 있는데, 그중 나는 고토 신페이[後藤新平]를 주저함 없이 꼽을 수 있다. 고토는 정치가이기 전에 의사였고, 위생 관료로서 근대일본의 위생 행정 입안자였다. 자신들과는 다른 문화나 사람을 통치하는 식민지주의의 확대에는 통치의 정통성을 보장하는 어떠한 이념과 과학기술이 필요한데, 그 가운데에는 서양문명의 특징을 유감없이 발휘한 의학이나 위생학이 중심에 위치해 있었다. 유럽이 아프리카 식민지화에서 이룬 열대의학(tropical medicine)의 역할을 상기하면 된다. 고토 신페이는 위생 관료의 경험을 살려 대만총독부 민정장관으로 20세기적인 문맥에서 '과학'적인 대만 통치의 기초를 구축하였다. 그리고 그 이념과 기술, 그것을 지탱한 인맥은 나중에 관동주조차지와 만주로 향하였다.

3. 대만 경험의 위상

　일본 식민지 통치의 첫 번째 단계는 통치하는 당사자 일본인이 새로운 환경(기후, 풍토, 문화)에 적응하는 것이기 때문에 식민지 의학이 중요한 역할을 하였다. 대만의 통치 사례로 보면, 19세기 말 홍콩에서 유행하기 시작한 선(腺)페스트가 대만에서 유행하는 것을 막고, 한족의 역사적인 대만 개발을 방해해 왔던 지방병인 말라리아를 박멸하는 것이다. 대만의 질병 구조 추이를 보면, 1910년대까지 선페스트 발생은 거의 억제되었고, 그 후 본격적인 말라리아 대책이 시작되었다. 식민지통치가 행해지던 시기에는 몇 가지 이유로 대만의 말라리아는 박멸되지 못했지만 이 경험은 근대 일본의 열대의학을 확립하는 기초가 되었다. 그 사이 선페스트나 말라리아 이외의 여러 가지 감염증 대책도 실시되었다. 그중 하나는 말할 것도 없이 천연두 대책인 종두(種痘)이다. 대만에서 식민지 의학의 중심은 타이페이의학전문학교, 훗날의 타이페이제국대학 의학부와 대만총독부가 개설한 중앙연구소 위생부였다.

　이와 같이 20세기 전반, 대만에서의 감염증 발생 구조는 크게 변화하였다. 감염증 대책을 진척시킨 기반으로 대만 재래 사회 조직인 보갑 제도가 재편되었고, 근대 일본의 위생 행정을 말단에서 지탱하는 위생 조합 제도도 도입되었다. 이러한 감염증 대책이 식민지주의 정통성을 보장하는 것으로 선전되고 또한 식민지 권력의 현지 사회로의 침투를 돕게 된 것은 췌언을 요하지 않는다. 근년 식민지 의학이나 위생학 역사는 '신체 식민지화(colonizing the body)'를 지적한 아놀드의 영국령 인도 연

하얼삔에 설치된 식민지 의료시설

식민지 의료시설에서 활동하는 위생대의 활동상

구 이래 식민지연구의 매우 중요한 영역이 되기 시작하였다.

　대만에서의 사례를 조사한 나는 결국 만주에 되돌아갈 수밖에 없게 되었다. 대만에서 축적된 열대의학 체계는 관동주, 조선 그리고 만주에서 전개되었기 때문이다. 그렇지만, 대만과 만주의 기후·풍토·문화는 상당히 달랐다. 이렇게 조선이나 만주에서의 의학이나 위생학 체계는 열대의학의 축적을 기초로 하면서도 북방 의학, 위생학의 체계가 되었다. 이것이 '개척의학(development medicine)'이다. 1911년에 설립된 남만의학당(후에 만주의과대학)은 경성의학전문학교·경성제국대학 의학부와 함께 개척의학 연구의 중심이 되었다.

　만철도 개척의학 전개에 중요한 역할을 하였다. 1927년 만철위생연구소가 따리엔에 설치되었고, 그 연구는 만주에서 유행한 발진티푸스, 페스트, 성홍열, 그리고 광견병 예방부터 식물검사, 수질검사라는 오늘날 공중위생의 대부분 영역에 이르게 된다. 또 '위생 전람회'의 개최도 중요한 업무 중의 하나였다.

　관동주를 예외로 하고, 만주의 감염증 유행, 질병 구조 추이를 검토하는 것이 쉽지 않지만, 발진티푸스나 성홍열 그리고 결핵의 유행이 현저하였다. 식민지주의가 열대의학이나 개척의학으로 감염증 발생을 억제시킨 것은 사실이었다. 그러나 식민지주의 진전에 따라 경제개발이 진행되고 사람의 이동이 활성화됨에 따라 감염증 유행이 촉진된 것도 간과할 수 없는 사실이다.

　사와지 히사에(澤地久枝)의 『소화 우리의 동시대사』 제7회 「병마와 기아」에서는 사와지의 두 남동생이 역리(疫痢)와 유행성 뇌척추수막염으로 죽었고, 사와지 자신도 성홍열에 걸렸다고 언급하고 있다. 관동주는 인구 밀도가 높고 사람의 이동이 많았기 때문에 감염이 두드러지게 유행한 곳이었다. 만주에서의 결핵 유행도 이를 상징한다고 하겠다.

식민지 의학이 현지사회와 깊이 관련되게 된 것은 의학, 위생학이 사회집단을 대상으로 함과 동시에 개체로서 사람의 신체를 대상으로 하는 것이기 때문이다. 그리고 서양의학의 신체관 도입이 그것을 가속시켰다. 만주에서의 의학, 그 극북(極北)인 731부대에 의한 세균전 연구도 이러한 개척의학의 연장선상에 있었다고 해야 할 것이다.

4. 대만에서 만주로

만주를 피한 나의 연구는 일본의 식민지 의학, 제국의료의 궤적을 따라 결국 대만에서 만주로 당도할 수밖에 없었다. 의료나 위생은 그것이 '국가의료(state medicine)'로서 전개된 20세기 역사 속에서는 극히 근대주의적인 요소를 가진 것이고, 그것이 식민지에도 마찬가지였던 것일 뿐만 아니라 보다 강조된 점도 있었다.

식민지 '근대화' 및 '근대성' 문제는 최근 식민지 연구의 핵심 중의 하나가 되었다. 식민지주의는 근대주의 산물이다. 그러므로 만주를 둘러싼 언설은 여전히 '침략'과 '개발' 사이를 요동친다. 만주문제는 단순히 역사로서 말하는 것이 아니라, 현재 사회 시스템의 기점으로 말할 때, 일본 근대주의의 어떤 종류의 '적막(寂寞)'도 그곳에 담기게 된다. 마음으로 식민지주의를 비판하는 것은 말로는 쉬울 것이다. 더구나 동시대의 경험을 가지지 않은 내 세대에게는 말이다. 그렇지만 식민지주의 본질의 하나인 근대주의를 부정하는 것은 간단한 것이 아니다. 그런 의미에서 만주를 둘러싼 언설은 스스로의 역사관을 반영하면서 내 목에 박힌 가시가 되는 것이다.

참고문헌

飯島涉, 『ペストと近代中国－衛生の'制度化'と社会変容』, 研文出版, 2000.

沢地久枝, 『昭和 私たちの同時代史』, NHK人間大学講座, 日本放送出版協会, 1994(『わたしが生きた昭和』, 岩波書店, 1995; 岩波現代文庫, 2000).

見市雅俊・斉藤修・脇村孝平・飯島涉 編, 『疾病・開発・帝国医療－アジアにおける病気と医療の歴史学』, 東京大学出版会, 2001.

Arnold, Daved., *Colonizing the Body : State Medicine and Epidemic Disease in Nineteenth Century India*, Berkeley : University of California Press, 1993.

'만주국' 경제유산을 어떻게 파악할까

안산 철강업으로 본 중국 동북경제의 연속성과 단절성

마쓰모토 도시로[1]

1. 전전과 전후의 연속성과 단절성

'만주국' 시기(이하 부호 생략)의 중국 동북경제를 전후와의 관계에서 평가하려는 역사 연구는 최근에서야 서막을 보이기 시작하였다. 1940년대 후반 중국 동북 경제는 심각한 전쟁 피해를 입었다. 그리고 전후 경제부흥을 규정하는 초기 조건을 많은 역사연구자들이 너무도 당연하게 패전의 큰 유산이라고 생각해 왔다. 그러나 이 문제에 대해서는 보다 깊이 있게 고찰할 필요가 있다.

중국 동북 경제는 만주국시대에 만주산업개발 5개년 계획으로 대표된 전쟁 계획에 의해 강력하게 개발이 촉진되었다. 그 과정에서 부족한

---

1 松本俊郎, 1952년생. 경제사. 저서로『満洲国から新中国へ』(名古屋大学出版会)가 있다.

노동력이나 전략물자를 확보하기 위해 강제노동이나 가혹한 식민지 지배가 행해져 많은 중국인이 희생되었다. 그러나 무턱대고 전쟁수행능력의 향상을 추구한 전시 경제개발은 생산력 면에서 봤을 때, 큰 발전을 가져 왔다. 이 때문에 만주국이 붕괴되고, 일본과의 투쟁에서 승리를 거둔 여러 세력은 중국 동북에 남겨져 일본계 자산을 확보하려고 혈안이 되었다. 소비에트 연방의 대중 정책에 대해서도, 국공양당의 내전방침에 대해서도 그리고 사회주의 중국을 건국할 때의 초기조건으로서도, 만주국 경제는 큰 의미를 가지게 되었던 것이다.

만주국 경제 전체에 대해서 이 문제를 실증적으로 논의하려는 것은 아니다. 그러나 중국 동북의 철강업에 대해서 말하면 전전과 전후는 확실히 단절적이면서도 동시에 연속적이기도 했다. 게다가 연속성의 내용은 다양하였다. 만주국 경제에 관한 역사 분석은 전후와의 관계, 즉 비계승적인 면과 계승적인 면의 양면을 다각적이고 통일적인 시야에 넣고 진행할 필요가 있다. 그렇지만 그러한 역사 연구는 이제까지 거의 이루어지지 않았다.

2. 연구를 방해한 2가지 이유

연구의 진전을 방해한 첫 번째 이유는 자료상의 제약이다. 1940년대 중국 동북은 만주국 궤멸, 소련군 점령 그리고 국공내전 등, 잇단 전란에 휩싸였다. 패자는 전쟁 책임의 추궁을 두려워하였을 뿐만 아니라 적의 경제 재건능력을 저하시키기 위해, 시설을 파괴하고 관련 자료를 은멸하였다. 중국 동북에 관한 미 · 소의 개입이나 국공내전 전국(戰局)은 공수의 역전을 반복하였기 때문에 퇴각이 강요된 것은 일본군이나 만주국 관계자만이 아니었다. 소련군도 국민당군도 공산당군도 전국의 추이 속에서 각각 패자 아니면 철퇴자로서의 대응이 강요되었다.

역사자료에 대해 말하면, 구일본제국이 붕괴될 시점에서 일본군이나 구식민지권력은 식민지통치 자료를 대량으로 처분하였다(이무라[井村] 편, 1997). 게다가 자료를 보관하게 된 여러 세력은 군사적으로 중요성이 높으면 높을수록 몰수한 여러 자료를 자국의 요지로 가지고 가서 은폐시켰다. 자료는 그 후 관계자의 망명활동 등에 의해서도 확산되어 보관 장소는 국경을 넘어서 광범위하게 흩어졌다.

안샨 철강업에 관한 자료는 스이쓰[水津] 자료(히토쓰바시대학[一橋大學] 소장), 장꽁취엔[張公權] 문서(스탠퍼드대학 후버연구소 소장), 국민정부경제부문서 및 자원위원회문서(중앙연구원 근대사연구소 소장, 타이베이; 국사관 소장, 타이베이; 제2역사당안관 소장, 난징), 쇼와제강소 자료(안샨 강철회사 당안관 소장) 등이 정리된 형태로 남겨져 있다. 그러나 이 자료가 일반 연구자에게 이용되기 시작한 것은 1980년대가 되어서이다. 중국과 대만에 남겨진 역사자료의 열람조건은 완화되고 있지만 지금도 자료를 이용하기 까지 요구되는 에너지는 연구자에게는 상당한 부담이다. 러시아 쪽에 보관되어 있는 자료는 이용이 자유롭지 않은 상황이다. 제2차 대전이 종료된 직후 소비에트는 독일 및 중국 동북에서 대량의 공업시설을 철거하여 콤소몰리스크나 이르크츠크, 체리야빈스크 등에 이송하였다. 철거작업은 독일에서도 중국 동북에서도 난폭하게 진행되었다. 반출된 기기류는 손상이 심하고 부품 관리도 잘되지 않았다. 2001년 10월 31일 오카야마[岡山]에서 만날 기회가 있었던 러시아 국가 경제문서관의 주임 전문관 안드레이 I. 미뉴크(Andrej Igorevich Minyuk)의 설명에 따르면 반송된 시설의 일부는 수선되어 구 소비에트 연방 내 여러 공장에 배치되었다. 손상된 설비를 재이용하기 위해 여러 개의 전용 수리공장이 준비되어 집배센터가 되었다고 한다. 군사관계 러시아 국가문서관에는 이러한 철거문제에 관한 기록 자료가 남겨져 있다. 그러나 이 자료를 이용하기 위해서는 기밀해제를 위한 절차가 필요하다.

잔존하는 관련 자료를 섭렵하였고, 가능하면 관계자로부터 청취한 자료 내용에 대한 회고와 코멘트도 받았다. 따라서 어떤 류의 문장이나, 비평을 통하여 사실성 있는 서술로 시대상황을 재현하였다. 이것이 그동안 내가 소중하게 연구해 온 스타일이었다. 당시를 체험한 산 증인들은 현재 고령을 맞이하였다. 청취 조사는 시간과의 싸움이다. 그러나 격동시대에 관한 체험을 이야기해 주기까지는 접촉의 횟수도 거듭하지 않으면 안 되었다. 게다가 생사의 갈림길을 체험한 가운데 뇌리에 새겨진 기억은 신념과도 비슷한 심정이 되는 것도 많았다. 반세기 이상 전 시대 상황을 생생하게 재현해 준 선명한 기억은 연구자에게 큰 도움이 되었다. 그러나 거기에는 개인적인 체험이 전체 상황과 동일시되기도 하였고 잘못된 기억이 고착되어 있는 것도 많았다. 회상록이나 회고담에는 과장이나 편견이 섞여 있는 것도 있었다. 청취한 대상자가 중국인이면 언어의 장벽이나 문화의 차이 그리고 전쟁에 관계한 방법의 차이도 곁들여져 이 문제에 대한 배려는 보다 어려워지게 된다. 문서자료도, 체험자 기억도, 듣는 사람의 역사연구자로서의 추측도, 보완하지 않으면 오도하게 된다.

연구가 방해된 두 번째 이유는 이데올로기에 관한 것이다. 중국, 대만, 한국 그리고 일본에서도 식민지 근대화나 공업화의 진전을 전후 부흥과 관련시켜 평론하는 것은 오랫동안 피하였다. 전후에 대한 적극적인 영향을 인정하는 것과 식민지 지배를 긍정하는 것과의 차이가 인식되지 않아 연구자의 문제의식 양성이나 실증으로의 대처에 제동이 걸려 있었기 때문이다. 이점에 대해 나는 만주국 그리고 구미제국에게 지배된 구 식민지는 침략활동의 일환으로 식민지 경제가 개발되었지만, 해방 후 그 결과가 해당국에 의해 주체적으로 재이용되는 것이 많았다고 생각한다.[2]

3. 1945년 8월 이후 안산 제철소의 지배세력

안산 그리고 제철소 역사는 복잡한 것이었다. 만주국 붕괴 전야부터 소련군의 동북진주, 국공내전 확대와 종언 그리고 사회주의 중국 건국으로 이어진 격동으로 안산 땅은 뒤집혔다. 거대한 철강기지가 존재하였기 때문에 관동군도 소련군도 국민당군도 공산당군도 안산을 전략상

---

2 松本, 2000, 서장; 松本, 1988, 서장.

제철소 역사가 복잡했던 안산 제철소의 전경

의 요지라고 생각하였기 때문이다. 안산의 지배자는 1945년 8월부터 1948년 11월에 걸쳐 ① 관동군(~1945.8 중순), ② 소련군(1945.8.21~), ③ 공산당군(1946.2 하순·1946.3 상순~), ④ 국민당군(국부군=중앙군, 1946.4.2~), ⑤ 공산당군(1946.5.25~), ⑥ 국민당군(1946.6.1~), ⑦ 공산당군(1948.2.19~), ⑧ 국민당군(1948.10.6~), ⑨ 공산당군(1948.10.31~)으로 8차례 교체되었다. 이 과정에서 제철소는 ① 미군의 폭격(1944.7~9), ② 소련군의 시설 철거(1945.9~11), ③ 일반 중국인의 시설 파괴(1946.2), ④ 공산당군의 고로(高爐) 폭파(1946.6), ⑤ 국민당군의 철수 작업과 일반 중국인의 재차 절도 횡행(1948.2~), ⑥ 국민당의 최후 안산공격과 그 후 잔류공작원에 의한 파괴공작(1948.10~)으로 6번에 걸친 피해를 입었다. '안산의 제철, 제강설비는 근본적으로 파괴되어 대부분 폐허가 되었다'[3]라고 평가되는 상황이 발생했던 것이다.

심각한 피해는 주로 1945년 8월 이후에 발생하였다. 미군의 공습은 시설에 많은 손해를 입혔지만 자재와 노동력을 중점적으로 배분함에 따라 생산 활동은 일본이 패전한 시점에서 8할 수준까지 회복되었다. 소련군의 시설 철거에 의한 타격이 가장 심각하여 제철소는 1945년 가을 조업을 완전히 정지하였다. 그리고 소련군은 철거 대상이 되지 않았던 공장시설에 대해서도 공산당과의 사이에 외교적인 거리를 유지하면서 가능한 한 국민당과의 제휴에 이것을 이용하려고 하였다.

제철소는 남만주철도주식회사(만철)가 1918년 5월에 창설한 안산 제철소에서 기원하고 쇼와 제철소로 편입되어 만주제철 안산본사로서 재편을 거쳐, 1945년 8월을 맞이하였다. 안산본사는 이미 서술한 지배세력 교체에 맞게 회사명과 조직 변경을 되풀이하였다. 그리고 패전 후의 일본이나 관내로 철수한 국민당하에서 각각 청산 사업을 하였다.[4]

4. 안산 제철소의 전후 부흥

안산 제철소는 전전 일본의 세력권내에서 야하타(八幡) 제철소에 이어 제2위의 생산규모를 자랑하였다. 생산고가 피크를 맞은 1943년 선철(銑鐵), 강괴(鋼塊), 강재(鋼材)의 생산 점유율(share)은 야하타 제철소가 27.8%,

---

3 中国研究所 編, 1955, 257면.
4 松本, 2000, 20~21면 참조.

30.9%, 35.7%, 안산(쇼와 제철소)은 21.5%, 11.6%, 5.4%로 매우 높았고, 두 국책회사의 존재는 타 기업을 압도하였다. 현재 중국에서는 상하이 바오산[寶山]강철공사나 쇼우뚜[首都]강철공사라는 거대기업이 안산강철공사와 어깨를 나란히 하고 있다. 그러나 안산 제철소는 중화인민공화국시대가 되었어도 1970년대에 이르기 까지 오랫동안 중국 제1의 생산 거점이었다.

안산 철강업은 큰 손상을 입었지만 제선(製銑)부분은 1954년에, 제강(製鋼)부분과 압연(壓延)부분은 각각 1953년, 1950년에 복구되었다.[5] 제선부분의 복구속도가 늦어진 것은 제철소가 갖고 있던 선철생산으로 편향된 것을 의식적으로 교정한 결과였다. 선강(銑鋼)언밸런스는 만주국 시기 증산계획이 일본으로 선철 수출하는 것을 지상과제로 삼았던 것에서 생긴 것이지만, 사회주의 중국에게 그것은 불필요한 과제였다.

단절성과 연속성의 내용은 생산부문에 따라 상당히 달랐다. 제선부문에서는 소련군이 철거하여, 피해율이 여러 자료에서 100%라고 기록되었지만, 용광로 등 거대한 구조물은 현장에 방치되었다. 이러한 시설은 모터 등의 주요부분이 철거되었기 때문에 가동할 수 없는 상태였다. 수복은 국민정부자원위원회의 손에 의해 본격적으로 착수되었고, 그 과정에서 유용된 일본인 기술자가 부흥을 위한 공정(工程)순위를 정하였다. 일본인 유용 기술자는 '안산조[鞍山組]'라고 칭하였고, 국민당의 부흥계획이 본격화된 1946년 6월 시점에서 그 수는 1,600명이었다.[6] 부흥

---

5 鞍山鋼鉄史志編纂委員会 編, 1991, 313 · 325 · 374~375면.

6 안산조는 1946년 6월에 결성되었다. 국민당은 미국으로부터 압력을 받아 일반 일본인보다 약 1년 늦은 1947년 여름부터 안산조의 송환을 시작하였다. 그러나 1948년 2월 공산당군이 안산을 점령하는 시점에서 안산에는 여전히 약 100명의 일본인 기술자가 유용되어 있었다. 국민당은 하급 기술자를 우선하여 송환하였기 때문에 공산당군에게 포획되어 유용된 자는 모두 특별하게 중요한 기술자였다. 공산당은 국민 당군 반격에 대비하여 안산조를 8개월에

계획 내용은 후에 공산당에게 계승되었다. 안샨 공산당 지도부는 계획 목표 설정이나 조사에 대해 국민당계 중국인 기술자와 일본인 기술자에게 서로 다른 제안을 준비시켜 비교하는 방법을 취하였다.[7]

제선부분의 부흥에서는 겨울철 공장을 건설할 때 콘크리트를 보온하기 위해 건설된 부속가공장(附屬加工廠)이 공기를 단축하는데 큰 역할을 하였다. 그것은 만주국시대에는 시도해보지도 못했던 새로운 도전이었다. 공산당은 인해전술과 엄격한 통제를 활용하여 광석이나 원료탄의 크기를 철저하게 규격화하여 만주국시대보다도 높은 조업율을 실현시켰다. 고로 조업에 관해서는 소련식 기술 도입으로 1950년대 초반부터 생산성 향상에 공헌하였다.

제강부분에서는 2개의 제강공장 내에 신형의 제2제강공장(1942년 출강, 연산 75만 톤)이 소련군에 의해 내장설비가 전부 철거되는 괴멸적인 타격을 받았다. 그러나 제1제강공장(1935년 출강, 연산 58만 톤)은 거의 손상되지 않은 채 남겨졌다. 제강부분 부흥은 공산당시대 즉 1948년 말이 되어서 본격화되었다. 제1공장 수복만으로 전전 수준까지 생산을 회복할 수 있었던 최대의 이유는 제강법의 변경에 있었다. 공산당은 만주국시대에 채용된 광석 합병법을 포기하고 동법이 필요로 하는 예비 정련로(精練爐)를 경주식(傾注式) 평로(平爐)로 수리하였다. 이 과정에서 구 국민당계 고급기술자가 새로운 기술적인 도전을 하여 성공하였다. 공산당은 여기에

걸쳐 안뚱(安東)에 격리시키고, 1948년 11월부터 4년 4개월에 걸쳐 안샨강철공사 부흥에 협력시켰다. 안샨조는 1953년 3월이 되어 드디어 귀국이 허락되었지만 그것은 제강, 압연부분을 중심으로 제철소의 생산이 전전의 최고수준을 회복하고 소비에트의 5개년계획에 지탱되어 제철소의 생산방법이 소련식으로 전환되었던 시기였다(松本, 제7장, 2000).

7 松本, 2000, 187~192면.

서도 일본인 기술자와 국민당계 중국인 기술자를 의식적으로 경쟁시켰다. 제철기술은 만주국에서 중화인민공화국으로 직선적으로 계승되었을 뿐만 아니라, 그 일부는 때로는 국민정부 자원위원회가 파견한 중국인 기술자에 의해 수정이나 변경을 거쳐 이전되었던 것이다.

압연부분에서는 만주국 시기 발전을 보인 철강관련기업의 존재가 큰 의미를 가졌다. 이러한 기업은 만주제철 안산본사에서 선철, 강편 등을 제공 받아, 2차 제품과 3차 제품을 제조하였지만 1946년 9월말 국민정부 자원위원회에 의해 안산강철유한공사에 편입되었다. 사회주의시대가 되어서부터 안산강철공사는 이 시기의 통합을 이어받아 압연 부분의 생산을 확대하였다. 압연 부분에서는 쟝밍산[張明山]의 반위반(反圍盤), 우량야[吳良亞]의 가열로자동압출기, 리우챵셩[劉長生]의 압연롤러보호반, 왕충륜(王崇倫)의 만능공구대라는 생산기술의 발명과 개량이 잇달아 있었다. 발명은 구 자원위원회계 기술자뿐만 아니라 젊은 중국인 기술자나 노동자에 의해서도 이루어졌다.

1950년대 초반 안산 제철소는 동시기의 일본철강업과 비교하여 기술적으로 뒤쳐져 있었다. 그러나 온갖 자원이 고갈되어 있었던 만주국 시기와 비교하면 그것은 공기(工期)의 단축이나 조업율 향상이라는 면에서 보다 높은 수준에 도달하였다. 이러한 상황은 유용을 마치고 귀국한 일본인 기술자에 의해 일본 국내에도 전해져 외무성이나 내각관방조사실이 이것을 기록하였다.[8]

제철소의 급속한 복구를 근저에서 지탱하고 있었던 것은 중국인 기

---

8 梅根, 1953; 外務省経済局東西通商課, 1959; 内閣総理大臣官房調査室, 1956.

술자나 노동자의 흥분과 공산당의 유연한 인사정책이었다. 항일전과 내전에서 승리하고 100년 넘는 오랜 식민지시대, 반식민지시대를 종언시킨 직후의 역사적 흥분은 중국공산당의 미래에 대한 기대와 함께 중국인의 애국심과 근로의욕을 자극하였다. 청년중국인이나 제철기술자 야금학자가 중국 전역에서 모여들어 안산으로 파견되었다. 안산의 노동자 채용도 순조롭게 진행되었다. 유용된 일본인 기술자나 부외자(部外者)들이 공산당에 대해 부정적인 감정이 있음에도 불구하고 그들이 보여준 헌신적인 노동에 대해 회고록에서 호의적으로 언급하고 있다.

국민당계 기술자 그리고 유용 일본인 기술자의 생활조건은 물질적으로는 풍족하였다. 항일전과 내전이 남긴 깊은 상처를 생각한다면 공산당의 구적(舊敵)에 대한 인사정책은 실리 중시로 철저하였지만, 도량이 요구되는 유연한 대응이었다. 안산 제철소에서는 인적자원에 대해서도 복잡하게 얽힌 연속성과 단절성이 존재하고 있었던 것이다.

5. 급속하게 부흥한 요인

그림은 상술한 부흥의 배경을 전체적인 이미지로 표시한 것이다. ① 전국에서 보내 온 우수한 인재 인수, ② 각별한 열의와 훈련제도로 충실하게 지탱되었던 대량의 젊은 중국인 기술자, 중국인 노동자 보충, ③ 감정을 억제하고 기존지식 습득과 창조적인 기술혁신으로 도전을 추구한

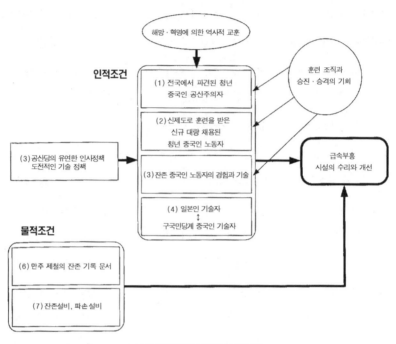

안샨 제강업의 부흥요인 개념도

공산당군과 회사 지도부의 합리적이고 유연한 대응, ④ 경험을 쌓은 중
국인 노동자의 존재, ⑤ 일본인 및 국민당계 중국인 기술자의 전문지식,
그리고⑥ 남겨져 있던 시설 운전에 관한 자세한 사내 자료, 이러한 요건
이 모두 충족된 시기 ⑦ 남겨져 있던 제철소 설비는 처음으로 급속한 기
세로 복구와 개선이 가능하게 되어 경이적인 속도로 전전의 최고 수준
을 회복하였다.

6. 남겨진 과제

철강업에 한해서도 물론 문제가 해명된 것은 아니다. 부흥의 메커니즘에 대해서는 안샨 강철공사나 공산당의 자료를 보강하는 것으로 깊이 있게 검증할 필요가 있다. 급속한 부흥이 그 후 사회주의 경제의 정체(停滯)와 어떻게 이어져 갔는가 하는 것도 중요한 검토 과제이다. 복잡하고 미묘한 요소가 얽힌 경제 유산 문제를 생산적으로 논의해 가기 위해서는 균형 잡힌 넓은 시야와 실증적인 검토가 요구된다. 단절성과 연속성의 양의적인 관계를 명확하게 하는 작업은 금후의 과제로 남겨져 있다.

참고문헌

鞍鋼史志編輯委員会 編, 『鞍鋼史 1919~1985』 상권, 北京, 人民出版社, 1991.
中国研究所 編, 『中国年鑑』, 1955.
外務省経済局東西通商課, 『中共の鉄鋼・電力・石炭工業の建設状況』, 東京, 1959. 5.
松本俊郎, 『侵略と開発—日本資本主義と中国植民地化』, 御茶ノ水書房, 1988(1992 新装版).
_____, 『満洲国から新中国へ—鞍山鉄鋼業より見た中国東北の再編過程』, 名古屋大学出版会, 2000.
井村哲郎 編, 『1940年代の東アジア—文献解題』, アジア経済研究所, 1997.
内閣総理大臣官房調査室監修, 『中共鉄鋼業調査報告書』 企業 編, 中共鉄鋼業調査報告書刊行会, 1956.
梅根常三郎, 「満洲鉄鋼業の復興状況」, 『鉄鋼界』 12월호, 日本鉄鋼連盟, 1953.

만주 문화의 선진지역이었던

하세가와 시로의 '만주'에 대한 시각

장성 · 수용소 · 전후

가와사키 겐코[1]

하세가와 시로[長谷川四郞](1909~1987)는 1937년, 남만주철도주식회사에 입사하여 따리엔 도서관에 근무하다가, 같은 해 봄에 만주국으로 건너갔다. 직무는 유럽도서 담당이었다.

구 만주국 수도 신징(현 창춘)에는 시로의 큰형 슌[濬](1906~1973)이 있었다. 오사카 외국어학교(현 大阪外語大學)에서 러시아어를 배운 하세가와 슌은 1932년 5 · 15사건 당일 문사[門司]를 떠나 만주로 건너갔다.

그들의 아버지 하세가와 도시오[長谷川淑夫]의 친구인 오카와 슈메이[大川周明]가 하세가와 슌과 시로 형제의 도만(渡滿)을 도와주었다.

만주국 관료양성기관인 자정국(資政局) 자치지도부 훈련소(개조되어 大同學院) 1기생으로 만주국 외교부에 취직한 하세가와 슌은 만주국 내 홍

---

1 川崎賢子, 문예평론가. 저서로『彼等の昭和』(白水社),『宝塚』(講談社)가 있다.

보 선전활동을 하는 국무원 총무청 홍보처 근무를 거쳐 1937년 창립된 만주영화협회로 전근하였다. 슌은 신징에서 『만주낭만(滿洲浪漫)』지 창간 멤버로 활동하였으며, 『만주행정』, 『만주신문』, 『만주영화』, 『모던 만주』와 같은 현지 신문 잡지를 열심히 집필하였다.

하세가와 시로는 학생시절부터 『흑조(黑潮)』(安藤鶴夫, 齋藤磯雄, 蛯原德夫 등 同人), 『화분(花粉)』(佐佐木斐夫 등 동인), 『세대(世代)』(片山敏彦, 大野正夫, 原田勇 등 동인)의 동인지에 참가하였으며, 『문예범론(文藝汎論)』, 『법정문학(法政文學)』, 『성찬(聖餐)』지에 기고한 문학청년이었다. 도만 후에는 『신천지』, 『서향(書香)』, 『만주일일신문』, 『만주낭만』 등에 원고를 투고하였다. 따리엔 도서관에서 베이징의 만철북지경제조사소(滿鐵北支經濟調査所)로 옮긴 시로가 신징의 문예 미디어와 접점을 갖게 된 것은 슌의 도움이 있었기 때문인 것 같다.

하세가와 슌은 만주 건국에 바친 생애를 그리거나 웅대한 자연, 코자크의 살림을 취재한 소설과 망명 러시아인 바이코프의 동물소설 『위대한 왕』[2]의 번역으로 만주문학계에서 위상을 차지하였다. 그렇지만 귀환 후 슌은 만주에서 병이 걸려 지병이 된 결핵으로 고생하였으며, 전후 문학 속에서 자신의 위치를 발견하지 못하고 만주시절의 문예활동에 대해서도 '일본인끼리만 일본문학의 에피고넨(Epigonen, 모방자)이 되지는 않았던 것일까?'[3]라는 쓰라린 반성의 말을 토로할 수밖에 없었다. 게재지 『작문』은 1932년, 만주국이 건국된 해에 따리엔에서 창간되어 만주

2　大連日日新聞社·滿洲日日新聞社 刊 원제『虎』를 1941년 文芸春秋社 刊『偉大なる王』이라고 제목을 바꿨다.

3　長谷川濬, 「夢遊病者の手記」, 『作文』 제62집, 1966.6.

국 일본어 문학의 한 거점이 되었던 잡지로 전후 1965년에 복간되었다. 하세가와 슌은 복간시에 동인이 되었으나, 생활에 쪼들려 동인비를 밀리면서도 무엇인가에 떠밀려 움직이게 되는 것처럼 집필활동을 멈추지 않고 사망하기 전까지 투고하였다.

한편 동생 시로는 긴 억류 생활 끝에 귀환하여 연작 『시베리아 이야기』(『근대문학』, 1951~1952)로 인정받게 되고, 나카노 시게지[中野重治]의 추천으로 참가한 『신일본문학』을 중심으로 활동을 넓혀갔다.

필자는 저서에서 만주국에 건너 간 하세가와 슌, 시로 형제의 업적을 검증한 적이 있다.[4] 만주에서의 문예활동으로 출발한 형제는 전후 가는 길이 나뉘었다. 만주국 건국에 환상을 품었다 좌절한 형과 비교하면 동생의 만주체험을 이해하기는 힘든데, 이러한 것이 전후문학에서 만주체험을 위치지우기는 어렵지 않을까라는 평가를 받았다. 나는 전후에 하세가와 시로가 발표한 시는 만주에서의 시작(詩作) 구상을 정리한 것이지만, 그중에는 만주에 있었을 때 썼던 작품이 더 좋다고 평가하였다. 이에 대해 "하세가와 시로에 대해 너무 심하게 평가했다거나, 그는 적어도 만주체험을 은폐하려 하거나 개찬하려는 그런 발상의 소유자는 아니다"라고 비평한 자도 있다. 이에 대해 언젠가 내 나름대로 대답하려고 생각했는데, 소론(小論)은 그에 대한 시도이다.

---

4 川崎賢子, 『彼等の昭和─長谷川海太郎, 潾二郎, 濬, 四郎』, 白水社刊, 1994.

1. 만주로

시로는 1909년 하세가와 도시외[長谷川淑夫]와 유키[由起] 부부의 넷째 아들로 태어났다.

아버지인 도시오는 당시 하코다테[函館] 구회의원(區會議員)을 맡은 언론인이었는데, 시로가 탄생한 다음 해, 대역사건 후의 반동 기운 속에서 내무청에 의해 '황실의 존엄 모독'으로 고발되는 필화사건이 일어나 의원직에서 해직되고 수감되었다. 출옥 후, 도시오는 『하코다테신문』 주필을 맡았지만, 거기서도 여러 차례 신문지조례(新聞紙條例)로 문초를 당했다. 그렇지만 하세가와 도시오는 사회주의자나 반천황제주의자라기보다 오히려 메이지[明治]시대의 민족주의자로, 자본주의를 비판하면서 경제 통제를 지지하는 것이 그 논리의 귀결이었다. 만주국 건국에 즈음하여 "천하를 공(公)으로 하는 독점 자본주의 착취 경제를 배척하지 않으면 사회주의를 채택할 수밖에 없는데, 왕도사회주의라는 것이 즉 바로 이러한 것으로 만주(滿洲)사회주의라고도 칭하였다"[5]는 소감을 발표하였다.

아버지의 사상은 국제사회에서 지위 향상을 원한다는 의미에서 민족주의와 국제주의가 공존하였다. 장남을 미국에, 차남을 유럽에, 삼남과 사남을 만주에 보낸 하세가와 도시오에게는 국민국가라는 틀이 가치가 있기 때문에 월경하는 것도 또한 의미가 있었던 것이다.

하지만, 자녀들에게는 또 다른 논리가 있었다.

5　世民生・名, 「王道に悩む」, 『函館新聞』 夕刊, 1932.9.27~10.8.

하세가와 시로는 고향의 구제(舊制)중학을 졸업한 후, 진학을 위해 상경하여 괴테, 릴케, 헤세, 카로사(Carossa) 등 외국문학을 탐독하는 한편, 친구와 토론하거나, 야나기타 구니오[柳田國男]를 방문하기도 하였다.

학생시절에 시로[史郎]라는 필명으로 아버지가 경영하는『하코다테신문』 일요판에 기고한 그의 초기 글『회향우서(回鄕偶書)』(1930.9.28·10.5)를 보면, 쓰가루[津輕]해협을 경계로 하는 동식물의 분포 차이를 연구한 영국 조류연구가 블라키스턴을 언급하고 '에조[蝦夷]'문화 보존을 시사하는 글들이 있는데, 이는 당시 그의 관심 영역이 박물학부터 문화인류학까지 확대되었음을 보여주는 것이다.

1936년에는 괴테의『서동시편(西東詩篇)』(1819)으로 졸업논문을 써서 법정대학 문학부 독문과를 졸업하였다.『서동시편』은 괴테, 아니 19세기 유럽 오리엔탈리즘의 한 전형이라고 평가되는 시집이다. 졸업 후 유학을 희망하였지만 유럽의 전선 확대를 보고 만철에 취직할 것을 결심하였다. 중국대륙의 다양한 문화를 주시한 하세가와 시로 안에는 괴테가 서쪽에서 동쪽으로 보내는 눈빛이 20세기적인 형태로 성장을 이루었는지도 모른다. 1년의 따리엔 생활 후 베이징으로 이동한 시로는『만주낭만』 창간호(1938.10)에「장성론(長城論)-단편(斷片)」(전집 미수록 작품)을 발표하였다.

나는 북쪽 바다를 가졌다
외로운 섬 기슭을 씻는 거센 파도
상쾌한 이 심음(心音)을 들어보자

거기서 나는 먼 옛날 왕자였다
장성(長城)은 왕인 아버지가 언젠가 쌓은 것
거의 다 자연물이다
그리고 지금 나는 탕아
돌아가지 않을 방탕한 자식이다

그는 장성 밖 사막에 살고
혼자, 새로운 국토의 선조가 된다

그 사상은 과실을 닮았고
여러 가지 수액의 쓴쓴한 용출로 충만하고
묵직하고 설익었지만
머지않아 풍성하고 무겁게
스스로 땅에 떨어질 것이다

사막이 녹음의 목초에 뒤덮어지고
나는 스스로의 노래를 듣지 않는 우울한 종달새다
미증유의 부드러운 비가 내리고
나는 새벽이다, 구름 위로 가득한 불빛

　가족의 신화적 이미지는 지금까지 왕과 왕자라는 단계에서 왕족의
신체가 '국토의 선조'로 모방되었기 때문에 그것은 제국주의적 단계의
환상이라고 불러도 될 것이다. '아버지인 왕'은 전에 왕국을 방위하기 위

해 '장성'을 구축하였고, 그 자식인 '그'는 '장성 밖'에서 '새로운 국토의 선
조'로서 반복을 시작하려고 한다. '장성' 안의 왕국과 '장성 밖', '새로운
국토'와의 관계는 전자가 후자를 지배하는 것이 아닌 한계가 있어 식민
지라고 말하기 힘들지만, 자식의 왕국과 아버지의 왕국과의 정체(政體)
차이는 분명하지 않다.

'왕자'이고 '탕아'이고 '나'이고 '그'인 자의 육체와 사상은 원초적, 관능
적인 자연 이미지로 표상(表象)되었고, 중국문명의 건조물(建造物)인 '장
성'은 '자연물'로 환원되었다.

이 시의 대부분은 탈역사적인 '고대'의 흔적과 '미래'의 맹아만 있고,
역사에도 현재에도 관심을 기울이지 않았다. 이는 오리엔탈리즘이라고
불린 조건과 대비되어 있는 것이다.[6]

---

6 '왕국', '고대'의 동경과 발견은 마찬가지로 『만주낭만』 제3호(1940.3)의 '노래[唄]'에도 보인
   다. 여기서는 괴테를 거친 오리엔탈리즘이 보다 직접적으로 독일 낭만파적인 환상의 인용
   이라는 형태로 하세가와 시로의 시작(詩作)에 정착하였다. 게다가 거기에 있는 지향(志
   向)은 회귀적인 것이 아니라 당시의 개념으로 말하면 근대 초극(超克) 계기로 '왕국', '고대'
   의 재발견이라고 할 수 있을 것이다. '노래[唄]' 전문은 다음과 같다.

   겨울이여, 내 안에
   거기에 나는 틀어박힌다
   깊은 골짜기의 한 채
   어떤 좁은 길도 눈에 묻히고

   아아, 북극에는 언제, 저
   잠든 숲에 왕자가 왔다
   그렇게 봄이 조용히 조용히
   갑자기 올 것이다!

   나의 작은 방 벽에
   피어 있는 야생화 몇 송이
   추억의 샘에 부어 넣어
   그것은 결코 시들지 않으리

하세가와 시로는 일종의 실향인의 심정을 가지고 만주에 갔다. 고향의 신화나 자연과의 유대를 잃어버린 시인은 마음의 공백을 메우기 위해 가상으로 새로운 신화, 대륙의 자연을 상상하게 되었다.

여기에서 시의 본문으로 되돌아가보면, '왕자'에서 '탕아'로 변한 '그'에게는 '사막'으로 밖에 보이지 않는 영역이 거기에 사는 사람들에게는 다른 의미와 가치를 지니고 있다. '그'가 그곳을 '새로운 국토'라고 정하는 것, '그'가 '선조'의 자리로 차지하는 것, '그'가 '사막'을 옥토로 바꾸려고 하는 것을 사람들이 부인할 가능성은 농후했다. 그 경우 「장성론」의 시적 신화는 포스트 콜로니얼리즘(post colonialism)의 개발주의 맹아를 안고 있다는 점에서 19세기적인 그것과 차별화를 도모하지만 그래도 광의의 식민지주의 안에 들어가게 될 것이다.

만주의 국토와 자신의 몸(신체)을 연결시킨 비유는 그 후 여러 가지 영감(Valiant)을 창출해 내었다.

그[7]

식탁에 남겨진 최후의 만찬

창백한 자식에게 아버지는 말한다

어느 계절이 지나가도
결국 이곳으로 나는 돌아온다
그리고 너를 지켜볼 것이다. 고대의 꽃이여!
마지막 봄의 홍수를 꿈꾸면서.
7 『滿洲詩人』 제2호, 1941.7. 전집 미수록 작품.

신이 포기한 땅에 가지 말라

하지만 말석에 앉아 있는 그는 냉정한 미소를 떠운다
너는 신을 포기한 국토이다
떠들썩하고 소란하게 피어오른 무리에 둘러싸여
아버지는 불안한 눈빛을 그에게 던지지만

(그들에게는 보이지 않는다
그가 누구인지)

그 애무를 거절한 그의 안에는
오직 엄동의 삭풍이 소리 높여 웃을 뿐이다

「장성론」과 비교하면 시편 「그」에서는 '아버지' 및 '신'에 대한 결별, 거절의 의지가 보인다. 그렇지만 여전히 '너는 신을 포기한 국토이다'에서 '너' = '국토'라는 환상의 유대는 연결되어 있다. '신이 포기'하든, '신을 포기'하든, 음화(陰畵)[8] 형태이지만 어떤 신성(神性)의 주문을 벗어나지 않은 '국토'의식이 있다. 무엇보다도 그 신성의 이미지는 신은 죽었다는 니체의 신음이나, 신의 황혼이라는 북방신화, 그리고 '최후의 만찬'과 헷갈려서, 아무래도 천황의 신성성에 관심을 가졌던 동시대의 공동환상과 어울리지 않게 표상된 것 같다.

---

8 사진의 건판(乾板)에 감광시켜 현상한 모양.

다음 해에는 다음과 같은 시를 발표하였다.

무언가(無言歌) — 하세가와 슌에게 바침[9]

우리, 이 국토에 온 것은 살기 위해서가 아니다

태어날 때, 죽음에 바쳐져
이미 피로 기록되었다
육체를 광야에 묻고
위대한 미래의 뿌리를 북돋우었다고

아아 그의 눈, 철저하게 맑고
심장은 지축(地軸)의 울림과 통하여

꿈은 풍부하여 말없이
새로운 역사의 새벽을 지나가는 자여

(순간의 목숨이라고 말할까)
하지만 그 숨은 맑고
제단마다 북방의 대기(大氣)에 녹아서
별이 피어오르는 무변(無邊)의 공간을 채우다

---

9 『滿洲詩人』 제6호, 1942.3.

우리, 이 국토에 온 것은 살기 위해서가 아니다

「무언가」에서 '국토'와 연결된 '육체'는 희생의 '육체'로 구가되었다. '피'에 의해 기록된 '국토'로 신에 바쳐진 것이 아니라 '죽음'에 바쳐진 '육체'이다. 신의 모습을 감추고 '새로운 역사', '별이 피어오르는 무변의 공간'이라는 역사적 시공 및 우주론적(cosmology)인 이미지가 생겨났다. 근대적 단계로 걸어가는 민족주의의 환상에는 '우리, 이 국토에 온 것은 살기 위해서가 아니다'라는 그림자가 따라 다닌다. 살아 있는 것, 이미 있는 풍부함을 탈취하는 식민자로 온 것이 아니라, 시작도 마지막도 희생과 속죄를 게재하는 시편이 되었다. 그래도 반복하지만 밖에서 온 자에게는 '사막'도 보여주고 '신이 포기한' 것과 '신을 포기한' 것도 보여준 대지가, 먼저 거주한 자에게는 어떠한 의미를 갖고 가치를 가지는지, 거기에는 시인의 말이 다다르지 않았다.

　　다만 하세가와 시로의 20세기적인 오리엔탈리즘이나 식민지주의는 장성 안팎으로 사색한 결과, 재편과 수정을 해주고 있다. 시집에는 넣을 수 없었지만, 중국에게 만주국의 위상이 어떠한가에 대해서는 산문(散文)에서 일찍부터 언급되었다.

　　『만주낭만』 제2집(1939.3)에 게재된 「광인(狂人)일기」에서 '만주' 이미지를 '콩[大豆]'으로 환유(換喩)하여 묘사하였다. "우리는 만주의 콩을 노래하자. 한 농부 손에서 전 세계로 흩어지는 콩의 노래를."[10] 그것은 국경을

---

10 마찬가지로 '광인일기'에는 상하이[上海] 도시공간의 다민족 다문화의 양상을 난센스·모더니즘 풍으로 기술한 부분도 있다. "난징[南京]로, 군중 위를 걷고 있는 자유의 코, 어느 나라도 아닌 외국인, 광고로 생긴 이층버스, 아스프로(ASPRO), 흑인 피부[牙膚], 백인 여자 피부 등. 인도인 순사가 중국인 짐수레꾼을 곤봉으로 때려서 만든 교통정리. 훤조(喧噪),

넘어 흩뿌려지고 흩어지고 씨 뿌려지는 것으로, 흩뿌린 것을 받아들인 지평은 제국이나 국민국가라는 개별 단위가 아니라 '전 세계'인 것이다.

장성 안팎의 사색이라는 것은 중국 대륙의 역사를 장성 안에 있었던 왕조 교체로만 파악하는 것이 아니라, 장성 밖에 있었던 유목민, 수렵민 혹은 한족과 다른 여러 소수민족과의 교통(교역, 통혼, 전쟁을 포함)으로 파악하는 것, 그리고 그 결과 장성 안에도 다민족 다문화가 공존하였다고 파악하는 것이다.

「베이징에서―수신자명이 없는 편지처럼」(『신천지』, 1938.8)이라는 산문의 마지막 장에서 "가는 초승달, 지구의 투영이 보인다"로 시작한 시로는 "옛날 북방 야생인이 강인한 몸으로 침략하여 어떤 불타는 눈으로 이 도시의 문화를 보았던 것일까? 장성은 그들을 막지 않고 단지 조절할 뿐이었다. 베이징은 상쾌하고 거친 바람이 몇 차례 불어 생기를 얻었다. 그리고 지금 세계사의 파도 속에 놓여 있다. 아마 나는 그 대해(大海) 거품의 한 방울일까? 하지만 웃어보아라, 친구. 우리의 맛은 같은 땅의 소금으로 생긴 것이다"라고 썼다. 그는 여기서 국민국가의 틀과는 다른 틀로 장성 안팎을 생각하였다.

좁은 거리에 들어가면 침침한 번화(繁華). 백화점의 지나치게 밝은 창문에 비추어진 창녀[野鷄]가 저녁 상점을 지키고 있다. 가련한 콘세시온. 외국인 선원이 지나가다 헬로우, 안내해 드릴까요? 배일신문의 외치는 소리, SMC라고 등에 쓴 도로인부. 자가용 자동차를 타고 떠나는 외국 귀부인, 나중에 빈 손바닥을 내민 채로 남겨진 거지. 사고는 없었지만 전부가 사고 같다. 중국인 순사가 마리오네트처럼 걷고 있다." 또 같은 텍스트의 다음과 같은 기술을 보면 제국 및 국민국가를 넘는 '세계'라는 공동 환상에서 '피', '살(肉)', '자기', '영토', '국토'와 결부시키는 신화력(神話力)은 무효가 될 것임을 이미지로 알아차릴 수 있다. "어느 국가인지 알지 못하는 국기(旗)가 만국기 위에 나부끼고 있다. 하늘 드높이 여러 계절을 넘어 세계에 불고 지나가는 바람의 환상이다. 그것은 또한 알려질 것이다, 신은 태초부터 영원토록 지킨다고."

다민족의 다원적인 문화를 가진 장성 내의 영역은 침략 받음으로써 오히려 '생기'를 찾았다. 전후문학으로 말하면 다케다 야스아씨[武田泰淳]의 중국관보다 먼저 이러한 인식이 발전되었는데, 예를 들면 당시 장성 밖에 있었던 만주국에 대해 중국, 소련, 일본 등의 국가들은 그 국가의 체제가 어떠한지 상관없이 자신의 영역으로 고려하여 타국이 지배력을 다투는 것을 인정하지 않았다. 보더(border)는 국경이 아니라, 조절 밸브로서의 장성이다. '우리'라는 것이 누구와 누구에 의한 공동성인가? 화자는 하늘에서는 '지구의 투영'을 찾고 있으며, 땅에서는 '세계사의 파도'를 상상한다. 그 이미지는 장성 밖에 만주국을 구축하고 북쪽으로 소련을 노리면서 장성 안으로 몰려들려는 자들에 대해 국민국가를 넘어 전 지구적인 역사적 시공의 틀로 파악하였다.

아니면 장성 밖에서 장성 안을 침략하더라도 통치를 영속시킬 수 없고, 그 뜻에 반하여 장성 안을 활성화하는 역할을 맡을 뿐이었던 이방인들을 모방하여 지금 장성 밖 만주국 또 그 외부의 이방인으로, 시로는 스스로를 찾고 있었을지도 모른다.

베이징에서 3년을 지낸 시로는 1941년 따리엔에 돌아와, 다음 해 만철조사부에서 만주협화회 조사부로 전근하였다. 만철조사부에서 만주협화회로의 전근은 상대적으로 보다 더 자유로운 직장에서 보다 만주지배의 권력중추에 가까운 직장으로 이동했다고 보는 것이 후세 독자가 갖는 인상일까? 그렇지만 그것을 선택한 하세가와 시로에 대한 의미가 후세 독자의 생각과 같다고 말할 수는 없다. 만철에서 협화회로 전근한 동기를 『델스우 · 우자라―알세에니에프씨의 우수리기행』[11]에서 볼 수 있다. 시로의 관심은 장성 밖의 유목민 · 수렵민 등에 향해 있었다.

역자의 말은 다음과 같다.

우데헤나 고리드 같은 남방 퉁구스의 연구는 만주사 해명에서 보조적인 역할을 하는 것이다. 본서의 주류는 원래 풍부한 자연관찰기이고 원시민족 연구서가 아니지만, 더불어 우리는 본서에서 일찍이 북동 만주 산림이나 하안(河岸)에서 번영하였던 수렵 또는 어로 민족 최후의 모습을 생생하게 볼 수 있다고 생각한다. 정복자인 러시아인이 멸망해 가는 이민족의 애가를 부르고 있다. 또 나중에 소련인이 된 원저자의 약소민족에 대한 순진한 애정과 신뢰, 제국 러시아의 민족정책에 대해 가졌던 그 의의(疑義) 등은 만주를 국가로 삼는 우리가 타산지석으로 삼을 수 있다고 생각한다.

제국주의 민족정책을 비판한 완곡한 표현이지만(아니, 오히려 그것을 실태보다 미화시킬지도 모른다) 소련형 소수민족 보호정책을 배우려는 입장이 드러나 있다. 그러한 결의를 가지고 하세가와 시로는 만주협화회 조사부에서 몽골인 지역 필드워크(field work)를 주관했고, 1944년에는 몽골인 지역인 자란툰[札蘭屯]의 협화회 푸터하[布特哈]기(旗)의 본부사무장이 되었다. 본인의 술회에 따르면, 만주국의 정신적인 지도기관인 협화회 업무 취임자로 소집된 전례는 없었다고 하지만, 협화회 방침에 대해 비판적이었던 시로는 소집되어 소비에트의 국경 감시초에 배속되었다.

소련침공, 그리고 패전 후 하세가와 시로는 시베리아 수용소 여기저

---

11 長谷川瀋・四郎 訳, 滿洲事情案内所刊, 1942.9.

기로 이송되어 극도로 추운 땅에서 강제노동에 종사하였다. 그가 귀환 길에 오른 것은 1950년이었다.

2. 만주에서

연작 『시베리아 이야기』를 문학에 자리매김하는 것은 어렵다.

하세가와 시로의 문예는 대부분의 전후문학에 영향을 미치는 총력전 체제하의 생활 체험, 패전 후의 미군 점령 체험과는 거리를 두는 곳에서 형성되었다.

필리핀에서 미군에게 포로가 된 오카 쇼헤이[大岡昇平](1909~1988)의 『포로기(俘虜記)』(1948)는 포로의 생태(生態)를 그렸는데, 포로수용소의 타락을 점령 이후 일본의 상황과 연속적으로 파악하였다.

관동군 정보부에 있다가 시베리아 수용소로 보내진 이시하라 기치로[石原吉郎](1915~1977)는 하세가와 시로보다 길게, 1953년 스탈린의 사망에 따른 특별 사면이 있을 때까지 억류되었고, 침묵 후 충격적인 시집 『산쵸 판사의 귀향』(1964)을 출판하였다. 이시하라의 경우, 수용소에서도 또 전후 일본에서도 배신당하고 팔렸으며, 그가 아니면 누군가를 희생양(scape goat)으로 끌어내어 배척하는 것으로 응집력을 강하게 보인 공동체에 대한 불신과 자기소외를 지속적으로 고민하였다.

필자는 이전 연구에서 분석했던, 하세가와 시로와 마르크스주의의 접점, 대소련관의 연속과 단절, 스탈리니즘 비판을 둘러싼 발언, 사회주의 국가에서 반체제 문학자에 관한 비평, 이시하라 기치로[石原吉郎]와 우치무라 고스케[內村剛介] 등 수용소 체험을 가진 문학자들에 대한 서평, 전쟁책임론 등 하세가와 시로의 공식적 발언과 논쟁해 나가면서 점점 더 그를 자리매김하기 힘들게 되었다. 전후 고도 경제성장기의 동서 냉전 구조 하에서 국민국가 환상이 강고(强固)해져 마치 그것이 자연스러운 것 같은 의식이 자리 잡았을 때, 좌익이나 우익, 소련이나 중국을 고려하기보다 아시아 · 아프리카 작가회의 때문에 애써 시베리아를 다시 방문한다면, 러시아가 아니라 야크트, 치타, 아무르, 브랴트의 시인들에 대해 이야기하여 중국옷을 입힐 뿐만 아니라 반복하여 망명자로서의 브레히트를 말했던 그런 하세가와 시로에 대해 그의 정치적 견해를 재구성해도 잘 파악하기 어렵다. 그래서 시인은 시로 말하고, 소설가는 소설로 말하라는 것이 교훈인가 보다.

『시베리아 이야기』는 어디서 와서 어디까지 가려고 하는가? 하세가와 시로는 『시베리아 이야기』로 무엇을 끝내고 무엇을 시작하려는 것일까?

텍스트 『시베리아 이야기』는 『근대문학』에 연작된 「시베리아 이야기」를 발표순으로 편집하여 1952년에 단행본으로 출판한 것이다. 다음 해의 작품집 『학(鶴)』, 그리고 1954년의 단편집 『붉은 바위』를 통하여 전쟁과 시베리아 수용소 테마가 이어졌다. 그 후 1966년 『하세가와 시로 작품집』 1권 간행 시, 작자는 『붉은 바위』에 수록된 단편 「나순보」, 「시르카」, 「청소부」를 『시베리아 이야기』에 편입시켜 작품 배열을 변경하였다.

이어서 작가가 발표 후 10여 년이 지난 『시베리아 이야기』에 넣어야 한다고 판단했던 「나순보」에 대해 살펴보고자 한다.

주인공인 나순보는 몽골계 유목민으로 노몬한(Nomonhan)사건[12] 직후, 말을 몰고 다니다 '눈에 보이지 않는 국경선이 소란스러웠으나 나순보는 그것을 몰랐다. 모른 채로 그는 국경선을 넘어 갔다'는 이유로 소비에트군에게 잡혔다. 나중에 '러시아인 병사들이 만주제국을 정벌하러 갔을 때 일본인 병사를 많이 잡아 갔다. 여러 곳에 포로수용소가 건설되었다. 그러다 누군가가 나순보를 생각해 내고 – "그는 몽골인 월경자로 소비에트 시민이 아니라 포로이다"라고. 아마 이런 관료적 의견이 이겼을 것이다. 나순보는 아마 잠정적으로 일본인 군사 포로수용소에 들어가게 되었을 것이다'라는 경과를 따라가 보자.

거기에서 포로의 강제노동을 포함한 소비에트 수용소 조직의 시비나 소비에트에서 승리를 거둔 '관료적 의견'의 시비는 『시베리아 이야기』의 다른 텍스트들과 마찬가지로 거의 선악의 피안(彼岸)에 놓여 있다. 그러나 이 또한 다른 텍스트와 마찬가지로 그다지 큰 사건이 일어난 것은 아니다. 나순보의 초라한 모습을 본 소비에트 장교는 구 일본군 회계 담당 장교에게 "너는 소비에트까지 와서도 약소민족을 압박할 것인가?"라고 욕했다. 그 후 최고급의 옷이 지급되어 몸차림이 말쑥하게 된 데다 소비에트화된 나순보는 수용소의 일본인을 보고 "너는 비문화적이다"라고 말하기까지 하였다. 그런데도 가끔 '이른바 야생적인 유목민의 생명까지 '문화적'인 것이 되었던가'라는 의심을 보여 주는데, 그 말도 되지 않는 희미한 흔들림이

---

12 노몬한사건은 1939년 만주와 몽골의 국경지대인 노몬한에서 일본군과 몽골, 소련군간에 발생한 대규모 충돌사건이다.

이 작품에서 읽을 만한 곳이 된다. 「나순보」는 그런 텍스트이다.

「나순보」를 『시베리아 이야기』에 편입시킨 작가는 만주국과 수용소 체험과의 연속성을 이해하였다. 만주에서 수용소로 계승되는 깊은 사색도, 수용소 체험으로 반추되어 되돌아 본 만주체험의 한계도, 포함된 연속성이다.

『시베리아 이야기』의 수용소 공간은 스탈린 헌법 아래 포로들에게 가혹한 노동 및 최소한의 식량과 민주화 관념을 주려고 했던 장소만이 아니다. 포로수용소와 그 주변에는 러시아어로 대화하지 못하는 사람도 있고 어떤 말도 읽거나 쓰지 못하는 사람들도 있다. 마르크스, 엥겔스, 레닌을 밀쳐두고 러시아정교를 신봉하는 자도 있으며, 유대계나 이슬람인도 있다. 브라트 등의 유목 수렵민도 있고, 연방 내에서 시베리아로 강제 이주된 우즈벡인, 우크라이나인, 독일군 점령 지대의 사람들도 있다. 러시아인과 결혼한 중국인, 일본인과 결혼한 러시아인, 그리고 잡종인 아이들도 있다. 하세가와 시로가 그러한 장소로서 수용소 공간을 묘사한 관점을 장악할 수 있었던 것은 그가 만주시절의 사상경험을 비판적으로 계승한 성과이기도 하다.

앞에서 지적한 것 같이 구 만주국시대, 대륙의 비정착민, 그중에서도 몽골계 유목민의 생활조사는 하세가와 시로의 주요한 관심사였다. 만주국 국시(國是)인 오족협화 중에서 몽골족으로 분류된 사람들이다. 당시는 '약소민족의 압박'은커녕, 의식적으로는 다문화공존을 지향한 시로지만, 그들의 '야생적인 유목민의 생명'을 표상하는 말을 그는 갖지 못했다.

만주시절 시로는 「델스우·우자라」 해설에서 "정복자인 러시아인이 멸망해 가는 이민족의 애가를 부르고 있다"고 썼지만, '멸망해 가는 이민족의 애가'밖에 부를 수가 없었던 것은 그도 마찬가지다. 한편으로 제국민과 그 주변 소수민족과의 관계는 서로가 서로를 비추어 주는 거울 같은 것이고 '멸망해 가는 이민족의 애가'밖에 부를 수 없는 제국 시인의 멸망도 또한 그다지 먼 것이 아니었다.

죽음으로의 경사도, 희생과 속죄의 뒷받침이 되었던 만주시절 시와 비교하여 『시베리아 이야기』에서는 변경의 여러 민족도 그들을 말하는 자도 오히려 생기를 띠고 있다. 많은 사람에게 극한적인 공포와 사망을 가져 온 시베리아 수용소가 하세가와 시로에게는 짓궂게 죽음에서 재생(再生)으로 전환하는 시공이었던 것이다.

언제 돌아갈 수 있는지, 지금부터 어디로 데리고 가는지도 알 수 없는 포로들은 화물차로 수용소에서 수용소로 운반되어졌다. 원래 병사였던 대부분의 포로들에게는 전시하의 이동도 그것과 비슷한 것인지도 모른다. 후에 이동이 뭔가 비슷한 것 같다고 뼈저리게 깨닫게 되는 것은 포로 이송일지도 모른다.

"우리는 화물차에 타고 위도(緯度)를 따라 나란히 여행하였다. 화물차에는 거의 주야 구별도 없이 어두웠다"는 것이 『시베리아 이야기』의 마지막에 수록된 「개죽음」의 이동이다.

'위도와 나란히'라는 추상화된 것보다 다른 좌표 없는 포로들의 이동은 이제는 자국의 것이든 타국의 것이든 '국토'라는 수준의 공간 이동이 아니고, 문자 그대로 지구적인 수준의 강제적인 집단 이동이었다. 포로 열차를 채우는 암흑과 중압, 고향을 그리는 마음은 독자에게, 유대 사람들을 수용소로 운반하는 화물차의 이동을 연상시키는 것이 아닐까? 기원전 바빌론의 포로와 20세기 세계전쟁 그리고 포스트 콜로니얼의 세계 상황에 대한 논의에서 글로벌라이제이션(globalisation) / 디아스포라(diaspora) 의 개념은 최근 확대되어 남용되고 있지만 그러한 풍조에 대해 자책하면서 '위도와 나란히' 수용소 강제노동 장소로 데리고 가 버리는 그들의 생태는 '구제국 및 국민국가의 병사' 대 '소비에트의 포로'라는 구도를 일탈하여 글로벌라이제이션 / 디아스포라의 문제군에 발을 들여 놓은 것이라고 말할 수밖에 없다.

이전 제국 및 국민국가의 품에서 탈출하려고 저항한 만주시절은 하세가와 시로의 사상에는 이미 정착자와 비정착자, 거기에서 태어난 자와 이방인들, 다른 복수 문화의 공존, 국경을 넘는 네트워크 만들기라는 글로벌리즘이 씨 뿌려져 있었다. 만주국의 시인인 하세가와 시로가 '아버지'된 자, '신'이 된 자에게 저항하여 결별하려는 자신을 '최후의 만찬'을 소란케 한 배신자와 비교하는 것은 냉소적이다.

그러나 저항적이고 부정적이라고 하더라도 민족주의의 환상에 얽매어 있었던 만주시절의 하세가와 시로에게는 디아스포라라고 하기보다 망명(exile)이라고 하는 것이 어울리는 감상(感傷)과 과잉된 비창감(悲愴感)이 있어 보인다. 그는 포로로서 시베리아 수용소를 여기 저기 끌려 돌아다니기보다 디아스포라적인 경험 후에는 이민, 비정착민, 소수민족, 선주민의 애가가 아니라 그들이 가진 생명의 힘에 대해 말하기 시작하였다.

「개죽음」의 결말, 즉『시베리아 이야기』최후의 한마디는 드디어 귀환명령을 받은 포로들이 몰래 개고기를 만찬으로 하면서 '우린 돌아가면 다리 밑이다'라는 누군가의 중얼거림으로 마무리되었다.

귀환하는 것은 포로로서 끌려 다닌 강제수용소에서 사는 것보다 상대적으로 선택의 자유를 보장받는 표류자가 되는 것을 의미할지도 모른다. 그것을 오히려 적극적으로 받아들여 사상으로 연단시킨 하세가와 시로는 전후문학에 등장할 수 있게 되었다.

장성 밖에서 침공하여 왕조를 구축한 소수파이지만 지배권을 가진 만주족 왕족이 청조 붕괴 후 '복벽' 이념으로 만주국에 참여한 것을 고려한다면, 장성 안의 청왕조 멸망과 만주족의 운명 안에서, 만주국에서 소수민족으로 지배를 한 일본인의 운명을 읽어내는 것도 이상하지 않지만, 그러한 시각이 만주시절의 시로에게는 결여되어 있었다. 당시, 장성 안에서는 '중국인'이라고 불리고, 만주국에서는 '만인'라고 불린 사람들의 다원성과 역학 관계, 그리고 갈등을 분절화 하는 것은 정착 / 비정착 및 농경 / 비농경이라는 차이에 착목한 것만으로는 부족할 것이다. 말년에, 중국 문화대혁명과 비림비공(批林批孔)의 대합창을 시야에 넣으면서 묵자(墨子)를 통해 브레히트를 말했던 '중국 브레히트'(1973)의 시도는 어떠한 힌트를 포함하고 있을지도 모른다. 그래서 하세가와 시로는 "묵자는 중국 근대에 '발견'된 것이라는 다카다 준(高田淳)의 소설을 인용하였다. 청대 고증학과 민국 초기 서구사상의 영향 등에서 여러 가지 이유로 화장된 묵자가 발견되었던 것이다"라고 묵자를 소개하였다. 그래서 브레히트도 묵자를 '발견'하고, 시로는 브레히트를 통해서 묵자를 '발견'하였다. 브레히트에 따른 묵자는 "양반들의 민족주의는 양반들한테 도움이 된다. 빈민들의 민족주의는 이 또한 마찬가지로 양반들한테 도움이 된다. 민족주의는 빈민들이 그것을 몸에 걸쳐서 좋아지는 것이 아니기 때문에 민족주의는 완전히 난센스가 되는 것일 뿐이다"라고 하였다. 민족주의가 비틀어진 난센스로 바뀌고 또 다른 위상의 것으로 변질되는 궤적은 독자에게 아주 흥미로운 것이겠지만, 유감스럽게도 그것은 본고에서 취급할 범주를 넘는다.

시로의 만주국시대의 문예활동이 대부분의 독자에게는 중요하지 않겠지만, 그의 문학 노정은 시로 자신이 정치적으로 과거의 성과를 부정하여 보여준 것이어서 독자에게 오독된다면 아쉬울 것이다. 그러나 그것은 사망한 작가의 문제가 아니고 전후문학의 재검토 문제도 포함된 것이므로 우리 독자에게 남겨진 과제일 것이다.

따리엔의 아방가르드[1] 와
기타가와 후유히코

와다 히로부미[2]

1. 따리엔과 '아(亞)'의 단시(短詩)운동

1925년 8월 6일~8일 따리엔의 미쓰코시[三越]포목전에서 아사(亞社)주
최 '제2회 시(詩)전람회'가 열렸다. 「출품목록」(『아』 11호, 1925.9)에 의하면
출품 수는 참고작을 포함해서 49점이다. 동인 안자이 도에이[安西冬衛],
다키구치 다케시[瀧口武士]외에 전 동인 기타가와 후유히코[北川冬彦]와

---

1 아방가르드(avant-garde)는 기성의 예술 관념이나 형식을 부정하고 혁신적 예술을 주장한
  예술 운동. 20세기 초에 유럽에서 일어난 다다이즘, 입체파, 미래파, 초현실주의 따위를
  통틀어 이른다.
2 和田博文, 1954년생. 문화학, 일본근대문학. 저서로 『言語都市 · 上海』(共著, 藤原書店)가
  있다.

도미다 미쓰루[富田允] 등도 출품하였다. 도쿄대학 문학부에 재학하였던 다케이 렌[武井濂]은 이때 처음으로 따리엔을 방문하여 「아사가 주최한 시 전람회평」(『아』 11호)을 썼다.

나는 여기를 처음 여행하였다. 얼마나 명쾌한 하늘색인가. 얼마나 장대한 항구인가. 얼마나 아름다운 거리인가. 당당한 건축군, 산뜻한 가로수, 완비된 여러 문화시설, 내 눈은 아찔하였고 나는 놀랐다. 그런데 이것들 보다 나를 경악시키는 것이 있었다. 미쓰코시[三越] 누상의 아사 주최 '시 전람회'가 그것이다. (···중략···) 먼저 한 바퀴 돌고 느낀 것은 나란히 놓여 있는 시편 모두가 이른바 단시이고, 상당히 회화와 접근되어 있었다는 것이다.

칭니와(青泥窪)라는 한촌(寒村)이 대도시로 변모하기 시작한 것은 19세기 말이다. 요동반도 남부의 조차권과 동청철도의 부설권을 획득한 러시아는 겨울에도 바다가 동결하지 않는 이 땅에서 항만도시 건설을 계획하였다. 다케이[武井]가 아름답다고 느낀 도시의 중심부는 파리를 모방해 중앙광장에서 거리를 방사선형으로 펼쳐 놓았다. 러일전쟁 후 1905년 포츠머스조약으로 러시아의 조차권을 이어받은 일본은 러시아 명 다르니를 따리엔이라고 고쳤지만, 도시계획은 답습하였다. 『따리엔 시사[大連市史]』(大連市役所, 1936)의 데이터에는 다케이가 방문한 1925년에 따리엔은 '만주인' 약 12만 1천 명, 일본인 약 7만 6천 명, 외국인까지 포함해서 19만 8천 명의 도시로 성장하였다.

시지(詩誌) 『아(亞)』의 창간은 1924년 11월이다. 기타가와 후유히코[北川冬彦]는 『칵테일 · 파티』(寶文館, 1953)에서 창간 경위를 이렇게 설명하였다. 도쿄대학에 재학 중인 기타가와가 여름방학 때 따리엔의 고향집에 돌아갔을 때 뤼순[旅順]중학 동창으로 와세다[早稻田]대학에 진학한 조도코로 에이이치[城所英一]와 도미다 미쓰루[富田充]도 귀성해 있었다. 매일 같이 문학 이야기에 꽃을 피우면서 조도코로는 따리엔에도 유망한 젊은이가 있다고 말했다. 그것이 안자이 도에이[安西冬衛]인데, 동인지를 같이 내자는 이야기는 척척 진행되었다. 지명(誌名)에는 특별한 의미는 없지만 아시아(亞細亞)의 아(亞)로, 깜짝 놀라게 하자는 의도도 있다.

1920년대 전반의 일본은 근대시와 현대시의 교체기를 맞이하였다. 제1차 세계대전 전후의 유럽 아방가르드는 모던 도시의 감수성이 성립된 일본에서 전위시(前衛詩) 탄생의 촉매 역할을 다하였다. 1923년 관동대지진에 의한 도시의 붕괴와 복구가 표현규범의 파괴를 뒷받침하였다. 히라도 렌키치[平戶廉吉]가 '일본 미래파 선언 운동'의 리플릿을 히비야[日比谷] 길거리에서 뿌린 것이 1921년이다. 다카하시 신키치[高橋新吉]의 『다다이스트 신키치[新吉]의 시』(중앙미술사)의 간행은 1923년이다. 무라야마 도모요시[村山知義]가 의식적으로 구성주의를 표방한 『마보(MAVO)』[3]를 창간한 것은 1924년이다. 아나키즘을 대표하는 하기와라 교타로[萩原恭次郎]의 『사형선고』(長隆社書店)의 출판은 1925년이다. 학생시절의 기타가와 등은 그 전위시 운동에 흥분하면서 시의 새로운 형식을 모색해 갔다.

파괴해야할 표현규범의 전형으로 그들이 의식한 것이 민중시파였다. 다이쇼[大正] 데모크라시와 연동한 이 파의 시인은 1910년대 후반에 명확하게 구어(口語)자유시를 일반화해 갔다. 또 시화회(詩話會)의 중추에

---

3 MAVO는 전전 일본 다다이즘의 선구가 되었던 그룹의 명칭이다.

들어가서 시단의 헤게모니를 잡는 것처럼 보였다. 도미다 미쓰루의 「새로운 상징시에 대해서」(『아』 1호)는 "자유로운 표현은 좋지만 산만하여 읽는 중에 권태로움을 느끼는 것은 곤란하다. 시는 단적인 말로 표현해야 한다"라고 민중시파를 물리쳤다. 대조적으로 같은 1910년대 표현규범을 형성한 상징시를 '새로운'이라는 조건부로 주장한 것은 아직 자기들의 운동을 명칭화하지 못했기 때문이다.

　　한 마리 나비가 마미야[間宮]해협을 넘어 갔다
　　　　　　　　　　　　　　　　　　　──「군함(軍艦)북문의 포탑(砲塔)에서」

　　나중에 단시운동이라 불린 『아』 작품의 대부분은 타이틀과 한 줄에서 수 줄의 본문으로 구성되어 있다. 이 형식은 민중시파의 '산만'함에 대한 안티테제였다. 인용된 안자이 도에이 「봄」(『아』 19호, 1926.5)도 불과 한 줄의 단시다. 시집 『군함부리(軍艦芙莉)』(厚生閣書店, 1929) 수록시에 '달단(韃靼)해협'이라고 수정된 마미야[間宮]해협은 사할린과 아시아대륙 사이의 타타르해협이다. 타이틀은 작품의 중요한 구성요소가 되었다. 봄바람 타고 해협을 떠다니는 '나비[蝶]'의 이미지는 선명하다. 시좌를 설정한 '군함', '포탑'의 견고함은 시야의 히라가나로 표기된 '나비[てふてふ]'의 부드러움이나 움직임을 두드러지게 하였다.
　　당시 안자이와 기타가와는 프랑스 시와 미술에 경도되어 있었다. 안자이가 특히 관심을 가진 작가는 쥘·르나르[4]이다. 「치졸감과 시의 원시

───────────────

4　쥘 르나르(Jules Renard, 1864.2.22~1910.5.22)는 프랑스 중부 샬롱에서 출생하였다. 소년 시절에 어머니의 사랑을 받지 못하여 어두운 나날을 보냈다. 이 무렵의 추억은 훗날의 명

복귀에 대하여」(『아』3호, 1925.1)에서 그는 '원시복귀'(='단순함'으로 돌아가다)를 주장하여 "치졸감은 이 원시복귀의 심미 관념 바로 그 자체이다"라고 말했다. '원시복귀'의 예로 안자이는 르나르를 들었다. 르나르의 "보세요, 바다 위의 두 척의 작은 배를. 누군가, 바다에서 헌 신발을 잃어버린 사람"(「라·콜니슈에서」)이라는 글은 그에게 라울·듀피의 '바다'와 '동일한 심미 관념의 소산'이라고 느껴졌다. 안자이는 프랑스 '시와 회화가 서로 접근하여 원시복귀의 경향이 되었다'는 것에 주목하였던 것이다.

아사주최 '제2회 시 전람회'에는 동인들의 작품 이외에 기용 아폴리네르(Guillaume Apollinaire, 1880~1918), 폴모랑(PaulMorand, 1888~1976), 막스자코프(Max Jacob, 1876~1944), 쥘 르나르의 시가 참고작으로 전시되었다. 다케이도 전람회평론에서, "참고작이라고 칭하며 당당하게 유럽어로 진열한 것에서 이 사람들의 위트가 엿보여 대단히 유쾌하다"라고 평론하였다. 르나르 시는 "Le Serpent(뱀)"이라는 타이틀로 분문은 "Trop long(너무 길다)" 단 한 줄이다. '시와 회화'의 접근은 시 쪽에서는 시각성의 중시를 의미한다. 안자이의 '봄'은 르나르와 길이가 일치할 뿐만 아니라 인상적인 영상을 환기시키는 점에서도 공통적이다.

뤼순은 초승달이다. 왠지 상당히 치졸한 거리이다. 그 풍광으로 감기에 걸렸다.

고목 아래에 녹색 파노라마가 있다. 빈 마차가 있다. 얼음이 운반되어 간

작 『홍당무』(1894)의 중요한 소재가 되었다. 파리에 가서 상징파(상징주의) 시인들과 사귀었고 1886년에 시집 『장미』를 발표하였으며, 1891년에 쓴 소설 『부평초』로 특이한 작가적 위치를 차지하였다.

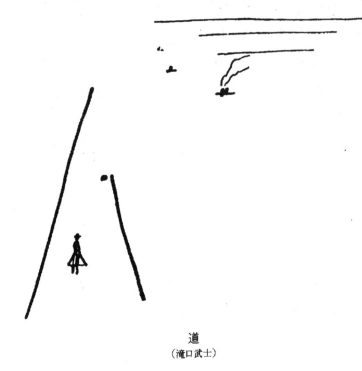

道

（瀧口武士）

다키구치 다케시 「길」

다. 샤갈을 생각나게 하는 길.

　다키구치 다케시[瀧口武士]의 「뤼순」(『아』 17호, 1926.6)이라는 시는 '샤갈을 생각나게 하는' '길'에 직접 걸려있다. 다만 현실의 뤼순이 '치졸한' 도시일 리는 없다. 도시를 '원시복귀'(='단순함으로 돌아가다')의 '심미관념'으로 파악하였을 때 '치졸함'이라는 형용이 가능하게 된 것이다. 에콜 드 파리(Ecole de Paris, 파리타)의 화가인 마르크 샤갈(Marc Chagall, 1887~1985)의 빛과 색채는 '길'뿐만 아니라 뤼순을 묘사하는 서술 방법 그 자체를 규제하였다. '시와 회화'의 접근을 철저하게 하면 작품은 시나 회화라는 장르 나누기를 무효화시키는 곳까지 도달할 것이다.

다키구치의 「길」(『아』 16호, 1926.2)은 말(타이틀)과 선화(線畵)로 구성되어 있다. 시각성을 추구하는 것으로 한 줄에서 수 줄의 말이 그림과 교체된 한 예다. 『아』는 단시만을 게재한 것은 아니다. 다만, 단시가 가장 강한 임팩트를 주었던 것은 종간호의 독자의 소리에서 명백하게 드러나고 있다. 「아의 회상」(『아』 35호, 1927.12)에서 야마자키 야스오[山崎泰雄]는 "첨예한 단시형과 청신한 인상적 수법은 절제의 이완에 빠져들었던 그 당시 시단에 깨끗하고 깔끔한 전향을 추구한 공로가 많다고 생각하는데 그중에도 『아』가 지대한 공헌을 하였다"라고 찬사하였다.

야마자키가 "그중에도 『아』"라고 말한 것처럼 단시운동은 따리엔의 『아』만 떠맡은 것은 아니었다. 기타가와와 조도코로와 도미다는 『아』 3호에서 동인을 탈퇴하여, 도쿄에서 『면(面)』이라는 잡지를 발간하였고 그 연장선에서 1926년에는 『서(犀)』를 창간하였다. 단시운동은 시의 세계에서만 진행된 것은 아니었다. 하이쿠를 짓는 긴지 노부오나[金兒農夫雄]나 단가를 짓는 니시무라 요키치[西村陽吉]도 1920년대 전반에 『얼(蘗)』, 『우리의 시』 등의 잡지에서 단시를 시도하였다. 하지만 『서』나 『얼』의 단시는 『아』의 단시에 비교하여 예리함이 부족하였다. 『아』의 시각성처럼 형식의 짧음을 가능성으로 전화시키지 못했다.

동시에 『아』에서는 『서』나 『얼』에 없는 분위기가 흘렀다. 「아의 회상」(『아』 35호)에서 아라이 가쿠[新居格]는 "『아』에는 독특한 회상(回想)이 있다. 그것은 하나의 향기이면서 밝다. 거기에는 일종의 일본적이지 않은 분위기가 윤색되어 있다"라고 지적하였다.

바다를 실은 러시아 영사관
그 풍향계의 프리깃(frigate)함이여
고갯길은 매일
신기한 동화의 페이지를
나의 앞길에 펼쳤다.

안자이 도에이 「고개[坂]」(『아』 7호, 1925.5)에는 '바다를 실은' 러시아 영
사관이 나온다. 러일전쟁의 전화를 입지 않았던 따리엔에서는 일본 조
차권을 계승하기 전에 러시아가 형성한 도시 경관이 남아 있다. 『따리
엔』(남만주철도, 1933)이라는 관광 안내 책자에는 '러시아 마을 대부분의

관광 팜플렛 『따리엔』

전반적인 건축물' 이외에 만철본사, 따리엔 세관, 해
무(海務)협회, 경찰서 등 러시아시대의 모습이 그립다
고 소개하고 있다. 또 러시아나 일본, 어느 쪽이 조차
권을 획득하더라도 그곳은 틀림없이 중국이다. '신기
한 동화의 페이지'가 펼쳐진 것은 다른 문화가 교통하
는 '외지'이기 때문일 것이다. 그것이 아라이[新居]가
'하나의 향기'를 느낀 이유이다.

따리엔에서 유럽은 육지로 이어지는 곳이다. 가토
이쿠야[加藤郁哉] 「국경체재각서」(『아』 28호, 1927.2)에
"국경역호텔 '유럽'의 여주인은 오리처럼 순회하면서
화장실 청결에 신경 쓴다"라는 한 줄이 있다. 호텔명이
'일본적이지 않은 분위기'를 상징적으로 말해주고 있
다. 따리엔에서 급행열차를 타면 펑티엔, 챵춘, 하얼삔

을 경유하여 국경 도시 만죠우리[滿洲里]에 도착하였다.『시베리아 경유 유럽 여행안내』(철도성운수국, 1929)에 따르면 만죠우리에서 매주 3회, 모스크바행 급행열차가 출발하는데, 베를린, 파리, 런던 행으로 갈아탈 수 있다. 아라이가 지적한 '밝음'은 섬나라에 갇히지 않는 개방감과 연결되어 있었는지도 모른다.

2. 기타가와 후유히코[北川冬彦]와 만주

안자이 도에이[安西冬衛]는 1920년에 만주에 건너가 1934년 귀국할 때까지 따리엔에 살았다. 23세부터 36세까지 14년간이다. 기타가와 후유히코의 만주 체험은 두 가지 점에서 안자이와 다르다. 『칵테일 파티』에서 기타가와는 "나는 8세 때 아버지의 '만철' 부임으로 만주에 가서 초등학교와 중학교 시절을 보냈다. 일생 중에서 제일 인상이 강하게 남아 있는 소년시절을 보냈던 곳이기 때문에 만주는 나에게 제2의 고향이다"라고 기록하였다. 1907년부터 1919년까지의 13년은 안자이와 거의 똑같이 10대의 자기형성기를 보낸 시기였다. 따리엔은 기타가와가 돌아다닌 만주의 일부에 불과하였다.

초등학생의 기타가와가 만주에서 최초로 머문 곳은 요동반도의 더리쓰[得利寺]였다.『세계지리풍속대계』1(新光社, 1930)에 따르면 오래된 사찰 더리쓰는 와팡띠엔[瓦房店]역에서 열차로 약 4킬로미터 떨어진 계곡을 따라 건축되었다. 주위는 산악지대였다. 아버지의 일 관계로 기타가와는 후에 내륙부의 션양–챵춘간에 있는 티에링[鐵嶺]으로 옮겼다. 만철 개시 이전의 티에링은 '남화북곡(南貨北穀)의 집산지'였지만 따리엔 항이 완성되자 쇠퇴의 길을 걸었다. 그리고 그는 조선에 가까운 압록강의 델타 지역에 건설된 안뚱[安東]으로 이동하였다. 경철(輕鐵)개통과 압록채목공사(鴨綠採木公司) 창립으로 일본인 마을이 급속하게 발전한 지역이었다. 기타가와가 따리엔으로 이동한 것은 그 후의 일이다.

포격

낙조가 거울같이 평원에 범람하였다.

제2시집 『검온기(檢溫器)와 꽃』(미스말사, 1926)에 수록된 「평원」은 포격의 불과 낙조의 이중적 이미지가 선명한 단시이다. 안자이와 마찬가지로 기타가와도 프랑스 시와 미술에 경도되어 르나르를 애독하였다. 이 시는 1910년대의 일본 시에 드러난 감정 표현(=서정)이나 운율 중시와는 거리가 멀었다. 말을 중복하는 것이 아니라 삭제하는 것으로 캔버스 같은 입체적 이미지를 만들어 내었다. 「후기」에 따르면 시집의 주요 작품은 따리엔에서 지낸 1926년 겨울에 제작하였다고 한다. 대다수 작품에서는 개항도시 유럽으로 이어지는 '밝음'을 느낄 수 없다. 『칵테일 파티』에는 "출발부터 음울하지 않는 메마른 정신으로 시를 썼지만 그것은 소년기에 접한 만주 풍토의 황량함에 덧입은 것이 많다"라고 쓰여 있다. 만주의 '황량함'이 감수성을 형성하고 대륙적인 '메마른' 작풍을 가져왔던 것이다.

　제3시집 『전쟁』(厚生閣書店, 1929)에도 단시가 수록되어 있다. 「말(馬)」은 불과 한 줄의 작품이다. "군항(軍港)을 내장하고 있다." 시의 씨(근원)가 된 것은 뤼순중학시대의 체험이었다. 기타가와 후유히코 시집 『베이징 교외에서 등』(時事通信社, 1973)의 해설에 따르면 "뤼순의 바이위(白玉)산이라는 언덕에서 러일전쟁 당시 군항을 내려다보고 있으면 아래서 말이 올라 왔다. 그 큰 배짱이 군항을 덮어 말은 군항을 내장한 듯 보였다"라는 것이다. 뤼순 항구 북쪽 바이위산은 러일전쟁에서 러시아군이 거포(巨砲)를 설치한 해발 120미터의 조금 높은 산이었다. 내막을 밝히는 것이 반드시 작품의 매력을 해명하지는 않는다. 시의 충격력은 대소 관계를 무시하고 말의 내장과 군항을 폭력적으로 결합한 초현실주의(surrealism)의 회화 같은 영상으로 다가왔다.

　1920년대 후반 기타가와는 단시의 가능성을 명확하게 제시하였다. 「FRAGMENT(파편)」(『아』 35호)에서는 "『검온기와 꽃』의 대부분을 차지하고 있는 『단시형시(短詩型詩)』를 이제 쓰지 않는다. (…중략…) 나는 나의 길을 『산문시형(散文詩型)』로 전향하였다"라고 서술하였다. 「신 산문시에의 길」(『시와 시론』 3책, 1929.3)에서 보충하면, 시의 구성법을 고려할 때 행이나 연을 나눌 필연성에 의문을 가지게 된 것이다. 『전쟁』에는 신 산문시로 썼던 「파괴의 철도」가 수록되어 있다.

　군국의 철도는 얼은 사막에 무수한 이(齒)를, 못에 돋아난 무수한 이를 심었다.
　관목 한 그루 없고 새 한 마리 날지 않는 이 얼었던 회색의 사막에 우충(芋蟲)처럼 궤도부설열차를 둘러싸고 시가의 구성요소가 하나씩 하나씩 모여들었다. 예를 들어 다리가 벌써 냉각된 매춘부와 같이.

일련의 열차 속에 고착된 계급의 변화(variation)

궤도는 인간을 다치게 하는 것으로만 완성되었다. 인간의 팔이 침목 아래서 변형되었다. 그것은 나무에서 떨어지는 한 잎새의 낙엽보다도 번거롭지 않았다.

궤도의 완성은 시가의 소멸이다. 즉 한 무리의 인간은 흩어져 버렸다.

사막은 사막을 회복하였다. 하나의 별에 미치는 상흔을 남겼다.

군국은 머지않아 이 하나의 상흔을 문지르면서 팔을 뻗을 것이다.

몰락으로

만주의 이권을 목적으로 영국과 러시아는 군사력이나 자원을 수송할 수 있는 철도 부설을 19세기 말부터 적극적으로 추진하였다. 러일전쟁 후 포츠머스조약으로 일본은 러시아에게서 철도 소유경영권, 철도부속지 행정권 등을 넘겨받았다. '파괴된 철도'의 소재가 되었던 것은 타오난[洮南]-양양시[昻昻溪]간 225킬로미터의 철도 부설 공사였다. 로야마 마사미치[蠟山政道]가 쓴 대표작 『만몽사정총람(滿蒙事情總覽)』(改造社, 1932)에 따르면, 공사는 '부설자금일본입체지나관변(敷設資金日本立替支那官弁)'으로 1925년 6월에 기공하고 다음 해 7월에 개통하였다. 침략을 상기시킨 "무수한 이[枕木]"라는 표현의 선택이나 '인간을 다치게 한다', '궤도'라고 파악한 방법에서 기타가와의 비판 의식은 명백히 드러난다.

단시가 이미지를 중시한 것에 반해 신 산문시는 현실성을 중시하였

다. 그러나 기타가와가 현실을 재현하려고
한 것은 아니다. 『칵테일 파티』에서 그는
"현실을 기반으로 한 것밖에 쓰지 않고", "현
실을 꿰뚫는 막연한 것을 표현하려고 노력
하였다"라고 자신의 시법(詩法)을 설명하였
다. '마르크시즘의 시'를 '더러운[糞] 리얼리
즘'이라고 물리친 이유이다. '군국의 철도'를
묘사한 것에서 타오양[洮昂]철도(현실)가 최
적인지 여부는 본질적인 문제가 아니었다.
태평양전쟁 시작 후에 나온 『만철 양성기
관』(간행년·발행한 곳 미기재)은 "만철회사는
대륙에서 일본과 만주국과의 국책을 수행

『만철 양성기관』

하는 기관"이라고 명시하였다. 그런 의미에서 만철의 어느 노선을 소재
로 하더라도 대일본제국의 소멸(현실성)을 예언하듯이 '몰락으로'라는 결
말이 가능하였다.

'현실을 기반'으로 하면 작품의 따리엔 이미지는 『아』지(誌)의 따리엔
이미지와 달라진다. 만철은 철도 경영만을 한 것이 아니다. 따리엔이나
나진(羅津)의 항만을 관리하고 푸순(撫順)탄광에서 석탄을 채굴하여 제유
제철(製油製鐵) 등 중공업을 경영하고 조사국이나 중앙시험소를 보유하
였다. 사원수도 20만 명 이상이었다. 『얼음[氷]』(蒲田書房, 1933)에 따리엔
부두의 쿨리[苦力]를 그린 「땀[汗]」이라는 시가 수록되어 있다. 처음을 인
용해 보자.

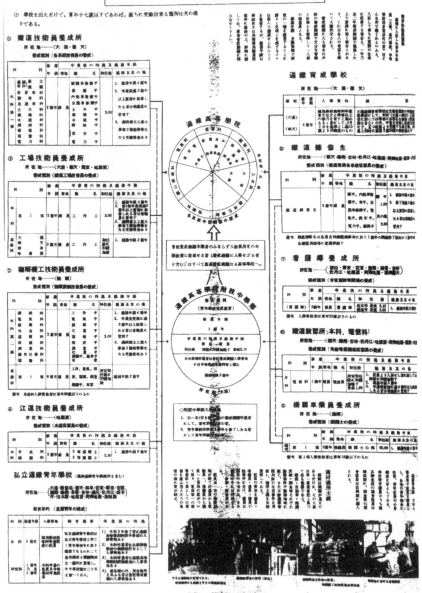

『만철 양성기관』의 안쪽 부분

콩깨묵 짐을 어깨에 매고
일하는 쿨리의 모습

땀흘려 일하고 있는 쿨리의 모습

왜소한 한 팔로 — 콩깨묵 층이 어깨 위에서 한쪽으로 그늘을 만들어서 좋지만 강렬한 태양에 노출된 다른 한쪽은 진땀과 먼지로 굳어졌다. 이것은 확실히 나의 얼굴이지만 어떻게 해도 타인의 얼굴이라고 밖에 생각되지 않는다. 가슴에는 지렁이가 기는 것처럼 땀이 흘러내린다. 나의 신발 끝이 뚫어졌기 때문에 기선으로 건너가는 발판의 구멍에 걸렸다.

남만주철도 따리엔 부두편『따리엔항 요람[大連港要覽]』(南滿洲鐵道大連埠頭, 1937)에 수록된 자료에 따르면 1934년도 주요품목별 수출 화물은 ① 석탄 37%, ② 콩 28%, ③ 콩깨묵[豆粕] 11%이다. 또 수출지별로 보면 ① 일본 67%, ② 유럽 25%, ③ 만주중국 5%이다. 푸순탄광의 석탄은 '일본'의 중공업을 지탱하였다. 콩깻묵은 대부분이 '일본'으로 운반되어 비료로 사용되었다. 시에서 쿨리가 운반하는 것도 '인간만큼의 무게'가 있는 콩깻묵의 짐이다.

따리엔 중국인 노동자의 6~7할은 샨뚱[山東]성 출신으로 샨뚱 쿨리라고 불렸다. 쿨리의 생활은 힘들었다.『따리엔항 요람』에서 1936년의 자격별 평균 급여액을 보자. 같은 고용인일지라도 일본인 고용자 1.82엔에 비해 '만인(滿人)' 고용자는 0.59엔으로 3배 정도 차이가 난다. 다만 남만주철도사장실 인사과편『따리엔에서의 중국인 노동자 생활상태』(남만주철도, 1928)에서는 부두 하역 쿨리는 그래도 좋은 편이라고 지적하였다. 단신자용 벽산장(碧山莊)의 빨강 벽돌 건축 기숙사를 예로 들면, 중앙 통로 양쪽에 온돌장치의 마루가 있고 그들은 통로에 다리를 나란히 하고 누웠다. 수도나 하수설비도 정비되었다. 그러나 '일반 쿨리'의 경우는 도랑설비가 없어 개천으로 흘러들어가므로 겨울에는 거의 목욕을 하

따리엔 중국인 노동자의 6~7할을 차지했던 산뚱성 출신 쿨리의 모습

지 않았다고 한다.

쿨리인 '나'는 신발 끝이 구멍에 걸려 콩깨묵 짐을 떨어뜨렸다. 그것은 뒤에서 올라오는 쿨리의 정강이를 직격하고 다른 쿨리의 머리를 일격하여 혀가 물려 끊어지게 만들었다. 그러나 이 시는 노동의 가혹함을 그리고 있지만 고발을 목적으로 하지 않았다. 시에서 가장 인상적인 것은 "발판 위로 넘어진 동료의 입술이 떨렸다. 마치 그 얼굴 아래 배(船)의 붉은 옆구리와 가파른 벼랑 사이에 뜬 달 사이에서 뛰어 나오거나, 뛰어 들어가거나 하는 작은 새우처럼"이라는 한 구절이다. 괴로워하는 모습을 "작은 새우"에 비유한 표현은 동정이나 공감과는 거리가 있다. 주정적 (主情的)인 말을 배제하는 것으로 기타가와는 쿨리의 동작을 필름처럼 언어화하였다.

1931년 9월에 만주사변이 발발하여 1932년 3월에 만주국 건국이 선언되었다. 일본 프롤레타리아 문화 연맹에 대한 대탄압도 3월부터 시작되었다. 1933년 11월 간행한『얼음』에는 역시「파괴의 철도」같은 과격함 (radical)이 보이지 않는다. 그렇지만 푸순 탄광 갱부의 사망을 시네 · 포엠 (cine · poem)으로 묘사한「가을[秋]」이나 남편을 전장에 빼앗긴 아내를 소재로 한「고원(高原)의 저쪽」, 하얼삔의 백계 러시아인 거지를 소재로 한「망국민」(『실험실』,河出書房, 1941)처럼 기타가와는 '현실을 기반'으로 하면서 '현실을 꿰뚫는 막연한 것'을 계속 지향하였다. 그것은『아』의 아방가르드와는 다른, 만주를 무대로 한 일본 현대시의 또 하나의 영역을 형성하는 것이었다.

법이라는 관념에서 본 만영의 특이성과
아마카스 마사히코

야마구치 다케시[1]

1. 머리말

만영(滿映)에 대해 일본에서는 물론 중국에서도 연구서가 출판되어 지금은 금기시되지 않으므로 여기서 새삼스럽게 만영을 개략적으로 설명하지는 않겠지만 간단하게 언급하면 다음과 같다.

주식회사 만주영화협회(滿洲映畵協會), 통칭 만영은 1937년 8월 21일에 정식으로 발족하였다. 자본금은 만주국과 만철이 절반씩 500만 엔이고, 이사장은 청조 황족 쑤친[肅親]왕 7번째 아들이며 진삐후이[金璧輝, 가

---

1 山口猛, 1949년생. 프리랜서. 저서로 『幻のキネマ滿映』(平凡社)가 있다.

와시마 요시코[의 형인 진삐똥[金璧東]이지만, 실권은 전 만철 서무과장이자 전무이사인 하야시 겐조[林顯三]가 장악하고 있었다. 만영 이전에도 만주에는 상하이[上海]영화를 중심으로 러시아, 미국, 일본영화가 수입되어 상영되었고, 만철의 영화반은 일찍부터 기록영화를 중심으로 영화를 제작하였지만 본격적인 영화 회사는 만영이 유일한 것이었다.

업무 내용은 영화의 제작, 수출입, 배급과 만주내의 영화 사업을 독점하는 것이었다. 그리고 목적에 대해 정리하면 '① 국민에게 만주국 건국정신을 철저하게 보급하고, ② 외국에 만주국의 실정을 소개하며, ③ 일만일체(日滿一體) 국책에 의거하여 일본 문화를 소개하고 수입하며, ④ 학술 향상을 위해 공헌하고, ⑤ 유사시에는 사상 선전전을 함으로써 국책에 협력한다'는 것이었다. 결국 만영의 기본이념은 영화를 통해 민중에게 오락을 주는 것이 아니라 영화를 통해 만주국의 정당성을 선전하는 것이었다.

이 정책에 따라서 기구를 체계화하여 중국인 배우 훈련소도 개설하여 제작 체제를 갖추었다. 영화는 오락 영화(劇영화), 계몽 영화(문화영화), 시사 영화(뉴스영화)로 나뉘어 제작되었는데 만철영화제작반에서 이미 제작하고 있는 계몽 영화, 시사 영화는 차치하고라도, 오락영화에서는 배우가 간단하게 육성될 리 없었다. 게다가 오락성과 예술성이 요구되기 때문에 상하이영화, 미국영화, 일본영화에 비교할 수도 없었다.

이에 만영은 일본에서 네기시 간이치[根岸寬一]라는 제작자를 초빙하여 리시앙란[李香蘭]이라는 천재적인 배우를 발굴하였다. 1939년에는 아마카스 마사히코[甘粕正彦]가 이사장으로 취임하였는데 이것이 만영에는 결정적인 것이었다. 아마카스는 제작 체제와 제작 이념을 일신하여 오락영화에는 중국인 직원을 적극적으로 등용하기 시작하였다. 게다가 경영을 적극적으로 추진하여 많은 자회사를 설립했을 뿐만 아니라 관동군이나 감독관청인 국무원 홍보처의 간섭도 줄여 식민지하임에도 불구하고 제작자나 배우들 사이에는 기묘한 공존관계가 생겨 작품에도 독자적 매력이 나타나기 시작하였다.

만영이 설립되어 1945년에 붕괴할 때까지, 사원은 설립 시 100명에서 1938년 말에는 491명, 1940년 말에는 919명, 1944년에는 1,858명(일본인 1076명, 중국인 711명, 조선인 52명, 대만인 19명)이 되었다. 8년 동안 제작된 작품 수도 오락영화는 108편인데, 일본과 합작한 미완성 작품까지 더하면 117편, 계몽영화는 189편, 시사영화는 일본어판인 〈만영통신(滿映通信)〉이 307편, 중국어판인 〈만영시보(滿映時報)〉가 313편, 어린이용 뉴스영화 〈어린이 만주〉가 55편이었다.

만영은 외형적으로는 만주국과 마찬가지로 1945년 8월 15일에 붕괴되었고 8월 20일에 아마카스 마사히코도 자살하였다. 그렇지만, 만주국 붕괴 후 만영의 상당수 일본인 직원은 일본으로 귀국하지 않고 1946년 5월에는 가족들과 함께 팔로군과 행동을 같이 하여 10월 1일에는 '동북전영제편창(東北電影制片廠)'이라는 새로운 중국 영화회사 창립에 참가하였다.

여기에서는 만영에 대해 약간 다른 관점으로 살펴보고자 한다.

2. 먼저 있어야 할 법

만영을 다른 영화회사와 비교하지 못하는 근간은 국책회사이기 때문이다. 그렇지만 국책회사를 국가 주도로 만들었던 것에만 역점을 두어 받아들이고 이해한다면 큰 잘못이다. 국가는 아무리 그 체제가 취약하다 해도 국가로서의 이념과 의지를 가지고 있다. 그것을 구체적 형태로 문서화한 것이 법이다. 국가는 이 법으로 국가 안에 살고 있는 사람들을 규제하고 사람들의 사회적 행위와 활동을 관리하려고 한다. 비유적으로 말하면 이 법의 체계야말로 국가 그 자체라고 표현할 수 있다. 결국 이 법에 의해 국가 그 자체의 뜻을 가지고, 국가의 대변자로 영화회사를 만든 것이다. 그것이 만영이었다.

그렇다면 만영에게 영화법은, 아니 영화법으로 규제된 만영은, 법을 준수하기 위해 만들었다고 하기보다 법 그 자체라고 하는 성격을 가지고 있었다. 따라서 무엇보다도 다른 영화회사와 준별된 국책영화회사로서의 본질이 있었다. 그런 의미에서 만영은 만주국 바로 그 자체라고도 말할 수 있고, 만영과 만주국을 분리해서 생각하는 것 자체가 무의미한 것이다.

창립과정을 보면 알 수 있듯이 만주국영화국책연구회에는 관동군 참모부 제4과, 헌병대, 국무원 등이 참가하였고, 영화대책심의위원의 필두(筆頭) 위원장에는 이타가키 세이시로(板垣征四郎) 관동군참모장을 비롯하여 관동군 5명, 정부라고 할 수 있는 국무원 총무청에서도 4명이 참여하였다. 만주에 사는 사람들의 뜻을 헤아리기보다 노골적으로 상부로부터 만들었다. 거기서 영화 표현의 자유를 지킨다는 것은 사소한 것일 수밖에 없다. 본질적인 것은 만영이라는 것이 만주국의 국가 의지 그 자체가 체현된 것으로 표면에 드러난 것이다. 특히 초기에는 너무 직접적으로 지나치게 나왔기 때문에 처음부터 문제도 되지 않을 흥행면에서 전혀 관객이 오지 않는 보복을 바로 당했다.

3. 일본과 만주영화법의 비교

일견 비슷한 것처럼 느껴지는 영화법이라 하더라도 만주와 일본은 발상의 근간이 다르다. 영화라는 새로운 미디어는 일본에서도 다른 국가와 마찬가지로 법이라는 규제와는 관계없이 독자적으로 발달하고 성숙해 갔다. 영화는 오락도 있고, 흥행도 있고 그리고 또 예술적인 측면도 있는 것이다.

20세기가 만들어 낸 이 영화라는 미디어는 작품을 만든 영화인과 그것을 지탱하는 관객과의 공동 작업에 의해 발달해 갔다. 따라서 국가는 영화법과는 맞지 않는 방향으로 나갈지도 모르는 요소를 포함하고 있는 영화라는 미디어에 대해 적극적으로 그물을 덮어씌우는 것으로부터 시작하였다. 그때까지 겨우 그물의 존재를 안 것은, 즉 법망에 저촉되는 것은 프롤레타리아영화동맹처럼 반권력적인 영화, 혹은 외설적 표현 정도였다. 그것마저 경향(傾向)영화[2]로 인정하였기 때문에 당초 영화는 국가에게 그다지 중요하지 않았다.

그렇지만 기술적으로 무성(無聲)영화에서 유성(有聲)영화로 발달함에 따라 그때까지의 개인 상점 같은 가내수공업적 산업에서 최첨단 과학기술을 받아들인 근대산업으로의 전환은 국가에서 보면 영화에 대한 인식을 변화시키기에 충분하였다. 무엇보다 전쟁을 계기로 영화가 전 세계적으로 급속히 보급되어 그때까지의 신문, 서적 등과는 비교도 되지 않는 방대한 정보량을 가져왔기 때문에 국가의 입장에서는 통제하는 것이 당연하였다.

일본에서 1939년에 영화법을 시행한 것은 영화가 국가에 거대한 영향력을 미치는 전달 매체라고 인식했기 때문이다. 그렇기 때문에 확고한 의지로 영화 자체를 법체계에 포함시키고 영화인 모두 의무적으로 등록해야 하는 국가관리(管理)에 관심을 갖기 시작하였다. 해당 영화회사로 보면 봉건제도를 끌고 가던 전 근대적인 흥행 세계 자체가 권력과는 표리관계에 있었기 때문에 표면적으로는 대부분 유유낙낙하였으므로 가장 근대적인 영화회사 똥바오[東寶]가 적극적으로 홍보를 담당하였다.

그러나 일본의 경우는 독일과 달라 통제할 뿐 선전으로서 국가가 적극적으로 관여한 것은 아니어서 영화라는 전달 매체에 대한 경시와 인식 부족이 있음을 여실히 보여주었다.

만주에서는 먼저 영화법이 만들어졌다. 영화 이전에 법이 있는 것은 만주밖에 없었고 영화법의 모델이 된 독일의 우파마저도 기성 영화회사에 나치스가 관여한 것뿐이었다. 만주에서는 단순히 선전으로 이용할 뿐만

---

2 경향영화는 특별한 사상이나 주의를 선전할 목적이 있는 영화를 말한다.

아니라 국가 직속의 영화회사로 내세우려는 장대한 의도를 가지고 있었다. 영화라는 토양이 있어서 그것을 정리정돈 하는 것이 아니라 처음부터 정리 정돈하여 출발한 것이 바로 만영의 특징이다. 일본의 영화법 제1조가 "본 법은 국민문화 진전에 도움을 주고 영화의 질적 향상을 촉진시켜 영화사업의 건전한 발달 도모를 목적으로 한다"라고 대의명분을 내세운 것에 반해, 만주의 영화법 제1조에서는 "본 법에서 영화법이라고 칭한 것은 대중이 관람하는 영화를 말한다"라고 하여 지극히 사무적이다.

일본에서는 영화법이라는 법체계가 기존의 영화 세계에 그물을 던진 것이라면, 만주에서의 만영은 국가의 의지 그 자체이기 때문에 그러한 발상마저 성립되지 않았다. 만영의 주요인사는 회사 운용방침과 더불어 영업 연도에 '주식회사 만주영화협회법'에 따른 국무총리대신의 인가를 받아야 하였다. '만주국 영화법'에 따라 영화제작자는 마찬가지로 국무총리대신의 인가를 받아야 했고, 국무총리대신은 영화 내용을 지정하고 검열도 하였다.

물론 국무총리대신의 실무를 대행한 곳이 행정관청인 국무원 총무청 홍보처여서 그곳 직원이 큰 권력을 가진 것은 말할 필요도 없다. 그러니까 홍보처장인 무토 도미오[武藤富雄]가 총무청 차장인 기시 노부스케[岸信彦]와 도모하여 만영 이사장을 바꾸고, 민정부 경무사(警務司) 사장(司長), 협화회 총무부장 겸 계획부장인 아마카스 마사히코를 취임시키는 황당무계한 일도 가능하였다. 말하자면 만영은 출발단계에서부터 국가법에 묶여 꼼짝도 하지 못했던 것이다.

4. 만영의 상극(ambivalent)점

그러나 법 때문에 부자유스럽게 몸이 묶일 수밖에 없었던 만영에 대해 오늘날 부정적 평가만 있는 것은 아니다. 식민지화된 국책회사로 무시할 수 없는 애꿎은 대상이기도 하였다. 예를 들면 괴뢰국가 만주국과는 전혀 다른 중화인민공화국이라는 공산주의 국가의 법체계에서 만영을 평가한 『만영 국책영화의 제상(諸相)』(후창[胡昶], 판도라)조차 만영을 완전히 부정할 수는 없었다. 작품적인 성과는 부족하더라도 중국 영화인이 육성된 것, 그리고 중·일 영화인들과의 공동 작업이 진행된 것에 대해서는 긍정적으로 평가할 수밖에 없었다.

그중 가장 주목을 받는 사례로는 전후 중·일 영화인들에 의한 동북전영제편창(東北電影制片廠)의 설립이었다. 괴뢰 만주국을 부정할 수는 있어도 동북전영제편창은 신중국 최초의 영화회사였기 때문에 거기에서 만영에 있었던 일본 영화인의 협력을 흔적 없이 지울 수는 없었다. 종전 후 일본으로 돌아가지 않고 중국에 남은 200명 이상의 일본인 영화인과 가족이 공산군과 함께 행동하여 새로운 영화회사를 만들었던 것은 만영이라는 국책영화회사가 만들어 낸 역사적인 아이러니일 것이다.

또한 영화법의 성격으로 보아도 일본은 만주에 비해 훨씬 자유스러웠지만, 현실적으로는 제작편수, 작품평가, 영화 제작자의 진용(陣容) 등 모든 면에서 일본 영화회사는 점차 쇠퇴해 갔다. 그에 반해 만주에서는 종전이 가까워지면서 전쟁의 영향을 받기는 하였지만 특히 아마카스(甘粕)가 이사장으로 부임한 이후 극영화는 중국인 작가군이 성장하면서 활약하였다.

그것을 결코 자유라고는 부르지는 못할 것이다. 그리고 또 이러한 상황을 만들었던 아마카스 마사히코라는 실력자를 과대평가하려는 착각을 하면 안 된다. 일본인으로서는 더없이 희귀한 합리주의자인 아마카스가 내린 결론은 극영화는 중국인에게 맡기고, 영화회사로서의 체재(體裁)를 갖추고, 만영의 존재 가치를 보여주는 문화영화와 기록영화는 일본인이 책임을 지도록 하는 것인지도 모른다. 중국인에게 맡긴다고 하여도 식민지하에서는 원래 자유로운 영화제작을 바랄 수도 없다.

만영은 마지막까지 만주의 다른 이름이었는데, 만주가 무너지면 동시에 만영이 붕괴하는 것은 당연하다. 다만 괄호를 붙여 말한다 해도, 만영이 거의 종전에 이르기까지 식민지국가에서 나름대로 자유공간을 유지하고 있었던 것은 확실한데 그것이 없었다면 영화제작도 불가능하였을 것이다.

5. 만철의 비극

문제는 법에 의해 통제를 받았다고 하는 만영에서 어떻게 중국인 작가를 육성하고 일본인과 중국인의 공동 작업이 가능하게 되었는가 하는 것이다. 단적으로 말하면 이러한 표현도 가능할 것이다. 만영이 국가의 뜻 그 자체라면 국가 의지의 체현자, 국무총리대신의 이행자로서 행정가인 관료를 잘 끌어안으면 그 안에서의 행동은 얼마든지 자유로울 수 있었기 때문이라고 할 수 있다.

규모 차이가 있을지라도 만영과 닮은 것이 만철이고 그것이 만철조사부에서 보여진 자유주의 구가와 자유연구라는 것으로 이어졌을 것이다. 만철이 적극적으로 관동군이나 만주국 정부에 관여하고 그들의 일을 대행하지만, 틀을 깨지 않는 한 만철 내에서는 만영이나 다름이 없이 자유스럽고, 아니 그 이상으로 좌익 사람들이 모여 능력을 발휘하고 성과를 올리고 있었다.

그렇지만 만철은 힘이 클수록 그 힘을 약화시키려는 정치적인 파도에 휩쓸렸다. 1942년과 1943년의 '만철사건'에 의해 44명의 조사부원이 '적색운동' 혐의로 검거됨으로써 종전에 이미 만철조사부의 명맥은 완전히 끊어졌다. 물론 그 이전부터 1937년의 '기획원(企劃院)사건'(기획원 공산주의 그룹사건)이나 오자키 호쓰미[尾崎秀實]의 '졸게(Richard Sorge, 1895~1944)사건'[3] 등 만철은 같은 국책회사임에도 불구하고 감시를 받았다.

게다가 경영 방침을 맡은 만철총재가 자주 교체되어 정치적 상황에 따라 변화되는 모습을 보였다. 그 이상으로 만철이 국책회사라는 법체계의 주체이지만 언제나 만철 해체가 거론되었던 것은 법체계에 대해 스스로의 몸집이 거대하여 무의식적으로 독자적인 권력을 쌓으려는 방향으로 나가고 있었기 때문에 강한 반대를 받을 수밖에 없었다.

또한 관동군은 자신들을 지켜 줄 중요한 법조차 무시하고 초법규적

---

3 졸게사건은 태평양전쟁직전의 스파이사건이다. 졸게는 나치 당원인 소련의 스파이로 주일독일대사관을 무대로 정보를 수집하고, 일본 군부 동향을 모아 독일 군사기밀정보를 소련으로 보냈다.

입장에 있었는데, 이러한 관동군의 존재에 대해 만철은 권력에 빌붙는 것으로 문제를 해결하였으므로 타자로부터 만철이 경시되었다. '기획원사건'도 '만철사건'도 말하자면 생트집 같은 것이지만 관동군으로서는 위험한 조짐이 포착되면 검거 이유가 충분하였다. 국책을 위장하여 자유를 구가하고 있던 사람들에게도 맹점은 있었지만 그것이 초법규적인 관동군의 존재였기 때문에 만철조사부가 괴멸될 수 있었다. 민주주의 국가에서 국가의 뜻인 법체계는 폭력 장치로부터 억지 효과를 만들어 내는 군대에서도 절대적인 힘을 발휘하였다. 그 때문에 폭력을 체현하는 군대·경찰·치안기구까지도 규제하였다.

그렇지만 만주의 관동군은 일본의 군부 이상으로 절대적인 존재였고 법이라는 체계 이상의 존재였다. 만주국이라는 국가가 만든 법체계를 자유자재로 확대하거나 축소하고, 또한 새로운 그물코를 만들 수 있는 것도 관동군이었다. 만철이 법체계에 대해 강경하다는 것은 법체계의 대상이 되어 버렸다는 것을 의미한다. 초법규적인 관동군이 체계를 좁혔을 때 만철조사부는 대립관계에 빠지는데 그것은 바로 법체계에 포위되었다는 것을 의미한다. 결국은 괴뢰국가에서 법체계의 기본구조에 무방비하였거나 혹은 늘 인사가 요동쳤기 때문에 자신의 관점을 결정하지 못하고 자멸하였던 것이다. 그렇지만 만철이라는 지나칠 정도로 거대한 기간(基幹)회사로는 그것을 뒤엎는 것이 불가능하였다.

6. 아마카스 마사히코의 위치

불가사의한 것은 무연(無緣)의 존재 그 자체에 만영의 특수성이 있다는 것이다. 물론 만영이 정치 경제에 직접적으로 관여하지 않고 문화적인 면을 지닌 영화회사라는 사실을 부정할 수는 없다. 만철조사부가 만주국 내의 산업 실태, 반정부 세력의 실태 등 권력과 직접 관계된 정보를 담당해 온 것에 비하면 실리적으로 무익한 존재였다.

그러나 아마카스는 관동군과 마찬가지로 초법적인 존재였기 때문에 그에게서 만영의 특이성이 나왔다. 만영 이사장에 낙하산 인사로 아마카스가 아닌 다른 공무원이 차지할 수는 있었겠지만 그 경우 만철을 더 왜소하게 만들어서 만영이 새로운 시책을 명확하게 내세우지도 못했을 것이다.

만영에서 아마카스는 만주 붕괴까지 반영구적인 이사장으로 군림하였다. 원래 정점의 인사이동이 없는 것은 조직에는 폐해가 크지만 만영에서는 특히 아마카스 자신의 성격과 만영이라는 회사 자체의 특수성도 있어서 어느 의미에서는 아마카스가 군림하고 있었던 것이 식민지하의 만주국에 특별한 세계의 창출을 가능케 하였다.

물론 여기에는 조건이 있었다. 만주의 영화 제작 상황이 매우 열악하였기 때문에 아마카스는 이전부터 추진되었던 중국인 직원의 육성을 적극적으로 장려하였다. 그러나 영화 제작은 건축물이나 산업과 달라 인재가 성장하는데 시간이 필요하였다. 만약 상하이 같이 영화 환경이 정비되어 작가정신이 강한 감독이 영화를 제작하는 경우, 아마카스가 장려했을지

여부는 의문이다. 후에 배출된 만영의 중국인 감독이 의식적인 영화를 만들었을 때 — 즉 만영에서 중국인이 영화를 제작한다고 하는 것 자체가 모순이지만 — 아마카스는 끝까지 보증해주지 않았다. 실제로 만영에서 일하는 모순을 견딜 수 없었던 함락시기 작가이자 감독인 왕저(王則)는 헌병에게 참살되었다. 그렇지만 이러한 모순이 현재화되기 전에 만주국은 붕괴하였다.

아마카스 마사히코가 만영 이사장이었던 것은 그의 배후에 있는 관동군의 의사와도 일치하여 결국 만영이라는 회사는 어느 의미에서 관동군 직속의 국책회사라고 말할 수 있다. 가타쿠라 다다시(片倉衷)는 '끝까지 관동군이 있기에 아마카스가 있다'고 하였지만 그 중심인 관동군조차 2, 3년 지나면 인사이동으로 교체되었다. 그 가운데 만주사변부터 음모공작을 시작하여 만주국 탄생에 큰 역할을 한 '만주건국의 아버지'이자 '낮의 관동군, 밤의 아마카스'라고 불린 아마카스는 이시하라 간지(石原莞爾)와 당시 최고 권력자인 도조 히데키(東條英機)를 대면시킬 수 있을 만큼의 힘을 갖고 있었기 때문에 국가라는 법체계에 대해서도 유연하게 대응할 수 있었다.

아마카스가 일본으로 돌아 갈 수 없었던 것은 어떤 의미에서 일본 육군의 어두운 면이기도 하지만 아마카스 자신도 다중의 보험을 들고 있었다. 다시 말해 그는 다양한 정보수집 능력과 자금원이 있었다. 전자는 중동(中東)까지 손을 뻗쳤다고 하는데 관동군에게도 제공하였다는 풍부한 자금으로는 대동협회나 사토미 하지메(里見甫)처럼 아편사업을 했을 가능성이 농후하다. 이는 아마카스 힘의 원천이 되어 만주에서는 유형적으로나 무형적으로 힘을 발휘할 수 있었음을 짐작케 한다.

결국 만영이라는 국책 영화회사의 특수성은 먼저 규모면에서 만철의 2만 명에 비해 상대적으로 적은 1,500명으로 아마카스의 뜻이 침투할 정도의 규모에다, 아마카스가 관동군이나 심지어 국무총리 대신에게도 필적할 만한 발언권이 있었던 것에서 근원한다. 또한 해방 후 영화인만의 공적이 아닌 아마카스의 보이지 않는 영향력이 작용하였다고 할 수 있다. 아마카스가 만주에서 무엇을 하였는지 아직 밝혀지지 않은 부분도 많지만 만영에 관하여 절대적인 역할을 수행한 것은 확실하다.

우뚝 솟은 독특한 모양의 박물관

만주국 국립중앙박물관

이누쓰카 야스히로[1]

1. 머리말

만주국 국립중앙박물관이란 무엇인가? 이는 질문 그 자체와 질문하는 주체가 무엇인가를 묻는 것이다.

만주국 국립중앙박물관의 부관장이었던 후지야마 가즈오[藤山一雄]의 저서 『신박물관 태세』(1904)가 간행된 지 반세기 만에 박물관 연구자인 이토 도시로[伊藤壽朗]는 최근 박물관의 '발자취 다시 묻기'를 발행하였다. 그리고 필자는 1995년 '신 박물관 태세 만주국 박물관이 전후 일본에 전하는 것'이라는 전람회(나고야시립박물관)에 즈음하여 '일본인에게 박물관

---

1 犬塚康博, 1956년생. 박물관사 연구. 논문으로 「満洲国国立中央博物館とその教育活動」가 있다.

근대화 과정은 1951년 제정된 박물관법에 수렴된 문맥을 좌표축으로 하는 하나의 '케이스'로 자리매김하는 기획을 하였다. 박물관법이 이제까지 무규칙적으로 발달하였으므로 마땅히 있어야할 모습을 보여주기 위해 전쟁으로 피폐된 박물관의 '건전한 발달'을 기획하였던 것이다. 세상의 박물관은 이를 참조하여 박물관의 지배적인 양식으로 조성되었다. 이와 같이 이토가 현재의 박물관에 던졌던 질문은 박물관법을 묻는 것과 마찬가지의 의미였기 때문에 만주국 국립중앙박물관을 동원하는 전술로 활용되었다. 그러므로 박물관에 부여된 '진취적'이라는 평가도 거기에서 박물관법의 지평이 시작되었다고 하는 그 이상이나 이하도 아니어서, 바꾸어 말하면 박물관법과 이를 만들어 낸 전후(戰後)의 존재 구속성을 보여주는 것에 불과하다. 오히려 과제는, 그때 '권력의 기념비(monument)'라고 가정한 박물관의 본질에 유혹되어 '박물관법에 수렴된 문맥을 좌표축으로 한', '관찰하는 측 자체의 유효성'이 질문되어진 것이다.

또한 '권력으로서의 박물관'에 대한 생각은 미완이지만 가네코(金子)(2001)가 발표하여 기운(機運)이 양성되어가자, 러프(rough)스케치는 이누쓰카(犬塚)(2002)가 시도하였다. 이를 위해서라도 1995년 당시의 질문이었던 '박물관법에 수렴된 문맥'과는 다른 문맥을 모색하자는 것으로 잠시 되돌아가 보자.

2. 뮤지엄 익스텐션(museum extension)이라는 프레 전후

1939년 1월에 관제로 시행된 만주국 국립중앙박물관은 기존의 남만주철도주식회사 교육연구소 부속 교육참고관과 만주국 국립박물관을 통합한 것이다. 국립박물관은 그대로 펑티엔[奉天] 분관이 되었지만 교육참고관의 스태프와 자료를 이전하여 성립한 신징[新京]본관은 자체의 건물을 가질 수가 없어서 복수의 임대 빌딩에 분산 입주하였다. 한 곳은 1940년 자연사(natural history) 위주의 따징[大經]로 전시장인데 이것을 개설하기 이전부터 박물관은 미국의 뮤지엄 익스텐션을 모범으로 삼는 활동을 벌였다.

뮤지엄 익스텐션이란 1929년 세계공황 이후 재정 위기에 빠진 미국 박물관이 살아남기 위해 시민의 기부 등의 획득을 목표로 박물관 밖으로 서비스를 확대한 경영책이다. 만주국 국립중앙박물관이 전시통제하에서 본 청사를 건축하지 못하자 이른바 박물관 외의 활동이 불가피하게 되었기 때문에 뮤지엄 익스텐션은 위기하의 박물관 경영책으로 합리적으로 수용되었던 것 같다. 표본, 영사기와 필름을 가지고 초·중학교를 순회한 이동강연회, 초등학교 현역 교원을 영입하여 표본 정리·강의·실험지도를 한 현지입소(現地入所) 과학 연구생, 불특정 다수의 시민에 대한 강연·영화·콘서트를 제공한 박물관의 밤, 레크리에이션을 겸하여 야외에서 자연 관찰을 하였던 과학 하이킹(hiking), 전후 박물관 동호회의 선구라고도 할 수 있는 만주 과학 동호회, 외부 학술단체인 만주생물학회와의 연휴, 기타 전람회 개최, 문헌발행 등 다기(多技)에 걸쳐 1944년까지 여전히 이동 박물관이나 통신강의라는 신규사업계획을 공표하였다.

이런 모습은 과거 단순하게 물건을 진열했던 박물관의 대립항으로 1930년대 자연과학자들이 새롭게 박물관 운동을 목표로 한 것과도 통하지만 이를 종합적이고 일거에 실시했다는 점에서 만주국 국립중앙박물관은 다른 것에 비해 우위성이 있다. 그리고 뮤지엄 익스텐션을 포함하여 이 시기에 잉태된 박물관론이 전후 박물관법으로 정착해 갔다.

3. 부관장 후지야마 가즈오의 민속 박물관

만주국 국립중앙박물관에는 민속 박물관 계획이 있었다. 이것은 '남만농가, 북선(北鮮)민가, 일본개척민 주거, 고루지[ゴルヂ]의 교창식(校倉式) 작은 방, 오로천[オロチョン]의 천막, 북만주 농민의 집, 건조지대에 있는 진흙 집, 작은 사당[小廟], 라마승의 집, 몽골포(蒙古包) 및 싼허[三河]지방 러시아인의 귀틀집[丸太小屋][2] 등'(藤山, 1939) 만주국 내에 민가를 짓고 그곳에 주민들까지 거주시켜 생활을 전시할 야외 민속 박물관이었다. 신징의 남호남반(南湖南畔)의 땅을 민속전시장으로 삼아 한족 주택 한 채를 개축하였으나 개관도 못한 채 종언하였다.

민속 박물관의 모델은 스웨덴 스칸센(skansen)[3]이지만 민속문화의 보

---

2 귀틀집은 동유럽에서 중앙아시아를 거쳐 북미대륙의 원주민 거주 지역에 이르기까지 널리 퍼져 있다.

존에 그치지 않고 이를 추진한 부관장 후지야마 가즈오의 의향을 깊게 반영하였다. 1910년대 전반, 홋카이도(北海道)에 낙농 지도를 하러 온 덴마크인 농가에서 체험을 한 그는 나중에 '생활예술'로 정리할 생각을 하였다. 그래서 만주로 가기 이전 1920년대 전반에 R. W. 에머슨 및 H. D. 소로[4]에게도 심취하여 가족에서 '생활예술'을 실천하였다. 기독교 신앙을 중심으로 소림(疏林)[5]을 개간하고 스스로 주거를 건축하며 먹을 것을 관리하는 그런 생활은 '문화를 인간의 주체성 위에 기초하여 기계주의, 물질만능 가운데 죽어가는 인간력의 확보'(藤山, 1940a)라는 민속박물관의 기본이념을 선행적으로 체현하는 것이었다. 즉 민속 박물관이라는 것은 후지야마 가즈오의 '생활예술'을 만주국 수준으로 실현할 즈음의 방법론이었던 것이다. 이러한 직접적인 원형도 1935년에 그가 제언한 농촌생활 박물관이 승인되었을 때 문자 그대로 후지야마 가즈오박물관이었다.

"현재 거주하고 있는 여러 민족의 생활을 있는 그대로 전시하여 북방권 생활을 자연스럽게 인식시키고 합리화하여 생활문화의 수준을 향상시키려고 하였다."(藤山, 1942) '생활시험장이라고도 해야 할 기관'(藤山,

---

3 스칸센 박물관에 대해서는 다음의 사이트 참조. http://www.skansen.se/
4 에머슨(Ralph Waldo Emerson, 1803.5.25~1882.4.27). 미국 사상가 겸 시인. 자연과의 접촉에서 고독과 희열을 발견하고 자연의 효용으로 실리(實利)·미(美)·언어(言語)·훈련(訓練)의 4종을 제시하였다. 정신을 물질보다도 중시하고 직관에 따라 진리를 알고, 자아의 소리와 진리를 깨달으며, 논리적인 모순을 관대히 보는 신비적 이상주의였다. 주요 저서에는 『자연론』, 『대표적 위인론』 등이 있다. 소로(Henry David Thoreau, 1817.7.12~1862.5.6). 미국 사상가 겸 문학자. 자연에 대해서 뿐만 아니라 사회문제에 대해서도 항상 민감한 반응을 보여왔다. 멕시코 전쟁에 반대하여 인두세(人頭稅)의 납부를 거절한 죄로 투옥당했으나, 그때 경험을 기초로 쓴 『시민의 반항』은 후에 간디 운동 등에 커다란 영향을 주었다.
5 소림은 나무가 듬성듬성 들어서 있는 숲을 말한다.

1942c)이라는 민속박물관이지만 이러한 교육적인 구성뿐만 아니라 미니 증기 기관차, 상징탑과 그곳으로부터의 낙하산 강하, 박물관 레스토랑, 자연 트레일 등 다채로운 오락시설이 부지 내에 예정되어 유원지로서도 구상 되었던 것이다.

4. 산업을 삭제한 박물관법

그런데 후지야마 가즈오는 전후에 문화인으로서가 아니라 산업인으로서 만주국 박물관을 만들었다고 회상하였다. 후지야마가에 보관한 자필 원고에서 인정하고 있는 것으로 이것이 탈고된 것인지 아닌지, 또 공표된 것인지 아닌지는 모른다. 그렇지만 이 회상은 만주국 국립중앙박물관, 특히 민속박물관이 산업이라는 주제 아래 교육·문화재보호·오락을 종합한 박물관이었다고 하였다. 그렇다면 후지야마 가즈오의 회상에서 지목하여 조명된 박물관의 현재라는 것은 대체 어떤 것인가.

현행 박물관법이 산업이라는 내용에 저촉된 것은 "이 법률에서 '박물관'은 역사·예술·민속·산업·자연과학 등에 관한 자료를 수집하는 것"이라고 하여 박물관 자료의 종류 한 가지를 내세운 제2조뿐이다. 그러나 1951년 2~4월의 법안에서는 박물관법 목적에 "교육·학술 및 문화 발전에 기여하는 것과 더불어 **산업 진흥**에 이바지한다"는 언급이 등장하였다. 박물관의 목적에서도 "'박물관'은 역사·예술·민속·산업·자연과학 등과 관련하여 유익하고 가치 있는 자료(이하 '박물관자료'라고 한다)를 수집하여 보관 및 육성하고 전시하여 교육적 배려하에서 일반 대중에게 이용하도록 제공한다. 또한 교양·레크리에이션·조사연구·**산업 등의 응용**에 기여하고 아울러 이 자료에 관련된 조사 연구 및 사업 하는 것을 목적으로 하는 시설"이라고 기술해 산업과 적극적인 관계를 정의하려고 하였다(굵은 글씨는 인용자). 그렇지만 그 해 12월, 산업과의 관계를 삭제시킨 박물관법이 공포되었다. 이 전변(轉變)의 이유는 명확하지 않지만 통속적으로는 대일본제국기의 산(産)·군(軍)·학(學) 공동을 분단시킬 의도가 작용하였는지도 모른다. 어쨌든 전후에는 이미 제국군이 해체되고 산업과도 단절되어 박물관이 전적으로 학문의 범주가 되었다.

5. 산업계 박물관의 탈박물관화

그렇다면 박물관법 이전의 일본에서 박물관과 산업은 어떠한 관계를 가지고 있었는가. 박물관 연구자인 시이나 센타쿠(椎名仙卓)의 작업에서 본다면 대강 다음과 같이 정리할 수 있다(시이나(椎名), 1988). 일본의 박물관은 시작 단계에서 자본주의 근대화에 관한 여러 주제가 미분화된 것을 포함하여 1875년 단계에서 대략 내무성박물관(현재 동경국립박물관의 전신)은 식산흥업과 고기(古器)구물(舊物) 보존을, 문부성박물관(현재 국립과학박물관의 전신)은 교육진흥을 담당하는 관계로 정비되어 갔다. 산업이라는 주제를 가진 내무성박물관은 그 후 1881년에 내무성에서 분리하여 농상무성 관할이 되었고 1886년 궁내성 관할이 된 단계에서는 이 주제를 상실하였다.

따라서 일본 박물관의 발달 역사를 정리해 놓은 상징관에서 산업이라는 주제가 없어지지만 상징관에서 손을 뗀 후의 농상무성은 1892년 농상무성 진열소를 설치하여 농상무성 무역 진열관(1896), 농상무성 상품 진열관(1897)으로 잇달아 개칭하였다. 그리고 이러한 중앙의 동향 전후로 전국에 물산(物産) 진열소(館·場), 상품 진열소(館·場)가 설치되어 1920년 농상무대신이 정한 '도부현(道府縣) 시립 상품 진열소 규정'이 공포되기에 이르렀다. 이후 전국의 물산 진열소 등 및 상품 진열소 등은 상품 진열소로 명칭을 통일하여 농상무대신의 감독하에 두었다.

옛날부터 현재까지 일관되게 박물관이 이른바 교육계의 관찰자라면 물산 진열소 등은 박물관으로 간주하지 않는다. 시이나(1988)는 물산 진열소 등을 "한 종류의 '산업을 주체로 한 박물관'"이라고 파악하였지만 상품 진열소까지는 미치지 않았다. 그렇지만 상품 진열소가 물산 진열소의 확장이니만큼 상품 진열소도 "한 종류의 '산업을 주체로 하는 박물관'"으로 봐야 할 것이다. 그런데도 박물관이 아니라고 한다면 이들은 탈박물관화 된 박물관이라고 간주해야 할 것이다.

전쟁 전과 전쟁 중 박물관 관계자는 박물관의 기준을 정하는 박물관령 제정을 요구하였고 또 중앙과 지방 박물관의 관계를 정비하여 합리적인 박물관 체계를 확립하는 것이야말로 박물관 진흥의 요체라고 생각하고 활동하였다. 그렇지만 박물관·미술관·동물원·식물원·수족관 등을 다룬 자료의 속성마다, 그리고 관·공·사립 등 설치 주체마다 복잡하고 불규칙하게 있는 박물관 측 로비스트의 역량과 박물관의 관할 부국(部局)인 문부성의 역량으로는 1950년 이전에 이를 실현시키지 못했다. 이러한 과정에 비추어 볼 때 산업계 박물관이 '도부현시립 상품 진열소 규정'이라는 표준과 시스템을 확립시켜 간 것은 바로 박물관 관계자가 바라는 것이었음을 알 수 있다. 이런 의미에서 산업계 박물관은 탈박물관화된 박물관이었던 것이다.

6. 기업 박물관이라는 포스트 전후

메이지[明治] 이래 일본 박물관은 산업주의적 활용과 교육주의적 활용이라는 크게 두 개의 외재적 적용의 성쇠 속에서 변화하였다. 그것은 산업에서 교육으로의 전환으로, 이것을 결정적이게 한 것이 박물관법이다. 그렇지만 산업을 취급한 박물관이 없어졌던 것은 아닌데, 예를 들면 1932년, '농업전문 박물관으로 당업자는 물론 일반대중에게 농업지식을 보급하고 함양시켜 일본 농업 발달에 공헌'하기 위해 재단 법인 부민(富民)협회 농업박물관이 오사카[大阪]부(府) 다카이시마치[高石町] 하마데라[浜寺]에 개관하였다(不明, 1933). 또 1937년에 개관한 오사카 시립 전기과학관은 1층을 '전기 기구 백화점'인 진열소 시전(市電)의 상점으로 하여 관(館)의 목적인 '전기 기타 과학 지식 및 기술의 보급과 더불어 향상을 도모하는' 것에 그치지 않고 '산업 개발과 생산 능률의 증진에 만전을' 기하였다(小畠

編, 1957). 그렇지만 전후에도 산업을 취급한 박물관은 불규칙적으로 있는 박물관의 일부일 수밖에 없고 여전히 교육계 박물관을 주류라고 간주하는 것에는 변함이 없었다.

그러나 1980년대 말에 기업 박물관론 붐이 일어났다. 기업이 세운 박물관 그 자체는 항상 존재해 왔지만 그로부터의 박물관론 제기는 박물관법이 초래한 지배적 양식에 변동의 시작을 알리는 것이었다. 기업 박물관론이라는 것은 개괄하면 포스트 모던한 소비사회의 절대시(絶對視)를 배경으로 하여 거기에 대응하는 기업 논리를 박물관에 적용시킨 것이다. 그렇지만 기업 박물관론은 자유롭지 않았다. 이를 논하는 자의 비논리성은 이미 전후 교육주의적 박물관 활용의 동향에 규정되어 있었기 때문이다. 즉이 붐은 교육주의의 반대파로서 나타날 수밖에 없고 따라서 산업이라는 주제 속에 교육을 되돌려 파악하는 것은 물론, 산업을 총체적으로 전망하지도 못했었다. 앞에서 본 것처럼 전후 박물관법은 주제로서의 산업을 배제하고 교육이라는 영역에 박물관을 연금시켜 서로를 각기 나누어 생존케 하였다. 말하자면 그 성역에 도전한 것이 기업 박물관론이었던 것이지만 이것이 기업이라는 형태를 취하지 않으면 안 되었던 것에 전후 박물관의 함정이 있었다고 할 수 있다. 이 붐이 단명하고 바로 국가주도의 박물관 경영(museum management)으로 대체된 것도 당연한 결과였다.

그런데 사태는 이것을 넘어 진행되었다. 1996년 12월, 내각회의에서 결정된 '경제구조 변혁과 창조를 위한 프로그램'의 '신규 산업 창출 환경 정비 프로그램'에서 박물관은 활용 대상에 머물고 있지만 이때야말로 국공립관(國公立館)을 포함한 박물관 그 자체가 일종의 기업-산업이 되어 갔던 것이다.

7. 만주국 국립중앙박물관은 무엇이었는가

이상, 후지야마 가즈오[藤山一雄]의 회상에서 발단하여 근대 일본의 박물관 발달을 개관하였다. 그렇다면 만주국 국립중앙박물관이라는 것은 무엇이었을까. 이미 분명한 바와 같이 뮤지엄 익스텐션은 전후 박물관법의 선행적인 체험이었다. 따라서 탈박물관화된 산업계 박물관에서 파악한 것을 민속 박물관에서 되찾아내는 것은 손쉬운 것이었다. 그렇지만 그것은 원래 자본주의 근대화의 도구로서 순화(純化)해 간 상품 진열소가 아니다. 더구나 세계자본주의의 순응과 그 연명(延命)의 주구인 기업 박물관이나 박물관 경영도 아니다. 전전·전후로 이어지면서 어느 쪽으로도 단절된 독특한 모양의 만주국 국립중앙박물관이 우뚝 솟아 있을 뿐이다.

이와 같이 보면 만주국 국립중앙박물관이라는 개체 발생에는 메이지부터 현재에 이르러 일본 박물관 계통 발생이 ─ 그 도상에 있었던 것임에도 불구하고 ─ 응축되어 있는 것처럼 보인다. 게다가 7년이 되지 않는 기간의 활동 리스트와 분량은 마치 전장의 총탄, 시장의 소비물처럼 과잉된 관념과 물질로 가득한 근대를 일순간에 체현하는 것 같은 점도 있다.

그런데 박물관은 겨우 남겨진 물건이나 사건에서 불멸을 강요하면서 영원한 시간을 ─ 그렇지만 절대적으로 불완전하게 ─ 지배한다. 그것은 에어컨 관리하에서 레닌이나 마오저뚱[毛澤東]의 미이라를 불멸화시키는 것과 마찬가지다. 혹은 '천년만년', 'Tis the star-spangled banner : O, long may it wave'이다[6]. 그러나 만주국 국립중앙박물관의 응축과 과잉은 이러한 박물관의 권력성에 의해 이룩된 것은 아니다. 그러면 대체 이 것은 무엇이었는가. 여기에서 생각하는 것은 영원한 시간의 지배와 비 슷한 것 같지만 사실은 그렇지 않은, 시간 그 자체가 제거된 세계의 체 험, 즉 유토피아적인 체험으로서 만주국 국립중앙박물관이었던 것은 아닐까. 이것은 '생활예술'이라는 지평이 현실의 만주국 지평과 병행하 여 처음으로 오로천의 천막과 유원지를 하나로 그려 넣은 민속 박물관 과도 통한다. 전후 박물관 양식이 은폐되어 오거나 지금도 다양한 박물 관 사람들에 의해 계속 은폐된 만주국 국립중앙박물관은 여기에서 '유 토피아로서의 박물관'도 암시하여 현대박물관 비판 – '권력으로서의 박물관' 비판의 진로를 지적하여 보여주고 있다고 말할 수 있다.

결국 협의로는 괴리의 일로를 걸은 교육과 산업이라는 주제를 한꺼 번에 체현한다고 하는 불가능을 가능케 하였고, 나아가 이상과 같은 통 찰을 야기한 만주국 국립중앙박물관과는 후지야마 가즈오가 박물관과 마주대하게 되었는데, 그것이 만주국에서 일어났다는 점이 기적적이었 다 하겠다.

---

6 미국 애국가에 나오는 구절로 '우리의 성조기, 영원토록 펄럭이리'라는 의미이다.

참고문헌

(不明), 「財団法人富民協会農業博物館」, 『博物館研究』 제6권 제11호, 日本博物館協会, 1933, 3~4면.

藤山一雄, 「ある北満の農家」, 『国立中央博物館時報』 제2호, 国立中央博物館, 1939, 15~18면.

_____, 「民俗博物館について」, 『国立中央博物館時報』 제4호, 国立中央博物館, 1940a, 1~3면.

_____, 「新博物館態勢」 東方国民文庫 제23, 満日文化協会, 1940b.

_____, 「再び民俗博物館について」, 『国立中央博物館時報』 제8호, 国立中央博物館, 1940c, 1~6면.

_____, 「'ある北満の農家'のこと」(三度民俗博物館について), 『国立中央博物館時報』 제15호, 国立中央博物館, 1942, 1~5면.

犬塚康博, 「展覧会の肉声－この展覧会はどこからやつてきたのか そしてどこへ行こうとしているのか」 名古屋市博物館 編, 『新博物館態勢 満洲国の博物館が戦後日本に伝えていること』, 名古屋市博物館, 1995, 25~28면.

_____, 「制度における学芸員概念－形成科程と問題構造」, 『名古屋市博物館研究紀要』 제19권, 名古屋市博物館, 1996, 39~58면.

_____, 「博物館史を読みかえる－'農村生活博物館'と'小博物館'」, 『'転向'の明暗－'昭和10年前後'の文学』(文学史を読みかえる③), インパクト出版会, 1999, 293~298면.

_____, 「大東亜博物館の地平」, 『戦時下の文学－拡大する戦争空間』(文学史を読みかえる④), インパクト出版会, 2000, 217~219면.

_____, 「ジャッカ・ドフニから眺める」, 月刊 『あいだ』 74호, 『あいだ』 会, 2002, 2~9면.

伊藤寿朗監修, 『博物館基本文献集』 제4권, 大空社, 1990.

金子淳, 『博物館政治学』 青弓社ライブラリー』 17, 青弓社, 2001.

名古屋市博物館 編, 『新博物館態勢 満洲国の博物館が戦後日本に伝えていること』, 名古屋市博物館, 1995.

小畠康郎 編, 『電気科学館20年史』, 大阪市立電気科学館, 1957.

推名仙卓, 『日本博物館発達史』, 雄山閣出版, 1988.

사진의 유토피아

후치가미 하쿠요와 만주사진작가협회[1]

이자와 고타로[2]

1. '예술 사진'에서 '구성파'로

후치가미 하쿠요(본명은 세이키[清喜], 1889~1960)의 이름은 그렇게 대중적이지 않을 수 있다. 사진이라는 특수한 분야에서 활동한 그의 업적은 오랫동안 되돌아 볼 것이 별로 없다. 그러나 '만주는 무엇이었을까'를 새삼스럽게 물을 때 이 사진작가의 업적은 두드러지게 빛을 발한다.

후치가미는 우선 월간 사진잡지 『하쿠요[白陽]』(白陽畵集社)의 발간인으로 사진계에 등장하였다. 고베[神戸]에서 『하쿠요』가 창간된 1922년은 '예

---

1 본고 집필에서 다케바 다케시[竹葉丈]의 논문 「THE SUN OF NEW NATION—이향의 모더니즘, 혹은 또 하나의 리얼리즘」(『이향의 모더니즘』 카탈로그, 나고야시 미술관, 1994)을 참고하였다. 또 다케바 씨에게 사진 도판 게재도 신세를 져서 감사드린다.
2 飯沢耕太郎, 1954년생. 사진평론가. 저서로 『日本写真史を歩く』(新潮社)가 있다.

술사진'의 황금시대라고 할 수 있다. '예술사진'은 메이지 30년대[3]부터 사진클럽을 결성하여 사진전 개최, 정기간행물이나 사진화집의 간행 등 활발한 움직임을 보여준 아마추어 사진가들에게 공통적인 제작이념이었다. 회화적인 미의식을 기본으로 하면서 정서적인 낭만주의를 소프트 포커스(soft focus)의 흔들린 화면에 담은 '예술사진'은 이 시기에 다채로운 표현을 만들어 내었다. 후치가미가 편집한 『하쿠요』는 후쿠하라 신조[福原信三], 후쿠하라 로소[福原路草] 등이 도쿄에서 발행한 『사진예술』(사진예술사)과 함께 '예술사진'의 표현의식이 가장 첨예하게 표출된 간행물이라고 할 수 있을 것이다.

후치가미는 『하쿠요』를 발행했을 뿐만 아니라 1922년 9월에는 독자를 중심으로 한 사진 단체인 일본광화예술협회(日本光畵藝術協會)를 창설하는 등 적극적인 활동을 전개하였다. 그렇지만 당초에는 평온한 풍경사진이 주류를 이루었던 『하쿠요』 — 일본광화예술협회 사진가들의 작품은 관동대진재(1923) 이후 크게 전환되었다. 동시대의 다다이즘이나 추상회화의 영향을 적극적으로 받아들여 '선과 점의 의식적인 구성으로 빛과 격조의 미적표현'(『寫眞藝術の要素』, 『日本寫眞年鑑 大正 13~14年』, 朝日新聞社, 1925)을 추구한 '구성파'라고 불러지는 경향의 작품이 일제히 등장했던 것이다.

후치가미 본인뿐만 아니라 니시 기쿠니[西龜久二]·쓰자카 준[津坂淳]·마쓰오 사이고로[松尾才五郎] 등에 의한 이 '구성파'의 주장은 '예술사진'과 일본에서는 '신흥사진'이라고 불린 1930년대 이후의 모더니즘적인 사진

---

3 메이지 30년은 1897년이므로 메이지 30년대라고 하면 1897년 이후로 이해하면 될 것 같다.

후치가미 하쿠요 〈열차 등진〉(1930)

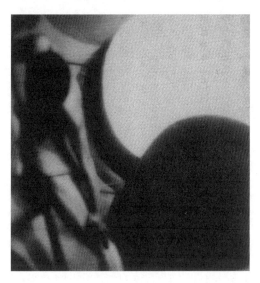

후치가미 하쿠요
〈엔과 인체의 구성〉(1926)

의 스타일을 연결하는 잃어버린 고리(missing link) 역할을 했다고 할 수 있다. 기하학적인 화면 구성, 흔들림에 의한 움직임의 표현, 다중노출에 의한 몽타주 등 '구성파'의 실험은 차세대 사진가들에 의해 보다 세련된 형태로 전개되었다. 그렇다고 해도 그들의 작품에는 여전히 '예술사진'의 회화적인 요소도 진하게 남아 있었다. 그것은 바로 과도기 현상인 과격함과 취약함을 양쪽으로 포함하여, 관동대지진 후 한 번에 꽃을 피운 기묘한 '전위(前衛)'의 계절이었다고 말할 수 있다.

이러한 『하쿠요』의 급선회는 후치가미를 정신적으로도 경제적으로도 궁지에 몰아넣게 되었다. 종래의 '예술사진'을 지향하는 독자가 떠남으로 『하쿠요』는 1927년에 휴간하였다. 후치가미는 "다가올 신시대의 선구자이며, 건설자인 것을 기대한다"라고 선언하고 사진평론지 *PHOTO REVIEW*(『사진평론사』)를 창간하였지만 역으로 그를 둘러싼 상황과의 괴리는 깊어졌을 뿐이었다. *PHOTO REVIEW*도 2호로 종간할 수밖에 없었다.

2. 곤경을 구한 '신천지'로서의 만주

곤경에 처해있던 후치가미를 구한 '신천지'로 등장한 것은 만주였다. 그는 1927년 11월에 만철 초청으로 만주와 중국 북부를 여행하고 동년 12월에 티엔진[天津]에서 강연회를 거행하였다. 이를 계기로 1928년 오사카 아사히 회관에서 '만주여행작품전'을 개최하였다.

후치가미를 만주에 초빙한 것은 전 만주 아사히신문사 하얼삔 지사장으로 만철 사원지『협화(協和)』의 편집자가 된 야기누마 다케오[八木沼丈夫]였다. 야기누마는 이때 문화인들을 적극적으로 만주로 초청하였다. 아라이 와타루[新居格], 기타하라 하쿠슈[北原白秋], 도미다 사이카[富田碎花], 사이토 모키치[齋藤茂吉] 등이 그들이다. 게다가 아동문학자인 이시모리 노부오[石森延男]나, 일본 화가인 가이 기하치로[甲斐巳八郎]처럼 만철 촉탁으로 본격적으로 이주해 온 사람도 있었다. 이미 일본에서 사진가로 편집자로 시대를 앞선 업적을 남겼던 후치가미도 야기누마에 대해서는 만철의 선전홍보 사업을 진행하는 이상 빼놓을 수 없는 전력이라고 생각했을 것이다.

후치가미에게도 만주는 매력적인 곳으로 비추어졌음이 틀림없다. 『하쿠요』나 PHOTO REVIEW의 좌절 때문에 일본에서의 입지가 좁아진 그가 충분히 솜씨를 발휘할 수 있는 환경이 보장된 만주에서 다른 문화인과 마찬가지로 어떤 종류의 유토피아로 빛을 찾아낸 것도 당연한 것이다. 따라서, 처음에는 그렇게 길게 체재할 생각은 없는 듯하였지만, 1928년 10월, 야기누마의 적극적인 초청에 응하여 만철총재실 정보부 촉탁으로 가족과 함께 도만(渡滿)하였다. 따라서 1941년까지 햇수로 13년이라는 그의 만주시절이 시작되었다.

후치가미는 매년『만주사진연감』을 간행하는 것과 더불어 1932년 만주국 건국에 즈음하여 홍보기술과장으로 선전활동에 종사하였다. 그와 함께 이미 적극적인 활동을 전개하고 있었던 만주와 중국의 아마추어 사진가 클럽을 통합하여 사진작가로서의 활동 거점을 만들어 갔다. 만주 건국의 해(1932)에 후치가미 하쿠요의 전적인 지도 하에 '고메시로 젠

바바 야시오 〈광야를 가다〉 (1935)

사카키바라 쇼이치 〈양치기 소년〉(1935)

우에몬[米城善右衛門], 사카키바라 쇼이치[榊原正一]·세라 쇼이치[世良正一]를 중심으로'[4] 만주사진작가협회가 설립되었다.

3. 이향(異鄕)의 모더니즘

만주사진작가협회가 설립된 다음 해인 1933년에 시카고 만국박람회에서 '만주풍물 사진전'을 개최하는 등 전만주를 대표하는 단체로 성장해 갔다. 앞서 이름을 밝힌 고메시로[米城], 사카키바라[榊原], 세라[世良]뿐만 아니라 다테 요시오[伊達良雄], 도이 유지[土肥雄二], 잇시키 다쓰오[一色辰夫], 오카다 나카하루[岡田中治], 나카타 시요[中田司陽], 바바 야시오[馬場八潮] 등 주요 멤버들의 작품을 보면 확실히 후치가미의 영향을 느낄 수밖에 없다. 피사체를 대충 파악하는 대담한 구도, 흰색과 검정의 강렬한 대조(contrast), 화면 전체에 넘치는 살아있는 생명감 등이 공통적인 특징이다. 제철소, 철강소, 발전소, 철도 등, '예술사진' 시대에는 생각할 수도 없었던 새로운 피사체를 포함해서 그들 작품에서는 동시대의 모더니즘의 생기를 흡수한 역동적인 화면 구성을 볼 수 있다.

그렇지만 한편에서는 그 꺼끌한 인화의 질감, 인화지를 휘거나 뭉쳐 화상을 변형시키는 '데포르마시옹(déformation)'[5]의 기법 등 '예술사진'의

---

4 土肥雄二, 『滿洲作家の弁—滿洲に於ける芸術運動に就いて』, 『アサヒカメラ』, 1939. 10.
5 데포르마시옹(déformation)은 자연을 대상으로 한 사실 묘사에서 특정 부분을 강조하거나

사토메 도루 〈문빗장〉(1938)　　　　잇시키 다쓰오 〈묘지 표지〉(1939)

본색을 드러내고 있는 부분도 있다. 오히려 반모더니즘적이라고 할 수 있는 낭만주의가 광대한 만주 풍경을 배경으로 강조되었다는 것에서 극히 독특한 감촉을 갖추는 작품군이 만들어진 것이다.

　그것은 어느 의미에서는 후치가미가 『하쿠요』의 시대에 목표로 한 '구성파'의 작품을 만주라는 사이비 유토피아에 이식하고 순수 배양하여 약간 기형적이지만 불가사의한 매력을 가진 스타일이었던 것이다. 나고야시 미술관의 학예원으로, 1994년 전람회에서 만주사진작가협회의 전모를 최초로 소개한 다케바 다케시[竹葉丈]를 모방한 그것을 '이향의 모더니즘'이라고 부를 수 있을 것이다.

　왜곡하여 변형시키는 미술기법을 말한다.

4. 선전(propaganda)과 '사실주의(realism)'

후치가미는 사진작가로서 예술적인 표현만을 추구한 것은 아니다. 1933년에는 만철의 틀을 넘어 만주국 그 자체를 선전화 할 목적으로『만주그래프』를 창간하였다. 후치가미는 편집 책임자로서 소비에트연방의 그래프잡지 *C.C.C.P*를 참고로 하여 포토몽타주랑 클로즈업 같은 기법을 적극적으로 도입한 지면을 만들었다. 그에 덧붙여 여기서도 만주사진작가협회의 회화주의적인 향내를 풍기는 독특한 사진표현이 많이 사용된 것은 말할 것도 없다.

그러나 끝까지『만주그래프』가 홍보지 경향을 띤 편집에 관계하는 가운데 후치가미의 사진관도 미묘하게 변질되어 갔다. 이때쯤의 사정은 그가 1938년에 간행한『만주사진독본』(만철사원회총서 제30집)의 권두언으로 쓴「사진예술에 대하여」라고 제목 붙인 에세이에 잘 나타나 있다.

후치가미는 거기에서 '사진예술의 특징'을 '현실이 가져온 박력'에서 찾아야 한다고 밝히고 있다. 즉 "사진은 현존하는 실체로 향해야만 그 효력을 발휘한다. 실체 없는 곳에 사진은 존재하지 않는다. 또는 적극적인 의미의 창조를 허락하지 않는" 것이라면서 '사진예술의 이상'은 '사실주의'라는 결론을 이끌어 냈다.

사진예술의 이상은 사실에 철저한 것이다. 사실에 철저한 것은 사회적으로 사진예술의 존재를 가치 매기는 것이다. 젊은 사진가로서 비현실적, 비실재적인 추상 세계에 들뜬 것이 있으면 사진예술의 자살이라는 무서운 결과를 초래할 것이다.

이렇게 생각하는 것은 이전의 '구성파' 시대의 '선과 점의 의식적인 구성'이라는 주장에서 거의 180도 뒤집힌 사진론이라고 할 수 있다. 말할 것도 없이 『만주그래프』라는 홍보지의 편집 경험이 '사회적으로 사진예술의 존재에 가치 매기는 것'을 강조하는 '사실주의'의 방향으로 후치가미의 사고를 반영시킨 것이 틀림없다.

5. 이채(異彩) 띤 '예술사진'과 모더니즘의 공존

그렇다 하더라도 후치가미가 골수에 미치도록 이러한 기능주의, 합리주의적인 사진관을 완전히 믿고 있다면 거기에도 의문이 남는다.

그는 1937년 11월부터 만주사진작가협회의 멤버들과 함께 월간 사진집 『빛나는 언덕』의 간행을 시작하였다. B4판, 전면 아트지, 콜로타이프 인쇄라는 『빛나는 언덕』은 자르는 선을 넣고 하나씩 분리하여 감상할 수 있게 편집되어 있다. 여기에 게재된 후치가미의 작품이야말로 『하쿠요』 이래 사진작가로서 그의 사진 작업이 총결산적인 의미를 갖추고 있다고 해도 좋을 것이다. 화면의 구도와 흑백의 대비는 한층 더 예민하여 상징적이라고도 할 수 있는 긴장감을 채우고 있다. '후치가미 하쿠요 근작집'으로 간행된 『빛나는 언덕』 제2권 1호(1938.1)에 게재된 '태양처럼, 대강 빛과 그림자만으로 환원된 실험적인 작품도 있다.

『빛나는 언덕』은 1939년 6월의 '계간, 제1집'으로 활동을 정지했다. 전 12권에 수록된 83점의 작품을 보면 일하는 사람들이나 백계 러시아인 마을 같은 사회적인 주제보다 오히려 정물, 초상, 풍경 같은 '예술사진'적인 접근에 비중이 실려 있다는 것을 알 수 있다. 결국 후치가미 자신도 기타 만주사진작가협회의 회원들도 한 장의 '그림'으로 사진 구도를 정리하여 완성도를 추구하려는 사고에서 완전히 벗어나는 것은 어려웠던 것이다. 역으로 말하면『빛나는 언덕』은 '예술사진'과 모더니즘이 공존한 만주라는 사진 유토피아의 최후의 빛이었다.

6. 환영(幻影)과 현실과의 사이 공중에 매달린 이미지

1941년 3월, 후치가미는 만철을 퇴직하고 귀국길에 올랐다. 표면적으로는 그 해 1월에 아내 시호[志保]가 병사했기 때문이라는 것이 사직의 이유였지만 아마 그렇게 단순한 것이 아니었을 것이다.

이 시기『만주그래프』에 '사변특집', '성전(聖戰)으로 향한 거국일치의 몸부림'이라는 문자가 어지럽게 날렸다. '오족협화', '왕도낙토'라는 슬로건이 퇴색해 가는 것과 더불어 후치가미의 이상주의적인 편집방침도 부득이하게 수정될 수밖에 없었다. 동시에 만주사진작가협회 같은 아마추어사진가 단체의 활동도 사진 기재나 필름 공급이 끊어졌기 때문에

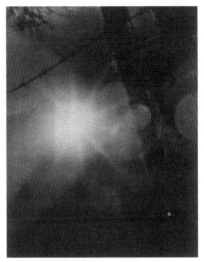

후치가미 하쿠요 〈난간에 기댄 여인〉(1940)　　　후치가미 하쿠요 〈태양〉(1938)

거의 정지 상태로 돌입하였다. 후치가미의 귀국은 유토피아의 이상이 갈기갈기 찢겨져 가는 가운데 이루어진 고뇌의 선택이었다고 할 수 있을 것이다.

귀국 후 그는 여러 개의 만철관계 회사에 관여한 경력 때문에 영업사진관의 전국단체인 일본사진문화협회 사무국의 주임[主事]을 오래 맡았지만 다시 사진계의 전면 무대에 나서지는 않았다. 오히려 스포트라이트를 받는 것을 고의적으로 피하려고 했다고 생각할 수 있다.

후치가미 하쿠요와 만주사진작가협회의 활동은 일본의 사진 표현 역사상 미완의 궤적을 그리고 있다. 만주라는 극히 특수한 사회적, 문화적 조건하에서 회화주의와 모더니즘, 예술성과 홍보라는 상반된 지향이 충돌하여 싸우면서 다른 부류에서 볼 수 없는 독특한 촉감을 감춘 작품군을 만들어 냈던 것이다. 분명히 기간적으로도 짧고 만주국 붕괴와 함께 중단될 수밖에 없는 사이비 유토피아의 표현은 있었지만 역으로 지금 되돌아보면 기묘하게 매혹적인 광채를 발한 것처럼 보인다.

이들의 활동은 환영과 현실 사이에 목매게 된 것 같은 이미지군으로 치부되어 머나 먼 이향의 땅에 휩쓸려 정처 없이 떠도는 생각에 정지해 버린 것이다.

만 철 연 구

고토 신페이의 만주통치

니시노미야 고[1]

1. 만주와 만철의 창설

중국의 동북 펑티엔, 지린, 헤이룽지앙 3성은 중국에서는 '동북', '동삼성'이라고 부르지만 고토 신페이[後藤新平]가 만철 경영을 시작한 20세기 초에는 '동삼성' 혹은 '만주'라고 불렀다. 이 지역은 러일전쟁(1904~1905) 직후 이른바 '국제적인 식민지 개척권'[2]으로 주로 일본·청국·러시아가 서로 싸우는 극동의 화약고 또는 극동의 발칸이라고 불리는 지역으로 미국이나 영국도 새로운 시장으로 호시탐탐 주목하고 있었다. 그리고 일본

---

1 西宮紘, 1941년생. 일본정신문화사. 저서로『多時空論』(藤原書店),『空海』(朝日出版社)가 있다.
2 小峰和夫,『滿洲』, 御茶ノ水書房, 1992, 147면. 이하 만주 역사는 이에 의거하였다.

은 포츠머스강화조약(1905.9)과 청일만주선후조약(1905.12.22)에 따라 요동반도(관동주)의 조차와 남만주철도(러시아의 동청철도내 창춘부터 뤼순커우[旅順口]까지) 및 부속지 등의 경영 이권을 러시아로부터 계승받게 되었다. 관동주는 조차지였지만 철도와 그 부속지(선로의 양쪽 폭 62미터[3] 및 역사(驛舍)중심의 넓은 부지)는 본질적으로는 청국령이었다. 게다가 만주는 한(漢)족, 러시아인, 한국인, 만(滿)인, 몽골인, 그리고 소수의 선교사와 상인, 구미인 등이 잡거하고 전후 황폐된 매장 자원이 풍부한 광대한 토지였다.

지금 여기서 언급한 만인은 만주인을 지칭하는데 청조 이전부터 만주에서 계속 살아오던 사람들로 기인(旗人)이라는 원래 청조의 특권계급 계통을 이어받은 사람들이다. 그러면 '만주'는 어디서 온 명칭인가. 청조에는 '만주'라는 지명이 없었다. 만주라고 불리는 지역에는 원래 수렵 채집을 생업으로 하는 여진족(퉁구스계)과 유목족계의 몽골족, 농경계의 한족이 살고 있었다. 그중 여진족은 건주(建州)여진과 해서(海西)여진, 야인(野人)여진 삼족으로 분류되었는데 장백산(長白山) 북서록(北西麓)에서 점차 서남쪽으로 내려와 쑤즈허[蘇子河]유역에 정착한 건주 여진 내 오도리족의 아이신쥐에루오족에서 태어난 아이신쥐에루오 누르하치[愛新覺羅努爾哈赤]가 이른바 청조의 선구이다. 누르하치는 1583년, 24살 때 건주 여진을 통일하여 '만주국(滿珠國)'이라고 칭하였다.[4] 이 '만주(滿珠)'가 '만주(滿洲)'와 관계있는 것 같다. 누르하치가 이러한 국명을 칭한 것은 이유가 있다.

누르하치의 조상이 장백산 북서록에 살았던 15세기 초, 명조 제3대 용러[永樂]제(帝)가 만몽경략을 하려고 장백산록에 백두산 절을 건립하고

---

3 別冊歷史読本, 『滿洲帝国興亡』, 新人物往来社, 1997, 7면.
4 小峰和夫, 앞의 책, 20~21면.

동방진호(東方鎭護)를 위해 오대산(五臺山)에서 만쥬스리보살[曼殊師利菩薩]을 이봉하였다. 이로 인해 여진족에게 문수신앙이 침투했을 뿐만 아니라 누르하치가 시짱[西藏]의 법왕 달라이라마로부터 만쥬스리황제의 존호도 받아서 그 '만쥬'에서 '만주국(滿珠國)'의 국명이 태어났을 것이다.[5] 누르하치의 세력 확대를 위한 군대조직은 '기(旗)'인데 만주국시대에는 4기 조직이 있었고, 다른 여진족을 수하에 넣고 국명을 '대금(大金)'이라고 할 당시에는 팔기제도가 되었다. 누르하치의 아들 홍타이지 대에는 만주 팔기, 몽골 팔기, 한족 팔기로 재편되어 '대금'을 '대청'이라 칭하였지만 이때 '만주(滿殊)'라는 이름은 '만주 팔기(滿洲八旗)'로 남겨졌다.[6] 홍타이지의 아들 순즈[順治]제 때 베이징에 들어가 청조를 수립하였지만 '만주 팔기'는 청조의 특권계급이 되었고 19세기 중엽에 '만주인'의 발상지인 동삼성은 외부에서 '만주'라고 부르게 되었다.

청조는 청조 발상지로서 만주인의 정신을 유지하기 위해, 제4대 캉시[康熙]제의 의지를 받들어 제5대 치엔롱[乾隆]제 5년(1740) 이후 만주에 봉금정책(한족의 만주이주를 금지하는 것)[7]을 시행하였다. 이 정책은 1893년까지 계속되어 삼도통(三都統)에 의한 기인 군정이 시행되었다. 그동안 개간되었던 토지는 황폐하였고 소수의 수렵 채집하는 사람들만 사는 누르하치 이전의 상태로 되돌아갔지만 금제(禁制)를 벗어나자 다양한 한족이 유입하게 되었다. 1894년 이후 자유방임 정책으로 한족이 급격하게 증가하였다. 그때 시베리아 철도를 부설하여 동쪽으로 점진해 온 러시아는 청일전

5　위의 책, 119~120면.
6　위의 책, 120면.
7　위의 책, 63면 이후.

일본군 참모차관 겸 대만총독 고다마 겐타로의 모습

쟁(1894~1895)을 계기로 만주에 침입하여 동청철도를 부설하였다. 러시아는 북청(北淸)사변(1900)을 계기로 뤼순까지 점령하여 따리엔에 부동항 다루니항을 건설하기 시작하였고 동시에 조선반도에 손을 뻗쳐 일본과 충돌하였는데 이것이 러일전쟁이다.

러일전쟁 초 대만총독부 민정장관 고토 신페이는 이미 일본군 참모차관 겸 대만총독 고다마 겐타로(兒玉源太郎)에게 전후 만주통치에 대해 시사를 주었다.[8] 즉 영국 식민지인 인도는 동인도회사(1600년 창설)를 통해 통치한 것에 힌트를 얻어 동인도회사의 인도 경략 형태를 채용해야 한다고 했다. 다만 동인도회사의 수탈 형태는 수용하지 않고 상사회사의 형식을 통해 민정을 시행해야 한다고 한 그의 만주통치는 끝까지 생물학적 수법에 의거한 것이었다. 다른 지역에서 일본군이 바다와 육지에서 연전연승하여 국민이 광기난무하고 있을 때 고토는 다음과 같이 생각하였다. 러시아가 일본 전술의 장단점을 분석하여 약점을 활용하는 기술을 발견하는 것이 두렵다. 단숨에 몰아붙이는 전술은 수년에 걸친 전투에는 적합하지 않다. 최종 승리는 러시

8 鶴見祐輔, 『後藤新平』 제2권 제2장 제1절 1, 後藤新平伯伝記編纂会, 1937~1938, 650면.

아에 있다는 러시아의 신념을 파괴하기 위해서는 군대의 힘뿐만 아니라 다른 간접적 방안을 강구하지 않으면 안 된다. 러시아는 내부적으로 그 로포토킨과 알렉세이프의 알력으로 내란이 있으므로 극동에서의 연승 연패에 황제가 동요하지 않는다. 러시아 공채(公債)는 유럽 대륙에서 그 다지 하락하지 않은데다 외채를 모아 군대를 극동으로 파견할 재정력이 있는데도 일본은 장기전으로 될 경우의 재정 계획을 세우지 않았다. 어 쨌든 일본은 철도 국유화, 사탕(砂糖) 전매화, 국채 모집과 선전으로 러 시아 공채 하락을 강구하지 않으면 안 되었다.[9] 종전으로 포츠머스강화 조약이 체결되기 전날인 1905년 9월 4일, 고토는 펑티엔에서 고다마와 회담하여 다음과 같이 단언하였다. 러시아에서 계승한 남만주철도를 경영하면서 여러 시설을 활용할 철도경영기관을 설치할 것이며 책임자 는 조차지 통치기관의 장이 겸무하고, 철도 수비는 그 통치기관에서 군 을 파견하며, 지휘는 겸무하는 장이 맡아야 할 것이다.[10]

한편 일본정부(제1차 가쓰라(桂) 내각)는 남만주철도 경영의 재정 악화로 일본이 대륙으로 진출하면 러시아와 복수전을 초래할 것이라고 생각하 였다. 또 재계도 만주에서의 영리활동에는 비관적이었기 때문에 철도 경 영은 제3국에 맡겨야 한다고 생각하였다. 그것은 미국의 철도왕 E. H. 하 리만과 가쓰라 수상과의 각서 교환(10월 12일)으로 나타났다. 그러나 통설 에 따르면 고무라 주타로(小村壽太郎)외상의 극렬한 반대로 이것은 바로 파

---

9 鶴見祐輔, 앞의 책 제1장 제10절 6, 596~605면.
10 위의 책 제2장 제1절 1, 651면. 또한 그 안에서 '가장(仮裝)'이라는 오해하기 쉬운 말을 쓰 고 있는데 이 입안 그 자체가 고다마 겐타로(兒玉源太郎)의 입안이라는 형태를 취한 것과, 고토(後藤)가 대상으로 하는 상대에 응하는 표현을 한 것이어서 그렇게 묘사된 것이지만 이것은 나중에 '문장(文裝)'이라는 말로 바꿀 수 있다. '문장'이라는 표현은 보다 고토(後藤) 식이다.

괴되었지만 오히려 고다마 겐타로[兒玉源太郞] 등의 획책이 있었던 것이 아닐까? 결국 남만주철도는 러시아에서 야전철도제리부(夜戰鐵道提理部)의 관장 하에 두어져 남만주는 군정 하에 있었지만 열강이 문호개방을 위해 민정 이행을 독촉하였기 때문에 남만주에 두고 있었던 군정소를 차례로 철폐시켜 관동총독기관(1905.10.17, 요동(遼東)에 두다)을 평시조직으로 전환하여 남만주 민정 중심 조직으로 남만주철도주식회사(만철)를 창립하게 되었다. 이 창립위원회의 위원장이 고다마 겐타로인데 고다마는 1906년 4월 11일 대만총독을 사임하고 참모총장이 되었다. 그리고 원로중신이 쌍수를 들고 만철총재에 추대한 것은 대만 민정에 착실한 성과를 올리고 있었던 고토 신페이었다. 관동총독부는 5월에 뤼순으로 이전하였고 만철 창립 칙령은 6월 7일에 공포되었다.

남만주에는 관동총독부(8월 1일에는 관동도독부)와 영사와 만철이라는 3개의 기관이 존재하여 삼두정치[11]가 될 가능성이 있었기 때문에 고토가 간단하게 만철총재를 맡은 것은 아니다. 만철 경영이 누구의 감독하에 있고 그 통리(統理)의 중심점이 어떠한지를 정부쪽에서 제기하지 않았기 때문이다. 그는 일두정치를 생각하고 있었지만 그것이 불가능하여 만철총재 및 부총재를 관동도독 고문으로 하는 것으로 타협하여 만철총재를 수락한 것이 8월 1일의 일이다.

따라서 고토는 대만을 떠나게 되었지만, 얼마 동안은 대만총독고문을 겸무하였다. 대만총독부나 대만 민중의 동요를 피하고 건설하다가

---

11 위의 책 제2장 제1절 6, 679면; 위의책 제2장 제2절, 11,744~11,747면은 이 삼두정치를 어떻게 해소하여 일두정치로 만들까 고투하는 고토[後藤]의 모습을 전하는 부분인데 이것은 고토[後藤]가 만철총재가 되고 나서의 것이지만 앞의 각주에서 고다마[兒玉]의 입안을 수정하여 제1안을 만들고 그것이 받아들이지 않을 때의 제2안으로서 생각된 문장의 일부이다.

중단된 시설(施設)을 돌아보기 위해서였다. 그가 대만을 떠날 때 남긴 말은 그의 식민지정책의 방법을 간결하게 보여줄 뿐만 아니라 그의 만주 통치에도 통하는 것으로 다음과 같다.

식민지통치의 방책은 생물학적 원칙에 따라 지문학적(地文學的) 고찰에 비추어 과거와 미래를 추구하고 시대와 장소에 부합하여 법률에 구애됨이 없이 활살자재(活殺自在)[12]를 단행함으로써 열국식민정책의 득실을 알고 참고해도 되지만 모방하면 안 된다. 조사는 학술적인 것과 응용적인 것을 분별하고, 경제적인 발전은 숫자나 법제에만 의거하지 말고, 그 본원이 이화학적 능력에 기인하는 것을 기억해야한다. 경제정책은 작은 섬나라와 대륙이 동일한 전철이 되면 안 된다. 자본의 주입은 기업의 정도와 물가고 등의 관계를 짐작해야 한다. 과세의 고통은 그 다소에 따라 세법의 양부(良否)[13]에서 생긴다. 또 모국과의 관계뿐만 아니라 세계의 대세를 거울삼아 통치해야 한다. 속성(速成)은 병근(病根)을 만들어 내기 때문에 그것을 제거해야 한다. 그리고 의미 있는 발달을 도모해야 한다 등이다.[14]

---

12 활살자재는 죽고 사는 것을 마음대로 하다는 의미.
13 양부는 좋음과 좋지 못함의 의미.
14 鶴見祐輔, 앞의 책 제1장 제10절 14, 641~642면. 이것은 대만통치의 원칙이지만 만주 경영에도 통하는 것이다.

고토 신페이의 모습 　　　　　　　　 나카무라 고레키미의 모습

2. 만철총재 고토 신페이와 중앙 정부와의 틈새

　고토 신페이가 만철총재로서 가장 힘들었던 것은 그의 정책이념과
중앙정부의 모국중심주의와의 충돌이었다. 그는 대만에서 나카무라 고
레키미[中村是公]를 발탁하여 부총재로 모시고 이사에는 한창 젊은 무명
의 우수한 인물을 적극적으로 등용하여 구체적인 정책은 모두 그들에게
맡기고 고토 자신은 중앙정부와의 절충, 대청(對淸) 절충, 대러시아 절충,
대열국 절충에 전심하였다. 특히 중앙정부와의 절충에서 삼두정치를
해소하기 위해 식민지정책을 결정하는 기관으로 최고탁식위원회(最高

拓殖委員會) 설립을 제창하거나 관동도독부를 확대시켜 만철과 일체화하는 안건을 냈지만 모두 수용되지 않았다. 단, 영사가 도독부 사무관을 겸하는 것과, 영사경찰과 도독부 경찰이 별개로 있었던 것을 통일하는 것만 용인되었다. 그 연유는 사실 정부 상층부의 뇌리에 식민지정책이라고 하면 한국에서 하는 정책 방법밖에 없었던 것과, 관료가 만철을 사법(私法)상의 한 상사회사로 단정하는 경향이 분명하였기 때문이다.

전자의 경우, 동시 진행 형태로 한반도를 보호통치에서 병합으로 바꾸는 흐름이 있었다. 즉 1904년 11월 22일, 제1차 한일협약이 조인되었고 러일전쟁 중이어서 한국 내에서 일본군 행동이 보장되었다. 1905년 11월 17일에는 제2차 한일협약으로 일본은 한국을 보호국으로 삼았다.[15] 한국의 외교권을 빼앗아 한국 황제 아래 천황의 직속통감을 두고 필요한 곳에 이사관을 두어서 영·미로 하여금 이를 승인케 하고 러시아에게는 포츠머스강화조약을 인정케 하였다. 이토 히로부미(伊藤博文)가 거의 협박적 언사를 부려 황제와 대신에게 이 협약의 조인을 밀어붙였다. 게다가 대신의 도망을 막기 위해 일본군 병사를 붙여 저새(邸璽, 한국의 국새)의 보유관을 감시시켰던 것이다.[16] 그리고 12월에는 통감부를 설치하여 이토 히로부미가 초대 통감이 되었다. 이토는 외교권을 관할하여 한국에서 일본관헌의 정무를 감독하고 치안 유지를 위해 한국수비군 사령관에게 병력 사용을 명령하는 권한을 가지므로 독자적으로 통감부령을 발하여 형벌 규정을 만들었다. 또한 경제적 지배의 독점화와 외국자본을 배

---

15 한국에서는 제2차 한일협약 등의 용어가 타당하지 않다고 보아 한일외교권위탁조약안으로 보고 있다.

16 原田勝正, 『日本歷史』 18 現代 1, 岩波書店, 1965, 203면.

제시켜 한국중앙은행이 제1은행 지점을 설치하고 통화발행권을 가지도록 하였다. 물론 반일운동은 곳곳으로 번졌지만 이러한 군사력을 후둔으로 하는 강압적인 통치법이야말로 당시의 중앙정부의 뇌리 속에 있는 식민지정책이었던 것이다.

이에 대해 고토 신페이는 다음과 같이 비판하였다. '일본의 대한정책 활동은 거의 경성(京城)의 한 지방에 국한되었는데, 한국 황제와 그 정부에 대해 싸우고 업신여긴 결과, 한국 국민의 증오와 원망을 촉구하고 오히려 외부인에게 지목됨으로서 좋은 결과를 가져 오지 못하였다. 이후 한국의 보호정책을 맡은 자는 기왕의 실책을 거울삼아 황제의 언동 하나하나에 반응하지 말고 가밀(苛密)한 법령으로 무식한 한국 관리를 얽매는 것은 그들에게 나쁜 꾀를 조장함과 동시에 그들을 대신한 백성의 원한을 불러일으키는 백해무익한 실책에 불과하다. 주목해야 할 것은 지방팔도의 권력자이지 소조정(小朝廷)의 명분에 있는 것은 아니다. 통치제제를 이해하지 못하는 대신들에게 정치적 혼란상을 농락하도록 맡겨두고 우리는 마비되고 폐허가 된 팔도(八道)의 사회상을 고쳐나갈 수 있도록 노력해야 할 것이다. 우리 식산(殖産)사업도 중앙을 벗어나 북쪽으로는 평양에서부터 남쪽으로는 대구 각지로 결정하고 농사를 우선으로 하면서 축산을 일으키고 관개를 정비하는데, 요컨대 식민정책의 비결은 민심을 상하지 않게 하면서 수익을 증대시키는 것'이다.[17] 마쓰오카 요스케[松岡洋右]에 따르면 고토 신페이가 만철총재로서 만주에 부임했을 때 '만주에 가보면 모두가 군인병에 걸려 있다'[18]라고 하였는데 한국의

---

17 鶴見祐輔, 앞의 책 제2권 제1장 제10절 10, 624~626면.
18 위의 책 제2권 제2장 제5절 3, 820면.

경우에도 바로 대부분의 일본인이 군인병에 걸려 있었을 것이다.

생물학적 수법을 활용하여 민심을 상하게 하지 않는 식민지정책을 내세운 고토를 보면 강압적이고 노골적인 일본인 중심주의의 한국형 식민지정책을 취한 정부와는 서로 받아들이기 어려운 점이 있었다. 그중 대만시대 때 그를 이해해 주었던 상사 고다마 겐타로만은 달랐지만 그 고다마도 급사하여 이러한 정책이념의 차이가 여러 가지 형태로 고토와 중앙정부와의 사이에 갈등이 되어 나타났던 것이다. 그리고 이러한 원로중신에게 한국형 식민지정

마쓰오카 요스케의 모습

책은 결국 만주에 만주국을 만들어내는 기반이 되었던 것이다.

1907년 6월, 네덜란드의 헤이그에서 개최된 만국평화회의에 한국 황제가 밀사를 파견하여 일본의 침략 진상을 호소하려고 하자 회의 참가를 거부시킨 사건이 일어났다. 이토 통감은 이러한 수단으로 보호권을 거부하는 것은 일본에 대한 선전포고로서 일본은 한국에 선전(宣戰)할 권리가 있다고 협박하여 황제를 양위시켰다.[19] 그 결과 한국 병사 사이에도 반일운동이 침투해 갔다. 사이온지[西園寺] 수상은 한국 내정의 전권장악을 지시

---

19 原田勝正, 앞의 책, 209~210면.

하여 동년 7월 24일, 제3차 한일협약을 강제적으로 조인하고 일본인을 한국 관리에 임용하고, 경찰고문을 폐지시켜 일본인 경찰관을 한국경찰관으로 삼았다. 또 황궁수비의 육군 일대대를 제거하고 다른 군대는 해산시켰다. 그러나 반일운동은 이 군대를 중심으로 하여 민족운동으로 발전해나갔다. 같은 해 9월 고토는 이쓰쿠시마[嚴島]에서 이토와 장시간 회담하였다. 그는 이토에게 신·구 대륙대치론을 내세워 '조선 냄새[20]를 벗기고' 아시아의 평화를 위해 힘쓰라고 설득했다. 이러한 '조선 냄새를 벗기고'라고 말한 것은 단순히 이토가 '한국통감의 직위를 떠나라'는 것을 의미할 뿐만 아니라 오히려 한국보호정책형의 통치방법에서 벗어나 고토의 이른바 생물학적 원칙 위에 선 발상으로의 전환을 요청하는 것이 아닐까? 전월 8월 24일에 고토가 따리엔에서 다쓰이 요리조[龍居賴三]에게 보내는 전보에서 '도쿄는 한국 술에 취해 만주를 잊는다'[21]고 말했고, 9월 1일부 다쓰이 요리조가 고토에게 보낸 서한에서는 스기야마 시게마루[杉山茂丸]의 말로 가쓰라도 야마가타[山縣]도 하야시[林]도 이토도 '조선의 경단을 먹은 친구다'[22]라고 썼다. 한국 문제에 열중해 있는 원로중신의 모습이 눈에 떠오르는 것 같다.

1909년 6월 14일, 이토 히로부미는 한국통감을 사직하고 소야 고스케[曾祢荒助]에게 물려주었다. 7월 6일 가쓰라 내각은 한국병합을 결정하였다. 이때 고토 신페이는 이 내각의 체신대신(1908년 7월 14일 입각과 동시에 만철총재 피면)이었지만 병합으로의 흐름을 막을 수 없다고 생각하였다.

20 鶴見祐輔, 앞의 책 제2권 제2장 제7절 1, 959면.
21 위의 책 제2권 제2장 제10절 3, 1,030면.
22 위의 책 제2권 제2장 제10절 3, 1,032면.

그 대신 한국통감을 사직한 이토가 2년 전에 이쓰쿠시마(嚴島)에서 약속한 신·구 대륙대치론을 손에 들고 구대륙제국의 일대 연합을 삼기 위한 러시아·유럽으로의 장도(壯圖)[23]를 출발하는 것으로 모험을 걸었다. 그리고 10월 14일 이토가 여행 떠나는 것을 오이소(大磯)역에서 배웅하였는데 동월 26일, 이토는 하얼삔에서 한국인 안중근(安重根)의 권총에 맞아서 쓰러졌던 것이다.

1910년 8월 22일, 한일병합조약이 조인되고 조선총독부가 설치되어 초대 총독으로 데라우치 마사타케(寺內正毅)가 취임하였다. 이 병합의 특징은 '내선일체(內鮮一體)'[24]라는 조선민족의 독자성을 전면적으로 부정한 급격한 동화정책이다. 총독은 육군의 대·중장을 친임(親任)하였고 천황 직속인 육해군 통솔권과 총독부령의 제정권이 있어 필요에 따라 조선주둔의 군인 군속을 만주·북청(北淸)·러시아령 옌하지죠위(沿海州)에 파견할 수 있었다. 토지조사를 진행하여 역토(驛土)·둔토(屯土)를 국유화하고 조선 기업은 모두 총독의 허가제로 하였으며, 경찰기구는 행정권과는 독립된 견고한 것이었다. 인삼·광산품은 전매제로 하고 교육령은 교육칙어를 기본원리로 하여 일본어를 강제로 교육하게 되었다. 당연히 법체계도 일본에 준하여 정리하지 않으면 안 되었다. 이전에 고다마 겐타로는 대만시대에 '식민지를 통치하는 것은 어렵지 않지만 일본(정부의 머리)을 개척하는 것이 어렵다'고 말했는데 고다마와 고토가 생각하는 것과 정부가 생각하는 것은 그만큼 달랐다. 그리고 일본정부는 틀림없이 그 생각에서 조선을 완전한 영유지로 변화시켰다.

---

23 장도는 크게 도모하는 계책이나 포부를 의미한다.
24 原田勝正, 앞의 책, 218면.

3. 문장적(文裝的) 무비(武備)

만철은 고토 신페이에게 무엇이었을까? 그것은 단순하게 철도 경영과 탄광 채굴만 하는 회사가 아니었다. 만철은 식민지정책이라는 특별한 사명을 지녔다. 게다가 고토의 경우 단순히 일본인의 식민만을 시키는 것은 아니었다. 만주에 사는 사람들을 포함할 뿐만 아니라, 유럽과 러시아로부터의 식민까지도 받아들일 수 있는(문호개방) 정책을 실시하지 않으면 안 되었다. 그것을 그는 '동서문명의 융합[25]이라는 형태로 표현하였다. 그리고 그에 대해 어떠한 시설이 필요할 것인가를 생각하였다. 그러나 일본정부의 식민은 일본인의 식민 이외에는 생각하지 않았다. 일본인 중심주의였던 것이다. 즉 일본의 팽창 대상으로 만주가 있었다. 이 점에서 일본 국내와 고토의 생각에 차이가 있었다. 대륙정책이라고 할 때도 쌍방간 이러한 차이가 가로막고 있었던 것이다. '이쓰쿠시마[嚴島] 야화(夜話)'에서 고토는 만철의 목적은 만몽을 개발하여 일본과 중국 양국의 유기적 관계를 상징하기 위한 국책상의 임무를 지님과 동시에 동서문명의 융합, 즉 유럽과 아시아 양 문명을 연결하고 결합시켜 세계의 문화적 대동맥의 기능을 다하는 사명을 지녔다고 하였다. 동서문명이 융합되면 거기에서 동서 사람들의 식민이라는 과제가 나오게 될 것이다. 그들의 이러한 표현은 일본인 중심주의자를 설득하기 위한 것이고 그의 진정한 의도는 세계로 개방된 만몽 개발이었다. 따라서 만철

---

25 鶴見祐輔, 앞의 책 제2장 제7절 2, 965면.

연선역의 부속지를 중심으로 한 시가지에는 구미인을 위한 호텔이 구상되었고 고토가 명명한 펑티엔의 야마토 호텔은 중국어 역명을 일본어로 번역하는 것을 용인하지 않았고 부속지 도로의 마을 이름도 중국 또는 중·일 공통의 무슨 무슨 거리라고 하였다. 이러한 그의 신념은 당연히 일본정부뿐만 아니라 당시 청국의 배외주의 이권회수운동까지도 초월하는 것이었다. 고토에게 만주는 동서문명의 융합을 실현하는 시공으로 일본이 청국이나 러시아와 유기적인 관계를 유지하는 시공(時空)으로 파악되었으며 그것을 실현하는 주체는 만철이었다. 이것이 그가 말한 고등식민정책의 이념이었다. 이 이념을 가진 고토는 청국이나 러시아와 절충하고 동시에 일본정부와도 절충하지 않으면 안 되었다. 그는 1907년 5월 7일 만철총재로서 처음으로 따리엔에 상륙하였다. 그리고 5월 23일에 베이징에 갔고, 29일에는 청국황제와 서태후(西太后)를 알현하였으며, 돌아오는 길에 티엔진에서 위엔스카이(袁世凱)와 회담하였다. 다른 한편 만철의 방책에 대한 의견서를 수상(首相)·외상(外相)·육상(陸相)에게 드리고, 7월에는 '대청대열강책론(對淸對列强策論)'을 기초하여 8월에는 뤼순경영책을 야마모토 곤베이(山本權兵衛) 해군대장에게 드리고, 9월에는 이토 히로부미와 이쓰쿠시마(嚴島)에서 회담하는 등 일본정부요인과 협상하였으며, 다음 해 4월에는 러시아 방문 길에 올랐고, 5월에는 러시아 수뇌진과 협상하였다.

'대청대열강책론'에서 그는 흥미진진한 논의를 하였다.

전쟁을 쉽게 하는 책략은 전쟁을 피하는 길이다. 전쟁을 피하는 이유는 우리 만주 경영의 입각을 공고히 하려 하기 때문이다. 만약 열국이 일본의 만주 경영을 명실공히 적절한 것으로 인정하여 그 방법을 칭찬할 수 있으면, 교전할 때에도 대세는 나에게 기운다. 전쟁을 쉽게 하는 것이 이런 것이다. 그렇다면 청인이라고 하더라고 감히 전쟁을 단행할 수 없을 것이다. 즉 전쟁을 피하는 것이다. 싸워서 승리하는 것은 싸우지 않고 승리하는 것만 못한다.

즉 고토는 만주에서 전쟁을 할 필요가 없는 상태를 완성해 두어야할 것이라고 하였다. 혹은 동양문제를 말하는 자는 청국보전을 말하지만 보전을 담당할 여력을 가진 자가 어디 있을까? 혹은 청국분할을 말하는 자가 있지만 청인은 세계 최다 민족으로 역사에서 여러 번 조호(朝號)를 바꾸었지만 지금까지 한 번도 국가는 그 실질을 상실하지 않았다. 분할 등은 공명(空名)에 불과하다. 청국의 장래는 스스로 결정하는 것이라고 썼다.[26] 결국 전쟁이 일어날 수 없는 상황을 만주에서 만들어 내는 것으로 그것이 앞에서 말했던 동서문명융합의 시공이며 고토는 이것을 '문장적 무비'라고 하였다. 모든 만주민에게 그러한 대륙정책을 철저하게 하여 민중이 자연스럽게 우리 경영에 감사하여 민중적 기초를 획득할 수 있을 때 '문장적 무비'는 이루어진다고 하였다.

고토의 경우, '문장(文裝)'이라는 말에는 '과학'의 의미가 강하다. 따라서 '문사(文事)적 시설로 다른 침략에 대비하는 완급이 있으면 무단적(武斷的) 행동을 돕는 편을 아울러 강구해 두는 것'[27]이라고 할 수 있는데 '문사시설(文事施設)'은 과학적 또는 의학적 시설의 의미가 강하다. 학교경

---

26 위의 책 제2권 제2장 제6절 4, 929~930면.
27 위의 책 제2권 제2장 제5절 2, 815면.

영에서 교육정책에도 과학적 또는 의학적 교육이라는 의미가 강하다. 실제 그는 뤼순에서 아주 어렵게 뤼순공과학당을 계획(뤼순에는 관동도독부와 진수부(鎭守府)가 있는데 각각 육군과 해군이 주둔하여 가옥전체의 5분의 4를 군부가 차지하였지만 수리도 제대로 하지 않아 황폐되었다)하였고 의학교육을 위해 펑티엔 부속지에 남만 의학당을 계획하였다. 남만 의학당의 명예총재는 펑티엔 총독인 쟈오얼쉰[趙爾巽]부터 대대로 청인으로 쟝쭈오린[張作霖]도 이곳의 명예총재를 하였다. 물론 따리엔 병원 등의 의료시설은 민족의 차이를 넘어 크게 민중을 끌어당기는 힘이 있었다. 또 중앙시험소는 과학적 방법으로 만주민에게 산업이나, 농업, 축산 등의 방향을 이끌어 주는 것을 목표로 하였다. 예를 들면 산물(産物)의 연구실험 성과는 그 사업을 공업화하는 자본가에 넘겨주고 콩을 품종 개량한 것은 농가에게 무료로 배부하는 식이었다. 농사(農事)시험장이나 지질연구소의 설립도 마찬가지로 과수(果樹), 대형목양(메리노종)의 보급, 광물자본의 조사나 온천, 수원, 우물 등 민생산업의 기초를 과학적으로 연구 응용하여 개방하는 것이었다. 과거의 식민정책은 정략적 식민이거나 종교적 식민이고 지금은 상업적 식민이지만 향후에는 과학적(의학적)식민정책이어야 한다. 고토는 중국민족의 지성에 편승하여 과학을 활용하는 것이 효과가 크다고 하였다.

지금의 일본 관료처럼 일본중심주의의 법제관, 경제관에 의해 각각 식민정책을 다루고 식민재정문제를 처리하는 것이 일본의 통폐(通弊)이다. 한국의 경우와 마찬가지로 만주의 경우도 직접 적용되었다. 우선 만철을 하나의 영리회사로 간주하여 그것의 특별한 사명을 보려고 하지 않았다. 만주식민 재정 공급은 되도록 줄이고 만철 수입을 본국 재정에 보충하려는 움직임이 있었다. 따라서 고토의 고등식민정책 이념 따위는 이해할 수 있을 리가 없었다. 틀림없이 만철의 철도나 그 부속지는 본질적으로는 청국의 영토였기 때문에 일본의 법제가 미칠 수 없었으므로, 일본 관료는 그곳에 문제가 있으면 만철을 단순하게 하나의 영리회사로 간주할 수밖에 없었을지도 모른다. 국책회사 수입은 국고에 넣어야 할 것이다.

이 문제에 대해 관심을 기울였던 고토는 만철의 법리상 지위를 명확하게 할 필요성을 느꼈는데 이러한 법적 문제는 반드시 생길 것이라고 생각하고 있었던 것이다. 그래서 고토는 교토제대에서 법학자 오카마쓰 산타로[岡松參太郎] 교수를 발탁하였는데, 재직 상태로 발탁하려고 하여 문부성이나 교토대학과 분규가 있었다. 재직 상태인 채로 영리회사 사원이 되는 것은 허락되지 않았다. 여기에서 법에 얽매인 관(官)이나 관료(官僚)의 성격이 드러난다. 오카마쓰[岡松] 이사는 이 문제에 몰두하였다. 즉 만철이 어떠한 법적근거로 부속지에 사는 주민에게 과세권이나 기타 행정권을 행사할 수 있을까? 주민으로 청인이나 기타 외국인이 적지 않았다. 정부에서는 회사 측에 행정권을 주었지만 일반 주민에게 공포된 것은 아니었다. 오카마쓰 이사의 연구에 따르면 외교, 군사, 경찰, 재판에 관한 것을 제외한 일반 행정권은 만철총재에게 있다는 것을 알 수 있다. 이 경우 거주자와 만철사이에서 '계약'을 체결하여 법적 기초로 할 수 있다는 것을 알 수 있다.[28] 따라서 부속지에 들어간 자에게 회사규칙을 준수시키고 공공비용의 부담을 강제할 수 있는 길이 열린 것이다.

---

28 위의 책 제2권 제2장 제5절 13, 877면.

그리고 이 기초위에 지방 사업이 실행된 것이다.

지방사업 가운데 가장 중요하는 것이 700마일에 걸친 철도연선의 역을 중심으로 한 시가경영이다. 만철은 따리엔, 와팡띠엔[瓦房店], 슝위에청[熊岳城], 따스치아오[大石橋], 랴오양[遼陽], 펑티엔, 티에샨링[鐵山嶺], 카이위엔[開原], 쓰핑지에[四平街], 꽁주링[公主嶺], 챵춘[長春], 안뚱[安東], 번시후[本溪湖], 푸순[撫順] 등에 시가지를 경영했지만 러시아가 이전에 역 주변에 시가지를 형성했던 곳도 있었다. 특히 따리엔에서는 러시아가 파리를 모델로 시가계획을 세웠는데, 시의 중심광장에서 8개의 간선을 방사상(放射狀)으로 24칸 폭의 최대 간선 도로가 만들어졌지만 고토는 만철 부속지 내의 주요 도로(main street)를 30칸 폭으로 하였다. 따리엔에서는 러시아가 건설 중인 채로 있었던 다르니항을 계승하여 따리엔항으로 완성시켰다. 챵춘의 경우는 조약에 따라 남만철도 북단인 콴청즈[寬城子] 역을 러시아와 일본이 반분할 수 있었지만 그 절반을 돈으로 견적하여 러시아가 일본에게 지불하고 그 돈으로 별도로 새롭게 일본의 역과 시가지를 만들게 되었는데 그것이 챵춘역을 중심으로 건설된 챵춘 시가지이자 150만평의 주차장 부지이다.

고토 신페이의 만주통치는 결국 대청 대러시아 정책이고, 대청 대러시아 정책은 즉 대열국 정책을 축으로 일본이 청국, 러시아와의 유기적인 관계를 세우고 동서 문명의 융합된 세계로 열린 시공(時空)을 그곳에 구축하는 것이었다. 그러나 청국 내 혼란과 일본정부 관료에게 일본중심의 팽창주의 또는 현상 유지를 생각하는 것은 그것을 방해하는 형태로 작용하고 있었다. 만철 철도수비 군대는 점차 관동군으로 성장해 간 것이다.

여기서는 별고[29]에서 말했던 고토 신페이의 조사주의와 관련해서 그가 구상하고 1908년 9월 14일 제2대 만철총재 나카무라 고레키요(中村是公)때 창설된 동아경제조사국[30]에 대해 언급하고 싶다.

고토는 대만총독부민정장관시대의 1902년 5월에 니토베 이나조(新渡戶稻造)를 동반하여 구미시찰여행을 떠났고 도중 파리에서 크레지·리오네 은행의 조사국을 시찰하였다. 거기에는 '일본의 공채와 경제, 흥업상의 내용 등 어떤 것도 알 수 있었다. 사전을 찾는 것같이 꺼내면 일본 관련 내용이 바로 나오는' 것에 너무 놀랐다. 그 후 독일의 단쯔히(Danzig) 고등공업학교 교수 치스가 독일의 경제잡지에 썼던 논문 '대흥업에서 경제조사부'를 읽고 언젠가 이 경제조사국 같은 것을 만들어야겠다고 생각하였다. 만철총재가 되어, '실제 나는 이러한 대국(大局)에 맞는 지식이 없기 때문에 무엇인가를 조사하는 기관이 없으면 임무를 다 할 수 없다'고 생각하였고 '아울러 이 치스라는 사람을 이곳 주임으로 부르기'로 하였다. 그리고 1907년 7월, 오카마쓰 산타로를 구미로 파견하여 이런 종류의 여러 기관을 시찰한 후 치스를 초빙하였다. 치스는 이 초빙을 받아서 구미 각국의 이런 종류의 기관을 시찰 연구한 끝에 1908년 10월 말에 도쿄로 부임하였다. 이렇게 하여 오카마쓰가 국장(局長), 치스가 주임으로서 동아경제조사국은 활동을 시작하였다. 그 활동은 국내외 관공서나 유명한 경제적 여러 기관, 대흥업자와 기맥을 통하여 각종 보고 및 자료 배포를 받았고, 다른 한편 항상 동서의 신문, 잡지, 서적 등을 섭렵하여 자료를 수집하고, 이 자료들을 질서 있게 분류하고 정리하여 수

---

29 위의 책 제2권 제2장 제5절 10, 854~862면.
30 위의 책 제2권 제2장 제5절 11, 862~869면.

시로 조사 인용하는데 편리함을 제공하였다. 더불어 수집한 동아의 경제상황에 관한 자료는 조사국과 교통하는 내외제국의 경제기관에 배부하고 교환하였다. 아울러 회사나 관공서 기타의 의뢰에 따라 각종 조사에 따른 자문에 응하고 또 외국으로부터의 질문에 답하였다. 게다가 때로는 경제사정에 관한 조사보고를 발표하고 특히 동아의 국정을 외국에 소개하여 때때로 빠지기 쉬운 피아의 오해를 막고 의지의 소통을 도모하기도 하였다. 그 분류 항목은 ① 본국 사무 및 기타 경제조사소, ② 철도, ③ 여행·여관·기타, ④ 항해·항만·운하·하천, ⑤ 광산·석탄, ⑥ 공업 및 농업, ⑦ 재정 및 국채·지방채, ⑧ 은행, ⑨ 식민·토지·이민, ⑩ 노동문제·노동자 보호제도 특히 철도 및 광산에 관한 노동자 보호제도, ⑪ 일반 경제 및 외국무역, ⑫ 동아경제이다.

이 조사국 성립에 처음부터 관계한 마쓰오카 긴페이[松岡均平]에 따르면 만철 사업은 '일본으로서 첫 경험이니까', '반드시 외국인의 생각도 포함시켜야 할 것과 만철에 대한 외국의 견해가 '일본이 왜 이기주의적인 것을 하지 않을까'라는 의심을 풀기 위해 '일본인이 석명하거나 변명하는 것보다 외국인의 입을 통해 표현하는 방법'이 효과적이라는 이유로 창립되었다. 또 만주에서 중국인을 교육하려는 고토의 의견도 있었다고 한다. 이렇게 하여 동아경제조사국은 고토가 "제국대학의 도서관에 가는 것보다 경제관계는 경제조사국 쪽이 더 좋다. 세계와 교류(correspondence)를 하는 것은 이 만철조사국외에는 없다. 각 대은행에도 조사국은 있지만 이러한 시스템이 정비되지 않았다"라고 자찬하였다.

이 동아경제조사국은 틀림없이 앞에 말했던 고토의 만주통치 이념인 동아문명의 융합을 구체적으로 가리키는 일종의 추형(雛形)이라고 말해도 될 것이다. 그가 자화자찬하는 것도 무리는 아니다. 만철사업은 첫 경험이기 때문에 외국인의 생각을 포함하는 것이 좋다거나 '일본인이 석명(釋明) 운운'이라는 표현은 고토 자신의 이념을 당시 일본을 대상으로 표현한 것이었다. 여기에는 일종의 굴절이 있다.

또 하나는 일본을 세계로 알리게 하는 관점에서 말하면, 고토가 제창한 1907년 11월 3일에 발간된 만철의 기관지『만철일일신문』이다. 이것은 내외에 만주를 소개하여 사실을 보도하는 것이 목적이지만, 외국인에게도 정보를 제공하기 위해 영자란(英字欄)이 준비되어 나중에는 독립된 영자신문(『만주리아 데일리 뉴스(Manchuria Daily News)』)을 발행하게 되었다.

고토 식민정책의 근본은 생물학적 원칙 위에 성립하는 것이었기 때문에 만주의 역사나 관습 조사를 충분히 해야 할 것이라고 생각하였지만 조사는 학술적인 것과 응용적인 것을 분별하였다. 그중에 학술적 조사에 속하는 것이 이른바 만선역사지리조사사업[31]이다. 이 사업은 원래, 유럽과 미국에는 정교하고도 치밀한 아시아 연구가 있는데 반해 일본에는 아시아학 그 자체가 없는 것을 한탄하고 있었던 시라토리 고키치[白鳥庫吉]가 만들려고 했으나 하지 못하고 있었던 것이다. 그것을 고토가 원조하여 1908년 1월부터 도쿄의 아자부 다누키아나[麻布狸穴]의 만철지사 내에 만선역사지리조사부를 설립하여 시라토리를 주임으로 이나바 이와키치[稻葉岩吉], 야우치 와타루[箭內亘], 이케우치 히로시[池內宏], 쓰다 사우키치[津田左右吉], 세노 우마쿠마[瀨野馬熊], 마쓰이 히토시[松井等], 와다 기요시[和田淸]를 연구원으로 시작하였다.

---

31 위의 책 제2권 제2장 제5절 15, 885~904면.

같은 해 7월, 고토는 시라토리 등에게 만주 실지 답사를 촉구하였고 그들이 분담해서 만주에 들어갔다. 귀로에 시라토리는 경성(京城)의 한 방에 산적된 조선도서를 발견하였고 고토의 원조로 만철 소유가 되어 『조선역사지리』의 재료가 되었다. 그 사업의 성과로 1913년에 완성된 이나바, 야우치, 마쓰이에 의한 『만주역사지리』(2권)와 『만주역사지리부도』(1질) 쓰다[津田]의 『조선역사지리』(2권), 동 3년에는 이케우치의 『분로쿠[文禄] 게이초[慶長]의 역(役)』이 간행되었다. 다만 이 사업이 계속된 것은 나카무라 고레키요가 만철총재의 자리에 있을 때까지였다. 물론 만철에서는 다른 만주구관법제조사나 경제조사도 시행되었고, 구관(舊慣) 및 법제조사에 관한 것이 12권, 지방경제조사 관련이 18권, 러시아령경제조사에 관련된 것이 7권 인쇄되었다.

마지막으로 금융기관 설립문제[32]를 조금 언급해 두고자 한다. 고토는 대만에서 대만은행의 설립에 성공했지만, 만주에서는 그러한 특수금융기관을 설립하지 못했다. 만주는 원래 요코하마[橫浜] 쇼킨[正金]은행의 지점이 있었지만, 1906년 8월, 만주에서의 영업이 요코하마 쇼킨은행의 조례만을 따르도록 개정되었고, 그 결과 만주에 자본을 투자하는 기관이 전부 사라지게 되어버린 것이다. 1907년 10월, 고토는 당시의 쇼킨은행 은행장 다카하시 고레키요[高橋是淸]와 교섭하고, 1909년 5월에는 대장성에 교섭하여 여러 안에 대해 논의를 시도해 보았지만 결국 실현하지 못하였다. 그는 다음과 같은 말로 통론(痛論)하였다. 즉, "쇼킨은행을 위해 만주가 있는 것이 아니고, 만주를 위해 존재하는 금융기관이 아니

---

32 위의 책 제2권 제2장 제5절 15, 892면.

라면 안 된다"라고. 이때 고토는 가쓰라 내각의 체신대신 겸 철도원 총재였고, 대장대신은 가쓰라 수상이 겸직하였다. 보아라, 이 말을. '쇼킨은행'과 '금융기관'을 '일본'으로 옮겨 놓고 보아야 한다. 만주는 일본을 위해 있다. 그것이 대다수의 일본인이 생각하는 방법이었던 것이다. 고토는 내각의 한 사람인데 그 생각하는 방법이 얼마나 차이가 있었던가.

일본철도사 속의 만철

하라다 가쓰마사[1]

1

1906년은 일본 철도 역사에서 보았을 때 획기적인 전환이 있었던 해로 자리매김 된다. 그 전환은 3가지의 움직임으로 이루어졌는데 그것은 개별적으로 관계없이 움직여서 전개된 것이 아니라 하나의 근원에서 시작되었다. 그리고 그 3개는 각각 고유한 분야를 형성하면서 상호 관련 속에서 전개되어 갔다. 게다가 그 3가지 움직임은 모두 최종적으로 러일전쟁에서 일본의 진로를 개척하는 작업으로 위탁되었다.

그 첫째는, 일본 국내 국유철도의 성립이다. 1906년 3월 31일 '철도국

---

1 原田勝正, 1930년생. 일본근대사, 철도사. 저서로는 『鉄道史研究試論』(日本経済評論社)가 있다.

유법'(법률 제17호)을 공포하고 동법 제1조에 규정한 철도국유의 원칙을 실행하여 주요 사설 철도기업 17사를 매수하였다. 이로써 정부가 건설하고 경영해 온 그때까지 관설(官設)철도라는 통칭을 폐하고 국유화한 그 당시의 사설(私設)철도까지 포함하여 국유철도라는 통칭을 사용하였다. 여기에서 말하는 국유철도는 군사수송체제의 일원화와 능률 향상이라는 군사적인 의미도 있지만 이 시기부터 급속하게 진행되기 시작한 자본주의 체제 고도화 과정에서 수송 분야의 중심적 역할을 다하는 것이다.

둘째는, 러시아 동청철도의 하얼삔-뤼순간 지선 중 러일전쟁으로 손에 넣은 콴청즈[寬城子]·뤼순간 철도의 경영조직을 설립하는 사업이었다. 러일강화조약(1905.9.5 포츠머스에서 조인) 제6조에는 러시아정부로부터 양도된 이 철도 노선과 부속권리, 재산 및 탄갱에 대한 것을 규정하였다. 이 철도를 어떻게 경영할 것인지에 대해 긴급하게 결정하여 착수하지 않으면 안 되었다. 그 이유는 이 철도의 양도에 대해 다른 여러 나라보다 뒤늦게 동아시아 대륙에 교두보를 확보하려는 미국이 그 이권의 분여를 획책하려고 하였기 때문이다. 같은 해 9월, 조약 조인 직후에 극동을 여행 중이었던 미국 철도자본가 E. H. 하리만은 가쓰라 다로[桂太郞] 수상에게 이 철도의 이권 분여 동의를 얻어 귀국길에 올랐다. 이와 엇갈려 포츠머스에서 귀국한 일본전권 고무라 주타로[小村壽太郞] 외상은 이에 대해 '터무니없는 짓'이라고 하여 이를 거부하는 사건이 발생했다. 이러한 상황 하에서 이 철도를 한시라도 빨리 일본의 관할 아래 '정리된 것'으로 할 필요가 있었다.

그 경위는 여기서는 생략하지만 하여간 1906년 6월 7일 칙령 제142호에 따라 '남만주철도주식회사에 관한 건'이 공포되어 중국 동북의 콴청

만철 본사의 전경

즈(챵춘) 이남 노선과 푸순(撫順)탄광을 기축으로 하는 기업 경영조직의
발족이 결정되었다. 이른바 '만철'의 발족이다.

셋째는, 한국에서 일본이 경영해 온 경부철도 주식회사의 국유화이
다. '국유화'라고 하여도 한국 정부가 국유화한 것이 아니라 일본정부의
손 안에서 국유화된 것이다. 청일전쟁 후 조선의 식민지화에 대해 착착
조치를 취해 온 일본정부는 중국 동북으로 군사수송기능까지도 포함하
는 조선의 종관(縱貫)철도 건설을 획책하여, 1900년 9월 15일 '외국에서
철도를 부설하는 제국회사에 관한 법률'(법률 제87호) 및 이 법률에 의거
하여 구체적인 절차를 진행시키기 위한 '외국에서 철도를 부설하는 제
국회사에 관한 건'(칙령 제366호)을 공포하였다. 이미 1897년을 전후하여
일본의 자본가가 계획을 세우고 1898년 한국 정부(1897년 10월 12일 조선은
국호를 한(韓)으로 고쳤다)에서 이 계획에 대한 특허를 인증한 후에도 정체

되었던 계획이 여기에서 일거에 실현 방향으로 진행되기 시작하였다. 1905년 5월 초량(草梁, 부산)·서대문(서울)간이 전부 개통되고, 5월 25일 남대문 역 구내에서 개통식이 거행되었다. 한편 1904년 2월 러일전쟁이 시작되어 일본 육군의 임시 군용 철도 감부(監府)는 서울 이북 의주까지의 종관 군용선 건설을 개시하여 1905년 12월 1일까지 용산(서울)·신의주 간의 군용철도 유임 편승 수송을 시작하여서 일본이 건설한 종관철도가 그 형태를 일거에 정비해 갔다.

그중 경부철도가 '국유화'된 것이 1906년 3월 31일('경부철도 국유법'(법률 제18호)에 의거)이었다. 그것은 일본이 강행한 한국 '보호국'화에 의거하여 설치된 통감부가, 한국 국내 철도를 관할한다고 하는 방침에 의한 것으로, 동년 9월 1일에는 임시군용철도감부(臨時軍用鐵道監部)가 건설한 서울·신의주 간 경의선이나 마산선(마산포, 삼랑진간)도 통감부의 관할하에 조직되게 되었다.

따라서 한국에서 일본이 건설한 철도는 1906년 중 일본의 국유로 귀속되었다. 같은 해에 일본 국내에서는 철도 국유 원칙에 의거한 철도운영 기본방침이 성립하였다. 또 식민지화를 진행시키고 있었던 한국 국내에서도 철도에 대해서는 독점적인 지배권을 확립하여 식민지화 추진의 선봉을 구성하였다. 그리고 중국 동북에서는 남만주철도주식회사가 이른바 반관반민 형태로 창립되어 중국 동북에서 식민지 지배를 위한 중핵조직으로 활동을 시작하여, 1911년 압록강 교량의 완성으로 일본과 중국 동북과의 일관(一貫)수송이 가능하게 되었는데 그것은 1945년에 이르러 일본과 조선, 중국 동북을 연결하는 전략철도노선의 완성을 의미하는 것이었다.

2

이상에서 말한 것 같이 일본 철도는 1906년 국내 철도 외에 두 개의 큰
흐름을 만들었다. 그밖에 청일전쟁 후에 영유하기 시작한 대만에서는
당시 이미 대만총독부가 관할한 철도가 종관선의 건설을 진행하여 이
시기까지는 거의 완성 단계에 이르렀고 또 포츠머스조약으로 영유를 실
현한 북위 50도 이남의 가라후토[樺太, 사하린]에서는 가라후토청[樺太廳]
의 손으로 남북 종관을 주체로 하는 철도 건설이 시작되었다.

이렇게 하여 일본에서는 일본 국내와 대만, 한국, 가라후토, 중국 동
북으로 철도망을 이어가는 체제가 만들어졌다. 그중 국외에 있는 4개
중 전 3개는 식민지통치 기관이 관할하는 사실상의 국유철도(한국철도는
1909년부터 1910년 일본에 의한 영유까지 일본의 철도원(鐵道院)소속)였다. 그러
나 중국 동북의 것은 남만주철도주식회사(만철이라고 약칭)라는 정부반액
출자(현물출자 1억 엔)의 형식을 취하여 '칙재(勅裁)를 거쳐 정부가 이를 임
명'(同社定款 제36조)하는 총재 · 부총재를 비롯하여 주식회사의 임원을
맡은 이사도 정부의 임명으로 되었다.

일본 철도사 가운데 이러한 조직 본연의 자세는 상당히 달랐다. 그때
까지 사설철도도 관설철도도 아닌 특이한 조직, 왜 이러한 조직이 되었
던 것인가? 러일강화조약에서 이 철도가 일본으로 양도될 전망이 섰을
때 만주군 총참모장 고다마 겐타로[兒玉源太郎] 육군대장은 이 철도를 중
심으로 10년간 일본에서 이민 50만 명을 보내 식민지 경영으로 이익을
확보하려면 장래 예상되는 제2 만주전쟁의 전비(외채에 의함) 이자는 만들

	申込株数	割当株数
大倉喜八郎	99,000	91
古河虎之助	50,000	46
三井銀行	30,000	27
安田銀行	30,000	27
岩崎久弥	20,000	18
三菱銀行	10,000	9
渋沢栄一	5,000	4

만철의 민간 대주주
출처 : 安藤彦太郎 編, 『滿鐵』에 게재된 표 (原田勝正, 『滿鐵』에서 인용)

어낼 수 있다고 생각하여,[2] 정부 직할의 만주철도청을 구상하였다.[3] 그것이 진정한 전략철도의 구상이었다. 그러나 러일강화조약 성립 후 고다마는 입장을 바꾸었다. 그 동기는, 고다마의 말을 빌리면, 당초 '국유 경영의 의견이 있었지만 우리에게는 포츠머스조약이 제한한 것으로 나는 이미 그 회사 사업 경영 방침을 찬성하였다'[4]라는 것이었다.

거기에는 투자 참가의 용인, 시장 개방 등 열국을 배려하려는 이유가 의식되어 있었다. 열국의 이해를 의식하면서 진행되는 국외 철도사업이라는 신중한 배려를 거기에서 엿볼 수 있다.

고다마가 당초 구상한 만철의 전략철도는 이민도 '만주전쟁'도 1930~40년대에 전혀 다른 형태로 현실화하여 일본의 지배체제 붕괴와 결부되는 것이었지만 어쨌든 회사조직에 의한 경영은 고다마가 전기한『만주 경영책경개(滿洲經營策梗槪)』의 첫머리에서 말한 '양으로는 철도경영의 가면을 쓰고, 음으로는 백반의 시설을 실행한다'고 하는 구상을 실행하는 이상 보다 유효하게 보인다고 해야 할까. 1920년대까지 만철은 회사조직을 축으로 거대한 독점체제(Konzern)를 쌓아 올렸던 것이었다. 그것은 1920년대에 싹트고 1950년대에 일거에 진행된 일본 국내 거대 사철에

---

2 後藤新平, 「滿洲総裁就職情由書」, 『南満洲鉄道株式会社 10年史』, 同社刊, 남만주철도주식회사, 1919.

3 児玉, 「滿洲経営策梗概」, 『後藤新平』 제2권(鶴見祐輔), 後藤新平伯伝記編纂会, 1937.

4 後藤新平, 앞의 글, 1919.

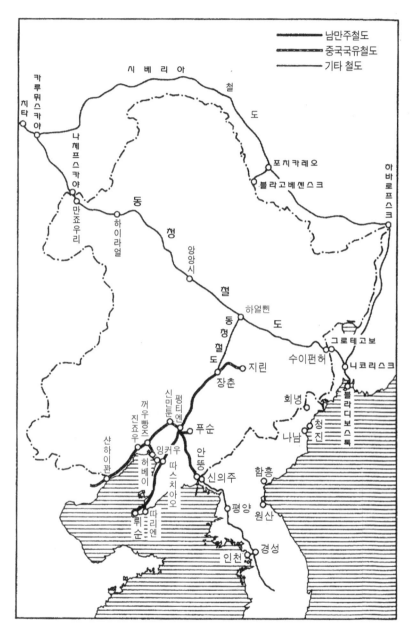

지도 상의 지명들:

카루뮈스카야
지타
시베리아
철
도
포치카레오
하바로프스크
나제프스카야
블라고베셴스크
만죠우리
동
하이라얼
청
철
앙앙시
철
도
하얼삔
동
청
철
그레테고보
도
수이펀허
니코리스크
지린
장춘
회녕
블라디보스토크
신민튠
펑티엔
푸순
꺼우빵즈
진죠우
잉커우
따스치아오
안뚱
나남
청진
산하이꽌
허베이
신의주
함흥
따리엔
루순
평양
원산
인천
경성

범례:
━━━ 남만주철도
▓▓▓ 중국국유철도
── 기타 철도

만철창립시의 철도망 (原田勝正,『滿鐵』에서 인용)

의한 '지역 독점'과는 물론 분야도 내용도 다르지만 철도를 축으로 하는 복합 기업체의 문화사업도 포함하는 광범한 활동의 선구 모델을 구성했다고 말할 수 있다. 만철은 이 점에서 선구적인 기업체로 창출되었던 것이다. 거기에는 합리적인 조직과 그 운용에 따른 일본 기업으로 획기적인 모델이 형성되었다. 거기에서 만철 기업으로 독자성을 인정받았다고 해야 할 것이다.

그러나 만철은 느닷없이 그러한 기업 모델에 도달한 것이 아니라, 그전 러일전쟁 후 현지에 주둔한 군대에 대해 개입을 배제하여 기업의 독자성을 확립하였는데, 또 그러한 조치를 열국에 보여줄 필요도 있게 되었던 것이다. 이 건에 대해서 정부 내부에서도 사카야 요시로[阪谷芳郎] 장상(藏相)은 일찍부터 '사설회사의 경영'을 주장하였지만,[5] 그 자세를 자신의 손으로 보여준 것은 당시의 수상인 사이온지 긴모치[西園寺公望]였다. 그는 1906년 4월부터 5월에 걸쳐 와카쓰키 다이조[若槻大藏]차관 일행 약 20명의 중국 동북 시찰단을 파견하고, 자기는 극비 미행자로 일행을 수행하여, 점령군의 실정을 파악하는 것과 더불어 청국 관민과의 교류에 진력하였다. 어느 날 펑티엔(선양)에서 청국 측 고관을 초빙한 오찬회 석상에서 펑티엔 주둔 일본군 사령관이 말석에서 셩징[盛京]장군 쟈오얼쉰[趙爾巽]에게 큰 소리로 '장군'이라고 불렀다. 사이온지는 즉시 안색을 바꿔서 '뭐야 자네'라고 일갈하였고, 사령관은 밖으로 끌려 나갔다. 뒷날 쟈오를 방문한 하라 다카시[原敬]에 대해 쟈오는 '사이온지공께 아무쪼록 안부 잘 전해 달라'라고 부탁했다고 한다.[6]

---

5 阪谷, 「日露戦争の満洲経営」, 『その頃を語る』, 東京朝日新聞 政治部, 1928.
6 若槻, 『古風庵回顧録』, 読売新聞社, 1950.

군권력의 배제는 내외 양면에 걸쳐서 성공하였고, 1907년 4월 1일 개업한 이 회사는 고토 신페이가 총재, 나카무라 고레키미[中村是公]가 부총재인 대만총독부 이래의 콤비로 이사합의제의 운영체제는 자유스러운 발상에 따른 경영계획의 입안, 주도면밀한 자료의 수집, 정리에 의한 정보의 활용, 인습을 배제한 인사의 운용 등 경영 근대화의 모델을 만들었다. 다음 해 1908년 체상(遞相)으로 전출한 고토를 뒤이어 총재에 취임한 나카무라[中村]는 1909년 9월 친우인 나쓰메 소세키[夏目漱石]를 중국 동북으로 불렀다. 여러 가지 새로운 방식에 눈이 휘둥그레진 나쓰메에게 나카무라는 '조금도 참견하지 않고 무엇이든지 자신의 생각대로 해주기 때문'이라고 설명하였다.[7]

3

일본의 철도 기업으로 처음 거대한 독점체제를 쌓아 올린 만철은 1910년대 후반 이후 국내 정치 체제에 정당의 비중이 증대하게 되어 이권을 찾아다니는 정당정치가의 적절한 먹이가 되었다. 한편 '만몽분리'를 외친 일부 육군 군인이나 민간 활동가의 움직임은 1919년 설치한 관동군에서 '하극상'의 움직임으로 변하여 1928년 장쭤오린[張作霖] 폭살사

---

7 夏目, 『滿韓ところどころ』.

건과 1931년의 리우티아오후(柳條湖)사건을 계기로 괴뢰국가 성립을 실현하여 거대 독점체제는 관동군의 거대 압력에 따라 해체 방향으로 이끌어졌다. 1933년의 이른바 만철개조문제가 그것이다.

이때 군의 압력에 저항한 것은 사원회(社員會)였다. 동사는 원래 노동조합은 없고 1920년대 후반에 결성된 사원회가 그것을 대신하여 기능을 다하고 있었다. 그 사원회는 만철개조문제 때 발표한 선언문에 "만철은 메이지 천황의 유산이며 함부로 다른 간섭을 허락하지 않는다"라고 말하였던 것이다.[8]

그것이 관동군의 압력에 대항하는 레토릭인지 다른 의미도 포함하고 있었는지 여러 가지 해석이 가능할 것이다. 그렇지만 어차피 만철은 방향 전환이 강요되어 방계기업의 주식공개와 분리가 1935년 이후 본격화되었다.

만철은 여기서 전기를 맞이하였다. 일본군은 1936년 7월 제국 국방방침 개정에 따라 대소, 대미전쟁을 위한 전비 강화에 착수, 관동군은 동부, 북서부를 기축으로 한 대소 진공작전 계획을 진행하여 철도에 의한 군사 수송체제의 강화를 만철에 부과하였다. 그러나 만철은 한편 그에 부응하면서 다른 한편 만철 고유의 사선(社線)을 중심으로 '만주국' 내의 다른 노선을 국선(國線)으로 그 경영을 수탁하여, 만주가 조선 북부에 건설한 북한선(北韓線)과 합쳐 종합적인 경영방식을 확립(1933년 철로총국)하였다. 1935년 중동철로가 소련에서 '만주국'으로 이관되고 1936년 '만주국' 전토의 철도를 관할하는 철도총국이 설치되어 일원적 운용체제를 축조하였다.

---

8 伊藤武雄, 『満鉄に生きて』, 勁草書房, 1964.

이 체제는 한편 전기(前記)한 관동군의 전략에 대응함과 동시에 다른 한편 1939년에 1만km에 달하는 선로망의 유효한 경제 기능 발휘를 목적으로 한 적극적인 경영 시책의 기반이 되었다.

특히 수송 기술의 체계화, 규격화가 진척되어 군사적 요청에 의한 장해(障害)가 있었음에도 시설의 수준은 향상되었다. 1934년 운행을 시작한 특급 '아시아'가 그 대표 사례인데, 그 수준은 만철과 같이 국제표준궤간(軌間)을 가진 구미제국의 철도에 필적할 만한 것으로 입증되었다. 만철은 이 단계에서 철도 본래의 모습을 일거에 정비했던 것이다.

만철이 보여준 방향은 기대하지 않았던 국철과의 접근을 실현시켰다. 국가가 계획한 신칸센 철도 건설 계획이 그 계기가 되었다. 그러나 전기의 제국 국방 방침 개정에 의한 대소와 대미 전쟁 준비는, 1937년 중국에 일격을 가하면 굴복시킬 수 있다는 전망으로 본격적으로 중국을 침공하였으나 중국의 항일투쟁을 불러 일으켰고, 다음 해에는 국가 총동원법을 기축으로 하는 총력전체제의 수렁에 빠져버리게 되었다. 이 체제 하에서 조선해협터널을 포함한 일본 국내와 조선, 중국 동북, 일본군에 의한 중국점령지역을 연결하는 일관수송체제의 정비가 요구되어 일본 국내에서는 도쿄, 시모노세키[下關]간 사이에 국제표준 궤간에 의한 객화(客貨) 양면에 걸친 고속열차운전 선로의 건설이 요청되었다. 1939년 철도성은 이 방침을 결정하고 계획을 구체화하기 위해 철도 간선 조사회를 성내에 설치하였다. 이 조사회에는 계획의 정리를 맡은 특별위원회가 설치되었고 위원장으로 시마 야스지로[島安次郎]가 뽑혔다. 시마[島]는 관서(關西)철도에서 관설(官設)철도, 국유철도와 일관하여 차량기술의 정착, 자립의 기초를 만들고 그 작업을 통해 이른바 광궤 개축(협궤 국제표준 궤간의 변경)

노무라 류타로의 모습   센이시 미쓰구의 모습

의 필요성을 주장해 왔다. 1918년 입헌정우회의 하라 다카시[原敬]내각이 성립되고 여당 대의사(代議士)의 선거기반강화를 위해 철도지방선의 건설을 추진하여 수송력 강화를 위한 개량 공사를 억제하는 '건주개종(建主改從)' 방책을 취했다. 광궤 개축계획 중지 방침을 승인한 시마는 1919년 철도원 기감(技監)의 포스트를 떠나 만철 이사에 추대되었는데 1923년까지 철도원 재직 당시에 지향한 국제표준 궤간 기술을 현실 운영 대책으로 관리하는 직무에 취임한 것이다. 만철, 국철간부의 인사교류는 만철 측에서 고토 신페이(만철, 철도원 총재)와 나카무라 고레키미(상기 양자의 부총

재, 총재)를 비롯하여 노무라 류타로[野村龍太郎], 센이시 미쓰구[仙石貢], 소고 신지[十河信二], 야다 요시아키[八田嘉明](더불어 국철→만철) 등의 움직임이 있었지만 시마 야스지로의 만철 이사 재임은 앞서 말한 도쿄-시모노세키 간 신칸센[新幹線] 계획으로 이어지는 점에서 특필되어야 한다고 생각된다.

이때의 신칸센 계획은 태평양전쟁이 파국 단계로 진입한 1943년에 중단되었다. 그렇지만 전후 1950년대 말 이전에 만철 이사 재임 경력을 가진 소고 신지 국철총재가 도카이도[東海道] 신칸센을 추진하였고, 그 기술은 시마 야스지로의 아들, 시마 히데오[島秀雄]가 국철 기사장을 담당하였다. 소고는 철도원 취직 때 고토의 재능을 샀다고 말하였다.[9] 고토 및 소고와 시마 부자의 인맥이 국제표준 궤간 기술을 둘러싸고 만철과 국철을 연결시켰던 것이다.

4

원래 만철 창업 당시는 러일전쟁에 즈음하여 육군의 야전 철도 제리부(提理部)에 동원되었던 일본 국내 관철·사철 직원이 각 부문의 기술과 기능을 활용하여 그 기초를 만들었다. 그중에서도 일본 철도회사의

---

9 十河, 『有法子』, 交通協力会, 1959.

역부(驛夫) 근무에서 시작하여 기능을 쌓았던 와타나베 세이키치로(渡邊精吉郞)는 러일전쟁 당시 일본 국내 차량을 운전하기 위해 러시아 철도의 5피트(1,524mm) 궤간을 3.5피트(1,067mm)로 개축하여 사용한 선로를 전후 국제표준 궤간 4피트 8.5인치(1,435mm)로 개축했을 때 선로 전환 작업의 계획을 세워 훌륭하게 성공을 거두었다고 전해진다.[10]

이러한 기술과 기능의 수준은 일본 국내 관철 · 사철 직원과 대략 무명의 직원에 의해 달성되었던 것이다. 창업 이래 열국, 특히 미국의 배려 등으로 차량 이외 자재 수입이 이어지면서 독자적 기술이 어떻게 뿌리 내렸는지 모르는 시기가 계속되었다. 그렇지만 그 기반은 유지되면서 1920년대 말까지 기술 자립의 체제를 갖추었다.

이른바 만철개조문제 이래, 만철이 '만주국' 내 철도망 전체에 대해 통일적 운용의 주체가 되었을 때, 그 기술 수준은 다시 그 높이를 보여주었다. 특급 '아시아'호는 그 예고라고 말할 수 있다.

만철소관 구역에서 보유 차량 수는 1944년 11월 말 기관차 2,350량, 객차 3,055량(재적), 화물차 3만 8,223량(재적)이라고 되어 있다.[11] 이 차량들은 대부분 일본 국산 차량이며 이미 일본 측의 대외 의존 단계는 훨씬 전에 극복되었다.

이와 같은 지배의 최종 단계에 걸쳐 만철이 철도업무를 적극적으로 전개한 1940년대 전반의 상황을 마지막으로 생각해 보고자 한다. 1940년 10월 10일 만철은 상당히 대규모적인 열차 시각 개정을 실시하였다. 1939년에 '만주국' 내의 철도 영업은 1만km를 넘어 하루 평균 열차 주행

---

10 児玉, 「滿洲経営策梗概」, 『後藤新平』 제2권(鶴見祐輔), 後藤新平伯伝記編纂会, 1937.
11 滿史会, 『滿洲開発40年史』 상권, 謙光社, 1964.

은 15만 5,216km에 달하였다. 동년도의 일본 국철에서는 영업 거리가 18,298km(연도 말), 하루 평균 열차 주행은 808,192km이었다. 영업 거리 1km 당의 하루 평균 열차 주행 거리는 만철의 경우 영업 거리를 10,400km로 계산하면 14.9km에 불과하지만, 일본 국철은 44.2km나 되어서 일본 국철 쪽이 열차 밀도가 훨씬 높았다. 그러나 만철의 경우 1934년도의 영업 거리 1km당 하루 평균열차 주행 거리는 '국선(國線)' 외 기타를 포함하여 9.3km이었기 때문에 5년간 약 1.6배 증가한 셈이다.

이러한 열차 주행거리의 증가는 중일전쟁 개시 후 일본 국내와 조선, 중국 동북, 중국 점령 지역 간의 교통량이 증가한 것과 또 중국 동북 지역 내의 수송 수요가 증가하여 화물수송량의 증가율이 연간 8% 이상 달한 결과이다. 특히 중국 동북의 경우 1937년에 산업 개발 제1차 5개년 계획이 결정되어 중요 산업 통제법이 공포되었고 동년의 만주 중공업 개발 주식회사 설립과 계획 경제체제의 모델 구성화가 이 시기에 추진되어 중국 동북에서 일본 경제지배체제가 일거에 진행된 것을 들 수 있다. 그것은 일본의 전시 경제체제의 선구적 역할을 다하는 것이라는 인식도 성립할 수 있지만 그러한 점에서도 철도수송 체제의 일체화는 종래보다 더 강하게 요구되었다고 생각할 수 있다.

그런 의미에서 1940년의 시각 개정은 그러한 체제를 추진하는 것을 목표로 하고 있었다고 볼 수 있다. 동년도 열차 주행거리는 하루 평균 19만 1,466km, 전년도에 비해서 3만 6,250km 증가되었다. 당시 반만항일 활동에 대한 탄압이 철저하게 진행되어 '왕도낙토'의 꿈은 실현되고 있는 것처럼 보였다. 그렇지만 식민지 수탈 체제는 그 전보다 강해졌고 그 '꿈'은 일본만의 것이었음은 말할 필요도 없다. 그리고 그 다음해 1936년 전기 제국 국방 방침 개정에 기반하여 전략을 수립하는 것보다 중일전쟁 막다름의 타개를 위한 '보다 큰 전쟁'으로 대소전이 일정에 올라 이른바 관동군 특별 '종(種)' 연습의 이름으로 7월부터 8월에 걸쳐 병력 65만명, 말 15만 필의 동원이 실시되어 전시체제가 중국 동북 전토를 덮었고 특히 철도는 평시수송 체계가 완전히 파괴되어 버렸다.

그리고 그 해 12월에 시작된 태평양전쟁 전국(戰局)이 일본에게 불리하게 돌아가자 65만 병력의 대부분을 '남방' 전선으로 배치하고 치환하는 수송이 철도 수송에 큰 부담을 초래하였다. 전략 증강을 위한 노동자, 전략물자 수송이 이에 부담을 더하였다. 그리고 또 1945년에 만철당국은 '1945년도 만철 총력 동원 요강'을 책정하였지만 거기서는 '최악의 사태까지도 고려하여 만철 최고 전력 발휘의 방책을 확립할 것이다'라는 방침을 내세웠다. 그러한 사태의 대응은 '대륙철도 자전(自戰) 책원(策源) 체제의 정비'라고 하여 일본 본토와의 차단을 고려하지 않을 수 없는 상황이 예측되었다.

만철은 그 마지막 단계에서 일본 국내와의 차단을 각오하였는데, 그것은 8월 9일 소련의 참전으로 현실화되었다. 일본의 패전으로 소멸한 만철은 체계화된 기술 그 이상을 계승할 수 없었다. 그러나 패전시 관동군이 소각을 명령한 자료를 다카노 요사쿠[高野與作] 시설국 차장의 영단(英斷)으로 중국 당국에 넘겨주었던 것은[12] 철도사에 특기해야 할 사적(事績)이다. 일본 철도에도 패전시 자료 소각 명령에 대해 국부적으로 보존성과를 거두는 부국(部局)과 직원이 있었다. 이 행위는 당사자의 직무

---

12 満鉄施設会,『高野与作さんの思い出』, 1982.

에 대한 책임의식 본연의 자세를 보여주는 열쇠 역할을 하였다. 만철 마지막에 이러한 자료의 보존이 체계적으로 행해진 것은 만철이 아직도 일본 철도(뿐만 아니라 전(全) 기업이라고 해야 할까)에 주는 소중한 '유훈'이 아닐까.

후기

만철에 대해 이전에 당사자나 국외자(局外者)에 의한 깊은 생각이나 부인 등을 전제로 평가하기 시작하여 지금도 여러 입장에서의 평가가 난무하고 있다. 경솔한 총괄은 불가능하다는 생각이 강하다.

그렇지만 지금 나는 만철이 군부와 정부의 요청으로 전략철도로 성립됨과 더불어 근대화 모델기업의 선구를 달렸다고 하는 양면성을 지닌 특질과 그 특질이 식민지 지배라는 조건 위에서 실현되었다고 하는 사실을 새삼스럽게 재확인하는 작업의 필요성을 느끼고 있다.

그렇게 말하는 이유는 2006년에 설립 백 주년을 맞이했을 때 철도사와 근현대사의 양면에서 평가받지 못하더라도 만철의 자리매김 작업은 할 수 있지 않을까라고 생각했기 때문이다. 철도사적 측면에서는 20세기 초 '철도 제국주의' 시대 흐름에 만철을 두고 만철을 세계사적 시점에서 보는 시도를 할 수 있다. 나의 관심을 근현대사적 측면으로 연결시켜 말하면 '중국 동북과 일본인'이라는 주제를 만철을 통해 전개하는 과제를 생각할 수 있다. 전자를 역사 흐름의 축으로 하는 매크로적인, 후자를 사람 한 명 한 명이 사는 형태를 축으로 하는 마이크로적인 시점으로 볼 수도 있을 것이다.

이러한 과제로 만철과 마주 대하는 작업을 계속하고 싶다.

만철조사부와 전후 일본

고바야시 히데오[1]

1. 머리말

만철조사부의 시작은 거의 만철 본체의 활동 시작(1906)과 시기를 같
이 하고 있다. 설립에 대해서는 초대 총재 고토 신페이[後藤新平]의 강한
의향이 반영된 결과라고 하지만 러일전쟁 직후의 불안정한 국제정세 가
운데 해외에서 회사를 개설하여 활동하는 것은 중국 동북 실정을 포함
한 내외 정세의 면밀한 조사와 검토가 불가결하다는 것이 본의였을 것
이다. 발족 이래 만철이 폐쇄될 때까지 약 40년간, 조사부는 만철의 눈
과 귀가 되고 그리고 두뇌로 기획 입안의 중추부대로 활동하였다. 만주

---

1 小林英夫, 1943년생. 아시아경제론. 저서로는 『「大東亜共栄圏」の形成と崩壊』(御茶の水書房)이 있다.

사변 이후는 만철 산하의 조사부라고 하기보다는 관동군이나 그들의 손으로 만들었던 '만주국'의 정책 입안부대로서 활동하였다. 국경을 접한 소련과 대항하여 '만주산업 개발 5개년 계획'을 입안하였으며, 중일전쟁 후에는 '지나 항전력 조사 보고' 등의 국책조사에 관여하여 활동하였다. 조사 활동이 국책비판의 색채가 강해지는 가운데 1942년 관동 헌병대가 획책한 '만철조사부 사건'의 결과, 많은 유능한 조사원이 체포, 수감되어 조사활동 자체가 급속히 저하되자, 정리하는 방향으로 전향되었다. 이는 일본 패전 직전의 사건이었다. 패전 무렵 만철조사부는 40년 동안 축적된 조사로 필요한 방대한 내외서적과 조사보고서를 남겼다. 게다가 또 그동안 유능한 조사원과 사서를 많이 육성하였다. 이민족 지배에 입각(立脚)했다는 제약을 유보시키더라도 그들의 활동은 학술적으로도 근대 일본의 사회과학 활동의 한 유형으로 전후까지 계승된 인적 계파를 만들어 냈다.

2. 만철조사부원의 유용과 귀환

패전 결과, 만철사원은 격변하는 중국 동북의 정치경제 상황에서 처신하는 것이 부득이하였지만 조사부원도 예외가 아니었다. 다수는 일자리를 잃고 주거지에서 쫓겨났고 겨우 생계를 잇는 수단을 추구하면서 수용지에서 귀환의 때를 기다리게 되었기 때문이다.

그러나 만철조사부원 중에는 패전 이전에 귀국한 사람도 있었다. '만철조사부 사건'에 관련된 몇 명이 바로 그들이었다. 1944년 가을에 21명이 기소되고 그 외는 기소유예가 되어 다음 해 1945년 5월에 판결이 났지만, 그동안 보석된 자도 포함하여 그들 중 몇 명은 패전을 앞두고 귀국하였다. 그들은 '만철조사부 사건' 후에 만철이 해고시켰던 것이다.

전형적인 것은 이토 다케외[伊藤武雄]이었다. 그는 1944년 5월에 석방되어 따리엔에서 지냈지만 1945년 5월에 일본으로 소환되어 일화협회(日華協會)설립에 종사하였다.[2] 구시마 겐자부뢰[具島兼三郎]도 그 중의 한명이었다. 그의 경우도 1945년 5월에 집행유예로 석방되어 처자가 기다리는 일본으로 귀국하였다.[3] 그 후 이토는 1946년 1월에는 중국연구소, 1950년 10월에는 중일우호협회 설립에 참가하였고, 1951년 7월에는 동협회 이사장에 취임하여, 전후 중일우호운동에서 중요한 역할을 다하였다. 이토는 만철조사부 귀국자 재취직에 분주한 한 사람이었고 구시마도 이토의 중개로 한때 일화협회 사무국에 적을 두었다.

그러나 만철조사부의 스태프 다수는 패전 후에도 당지(當地)에 잔류하여 진주해 온 소련군이나 국민 당군 아래 유용(留用)되어 일용할 양식을 얻는 생활을 보내면서 오직 귀국을 기다리게 되었다.

유용은 진주부대와 일본인 쌍방에게 필요한 것이었다. 진주부대는 일본인과 그 기구를 재편하여 활용하지 않고는 진주 행정이 진행되지 않았고 다른 방면에서 귀국의 전망이 서지 않는 일본인도 잠시 동안 일자리를 얻을 필요가 있었기 때문이다. 전후 중국 동북 행영(行營, 후의 행

2 伊藤武雄, 『満鉄に生きて』, 勁草書房, 1964.
3 具島兼三郎, 『奔流』, 九州大学出版会, 1981.

원(行轅))의 경제위원회 주임위원에 임명된 쟝꿍춰엔[張公權]은 동북 부흥계획을 입안하였다. 그때, 쟝은 구 만주 중공업 개발 주식회사 총재의 다카사키 다쓰노스케[高碕達之助]와 상담하였고, 이를 받아들인 다카사키의 요청으로 일본팀에서 조사반이 생겨서,[4] 전 만철조사부원 중에는 이 부흥계획에 관여한 자도 있었다.

만철이 전후 중장철로공사(中長鐵路公司)를 계승하였을 때 경제조사국 연구원으로 유용된 자도 있었다. 아마노 모토노스케[天野元之助]는 그중 한 사람이었다. 그는 동 조사국 주임 연구원으로 1948년 7월 일본에 귀환할 때까지 이 직위에 있었다.[5] 아마미 겐자부로[天海謙三郎]도 1945년 10월부터 일본으로 귀환했던 1947년 2월까지 중장철로공사 과학연구소 경제조사국에 연구원으로 유용되었다.[6] 노마 기요시[野間淸]의 경우는 '만철조사부 사건'으로 만철을 퇴직한 후, 1945년 7월 만주국 통신사 촉탁으로 패전을 맞이하였다. 패전 직후 9월에는 만철 후신 중장철로 이사회 조사처에 유용되었고 그 후 동북자연과학원, 션양농학원 등에 유용되었다가 1953년 8월에 귀국하였다. '만철조사부 사건'에 연좌된 노노무라 가즈오[野野村一雄]의 경우도 마찬가지였다. 그는 1945년 5월 징역 2년 집행유예 3년의 판결을 받아 패전까지는 만주전업(滿洲電業)에 적을 두었다. 그러나 패전 후 1945년 11월부터 중장철로조사국에 유용되어 상급 조사원으로 근무하였고, 1947년 3월 따리엔에서 귀국하였다. 만철조사부 사건으로 연좌된 고이즈미 요시오[小泉吉雄]도 안뚱[安東]의

---

4 『『張公權文書』目録』, アジア経済研究所, 1986.
5 天野元之助, 『現代中国経済史』序, 雄渾社, 1967.
6 天海謙三郎, 『中国土地文書の研究』, 勁草書房, 1966, 858면.

만철 갱목에 취직하였고 거기에서 패전을 맞이하였다. 전후는 푸순탄
광에 유용되었으나 1947년 5월에 귀국하였다.[7] '만철조사부 사건'으로
검거되어 1945년 5월 집행유예부로 석방된 이시도 기요미치[石堂清倫]는
즉각 징벌소집으로 입대하여 이등병으로 패전을 맞이하였다. 그 후 노
동조합을 조직하여 따리엔의 일본인 귀환운동으로 분주하였다. 그가
귀국한 것은 1949년 10월의 일이었다.[8]

금융문제의 전문가로 1930년대에 폐제개혁문제에 관계한 난고 류온
[南鄕龍音]의 경우는 1938년에 닛산[日産]의 만주 이주에 따라 설립된 만주
중공업 개발주식회사의 조사부로 이전하여 1943년에는 베이징의 북지
나[北支那]제철에 이적하였다. 만주 중공업개발에서 북지나 제철로 이
적했다는 점에서 조사부의 오쿠무라 신지[奧村愼次], 사카야 하코타로[酒
家彦太郎]도 같이 움직였다. 난고[南鄕]의 경우 1945년 4월 베이징을 출발
하여 푸신[阜新]탄광 신징(현 창춘) 사무소장에서 다시 창춘으로 이전하였
다. 그의 경우에는 당시 일본인이 그런 것 같이 일정한 직업을 얻지 못한
채 1946년 8월에 진죠우[錦州] 수용소를 거쳐 1946년 10월 일본으로 귀국
하였다.[9] 다쿠쇼쿠[拓殖]대 출신으로 상하이에서 패전을 맞이한 만철조
사부의 구마가야 야스시[熊谷康]도 약 1년간 당지에 머물다가 1946년[10] 4
월에 귀국하였고[11] 노나카 도키오[野中時雄]도 패전 후는 중국 전후 재건

---

7 小泉吉雄, 『愚かな者の歩み』, 私家版, 1978.
8 石堂清倫, 『わが異端の昭和史』, 勁草書房, 1986.
9 小林英夫・加藤聖文・南鄕みどり, 『滿鉄經済調査会と南鄕龍音』, 社会評論社, 2004.
10 본문에는 21년 4월이라고 되어 있으나 문맥상 쇼와21년으로 추정되므로 1946년이라 표기
   하였다.
11 熊谷康, 「上海・滿鉄調査部8月15日」, 『海外事情』, 拓殖大学海外事情研究所, 1980.8.

을 계획한 중국경제건설학회에 소속되어 계획안을 책정하고 1947년 3월에 귀국하였다.[12] 난고나 구마가야 같은 케이스도 전후 만철조사부원이 선택했던 길 중 하나였다.

3. 재취직

만철조사부의 면면은 전후 어떤 궤적을 더듬으면서 일본사회 속으로 흘러들어 갔던 것일까? 만철조사부의 귀환자가 재취직하는데 압도적으로 많았던 분야는 교육 및 조사와 관계된 곳이었다. 만철조사부가 주로 조사 활동이 핵심이었던 것을 생각하면 그것은 지극히 자연스러운 것이었다.

구만철조사부원의 전후를 생각해 보자. 귀환자 다수는 1948년경까지 귀국하였다. 앞의 구시마 겐자부로[具島兼三郎]는 이토[伊藤]의 소개로 일화협회에 취직했다고 하지만 1948년 9월에 발족한 일본 최초의 지방개발기관인 중국지방종합 조사소에도 구 만철조사 부원이 취직하였다. 중국지방의 국토부흥개발을 입안한 중국지방종합 개발위원회의 부속기관으로 시작된 중국지방종합 조사소의 초대 소장으로 이토 다케오[伊藤武雄]가 취임하였고 그를 필두로 만철조사부의 이시이 도시유키[石井俊

---

12 野中時雄, 「私の満鉄での調査の跡」, 『農業経済』 제3호, 兵庫農科大学, 1958.12, 123면.

之], 이시도 기요미치[石堂清倫], 기시가와 다다요시[岸川忠嘉], 세키도 요시미쓰[關戶嘉光]가 취직하였다.[13] 이시이[石井], 이시도[石堂]는 '만철조사부 사건'으로 검거된 경험이 있고, 세키도[關戶]는 같은 사건으로 옥사한 오가미 스에히로[大上末廣]의 시동생이다. 이토 자신은 다음 해에 소장직을 미야타케 긴이치[宮武謹一]에게 물려주고 은퇴했지만 다른 사람들은 1952년까지 소원(所員)으로서 조사 활동에 종사하였다.

1945년 9월 규슈[九州]지방 상공경제회의 부속기관으로 창설되어 1946년 10월 이름도 규슈경제조사회에서 규슈경제조사협회로 명칭을 변경한 동 단체에도 만철조사부의 멤버가 재취직해 있었다. 만철조사부의 하마 마사오[濱正雄], 마쓰오카 미즈오[松岡瑞雄], 하마치 쓰네카쓰[浜地常勝] 등이 그렇다.[14]

구만철조사부원의 재취직이 가장 많았던 것은 대학교원이다. 그 루트를 보면 몇 개의 우회로를 거친 후 대학교원이 되었던 케이스도 있고 바로 대학에 자리를 얻어 재취직한 예도 있다. 앞의 구시마[具島]의 경우는 패전 후에 정규직 강사를 얼마 동안 계속한 후 1948년 3월 규슈대학 교수로 취임했다.[15] 아마노 모토노스케도 1948년 7월 귀국 후 11월에는 교토대학 인문과학 연구소에 취직하여 1955년 6월에는 오사카[大阪]시립대학으로 옮겼고, 1964년 3월에 정년퇴직할 때까지 문학부 교수로 동양사 교편을 잡았다. '만철조사부 사건'에 걸리지 않았던 오카자키 지로[岡崎次郎]의 경우 1946년 5월 귀국하여 번역업이나 문필업으로 생계를 이어가다

---

13 中国総研創立50周年記念誌編纂委員会編集, 『中国総研50年のあゆみ』, 中国地方総合研究センター, 1998.
14 浜正雄, 『激流に生きる』, 西日本新聞社, 1981.
15 具島兼三郎, 『奔流』, 九州大学出版会, 1981.

가 1950년 7월에 규슈대학 교수로 취임, 5년 후인 1955년 3월에는 동 대학을 사임하고, 6월에 호세이[法政]대학 교수로 취임하였다.[16] 노마 기요시[野間淸]는 1953년 8월에 귀국했지만 귀국 후 중국연구소에 근무하였고, 1957년 4월 아이치[愛知]대학 교수로 취임하였다. 또 노노무라 가즈오[野野村一雄]의 경우 1947년 3월 귀국하였고 그 해 6월에 오사카 시립대학 경제연구소에 근무하였으며, 1949년 6월에는 히토쓰바시[一橋]대학 경제연구소 조교수가 되었다. 난고 류온의 경우 1946년 10월 귀국 후 잠시 농업에 종사했었지만 1949년 10월에 가고시마[鹿兒島]현청(縣廳) 통계과에 취직하였다. 장녀인 난고 미도리에 따르면, 1948년에는 전술한 중국지방 종합조사소에 근무하였다고 한다.[17] 노나카 도키오[野中時雄]도 1947년 3월 귀국한 후 효고[兵庫]농과대학에 취직하였다[18].

같은 만철조사부원일지라도 하라 가쿠오[原覺天]의 경우는 약간 경향을 달리하였다. 그는 니가타[新潟]현 출신으로 소토슈[曹洞宗]중학에서 호류지[法隆寺] 권학원(勸學院)으로 진학하여 거기서 호시[報知]신문사 도서실 주임(1934)을 거쳐서 따리엔으로 건너가 만철조사부 자료과(1938)에 소속되었고 그 후 도쿄로 돌아와서 동아경제조사국(1942)에 근무하였으며, 패전 후에는 1947년 경제 안정본부에 소속되어, 오키 사부로[大來佐武郞] 하에서 동남아시아 지역 조사활동에 종사하였다. 그의 경우는 동아경제조사국에 있을 때 길장철도 이권 획득사 등 교통사 연구에 몰두했었다고 한다.[19] 그러나 그의 본격적인 연구와 조사활동의 시작은 전

16 岡崎次郎, 『マルクスに凭れて60年』, 靑土社, 1983.
17 小林英夫・加藤聖文・南郷みどり, 『満鉄経済調査会と南郷龍音』, 社会評論社, 2004.
18 野中時雄, 『私の満鉄での調査の跡』, 『農業研究』 제3호, 兵庫農科大学, 1958.12.
19 原覚天, 『アジア研究と学者たち』, 勁草書房, 1985; 板垣与一, 「原覚天博士―その人と学問」,

후부터였다고 말할 수 있다. 전후 그는 아시아문제 조사회(1952), 아시아 협회 결성에 참가하였고 그 연장선상에서 1960년에는 아시아 경제연구소의 조사부장을 역임, 1962년 4월 간토[關東]학원대학 경제학부 교수로 취임하였다. 그는 그 후 1966년까지 동 대학에서 교편을 잡았다. 그 경우에는 만주를 중심으로 한 구식민지 연구에서 개발경제학 방향으로 연구테마를 바꾸었고 그 후는 개발경제학의 왕도를 걸었다. 1952년부터 간토학원대학 퇴직까지의 그의 주요 연구업적을 보면,[20] 업적리스트는 아시아 경제발전과 후진국 개발 이론, 후진국 원조 문제로 채워져 있다. 다만 1970년대 후반에서 1980년대 전반에 걸쳐 하라는 만철조사부, 동아연구소, IPR(Institute of Pacific Relations, 태평양문제조사회)의 집필에 착수하였고,[21] 그것을 정리하여 『현대아시아연구성립사론[現代アジア研究成立史論]』(勁草書房, 1984)으로 완성시켰다. 또 그는 그것을 기초로 『만철조사부와 아시아[滿鐵調査部とアジア]』(世界書院, 1986)를 출판하였다.

에다요시 이사무[枝吉勇]의 경우 도쿄제대[帝大]에서 신인회(新人會)에 가입하였고, 노농당(勞農黨)서기 등을 거쳐 1930년 동아경제조사국에 입사하여 1935년 따리엔 본사로 옮겼으며 그 후 만철북지 경제조사소, 동아연구소를 거쳐 '만철조사부 사건'으로 검거되었다. 그러나 집행유예로 석방된 후 만주 인조석유의 도쿄지부 소장으로 도쿄에서 패전을 맞이하였고 전후는 경제안정본부에 적을 두고 전후 부흥에 종사하였다. 동아경제조사국에서 시작하여 전후에는 경제안정본부에 소속되기까

『関東学院大学経済学会研究論集』 제69집, 1966.6.
20 板垣与一, 「原覚天博士—その人と学問」, 『関東学院大学経済学会研究論集』 제69집, 1966.6.
21 『アジア経済』, 1978.4~1984.3.

지는 하라와 유사한 경력을 거쳤다. 그렇지만 에다요시는 패전 직전에 '만철조사부 사건'에 관여하였고, 1948년에는 국립국회도서관에 근무하여 1967년 퇴관할 때까지 그곳에 근무한 점에서 하라와는 다른 궤적을 그리고 있다.[22]

전전은 만철조사부에 적을 두었어도 전후는 사회운동가로 활동한 자도 있다. 이토 다케오도 그중 한 명이다. 1945년 5월에 일화협회설립을 위해 귀국, 패전 후는 1946년 1월 중국연구소 설립에 참가하여 이사로 취임, 1946년 9월 중국지방종합조사소장, 1950년 10월 중일우호협회 설립에 참가하여 상임이사 취임, 1951년 6월 정치경제 연구소를 설립하여, 이사 취임과 우호단체나 연구기관 설립에 계속 관여하여 각기 중요한 역할을 하였다. 전전 만철조사부시대의 그도 티엔진 사무소나 샹하이 사무소에서 소장으로 활동하여 어느 면으로 보면 '정보 분야가 중심'이었기 때문에[23] 그러한 경험과 수완을 활용하여 전후에도 활약했다고 볼 수 있을 것이다. 이런 류의 활동에서는 청탁병튼(清濁並呑)[24]해야 되는 케이스도 많이 있었다고 추정할 수 있다. 그에게 훼예포폄(毀譽褒貶)[25]이 따라다니는 것도 그러한 활동이 초래한 결과일 것이다.

나카니시 이사오(中西功)나 오자키 쇼타로(尾崎庄太郎)도 그러한 면면이 있을 것이다. 나카니시의 경우는 1942년 6월 치안유지법 위반으로 샹하이에서 체포되었고 1945년 8월 공판에서 사형이 구형되었지만 패전으로

---

22 「消えた至宝'満鉄調査部」, 『昭和史探訪』 三国一朗, 番町書房, 1975; 枝吉勇, 『調査屋流転』, 文化社, 1981.

23 石堂清倫 · 野間清 · 野野村一雄 · 小林庄一, 『15年戦争と満鉄調査部』, 原書房, 1986, 121면.

24 청탁병튼은 도량이 커서 선인(善人)이나 악인(惡人)을 가리지 않고 널리 포용함을 의미한다.

25 훼예포폄은 칭찬과 비난 등 갖가지 세평(世評)을 의미한다.

생환하였다. 전후는 중국연구소 설립에 참가하였고, 일본공산당에 입당하여 1947년에 참의원 선거에서는 공산당의 공인으로 입후보하여 당선되었다. 그의 경우 한 시기 정당인으로 국회에서 활동하였다.[26] 오자키는 동아동문서원(東亞同文書院)을 졸업하였다. 졸업 후 일본에 돌아가 프롤레타리아 과학연구소 등 좌익 운동에 관여하다 검거되었다. 출소 후 샹하이에 건너가 중국공산당과 접촉, 1939년 초 만철북지경제조사소에 입사하였다. 나카니시 이사오 등과 중국 항전력 조사에 종사하였다. 1942년 6월 나카니시와 시기를 같이하여 치안유지법 위반으로 검거되어 도쿄로 압송되었고 스가모[巢鴨]구치소에서 옥중생활을 보내다가 1945년 8월 일본 패전을 호타마[豊多摩]교도소에서 맞이하였다. 전후는 나카니시와 마찬가지로 중국연구소 설립에 참가하여 그곳을 거점으로 사회활동에 종사하였다. 그의 경우도 교직에는 취직하지 않았다.[27] 이시도 기요미치는 일본 귀환 후 공산당에 입당하여 본부원으로 활동하였지만 1961년 8월에 당을 떠났고 그 후는 재야의 그람시 연구자, 사회운동사 연구자로 활동하였다.[28]

또한 패전 시에 만철조사부 샹하이 사무소장의 직위를 경험하였지만 전후에는 전혀 다른 직업에 취직한 사람은 미야모토 도지[宮本通治]다. 그는 동양부두(東洋埠頭)에 취직하여 조사 분야에서는 떠나 있었다. 미야모토는 전후 만철 관련의 회합에 출석했을 때도 아무 발언도 하지 않고 돌아갔다고 한다.[29] 만철조사부원의 한명이었던 이시도 기요미치는

26 伊藤武雄・岡崎嘉平太・松本重次,『われらの生涯のなかの中国』, みすず書房, 1983.
27 尾崎庄太郎,『徘徊』, 日中出版, 1981.
28 石堂清倫,『続わが異端の昭和史』, 勁草書房, 1990.
29 石堂清倫・野間清・野々村一雄・小林庄一,『15年戦争と満鉄調査部』, 原書房, 1986, 132면.

만철조사부 사건으로 억류되었던 푸순 탄광의 전경

"이토(다케오 – 인용자) 씨는 장수하여 글 쓸 기회도 많았었기 때문에 조사부의 긍정적인 면에 대해서는 지도자의 한명이라는 인상을 주지만 쓰지 않았던 사람이 지도자가 아니라고는 말할 수 없다. 어쩌면 그 측이 보다 더 많이 지도자로 종사하였던 것이 사실에 가까운지도 모른다"(위와 같음)라고 회상하였다. 이토와는 대조적으로 전전에 일어난 일은 후세 역사가의 분석에 맡기고 전후 조용하게 지내면서 침묵을 지켰던 미야모토 도지의 역할을 중시하는 서술은 여전히 많이 있다. 조사 분야에서 떠났다는 의미로는 '만철조사부 사건'에 관여했던 미와 다케시[三輪武]도 마찬가지다. 그는 1949년 12월 귀국한 후 일본 수소(水素), 후쿠시마[福島] 식산(殖産)에 취직하였다. 만철조사부 사건에 관여하여 전후는 푸순탄광에 억류되었고, 1947년에 귀국한 고이즈미 요시오[小泉吉雄]도 전후 잠시 이나바 슈조[稲葉秀三]의 추천으로 국민경제 연구협회에 취직하였지만 1950년에는 퇴직하여 구마가야[熊谷] 베이클라이트 사장, 일본비행기 주식회사, 삿포로[札幌] 제일운수 전무 등 경영자의 길을 걸었다.[30] 구마가야 야스시[熊谷康]도 상하이에서 귀환한 후 현청 직원, 농협임원 등 전전의 조사부와는 완전히 다른 일에 종사하였다.[31] 아마미 겐자부로[天海謙三郎]도 다른 길을 걸었다. 그는 따리엔에서 귀환한 1947년 6월 일본주물협회(日本鑄物協會)에 근무했던 그곳에서 10년간 근무하고 1958년 3월 사임한 후에 자택에서 독서와 연구에 몰두하였다.[32]

미야모토와는 다른 의미로 전후에 활동을 정지한 인물로 미야자키 마사요시[宮崎正義]가 있다. 그는 만철조사부에서 일만재정경제연구회로 옮긴 1937년 이래 만주산업개발 5개년 계획 입안의 최고책임자 중 한 명으로 이시하라 간지[石原莞爾]의 경제 참모 역할을 하였다. 그의 경우, 전후에 재차 활약할 장소를 얻지 못한 채 1954년에 병사하였다.[33] 같은 이시카와[石川]현 출신으로 동기(同期)에 러시아 유학으로 동기생도 되었던 시마노 사부로[嶋野三郎]는 전전에는 만철조사부나 동아 경제조사국에서 『러일사전』 편집과 출판에 종사했었지만 전후에는 불우하게 어학학교나 관동관구 경찰학교의 러시아어 교사를 하였다.[34]

30 小泉吉雄, 『愚かな者の歩み』, 私家版, 1978.
31 熊谷康, 「上海・滿鉄調査部8月15日」, 『海外事情』, 拓殖大学海外事情研究所, 1980.8.
32 天海謙三郎, 『中国土地文書の研究』, 勁草書房, 1966, 858면.
33 小林英夫, 『日本株式会社を創った男宮崎正義の生涯』, 小学館, 1995.
34 『窓』 92~, ナウカ, 1995.3~.

4. 연구의 계승성과 한계

연구의 계승성이라는 점에서는 조사부원 개개인에 따라 크게 차이가 있었다. 비교적 전전의 연구를 계승해 온 연구자로는 아마노 모토노스케를 들 수 있다. 그의 말을 빌리면 "1948년 7월, 일본에 귀환하여 교토 대학 인문과학 연구소에 들어가 중국농업사 연구에 정진하였다. 이 연구는 1943년 가을부터 따리엔 도서관에서 중국의 고농서를 읽은 것으로 반신(半身)에 달하는 원고나 발췌하여 쓴 것을 손에 들고 돌아왔다. 십수 년을 거쳐 간신히 내 나름의 정리가 되었을 때 가요 노부후미[加用信文], 노시로 유키오[能大行雄] 양군의 배려로 『중국농업사 연구』(944면)가 농업총합연구소에서 출판되었다"[35]고 한다. 중국 농업사를 일관되게 평생 작업(life work)으로 계속 연구했던 것이다.

그러나 이러한 궤적을 그린 연구자는 적고 대다수는 연구 영역과 방법론을 바꾸어 전후 연구로 나아갔다. 영역이라는 의미에서 많은 연구자들이 중국에서 다른 지역으로 전환해 갔다. 노노무라 가즈오는 사회주의, 소련 연구로 나갔다. 가와사키 미사부로[川崎巳三郎]는 공황론 연구로 향했다. 구시마 겐자부로는 파시즘 연구로 나갔다.

방법론적으로 다른 방향으로 나간 사람들도 많다. 마르크스 경제학에서 근대 경제학으로 들어간 사람도 있다. 난고 류온의 경우 화폐론이라는 전문 분야와 관련도 있고 그 자신이 수학이나 통계학을 잘 하는 것도 있었

---

35 天野元之助, 『現代中國經濟史』序, 雄渾社, 1967.

지만 전후는 산업연관표의 분석 등으로 그 연구영역을 옮겨갔다. 난고 같
은 방향을 취한 연구자는 그 외에도 다수가 있다고 생각된다.

그러나 뭐라 해도 만철조사부의 연구방법으로 전후 한 때 큰 영향을
준 것은 '만철 마르크스주의'라고도 별칭된 『자본론』에 의거한 역사, 현
상분석 수법이었다. 가와사키 미사부로의 경우 그것이 가장 전형적으
로 드러나고 그의 저서 『공황(恐慌)』(岩波新書, 1949) 등은 『자본론』 해석
에 따른 공황론의 전개였다. 노노무라는 전전 만철조사부에서의 연구
활동을 뒤돌아보면서 가와사키로부터 자본론 해석론 논쟁에 도전되어
쩔쩔매며 열심히 공부했던 것을 회상하였지만,[36] 전후 직후에 가와사키
가 출판한 『공황(恐慌)』을 일독하면 그런 분위기가 떠오른다.

마르크스의 『자본론』이나 로자 룩셈부르그의 『자본축적론』, 그리고
야마다 세이타로[山田盛太郎]의 『재생산과정표식분석서설(再生産過程表式
分析序說)』, 『일본자본주의 분석』 등을 기초로 중국사회를 분석한다는
것은 전전 강좌파 연구자의 주류 움직임이었다고 해도 과언이 아니다.
사회를 총괄적으로 분석하는 방법을 달리 찾아내기 어렵고 게다가 실증
적인 성과가 지금만큼 많지 않았던 전전의 상황에서는 크게 그물을 쳐
서 사회를 대담하게 구조적으로 파악한 마르크스의 수법은 반체제 발상
자뿐만 아니라 사회과학자의 폭넓은 층을 유인했던 것이 분명하다. 따
라서 마르크스의 수법을 도입하는 것과 마르크스의 '정신'을 신봉하는
것과의 사이에는 간접적인 관련은 있을지라도 직접적인 연결고리를 찾
아내는 것은 사람에 따라 거리가 있다고 말할 수 있다. 조사부원 중에도

---

[36] 前揭, 『回想滿鉄調査部』, 205면.

비교적 마르크스의 영향이 강했던 스즈키 교효베이[鈴木小兵衛], 가와사키 미사부로, 노노무라 가즈오 등과 마르크스의 이론과 다치바나 바쿠[橘樸]의 사상을 짜 넣어 '동아공동체론'적인 발상이 강했던 오가미 스에히로[大上末廣] 등과는 차이가 있고 그 사이에도 무지개 색처럼 몇 겹 겹치는 차이를 둘러싼 사상조류가 혼재하였다.

따라서 전후, 정도의 차이야 있겠지만 만철조사부 출신 연구자 사이에서 테마를 둘러싸고 다양한 방향으로 가지가 생겼던 것은 우연이 아니다. 그중에서도 전후 급진전을 이룬 근대경제학은 마르크스『자본론』에 대신한 사회과학의 분석 도구로 많은 사회과학자의 관심을 끌게되었다. 그런 의미로 말하면 '만철 마르크스주의'라고 불린 학문 유파도 반체제 색채를 농후하게 띠었다고 할 수 있고 사회과학자 다수를 끌어당긴 시대제약성(時代制約性)있는 한 시기의 주류분석 수법이었다고 할 수 있을 것이다.

5. 새롭게 부여된 것

그러나 전후의 계승에서 간과하면 안 되는 것은 중국혁명의 폭풍우 가운데 그들이 원하든 원하지 않든 간에 받았던 영향이다. 1945년 8월을 경계로 그들은 체제의 지배자에서 피지배자 위치로 급락하였고 그러한 가운데 원래 경험할 수 없는 여러 체험을 부득이 하게 되었다. 게다가 전쟁은 1945년 8월로 종결되지 않고 계속 국공내전으로 돌입했던 그 경험은 전시중의 것과 비교해도 우열을 가리기 어려운 극도의 혼란 상태였다. 연구자 중에 중국혁명의 진전에 관심을 두면서 근본적으로 스스로의 학문에 어렵게 변경을 강요받은 연구자도 적지 않다.

예를 들면 실증연구를 주체로 연구해 온 아마노 모토노스케의 경우에도 전후 연구에서 중국혁명의 영향이 짙게 그림자를 드리우고 있다. 저서 『중국농업사 연구』에 병행된 번역이지만 그는 화강(華崗)『5·4운동사』(1952)를 출판하였고 『중국의 토지개혁』(1962)을 자기 것으로 만들었다. 아마노는 전후 중장철로 경제조사국 연구원으로 유용되었을 때 '점심식사 때 식당에서 중국인 사원과 친하게 되었고 그들 모두는 매일 퇴근 후 한 시간 '학습'하는 것으로 알았다. 그것이 공장, 탄광뿐만 아니라 농촌에서도 농한기에 실시되었다는 것을 듣고 해방 후 사람들의 『번신(翻身, 일어서기)』 모습을 몸으로 경험하게 된 것은 이 나라 사회경제의 변혁 = 사회주의적 개조, 그리고 중국공산당 지도 방법 등을 구명하려는 의욕이 솟아나 전후 3년간 나의 중국관이나 연구태도를 일변시키게 되었다"[37]고 솔직히 말하고 있다. 같은 체험을 했겠지만 노마 기요시의 경우 연구 주제 자체에서 그 영향이 명확히 나타났다. 그의 전후 연구 초점은 사회주의 건설을 둘러싼 여러 가지 문제에 대한 검토이지만 대상은 중국농촌 토지문제가 중심인 만큼 그 영향은 분명하였다. 다수의 만철 조사부원은 크건 작건 간에 중국혁명 폭풍우의 세례를 받고 전후 연구를 계속하게 되었다.

---

37 天野元之助, 『現代中国経済史』 序, 雄渾社, 1967.

아마노 모토노스케나 노마 기요시와는 달리 중국혁명과 거리를 두고 근대경제학 방법에 중점을 두었던 난고 류온의 경우 전후 연구는 크게 달랐다. 전후 구루메[久留米]대학 상학부에 적을 둔 난고는 『구루메대학 논총』 제6권제1호(1955.3)에 '상업어음할인 최고잔액에 대해'라는 논문을 기고하였다. 여기에서 다룬 것은 야와타[八幡]제철소 산하의 신설 강판주식회사의 어음결제 사례분석이다. 몇 쪽에 불과한 이 논고는 6장으로 구성되어 있는 것으로 보아 혹은 저서를 정리하는 과정에서 그 요약문을 발표했을지도 모른다. 어쨌든 내용은 일본의 중소기업 어음거래에 관련된 분석이다. 거기에서 전전 만철조사부원으로서 조사활동과의 관련을 찾아내는 것은 어렵다. 난고의 경우 그 후 만주화폐제의 논고를 발표하지만 그것은 전전 연구의 재수록 단계를 넘는 것은 아니었다.[38] 그런 의미에서 그의 전후는 '향수'라는 형태로 중국 동북과 맺어져 있다고도 말할 수 있다.

6. 나오며

제한된 지면으로 만철조사부의 전후를 관망하는 것은 어렵지만 본고에서는 몇 가지 전형이라고 생각되는 사례를 들어 그들의 전후 움직임

---

38 난고 류온의 전후 저작 '동북의 통화'에 관해서는 小林英夫 · 加藤聖文 · 南郷みどり, 『満鉄経済調査会と南郷龍音』, 社会評論社, 2004에 수록되어 있다.

과 전전과의 연관을 추적하였다. 만철에서의 조사가 그때의 내외사정으로 규정되어 크게 좌우상하로 흔들렸던 것처럼 전후 그들의 행방도 또한 천차만별이었다. 그러나 어느 방면의 만철조사부원의 경우도 음으로 양으로 전전의 그림자가 투영되어 있었던 것은 사실이다.

전후도 동북을 중심으로 한 중국을 대상으로 연구를 계속했던 구만철조사부원은 많지 않다. 겨우 헤아릴 정도라고 해도 과언이 아니다. 중국과 일본의 관계가 패전과 동시에 단절되어 연구대상으로서의 무게가 감소했던 면이 없는 것이 아니지만 보다 중요한 것은 전후의 급격한 가치전환 속에서 중국을 연구하는 방법을 찾아내지 못했던 것이다. 그것은 중국뿐만 아니라 조선과 대만 연구에 있어서도 마찬가지였다. 식민지지배의 반성이 학문적인 수준까지 승화되어 내면화되기에는 더 한층 시간과 전후 정세의 추이가 필요했던 것이다. 1954년 8월 패전 후 10여 년간 아시아 각국은 일본과의 강화와 배상교섭을 거치면서 '공백의 10년'을 종료하였다. 그러한 과정에서 전쟁 전의 아시아와 일본의 관계는 무엇이었는가를 구체적으로 검토하기 시작하였다. 일본에서의 전후 식민지연구가 새로운 소리를 낸 것이 1950년대 후반 이후인 것은 결코 우연이 아니다. 식민지문제가 새삼스레 연구과제로서 주목된 것이다. 그것은 전후 연구자가 새롭게 육성되기 시작한 시기와 때를 같이 하고 있다.

전후 중국 대륙에 살았던 만철 기술자들

스기타 노조무[1]

1. 몰래 보관되었던 조사자료

빠르다. 그때로부터 14년의 세월이 흘러가고 있다. 그때 나는 잡지 일로 따리엔 도서관의 응접실에 있었다. 5월의 따리엔은 상쾌한 바람이 불고 신록의 플라타너스 나무들이 흔들리고 있었다. 혼잡한 가운데서 무심코 지나칠 정도로 조용하게 서 있는 도서관의 풍경을 잘 기억하고 있다.

방문했던 이유는 취재 과정에서 구만철관계자로부터 따리엔 도서관에 만철 관계 자료가 대량으로 잠자고 있다고 들었기 때문이다. 나의 신

---

1 杉田望, 1943년생. 작가. 저서로는 『満鉄中央試験所』(講談社); 『巨悪』(小学館)이 있다.

청에 중년의 여성사서는 당황하는 표정을 드러냈다.

"자료의 열람 허가를 원합니다"라는 것이 나의 신청이었다.

"열람은 할 수 없습니다"라고 도서관의 부관장을 자칭하는 그녀는 사무적으로 말했다. 실랑이 끝에 그녀는 나를 지하의 서고로 안내하였다. 서고라고 하기보다 창고라는 것이 정확할지도 모른다.

"정리는 못하고 있습니다." 그녀는 미안하다는 식으로 설명했다. 분명히 여성사서의 말 그대로였다. 높게 쌓인 문헌은 수년의 먼지가 쌓여 이용된 흔적은 없었다. 도저히 열람할 수 있는 상태가 아니었다.

그런데도 나에게는 감격의 만남이었다. 도쿄에서 만철 관계자에 대한 취재로 얻은 정보의 하나가 확인되었기 때문이다.

자료의 소재를 알려 준 것은 국제무역 촉진협회 고문(당시)의 사회적 지위를 가진 하기와라 조지[萩原定司]였다. 하기와라는 전전(戰前) 도쿄대학 공학부를 졸업하여 만철중앙시험소로 들어간 기술자였다. 그는 전후 소련군 점령하의 따리엔에서 동료인 중국인 기술자들과 협력하며 문헌을 정리하여, 그 대부분을 중국정부의 관리하에 있었던 따리엔 도서관으로 야음을 틈타 옮겼다고 말해 주었다.

취재에 대해 그는 "따리엔에 주둔한 소련군은 모두 다 약탈하였다. 소련은 만주에 있었던 일본의 자산을 모두 들고 가 버리려고 했다. 연구 성과의 논문도 예외가 아니었다. 사회과학계의 문헌뿐만 아니라 자연과학계의 문헌에도 세계적으로 평가되는 것이 있었다. 그것을 지키는 것은 목숨을 거는 것이었다"라고 지난날의 상황을 설명하였다.

소련의 약탈로부터 연구 성과를 지키려고 만철 기술자가 목숨을 걸고 운반했다고 하는 만철조사자료는 그때로부터 40여 년의 세월을 거쳐 확실히 지하 서고 안에 있었다. 나는 높게 쌓인 자료 앞에서 잠시 동안 감개무량 했던 것이다.

2. 만철중앙시험소란 무엇이었는가?

그 당시, 따리엔에서 하얼삔에 이르는 만주여행은 2주가 걸리는 긴 여행이었다. 이전에 만주라고 불린 동북 3성으로 여행 떠날 것을 마음 먹은 데는 이유가 있었다. 하나는 만주 풍경을 머릿속에 깊이 새기려고 하였고, 다른 하나는 지금도 움직이고 있다고 하는 만철 기술자들이 만들었던 석탄액화 플랜트를 내 눈으로 확인하고 싶었기 때문이다.

만철 기술자란 구남만주철도주식회사의 부속기관, 중앙시험소에서 일한 사람들이다. 그들이 남긴 많지 않은 자료에 따르면, 전시하에서 그들의 만주개척의 꿈에 국가존망의 위기감이 더해지면서 그들은 오로지 신에너지 개발 등 연구에 몰두하였다고 한다. 그러나 전후에 그들은 다른 재만 일본인과 마찬가지로 죽을 맛을 느꼈다. 일부 사람들은 국공내전의 전화로 목숨을 잃었고 다른 일부 사람들은 고향을 그리는 마음에 사로잡히면서 중국 내륙부에 오랫동안 유치되었다.

그러나 놀라운 것이지만, 전란의 중국 대륙에서 신중국의 경제건설에 적극적으로 참가한 일군의 과학자들이 있었다. 그렇다고 해도 그들의 존재는 덧없는 것이었고 이제는 그들의 존재를 구전하는 사람도 없

만철중앙시험소 본관 건물 전경

다. 전전도 전후도 항상 눈부실 정도로 세인의 주목을 받아 온 인문계 만철조사부의 사람들과 비교하면 만철 기술자들은 숨겨졌다. 요설(饒舌)[2]한 인문계 조사원에 대해 그들은 너무 과묵하였다.

나는 그들에게 흥미를 느꼈다. 전전에서 전후로 연구 활동이 이어졌고 전후에는 중국 경제건설에 참가하여 큰 칭찬을 받았다고 한다. 그들에게는 귀국의 기회가 몇 번이나 있었지만 귀국하지 않았다. 왜 그렇게 하지 않았던 것인가. 그들의 발자취를 좇는 것이 그때의 여행이었다. 그들의 존재는 역사의 안개 속에서 뿌옇고 어렴풋하여 좀처럼 정체가 떠오르지 않았다. 그들의 존재를 보여주는 자료도 적었다. 그것은 참으로 고된 취재 여행이었다.

---

2 요설은 쓸데없이 말을 많이 한다는 의미이다.

그런데 통설에는 만철 및 만철이 소유한 모든 부속기간은 일본 패전 그 날로 해산되고 해체되었다고 한다. 확실히 만철 경영권은 중국에 넘겨졌고 만철조사부도 해산되었다. 그렇지만 명칭을 바꾸면서도 중국 측에 계승되어 전후에 살아남았던 기관이 있다.

그것이 만철중앙시험소이다. 이른바 대 조사부시대에 만철조사부 본체에 통합된 시기도 있었지만 이 시험소는 1907년 고토 신페이의 발의로 설립된 이래 거의 일관되게 만철부속 독립기관으로 자연과학 및 만주 자원의 공업화 연구를 담당하였다. 연구 대상 분야는 다양하였고 시대와 함께 연구 내용도 바뀌었다.

만철사사(滿鐵社史)에 의하면 1940년 당시 만철중앙시험소가 조직한 연구 주제는 콩을 발효시켜 에틸알코올을 추출하는 기술이라든가 콩 유지(油脂)를 기계유(機械油)로 특수 가공하는 기술, 오일 셰일(oil shale), 유혈암(油頁岩)에서 가솔린 추출, 고량(高粱)에서 알코올이나 에틸알코올 제조, 송진에서 유지(油脂)추출, 마그네사이트 연구, 알루미늄 연구, 석탄계 합성수지 연구 등 여러 가지다. 바로 인식할 수 있듯이 연구주제는 전시색이 농후하였다.

즉 항공연료나 항공기자재 등 군사물자 연구 개발이 중심 주제로 이는 중일전쟁이 수렁에 빠진 가운데 일본제국주의적 야심에 위기감을 느끼고 대일 경제봉쇄 등 점차 압력을 가하는 영·미 제국에 대항하여 독자적으로 대체 에너지나 경금속의 개발에 직면한 군부의 요청에 의한 것이었다.

물론 직접 공업화를 목표로 하는 응용연구뿐만 아니라 물리학 등의 기초연구도 행해졌다. 예를 들면 원자 폭탄 개발에 불가결한 중수(重水)

연구 등도 그중 하나였다. 이러한 연구는 육해군 등 군 당국의 위촉에 의한 연구였다. 기록에 따르면 보다 가까운 것이 해군과의 관계였다고 한다. 해군에는 함정용 대체중유의 대비가 급선무였기 때문이었다. 전시하 만철 기술자들도 시국과 관계없는 것은 아니었던 것이다.

그러나 먼저 만철중앙시험소의 설립 취지는 만주의 공업화와 만주 경제와 민생의 발전에 이바지하는 것이었다. 그것이 군 당국과 제휴를 강화시키고 군사에 경도된 것은 역시 전시체제로 들어가면서부터이다. 그래도 자유스러운 분위기 속에서 연구할 수 있었던 것에 대해 많은 만철 기술자가 증언하였다.

1937년에 입소한 교토 대학 공학부를 나온 네기시 료지[根岸良二]는 옛날의 만철중앙시험소에 대해 다음과 같이 말하였다.

만철맨은 당시 민주적이었습니다. 아래 사람들이 생각보다 쉽게 말할 수 있었고, 간부가 선선히 식사에 초대해 주셨어요.

소화 초기에는 구제국대학 졸업이나 고등공업 전문학교 졸업의 우수 학생이 많이 입소하였다. 그들은 이구동성으로 만철중앙시험소의 '자유스러운 분위기'에 매력을 느꼈다고 하였다. 사내의 자유 활달한 분위기는 고토 신페이 이래 만철의 전통이었다고 한다. 최전성기에는 만철중앙시험소의 연구자가 천 명을 넘었다.

그래서 만철중앙시험소 연구 성과에 대한 평가에서 그들의 연구 성과는 높이 평가되었다. 전후 만철 기술의 재평가를 한 통상산업성공업기술원(당시)은 그 조사 보고서에서 '그 지위는 단순히 만철 연구기관에 머무르지 않고 동양에서 과학 기술의 전당으로 자랑할 수 있을 만큼 까지 발전했다'고 찬사를 보냈다.

만철중앙시험소가 개발한 기술로 특필된 것은 지금의 말로 하면 대체 에너지다. 그것은 당시 시대상황을 반영하는 것도 되지만 송진에서 윤활유(grease)[3]를 제조하는 방법이라든가 고량에서 고급 알코올을 채취하든가, 그 유명한 석탄액화나 유혈암 개발 이외에도 오늘날에도 유용한 많은 기술적 맹아가 싹트고 있었다.

통상산업성이 만철 기술의 재평가에 나선 것은 물론 이유가 있다. 때마침 일본은 석유위기를 맞이하였고 대체 에너지 개발이 긴급을 요하는 정책과제가 되었기 때문이다. 통상산업성의 외곽단체, 신에너지 개발기구(당시)가 조직한 석탄액화 프로젝트는 만철 기술을 기초로 하는 것으로 석탄액화의 실용화에는 왕년의 만철 기술자가 협력을 아끼지 않았다고 한다.

3. 종전과 중국 잔류

'동양 과학의 전당'이라는 높은 평가를 받았던 만철중앙시험소가 위기에 직면한 것은 종전 때다. 소련군이 만주로 몰려들었던 것이 1945년

---

3 그리스는 광유(鑛油)에 금속 비누를 섞은 윤활유이다.

8월 9일이다. 따리엔에 진주를 시작 한 것이 8월 22일이고 전면 관리하에 놓인 것은 9월에 들어가서다.

종전시 만철중앙시험소 소장은 마루사와 쓰네야[丸澤常哉]라는 인물이었다. 한다이[阪大]공학부장을 맡았던 마루사와를 '삼고초려'로 설득하여 납득시킨 사람은 당시의 총재 마쓰오카 요스케[松岡洋右]였다. 발령은 1936년 10월 1일이었다. 4년 정도 소장을 맡고난 후 마루사와는 일본으로 돌아갔다. 마쓰오카와의 약속이 4년이었던 것이다. 후임으로 지명된 사람은 사토 마사노리[佐藤正典]였다. 사토는 마루사와가 규다이[九大] 조교수를 맡고 있을 때의 제자였다.

마루사와 시대 만철중앙시험소는 큰일을 해냈다. 푸순에 석탄액화공장을 세운 것도 그중의 하나이다. 나는 그때의 취재 여행에서 푸순을 방문하였다. 아쉽게도 석탄액화공장은 이미 없어졌고 거기에 있었던 것은 유혈암 정제공장이었다. 관계자들은 석탄액화공장이 개수된 경위를 다음과 같이 증언하였다.

전후 중국 측은 인조석유 생산 견지에서 이 장치를 유혈암의 수첨가(水添加) 제조용으로 전용하여 큰 성과를 올렸다. 이 성공 뒤에는 전후 오래 동안 유용되어 중국 측에 협력한 중앙시험소의 모리카와 기요시[森川淸] 박사나 다카기 도모오[高木智雄] 씨, 오다 겐조[小田憲三] 씨 등의 기술지도에 의한 것을 잊으면 안 된다.

패전색이 짙어지는 가운데 마루사와가 다시 중앙시험소 소장으로 취임한 것은 1943년 7월이다. 따라서 종전시 마루사와에게는 2번째 소장직이었다. 이 시기 만철중앙시험소의 업적을 들면 아베 요시유키조[阿部良之助] 박사 그룹의 합성가열기통유(合成加熱氣筒油)의 공업화가 있다. 철도기관차에 사용하는 가열기통유는 미국 펜실베이니아(Pennsylvania)산이나 소련의 바쿠(baku)유전에서 산출된 윤활유였다. 때마침 일·미 개전으로 수입이 차단되어 대체품의 개발이 시급했던 것이다.

그리고 종전. 종전시의 풍경은 일본 안팎이 비슷하였다. 듣기 힘든 천황의 말을 오열하면서 혹은 흐느껴 울면서 들었다. 마루사와는 따리엔 만철중앙시험소 소장실에서 사토 마사노리[佐藤正典]와 함께 처음 천황의 육성을 들었다.

종전의 그 날, 만철은 전 사원에게 사명(社命)을 내렸다. 사명을 받고 훈사를 맡았던 것은 만철조사국장 우쓰미 하루이치[內海治一]였다.

그저 우리들의 성과를 남들에게 주고 싶지 않고, 줄 의리도 없다. 자료 전부를 우리의 손으로 소각하여 우리의 일에 마침표를 찍고 싶다.

조사부는 붉은 벽돌구조의 만철 본사 빌딩 5층 전부를 차지하였고 그 건물은 ㄷ자 형의 안뜰을 감싸고 있었다. 각 층의 창문에서 서류가 내던져 지고 국원들은 스스로 만들어 낸 성과물에 가솔린을 뿌려 불을 질렀다. 길게 꼬리를 문 분서의 흰 연기는 일주일 동안이나 대륙의 하늘에 연하게 떠다녔다고 사사쿠라 마사오[笹倉正夫]는 귀국 후 기록하여 남긴 『인민복무 일기』에 기록하고 있다.

그러나 마루사와 소장은 사명에 항거하여 1907년 이래의 모든 연구 성과를 중국의 정당한 계승자에게 물려줄 것을 결의하였다. 그는 연구

성과를 인류 공통의 재산이라고 생각했던 것이다. 즉, 자신들의 연구 성과는 신중국 건설에 반드시 도움이 된다고 확신했던 것이다. 물론 내부에서 다른 견해도 나왔지만 그것을 억누르고 연구 성과를 모두 깨끗하게 계승시킬 것을 결의했던 것이다. 마루사와는 자유로운 사상의 소유자였지만 메이지시대 태어난 기골 있는 사람이기도 하였다. 하여간 마루사와의 결단으로 만철중앙시험소 연구 성과는 구제되었던 것이다.

보호해야 할 관동군은 일찍이 도망하여 따리엔 시민이 불안에 벌벌 떠는 가운데 점차 소련군의 진주가 시작되었다. 다른 기관과 함께 만철중앙시험소도 소련군에 접수되어 관리하에 놓였다. 다른 한편 국공내전이 시작되어 따리엔은 국부군에게 해상 봉쇄되었다. 마루사와의 명령을 받고 하기와라 조지[萩原定司] 등이 연구 성과 문헌을 중국 협력자들과 함께 야음을 틈타 준비한 창고에 운반한 것은 이 시기의 일이다.

종전과 함께 만철 사업의 업무는 예외 없이 모두 정지되었다. 사원의 급여도 끊겼다. 그날의 양식도 어려운 형편이 된 결과 생활은 하루벌이였다. 오지에서 따리엔에 유입된 다른 일본인 피난민의 구제 사업도 있었다. 특고(特高) 경찰 출신의 일시적 공산주의자가 흩뿌린 좌익바람에도 고민하였다. '귀국할 때까지 참아야 돼'라면서 연구소 직원들은 버티었다. 희망을 귀국에 걸었던 것이다.

4. '신중국 건설'과 일본인 기술자

대망의 조국으로의 귀환사업이 시작된 것은 1947년 1월이다. 소련 측은 특수한 예외를 제외하고 희망자는 모두 귀국시킬 방침이었다. 그러나 중국 측의 방침은 달랐다. 집요하게 기술자 유용 작업을 하였다. 황폐한 산업시설을 부흥시키려면 일본 기술자의 협력이 필요하였기 때문이다.

'어떻게 해야 할까?'

마루사와와 사토는 협의했다. 우선 사토는 먼저 귀환하게 되었다. 마루사와는 귀환한 연구자들의 직장알선을 사토에게 의탁했던 것이다. 제1차 귀환사업으로 20여만의 일본인이 따리엔을 떠났다. 이 시기 만철 중앙시험소는 명칭을 '과학 연구소'로 변경하였다. 최전성기에 천 명이 넘었던 기술자는 마루사와 박사 이하 80명이 되었다.

1948년 1월. 과학연구소에 한명의 인물이 나타났다. 리야농[李亞農]이다. 그는 교토 대학 철학과 출신으로 열정적인 공산당원이었다. 과학연구소는 DDT나 사카린을 만들어 근근이 운영하고 있었다. 그것만으로는 어려움이 있을 거라며 원조의 손길을 내민 것은 리야농이었다. 리야농은 국공내전의 종결을 주시하면서 구 만철중앙시험소의 재건을 생각하고 있었던 것이다.

과학연구소가 소련 관리하에서 중국 측에 정식적으로 이관된 것은 1949년의 일이다. 임무를 띤 리야농이 떠난 후 새로운 소장에 임명된 것은 따리엔 공학원 학장을 맡았던 취보추안[屈伯川]이었다. 이관업무가 종료되고 학교를 졸업한 중국인 청년이 채용되었다.

"드디어 후계자가 생겼다"라고 이관 후의 과학연구소 고문에 취임한 마루사와 쓰네야는 자서전인 『신중국 건설과 만철중앙시험소』에서 환성을 질렀다. 이때 채용된 젊은 연구자 중에서 쑤쯔웨이[蘇子衛]라는 인물이 있었다. 그는 똥베이대학 화학공업과를 졸업하였다. 말하자면 마루사와 쓰네야의 규슈대학 시절 제자인 니시자와 교스케[西澤恭助] 박사가 가르친 학생이었다. 마루사와의 제자의 제자다.

이때 입소한 주요한 인물을 들면 요업(窯業)전문의 왕웨이장[王維章], 어학에 뛰어난 챵보화[常伯華], 구마모토공전 출신의 동완탕[董萬堂], 중국의 고명한 문학자 꾸오모루어[郭沫若]의 아들이고 교토대학[京大] 화학 출신의 꾸오허푸[郭和夫], 교토 고등공예 출신의 쟝쇼우칭[張綬慶] 등이 있었다. 젊은 학생을 마루사와는 따뜻한 눈으로 잘 보살폈다. 마루사와는 그들에게 중국의 미래를 본 것이다.

쑤쯔웨이는 나중에 중국과학원 석유연구소로 전출하여 소장을 맡았다. 꾸오허푸는 내가 따리엔을 방문했을 때 따리엔 화학 물리연구소 부소장의 직무에 있었다. 게다가 따리엔 화학 물리연구소는 구 만철중앙시험소의 사업을 계승하고 재편하여 새롭게 발족한 연구기관으로 연구업적은 세계적으로 높은 평가를 받았다. 과학연구소는 신중국에서 활약한 지도적인 과학자를 많이 배출한 것으로도 알려졌다.

이렇게 하여 과학연구소는 연구업무를 재개하게 되었던 것이다. 잔류 일본인 연구자들은 때로는 교육자로서 젊은 중국인 연구자의 지도를 맡았고 중국정부의 요청에 응하거나 솔선하여 연구 활동에 종사하였다.

1949년 6월 고향 생각에 사로잡힌 연구자들에게 낭보가 도착했다. 마지막 귀환선이 따리엔으로 들어온다고 연락이 온 것이다. 제2차 귀환에서 남았던 연구자들은 마루사와 쓰네야, 하기와라 조지, 나중의 일본촉매 사장의 이시카와 사부로[石川三郎], 나중의 오사카 대학[阪大] 교수인 히로타 고조[廣田鋼藏] 등 30명이다.

"열 명을 남겨 협력해 주기 바란다."

상담을 걸어온 것은 취보취안이었다. 한반도는 심상치 않은 형세가 되었다. 들리는 것은 전쟁발발의 소문이었다. 이 기회를 놓치면 귀국은 절망적이다. 모두가 주저하는 것은 당연하였다. 마루사와는 인선(人選)을 맡았다.

'캡틴 라스트'

재빨리 잔류를 결정했던 것은 마루사와 자신이었다. 마지막 한명의 귀국을 끝까지 지켜보는 것이 최고책임자인 나의 임무다. 마루사와는 그렇게 생각했던 것이다. 마루사와를 따른 다른 9명도 스스로의 의지로 잔류를 결정하였다. 챵춘이나 푸순에도 몇 명 정도 만철 기술자가 잔류하였다. 나중에 도쿄공대 교수를 맡은 촉매화학 전문 모리카와 기요시[森川淸] 박사도 그중의 한 명이었다. 그는 유용되어 챵춘대학에서 교편을 잡았다. 그도 잔류자의 한 명이 되었다. 결국 마지막까지 남는 것은 마루사와 이하 10명의 고급 기술자들이었다.

신중국이 탄생하고 중앙정부는 과학연구소에 조사단을 파견하였다. 연구소 실태를 조사하는 것이 목적이었다. 조사단을 받아들일 즈음 마루사와는 장문의 논문을 쓰고 있었다. 신중국에서 화학공업 건설 방향을 논하는 논문이었다. 조사단은 보고서를 써서 전후 혼란에서 연구시설을 지키고 연구 활동을 재개하기 위해 준비했던 일본인 연구자에게 최대급의 찬사를 보냈던 것이다.

기록에 따르면 마지막 잔류기술자들이 남긴 연구업적은 16개 항목에 이른다. 예를 들면 세키 고유키[關皓之]는 규소벽돌이나 표준 젤 연구를, 하마이 센조[浜井仙藏]는 피셔법 촉매 연구를, 모리카와 기요시는 동료들과 협력하여 유혈암 수첨가 가솔린을, 구가 도시로[久賀俊郎]는 사진용 젤라틴을, 이즈메 세이이치[井瓜淸一]는 농약이나 건조야채 연구를, 또 하기하라 조지는 연구 업무의 기초가 되는 문헌 정리나 수집을 맡아 과학연구소가 재출발하는 기반을 만들었다. 합성 윤활유 연구에 손댄 것은 다카기 도모오[高木智雄]다. 기자재가 부족한 가운데 오다[小田]가 모리카와[森川]의 지도를 받아 푸순에서 석탄액화공장을 개수 재건한 것이 이때다.

미군에 의한 원폭공격의 소문이 퍼지는 가운데 따리엔에 거주한 만철 기술자가 분산된 것은 한국전쟁이 발발하기 직전이었다. 마루사와[丸澤]는 산 깊은 쓰추안[四川]성 챵쇼위[長壽]현의 군사화학공장으로, 하기와라 조지[萩原定司]는 난징[南京]화학공장으로, 오다 겐조[小田憲三]는 충칭[重慶]으로, 세키 고유키[關皓之]도 역시 내륙부로 전출해 갔다. 마루사와의 근무지는 가파른 산간부에 있었다. 미군침공을 각오한 중국정부는 중요시설을 모두 산간부로 이전시켰던 것이다. 상상을 초월하는 가혹한 환경 하에서 마루사와는 2년 반을 지냈다.

1945년 2월 19일. 티엔진[天津]항 탕꾸[塘沽]에 마루사와 쓰네야[丸澤常哉]의 모습이 보였다. 부두에 홍안(興安)호가 일장기를 펄럭이고 있었다. 탕꾸[塘沽]에는 윈난[雲南], 꾸이죠위[貴州], 샨시[山西], 깐쑤[甘肅], 쓰추안[四川] 등 중국 오지에 흩어졌던 일본인이 속속 모여 들었다. 그 안에는 구 만철중앙시험소 동료 얼굴도 있었다. 그들은 서로 어깨를 끌어안고 기뻐하였다. 이때 마루사와는 70세가 넘었다.

5일 후. 마루사와는 12년 만에 조국의 대지를 보고 볼에 홍조를 띄었다. 마이즈루[舞鶴]항의 안벽(岸壁)에 사토 마사노리[佐藤正典] 등 많은 구 만철중앙시험소 동료가 기다리고 있었다. 히로타 고조[廣田鋼藏]는 "마루사와 쓰네야 소장의 귀국으로 만철중앙시험소는 최후의 막을 내렸다"라고 만감이 교차함을 자서전에 썼다.

만철영화란 무엇이었는가

모야 마리아 티 로스 앙헤레스[1]

만주에서 일본 지배층은 여러 가지 이데올로기 장치를 사용하여 식민지정책을 추진해 왔다. 철도가 근대성이나 발달의 상징이 되어 만주에서도 수많은 철로가 건설되었다. 그러한 물질적인 상징만이 아니라 지배구조 유지의 멘탈리티를 사람들의 마음 깊이 심기 위해 영화의 편리성이 강하게 인식되었다.

일반적으로 만주영화라고 하면 1937년에 설립된 '만주영화협회(만영(滿映))'에 의해 제작된 것이라 알려져 있다. 만영은 중국인 대상으로 픽션영화를 제작하였지만 14년 전부터 일본인이나 중국인 양쪽을 대상으로 한 다큐멘터리 영화가 만주의 지배기구였던 만철에 의해 제작되었다.

양자도 선전의 수행이라는 목적에서는 일치하고 있었지만 특히 만철

---

1 Moya Maria de los Angeles. 사회학. 논문으로 「記錄映画とプロパガンダ」가 있다.

영화는 주제의 풍부함, 독특한 관찰적 접근, 새로운 선진적인 영화기술의 실험이라는 점에서 일본 영화사상 매우 독특한 존재였다. 그럼에도 불구하고 이제는 일본인의 기억에서 사라져 가고 있는 만철기록영화에 대해 시선을 돌리고 싶다.

만철영화가 묘사한 것, 만주사변 이후 영상이 가진 설득력과 어필력에 대한 인식은 변해 왔다. 만주국 건설이라는 낭만적인 인식을 확대하기 위해 시각적 장치를 활용하는 것은 필요불가결하다고 간주하게 되었다.

만철영화는 아쿠타가와 미쓰조[芥川光藏]를 주임으로 한 만철영화 제작소에서 제작되어 긴박한 상황 변화에 따라 묘사하는 주제도 산업이나 관광이라고 하는 만주 전체의 선전에서 '사업본위(社業本位)'의 것으로 이행해 갔다.

'군사·역사'에 대해서는 〈빛나는 왕도〉(1942)나 〈빛나는 일만키로〉(1939)에서 러일전쟁의 승리라는 과거 역사의 영예를 상기시키면서 만철 사업의 성과와 그 활동을 정당화하였다.

'서정(敍情)'적 주제로는 〈농업만주〉(1937)나 〈기관차 파시하〉(1939)를 들 수 있다. '농업만주'에서는 전원생활의 평온함을 목가적으로 묘사하였다. 그리고 아쿠타가와[芥川]는 '기관차 파시하'에서 기관차의 제조과정을 통해 '시(詩)'를 찾아내면서 만철의 역사에 '마음'을 묘사하려고 했다는 지적도 있다. 이 가운데 그는 에이젠시테인[2]으로부터 기술상의 영

2　세르게이 미하일로비치 에이젠시테인(Сергеи Михаи лович Эй зенштей н, 1898.1.23 ~1948.2.11)은 소련의 영화감독·영화 이론가이다. 건축을 배운 후 적군에 참가, 선전반의 미술관계를 담당했다. 혁명 후는 무대 연출가가 되었다가 1923년 영화로 바꾸었고, 1925년 최초의 작품 〈스트라이크〉를 발표했다. 1926년 나온 〈전함 포템킨〉은 뛰어난 몽타주 수법과 혁명적 내용으로 러시아의 새로운 영화 예술을 과시함으로써 불후의 명작이 되었다.

감(inspiration)을 받고 그 편집 방법을 사용하였다.

'산업'면에서는 관광 목적과 경제 목적으로 만들었던 것이 있다. 관광 영화로는 〈선만(鮮滿)주유(周遊)의 여행 – 일본 편〉(1937) 등이 있지만 흥미로운 것으로 여성을 대상으로 한 세미다큐멘터리로 완성된 작품을 보면 다른 영화와 달리 내레이션도 여성이었다. 또 만주의 산업을 채택한 〈만주 콩〉(1938)에서는 그래프를 풍부하게 보여주면서 콩 생산과 콩 제품의 제조과정 등을 묘사하였다. 이러한 작품은 '우호국 독일'을 향한 만주 수출을 촉진할 목적으로 만들었던 것이다.

'민족학(ethnography)' 영화의 대표작으로 〈초원 발가〉(1936)가 있다. 만주에 거주하던 몽골민족의 생활 스타일이나 관습, 감정 등을 취급하여 '타자'로서 묘사된 발가족은 지리적, 문화적으로 먼 존재로 묘사되었다. 그렇지만 몽골식의 씨름이나 장기(將棋)같은 것은 일본 문화와도 상통하는 특징이 있다고 강조하였다. 이러한 시각적인 근거를 가져 오게 된 목적은 만주의 몽골민족에게 익숙하고 친하여 위협을 주는 존재가 아니라는 것을 일본 관객에게 침투시키기 위해서다. 한편으로는 개발의 더딤을 강조하여 일본이 도와주어야 할 필요성을 호소하였다.

왜 망각하는 것일까? 이러한 만철영화는 다양한 주제를 다루면서 '왕도낙토', '민족협화'라는 슬로건을 호소하는 선전영화로 만들어졌다. 군사적인 메시지로 권위주의를 드러냄과 더불어 그 안에 유토피아로의 매력적인 묘사를 혼합시켰던 것이다. 특징적인 것은 메시지를 전달하기 위해 단순하고 직접적이고 강력한 도달력을 가진 영상장치가 사용된 것이다. 이러한 선진적인 과학기술의 사용은 진보성이나 근대성의 언설에 신뢰성을 주는 것이다. 그리고 새로운 독립국가 '만주국'의 새로운 질서를 일본 지배하에서 만들어 낸 것처럼 묘사하였다.

그러나 현실적으로 '만주국' 영역에는 여러 가지 갈등 상황이 있고 식민자의 모집이나 만주로의 투자, 관광이나 기타 경제활동을 촉진시키기 위해 전쟁이나 현지 주민과의 갈등이라는 잠재적인 공포에 직면된 의식을 진정시키는 것이 필요하였다. 또 새로운 질서를 지지하는 시민사회의 형성이라는 목적에서도 영화제작이 진행되었던 것이다.

현재 일본에서 만철영화가 망각된 것은 제국주의의 붕괴와 더불어 만주국과 관련 있는 모든 평가를 떨어뜨리는 것이다. 그중에서 아쿠타가와 미쓰조의 만철영화나 그가 있었던 만철영화 제작소의 역사도 비난되어진 것은 아닐까. 그 때문에 작품 자체는 거의 평가를 받지 못하였다.

중국에게 만주란

'만주국'에서의 사상 탄압 세월

뤼위엔밍[1]

1. 중국 문화인에 대한 전면 '숙청'에 대한 문서

1970~1980년대 중국 동북에서 식민에 관한 연구가 깊어질 무렵 '만주' 식민지 통치 기관이 중국과 일본의 정의를 옹호하는 사람들을 탄압했던 관련 자료가 중국에서 잇달아 '발견'되어 사람들의 관심을 끌었다.

동북 식민지시기(만주국시기)의 문학에 대한 연구가 진행되면서 발전 된 몇 개의 '만주국(日僞 : 중일전쟁 당시의 일본과 만주)' 문서는 동북 문인에 관한 것으로 처음 발견된 것이기 때문에 많은 학자들이 관심을 가졌다. 이러한 만주국 문서에는 「수경비밀발(首警秘密發) 제1414호, 캉더[康德]

---

1 呂元明, 1925년생. 일본문학사. 저서로는 『日本文学史』(吉林出版社)가 있다.

10년(1943) 5월 4일, 수도 경찰 부총감 미타 마사오[三田正치], 경무 총국장 야마다 슌스케[山田俊介] 귀하[殿](2報의 1)」1부, 「수경특비발(首警特秘發) 제1414호, 캉더[康德] 10년 5월 4일, 수도 경찰 부총감 미타 슌스케 귀하(2 보의 2)」1부, 「수경특비발 3650호, 캉더 10년 11월 29일 경찰 부총감, 경무 총국장 귀하」1부가 있다. 이 3부의 문서는 모두 일본어로 쓰여져 있고 동판에 손으로 써서 에칭(etching)[2] 기법으로 인쇄한 것이다. 첫 번째 문서(1414호)는 캉더 9년에 작성된 「치경특비발(治警特秘發) 제54호」가 포함되어 있었다. 세 번째 문서(3650호)에는 예문(藝文)에 관한 '사보(四報)' 가 있었다. '삼보(三報)'가 있지만 발견되지는 않았다. 이러한 만주국 문서는 당시에는 많이 있었지만 현재 수집하기는 매우 어렵다.

상술한 3부의 문서는 모두 중국 문인에 초점을 맞춘 것이다. 대외비로 분류된 이들 문서는 식민지에 대한 일본의 냉혹하면서도, 피비린내 나는 통치 사상과 방법을 적나라하게 드러내고 있다. 그 문장을 보면 좌익 문예 상황에 대해 매우 잘 이해하고 있는 인물이거나 혹은 적에 투항한 문인이 쓴 것인지도 모른다는 생각이 들지만, 어쨌든 만주 수도 경찰청은 항상 이런 종류의 특무(스파이)기관을 설치하여 중국 문인과 일본 문인을 감시하고 조사하였던 것이다. 문서에는 "본 문학에 대해 인식이 없는 타 민족에게는 핵심 의식을 파악하는 것이 곤란한 것이었다"고 되어 있는 것으로 보아, 여기에서 이 문서가 일본인에 의해 쓰여진 것임을 알 수 있다. 이러한 분석의 일부는 중국 작가의 생각을 파악한 것이지만 일부는 문장만 가지고 터무니없이 주관적으로 판단한 것이다. 중학생

---

2 에칭은 동판의 표면을 방식제로 덮고 그 위에다 조각침으로 그린 후 약품에 의해 선 부분을 부식시킨 것을 말한다. 부식동판화(腐蝕銅版画) 또는 그 기술을 지칭한다.

이나 고등학생, 심지어 관동군 통역인 쥐에칭[爵靑]조차 모두 '반만항일(만주에 반대하여 일본에 저항함)'의 의심이 있는 자로 기록되어 야만스러운 문자옥[3]과 같은 상황에 있었다.

문서에 서술되어 있는 문화사업 진전 상황표는 발견하지 못했지만, 문서 말미에 출판계 조직상황표가 붙어 있었고 신징(창춘)의 중국인 문화조직, 문인과 서점은 대부분 그 표에 포함되어 있다. 일본 스파이였던 왕저[王則], 리지펑[李季風], 위엔시[袁犀], 샨띵[山丁]과 같

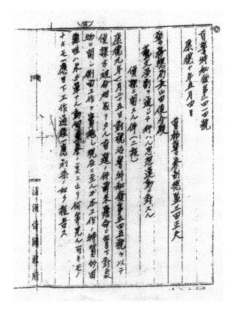

만주 수도 경찰청 기밀문서(二報)

은 작가에 대해서는 거의 매일 미행하였고, 휴가 중인지, 집에 있는지 혹은 멀리 외출했는지 등 일상에 대해 모두 감시하였다. 이러한 기밀문서를 보면 일본이 얼마나 가혹하게 탄압했는지 알 수 있다.

만주의 좌익문학은 정치적 입장에서 출발했기 때문에 다분히 추상적이고 모호한 성격을 갖고 있다. 따라서 이러한 문학에 대해 인식이 없는 타 민족에게는 핵심을 파악하는 것이 어려울 것이다.

특히 태평양전쟁 발발 후 정부의 반만항일 운동가의 검거 탄압 및 대책은 좌익작가에게 집중되었기 때문에 종전과 비교하면 더욱 추상적이고 애매

---

3 중국 여러 왕조에서 일어난 필화사건의 총칭. 정부에 대한 반항적인 언론활동을 하는 문인을 대량으로 탄압하는 것.

하게 변모했을 것이다.

중국 좌익문학에 대해 위와 같이 분석을 한 후, 수도 경찰청 경무총국 특고과는 당시 공간물을 통하여 중국작가 작품의 죄상에 대해 다음과 같이 밝히고 있다.

1. 정부의 감찰제도에 표면적인 찬성 의사로 가장하여 부덕한 관리의 악덕 행위를 지적함으로써 민중의 반정부 의식고취라는 역작용을 노렸다.
2. 정부경제통제에 협력하는 체하면서 넌지시 그 모순당착을 묘사하여 반 정부적 정서를 노렸다.
3. 표면적으로는 전체주의를 신봉하고 지금은 개인주의를 배격해야 할 것 이라고 강조하는 한편 유물주의 세계관으로 부르주아의 부조리를 지적 하여 세계의 귀결은 대동세계라고 예언한 사회주의를 주장하였다.
4. 영미제국주의는 마침내 아시아를 정복하여 중국 민족을 모조리 압박하 였다고 말하고 영국과 미국을 반대하는 구호 하에 기교적으로 중국민족 의 압박과 고통을 묘사하여 우회적으로 일본을 제국주의적 침략자로 간 주하여 반만항일 사상 배양을 도왔다.
5. 태평양전쟁 발발 이래 버마, 인도, 필리핀 등 각 민족 독립운동을 이용하 여 영·미의 횡포를 통격하면서 교묘히 현 상황을 예로 들어 민족의식을 반만항일로 유도하였다.
   또 그 외 현실에 타협하는 반정부적, 반부르주아적 허무주의적 반국민문 학이 있어서도 이들 무리는 모두 사물의 해결을 운명의 신에게 맡기고 현 정부에 대해 적극적인 반대는 보이지 않아도 정부의 시책에 동의하지 않는 독자로 이른바 소극적 저항정신을 대두시켜 장래 사회주의 사상계몽의 소지를 만들었다.

상술한 만주 수도경찰청 특고과의 판단기준을 보면 문예작품을 발표한 중국인 작가는 대부분 좌익분자로 간주하여 체포하는 매우 잔인한 탄압이었음을 알 수 있다. 당시 '만주좌익문인'은 대부분이 도시에 없었는데, 예를 들면 죠우바오쫑[周保中], 리쟈오린[李兆麟] 등은 깊은 산 속의 항일연합군부대에 있었다. 위엔시[袁犀], 샨띵[山丁], 왕저[王則], 리지펑[李季風] 등은 항일애국사상은 갖추고 있었지만 당시는 아직 좌익문화전사의 대열에 참여했던 것은 아니었다.

2. 12 · 30사건의 자료

1990년대 들어 만주국 시절 박해를 경험했던 보다 많은 사람들이 공식적으로 나서서 증언을 하고 글을 썼으며, 만주와 일본 식민지 통치자의 정치적, 사상적, 문화적인 지배에 대해 새로운 폭로를 하였다. 이에 대한 수량도 적지 않은데, 예를 들어 12 · 30사건(이하 내용 참조)에 대한 것만 들면 다음과 같다.

지엔스[鑒實], 「12 · 30사건 약술」(『吉林文史資料』 제26집); 천쭈오스[陳作

師,「12·30사건을 말하다」·「12·30건 중의 나」; 치우인거[邱蔭閣],「12·30 사건의 자초지종」; 위엔뚱쉬[遠東旭],「만주재무직원 훈련소의 좌익 청년 및 반만항일 활동」; 리우칭위[劉慶武],「반만항일운동 참가 회고」; 리캉[李 康],「우리의 비밀 도서관」; 쉬밍[徐明],「도총분독(刀叢愼讀), 항적구국(抗敵 救國)」(『齊齊哈爾文史資料』제1기, 1986); 쟝리에[張烈],「만주시절의 까오더 셩[高德生] 동지에 대한 단편적 추억」; 리우칭위[劉慶武],「반만항일 활동 참 가 회고」; 치지신[齊紀辛],「내가 독서 교우회에 참가한 전말」·「텅쉬에리 양[滕學亮]의 진술―1960년 6월 15일」(챵춘시 공안국)·「쓰쓰미 케이스케[堤 圭介]에 대해 기술하다」(『齊齊哈爾文史資料』1988); 리따아이[李大愛],「공소 서(公訴書), 1954.4.1」(『東北歷次大慘案』); 후젼우[胡振武],「타시로[田白]사건 의 추억」; 리양위더[梁毓德],「푸라얼지[富拉爾基], 하이라얼[海拉爾] 항일혁 명 조직의 건립과 활동」; 쉬위엔꽝[徐園光],「재직(재무직업훈련소)독서교 우 활동의 약간의 추억」; 쳔바오치[陳寶琦],「만주국통치시기 동북에서 '재 직(財職)' 4기 항일활동의 추억」; 쟝징하오[張京浩],「7·27사건」(챵춘시 공 안국); 싱쟌아오[邢占鰲],「12·30사건 중 요서(遼西)지구 항일혁명활동 단 편」·「만주 수도 지방보안국 경좌(警佐)미시나 슈하치[三品修八]의 진술」 (챵춘 공안국); 뤼티엔[呂天],「12·30사건의 추억」(『長春地方志』제5기, 1986)·「스파이꽌종시엔[關忠顯]의 진술, 1964.12.15」(챵춘시 공안국)·「수 도 지방보안국 스파이 쏭위엔젼[宋元眞]의 석명 자료」(챵춘시 공안국)· 「만주 하얼삔 경찰청 스파이 죠우즈삔[周質彬]의 진술」(하얼삔 공안국); 까 오더셩[高德生],「리우롱지우[劉榮久] 열사가 나에게 남긴 최후의 인상」; 지 아시팅[賈西庭],「리우롱지우[劉榮久], 왕더린[王德麟], 마청룽[馬成龍] 열사 의 옥중 단편」; 쟝리에[張烈],「만주국 까오더셩[高德生] 동지에 대한 단편적 추억」(『東北革命作家田貫』)·「스파이 쟈오뚱포[趙東坡]의 진술, 1960.9.26」
(챵춘공안국); 쟝리에[張烈], 「리지펑[李季風]탈옥의 자초지종을 기록하다」
(『東北文學研究史資料』제3집); 시청[夕澄], 「항일구국을 위해 희생된 사람
애도」(『東北革命作家田貫』); 리원이에[李文業], 「12·30사건으로 순사한 리
우룽지우[劉榮久] 등 열사에 대한 기록」(『遼寧法制報』, 1985.9.9); 천훙[陳鴻],
「부친 천뚱셩[陳東升] 추억」(『長春文史資料』제35집); 왕챵신[王長新], 왕홍
원[王宏文], 「만주국시기 챵춘의 국민당 지하활동 및 졍싱[貞星]사건」(『僞滿
史料叢書·抗日救國卷』); 지깡[紀剛], 『고인(故人)을 매장함』(延邊出版社,
1995); 리훙원[李鴻文], 「챵춘지구 반만항일 투쟁 개황」(『長春文史資料』제47
집, 1995.2)

발표된 논문이나 자료는 수백 편 이상이다.
최근 12·30사건에 관한 당시의 일본 문서도 많이 발견되었다.

「좌익 독서회-동북대중혁명당-동북철혈동맹」(黑龍江省檔案館); 「1942
년 1월 4일 고사비(高思秘) 제1호, 신징[新京] 고등검찰청 차장 이데 렌죠[井
出廉三], 사법부 차장 마에노 시게루[前野茂], 최고 검사청 차장 이시이 긴지
[石井謹爾] 전(殿)」(吉林省檔案館, 中央檔案館 編, 『東北歷次大慘案』, 中華書局
出版社, 1989); 「12·30 하얼삔 좌익문학사건」(하얼삔 공안국), 「수도경찰청
부총감, 캉더[康德] 8년 12월 24일, 치안부 경무사장 귀하, 수경도 특비 6624
호」(黑龍江檔案館); 「관동 헌병 사령부, 리지펑[李季風] 심문 상황에 대한 통
보, 1942년 12월 24일, 관헌자[關憲字] 제768호」(中央檔案館); 「수도 경찰청 부
총감, 캉더 8년 12월 22일, 치안부 경무사장 귀하, 수경특비 제6585호」(黑龍

江檔案館);「심문 참고자료, 수도경찰청 특무계장 구로이와[黑岩]」(黑龍江省檔案館); 만주사법부 히가시 도시오[東敏雄] 편,『12·30사건의 전모』(吉林省檔案館), 1944.6; 만주 치치하얼 고등검찰청 편,『최근 본청에서 처리한 주요 사상사건 개요』, 1943.6,「경무총국장 야마다 슌스케[山田俊介], 싱안베이[興安北]성 경무 청장 귀하, 1943년 5월 1일, 경총특(고)비 제18호」(『東北歷次大慘案』) 등.

정신헝[鄭新衡]의『12·30사건의 전말―동북 청년 반만항일 지하투쟁 사기』(遼寧出版社, 1996.9)는 1980~1990년대 이래 12·30사건에 관한 연구에서 가장 체계적이고 전면적인 저서이다. 12·30사건은 1941년 12월 30일 밤, 하얼삔 '36붕(棚)' 좌익 독서회 회의에 출석한 멤버(챵춘, 하얼삔, 지린, 션양, 리아오닝성 서부, 치치하얼 등지)와 하얼삔의 항일 애국 조직인 동북좌익 독서회(대중혁명당)의 회원이 일본 특무경찰에게 체포된 사건이다. 이 사건을 계기로 신징[新京, 챵춘], 펑티엔(션양), 진죠우[錦州], 헤이샨[黑山], 푸순[撫順], 지린, 시펑[西豊], 화띠엔[樺甸], 하이청[海城], 치치하얼, 하이라얼, 푸라얼지[富拉爾基] 등지에서도 항일 애국혁명조직의 중국인 청년들이 대대적으로 체포되었다. 수사는 많은 애국지식인뿐만 아니라 애국의지를 가진 사무원, 군인, 상인, 관리, 학생, 적에 저항하여 지하운동을 하는 사람들, 노동자, 의사, 주부에까지 미쳤다.

만주 사법부가 내부 발행한『12·30사건의 전모』에 따르면 12·30사건은 1941년 말부터 1942년 초두에 걸친 국민당에 의해 획책된 반만항일운동에 대한 체포사건으로 그 범위는 만주전국과 일본 본토에까지 확대되었다. 이 사건으로 체포된 사람의 총수는 355명. 그중에서 검찰청

하얼삔시 '36붕(棚)' 중의 러시아식 가옥

1941년 12월 30일 랴오닝성 서부 지역 치치하얼, 지린, 션양, 챵춘, 하얼삔, 만주군관학교 등의 항일
애국 대표가 모두 참가하는 동북독서회 대표대회가 개최되었다. 리우룽지우는 주최자 중의 한 사람
이었다. 만주 수도 경찰청은 일본에 투항한 변절자이자 중국공산당원인 리우위지엔(쑹이푸), 주광쥔
(마시아오시엔)을 사전에 파견하여 독서회에 잠입시켰다. 또 수도 경찰청은 사전에 대량의 일본 경찰
과 스파이를 파견하여 같은 날, 하얼삔, 챵춘(신징), 션양, 치치하얼, 진죠우, 지린, 화띠엔, 하이라얼
등지에서 대규모 단속을 단행하여 동북 항일 애국 투쟁 상황을 변화시킬 정도의 타격을 가하였다.

으로 압송된 자 257명, 기소된 자 193명, 불기소된 자 87명, 판결된 자가
170명이었다. 판결 결과는 사형 9명, 무기 징역 18명, 유기 징역 128명,
집행 유예 15명이다. 그러나 체포 후에 살해된 사람의 수는 분명하게 고
의로 은폐되었다. 예를 들면 치치하얼의 일본헌병대 소위 쓰치야 요시
오[土屋芳雄]는 1956년 5월 21일에 푸순에서 졍싱[貞星]사건과 12 · 30사건
은 동북에서 "500명에게 파급되었다"라고 필담으로 진술하였고, 관동군
헌병사령부 제3과 과장 중좌 요시후사 도라오[吉房虎雄]는 1954년 7월 6
일 재판 중 "체포되어 고문을 받았던 중국인 애국지사는 700여 명에 이

12 · 30사건의 희생자 리우룽지우
그는 반만항일 독서회의 주요 구성원으로 1941년 12월에 체포되었다. 1943년 10월 26일 신징 감옥에서 교수형으로 사형되었다. 향년 26세. 교수형 집행 전 옥중의 다른 수감자들에게도 (리우룽지우의 교수형집행이)통지되어, 그날 밤에는 고요한 가운데 잠을 이루지 못했다. 갑자기 '퉁'하는 소리(교수형을 집행할 때 발끝의 판자가 떨어지는 소리)가 울리자 사람들은 매우 놀랐다. 12 · 30사건의 주요 희생자는 천뚱셩(23세), 왕더린(22세), 리용캉(21세), 쟝꾸이린(26세), 한후이룽(여, 23세), 판중춘(23세) 등 다수이다.

른다"라고 인정하였다. 일본의 헌병, 경찰, 특무기관이 한 일을 공문서에 기록하기 힘든 경우 별도로 처리하였다. 예를 들어 리지펑[李季風]이 탈옥한 후 특무경찰은 그의 동생을 체포하였고 나중에는 그의 형도 투옥시켰다. 형 리푸순[李福順]은 적의 고문에 못 이겨 옥사하였다. 이러한 상황은 만주 도처에서 볼 수 있었고 조작된 죄명을(공문서에) 가필한 외에도 자주 병사(病死)라고 써서 진실을 은폐하였다.

사형 판결을 받은 리우룽지우[劉榮久]는 만주국 경제부 재무직원 훈련소 출신으로 졸업 후 만주 경제부 직원이 되었다. 독서회(동북대중 혁명당)의 주요 인물로 적에게 핵심인물로 분류되었다. 1943년 12월 26일 신징(챵춘) 감옥에서 교수형에 처해졌지만 죽기 전에 "일본제국주의를 타도하라! 중화민족과 괴로움에 허덕이는 대중은 반드시 해방된다!"라고 외치면서 안색도 변함없이 의연히 죽음을 맞았다. 그의 나이 불과 26세였다.

12 · 30사건에 관련된 만주 경제부 재무 훈련소의 애국 청년들이 만들

었던 반만항일조직은 후에 건국대학, 신징공업대학, 법정대학 등의 대학 및 하얼삔, 치치하얼, 챵춘, 션양, 진죠우, 지린, 화띠엔 등 지방에서 다방면에 걸쳐 발전을 이루었다. 애초에 그들은 조직도 없고 지도자도 없는 일본 식민지주의의 억압 하에서 성장한 자발적인 반만항일 집단이었다. 그 성장 과정에서 자연히 항일의 대후방(일본군의 세력이 미치지 않는 지역)에 있는 국민당이나 샨시[陝西], 깐쑤[甘肅], 닝시아[寧夏]지구에 있는 중국공산당 항일정책의 영향을 받았다. 따라서 그들은 지도자를 초빙하면서 점차 사상과 체계를 갖춘 조직으로 행보를 전진시켰다.

『12·30사건의 개모』라는 책에는 그들의 반만항일운동이 '국민당에 의해 획책되었다'고 쓰여 있지만 이것은 적절하지 않다. 그들 중 일부분은 나중에 국민당이 동북지방으로 파견한 인사와 관계를 가졌지만 대부분 근간이 되는 세력은 적극적으로 중국공산당을 찾아 접촉하여 연락을 취한 자도 있었다. 공산당 조직은 치밀하여 적도 검거하기 어려웠다. 그러나 식민지의 잔혹한 통치라는 조건에다 청년들이 정치에 익숙하지 못했고, 일본에 투항한 혁명 배반자가 스파이가 되어(예를 들면 항일연군 제5군 정치주임 쏭이퓌[宋一치는 나중에 적에 투항하여 수도 경찰청의 스파이가 되었다) 그들의 대오에 들어가 12·30사건이라는 일망타진하는 체포사건이 발생하였다.

최근 당시 회고록이 많이 나오고 일본 문서도 잇따라 발견되어 12·30사건을 둘러싼 연구가 비로소 진행되고 있다. 앞으로 중요한 저작들이 더 많이 나올 것으로 기대한다.

3. 태평양전쟁 시 정치사상의 대탄압

상술한 만주 식민지시기 중국 인민에 대한 정치적인 사상 탄압은 모두 1941년 이후 이루어진 것이다. 1937년 일본이 중국에서 전면적인 침략전쟁을 시작한지 이미 4년이 경과한 때였다. 일본은 전쟁의 승리 혹은 종결의 전망을 갖지 않고 점점 더 침략전쟁의 깊은 수렁에 빠져 들어 전쟁물자도 날마다 곤궁해지고 그 입장도 날이 갈수록 고립되었기 때문에, 1941년 12월 8일에는 현상 타개를 위해 미국의 진주만을 기습 공격하여 태평양전쟁을 일으켰다. 12월 30일, 일본침략전쟁의 대후방이라고 간주된 중국의 동북 — 이른바 '만주국'에서 중국의 애국항일 군중에 대해 대규모적인 탄압이 이루어졌다. 일본 관동군, 헌병사령부 및 만주경찰청의 목적은 분명히 '대 후방'에서 중국의 반만항일 인사를 일망타진하는 것이었다.

12월 30일의 대규모 체포는 결코 우연히 발생한 사건이 아니었다. 이 사건은 일본의 전쟁 전체와 긴밀한 관계를 가지고 있다. 이전에는 단지 중국침략 전장인 동북지구 및 기타 점령지구의 항일세력만 대처하면 되었는데 이때에는 동남아시아와 태평양이라는 광대한 지역까지 확대되어 버렸던 것이다. 전쟁은 이미 일본 본토에 영향을 끼칠 만큼 확대되었고 이른바 '일만일체(日滿一體)'의 상황은 더욱 심각해졌다. 중국 동북지역의 항일세력에 대한 탄압이 중요해졌을 뿐만 아니라 전쟁을 불만으로 여기는 일본 본토 사람들에 대한 탄압도 중요한 과제가 되었다. 피점령 지역인 중국의 화북(華北), 화중(華中)지구 및 한반도 전역에서 탄압이 강화된 것은 말할 것도 없다.

일본의 전쟁광에 의한 정치적, 사상적인 전면적 탄압을 충분히 설명할 만한 책이 있다. 그것은 만주사법부 형사국이 캉더[康德] 8년(1941) 8월에 출판한 '비매품', 『제4차 치안계 심판관 검사관 회의의사록, 일만사법연락위원회 사상전문위원회 회의록』이다. 총 286면으로 '비(秘)'라는 글자가 찍혀있을 뿐만 아니라 '취급주의'의 번호도 남아 있다. 이 책은 '사상자료' 제8호로 만주에서 일본 식민지주의의 핵심 인사들과 기관에 배부되었던(일본 관리에게만 배부)문서로 일본 식민지에서의 탄압정책을 언급했을 뿐만 아니라 태평양전쟁 발발 후 만주에서의 대대적인 탄압과 대규모적인 체포사건에 관해서도 전면적으로 반영하고 있다.

여기에서 '사상자료' 제8호의 '의사록'을 언급하면서 논의하고자 한다. 중국인 관점에서 본다면 이것은 일본의 파시즘 사상에 의한 통치를 철저히 표현한 것이라 할 수 있다.

제4차 치안계 심판관 검사관 회의는 1943년 9월 29일과 30일 이틀에 걸쳐 만주국무원 강당에서 열렸다. 출석자는 모두 일본인이었고, '만주국'이라고 하면서도 '만주'인은 한명도 없었다. 언제나 일본인의 비위를 맞추던 앞잡이조차 이 회의석상에는 참석할 수 없었다.

사법부 차장 마에노 시게루[前野茂]가 '훈시'에서 말한 것은 '대동아 성전' 아래서 어떻게 만주 탄압에 종사하는 기관의 움직임을 강화할 것인가였다. 그는 전쟁의 진전과 잔혹한 사상 통제를 동일시하였다.

형사 사장(司長) 오타 다이조[太田耐造]의 '지시'는 마에노 시게루가 제시한 사상 탄압의 강화를 전제로 하여 동북 각지에서 불만을 갖고 있는 사람들을 포함하여 각종 형태의 반만항일조직을 모두 '숙청'하는 것이었다. 첫째 '만주공산당군의 최근 동향과 이의 단속정책에 관한 사항', 둘째 '중국공산당의 대만책동에 관한 사항'(이 항의 서술에서 극악비도(極惡非道)하게 간주된 중국공산당이 어떻게 러허[熱河] 지구로 공격해 들어갔는지 쉽게 알 수 있다), 셋째 '국제공산당(코민테른) 해산에 따른 좌익분자 단속에 관한 사항', 넷째 '총칭[重慶]국민당의 대만책동에 관한 사항', 다섯째 '소련방 책동에 관한 사항', 여섯째 '조선독립운동에 관한 사항', 일곱째 '불령(不逞) 종교단체 단속에 관한 사항', 여덟째는 '언론사범 방지에 관한 사항', 아홉째 '근로봉공대원, 보도공인(補導工人), 공출 노동자 등 집단범죄 단속에 관한 사항'이다. 이것이 일종의 전면적인 '숙청'으로 그 중점은 중국공산당원뿐만 아니라 중국의 일반 민중까지도 포함하고 있으며 나아가 일본 민중까지 깊이 다다르고 있다는 것을 쉽게 볼 수 있다.

만주전역의 '숙청'에 대해서는 8개의 '정세보고서'에 보고되어 있다.

1. 일계(日系)공산주의운동에 관하여(신징 고검 요시오카[吉岡] 검찰관)

2. 북만주지구 숙정(肅正)공작에 관하여(하얼삔 고검 나카[中] 검찰관)

3. 사교(邪敎)관계사건에 관하여(펑티엔(선양) 고검 시모카와[下川] 검찰관)

4. 챵파툰[長發屯] 경찰경비대의 반역사건에 관하여(무딴지앙[牡丹江]고검 우스다[臼田] 검찰관)

5. 서남지구의 특별숙청임무에 관하여(진조우[錦州] 고검 가메오카[龜岡] 검찰관)

6. 관내정세보고, 특히 백계 러시아인 및 몽골인의 동향에 관하여(하얼삔 고검 시마다[島田] 검찰관)

7. 12.30사건의 재판에 관하여(신징(챵춘) 고검 오카베[岡部] 심판관)

8. 최근 일본에서의 사상정세에 관하여(사법성(司法省) 나가토(長戶) 사무관)

　본론에서는 태평양전쟁 발발 후 2년간 '만주'에서 일어났던 각종 대규모 체포사건과 탄압을 언급하고 있지만 각각의 사건이 모두 한 권의 책이 될 만한 큰 사건들이다. 글자 수의 제한도 있어서 여기서는 1, 2건밖에 말하지 않겠지만 다른 사건에 관해서는 다음 기회에 서술할 예정이다.

　먼저 '일본계공산주의 운동에 관해서'는 일본 식민주의자에 의한 동일 민족에 대한 탄압이다. 이것은 타 민족을 압박하고 있는 민족의 인민도 마찬가지로 불행하다는 것을 드러내고 있다. 여기에서 신징 고검은 4개의 문제를 제기하였다. 즉 ① '만철' 내의 좌익분자 활동, ②『만주평론』에 의거한 좌익운동, ③ '북만형 합작사 운동' 및 '중핵체(中核體) 결성', ④ 만주국관리, 국책회사 사원의 좌익분자 활동. 이 보고에 의하면 1941년 11월 4일 이래, 체포된 북만형 합작사 운동 및 중핵체의 결성 멤버는 53명이며, 만주관리 및 국책회사 사원은 3명, 만주철도 및『만주평론』은 44명으로 100여 명에 달하였다. 이를 통해 일본인에 대한 진압의 잔혹함을 알 수 있다.

　이해하기 어려운 것은 일본 헌병이 사토 다이시로(佐藤大四郎) 등 북만형 합작사 운동 멤버의 활동을 '빈농주의'라고 지적한 것이다. 사실 이것은 합법적인 범위로 탄압하거나 체포할 충분한 이유가 없었다. 일부 사람들의 정치적 관점과 입장은 전혀 다른 문제이다. 이른바 '중핵체'는 실제 근거 없이 조작된 죄명이었던 것이다.

　현 기구 내에서 만주농업의 봉건적 성격이 자본주의화의 길을 모색해 갈

수 있을지의 여부에 관해서는 봉건성의 절대화를 주장하는 일파와 자본주의화의 가능성을 주장하는 일파로 나뉘었다.

봉건성의 절대화는 일본의 야마다 세이타로[山田盛太郞] 등 일본 농업의 봉건성 절대화론에서 영향을 받았으며, 동인 저서 『일본 자본주의의 분석』을 성서시하여 '일본자본주의는 만주에서 농업의 봉건성과 연결되었기 때문에 현재 일본이 지도하는 일 · 만[日滿] 관계는 그 봉건성이 한층 강고해져 움직이기 어렵다고 하였다. 따라서 일본 지배하 만주국의 현 기구 내에서 봉건성의 제거는 불가능하고 '그 해결은 현 기구 외에서나 비로소 가능하다'고 밝혔다. 먼저, 봉건성 절대화 이론은 1932년경부터 만철의 오가미 스에히로[大上末廣] 등이 주장하였다. 이 주장 뒤에는 봉건성 제거를 위해 광범한 농민층의 대중적 투쟁이 필요하며 중농 · 빈농 농민층의 대중적 압력으로 봉건성 제거가 가능하다는 것을 의미하였다.

사토 다이시로 일파의 북만형 합작사 운동은 이 이론을 실천에 옮긴 것이다. 반농주의를 채용한 하얼빈 헤이롱지앙성 프로젝트는 농업 합작사의 제 사업을 통해 기생적 지주 혹은 상업 고리대 자본 등의 봉건적 지배를 배제하려는 빈농 중심의 농민조합으로 그들은 이 조직을 확대 강화하여 농업구조를 장악함으로써 부르주아 민주주의 혁명을 실현하고 나아가 사회주의 혁명에 대비하려는 것이다.

(…중략…)

하얼삔 헤이롱지앙성 프로젝트는 끝까지 국책순응을 표방함으로써 언제나 합법적인 듯이 보였지만, 농업 합작사의 나카조노 요시히데[中情野義秀] 이외 4명은 프로젝트에 한계를 느꼈다. 따라서 그들은 만주국에서도 일본공산당 및 중국공산당과 호응하여 그 일익으로 만주공산주의 운동을 전개해야할 필요가 있다고 판단하여 합작사 운동과는 별개로 재만 일계 공산주의 운동의 지도체에 있어야 할 중핵체인 '핵'을 결성하였으나 별다른 활동도 펴보지 못한 채 검거되었다.

북만주지구에서의 숙청 여파는 하얼삔보다 동쪽의 빠옌[巴彦], 똥싱[東興], 무란[木蘭], 북쪽의 베이안[北安], 티에리[鐵力] 등 각 현의 항일투쟁에까지 미쳤다. 이 '숙청'작업으로 일본 식민지 통치자의 탄압이 얼마나 잔혹한지 확실히 간파되는 한편 항일투쟁의 광범위성과 대중성을 이해할 수도 있었다. 그러나 이런 상황에서도 일본군은 완전히 탄압을 중단하지 않았다. 기소된 사람만 407명, 사형 66명, 무기징역 60명, 징역 20년인 자 23명, 징역 15년인 자 51명, 10년인 자 71명이라고 알려져 있다. 일본은 중국인 봉기에 심각한 원인이 있다는 것을 인정하고 있다. 일본개척단이 '극단적인' 저가로 중국인 토지를 강제적으로 매수했던 것, 개척단이 무력으로 중국인을 공격했던 것이 중국인의 강한 불만을 일으켰다.

또한 일본이 '비적과 결탁했다'라는 죄명으로 중국인을 탄압한 것도 광범위하게 영향을 미쳐 중국인의 심한 분노와 저항을 일으키는 하나의 원인이 되었다. 사실 하얼삔 고등검찰청이 파악하고 있는 상황은 불과 일부분에 지나지 않는 것이다. 일본 군대와 경찰에 의한 야만적이고 잔인한 행위는 셀 수 없을 정도이다.

일본 군대와 경찰에 의한 챵파툰[長發屯] 경찰경비대의 반역 사건에 대한 탄압은 식민지통치의 야만성이 얼마나 인심을 잃을 수 있는 것인가를 드러내고 있다. 우리는 사형수 명단에서 17세 소년의 이름이 있고 16세의 소녀가 12년의 징역에 처해진 것을 발견할 수 있다.(표 1 참조) 실제

표 1

● 일제 봉기에 참가한 자

소속	직업	이름	연령	검거(또는 사살)일시	비고
성직할 경찰 경비대	경위	姜永茂	35	4. 19(사살)	두목
〃	경장	任志国	22	4. 30	사형
〃	〃	滕水珍		9. 初(사살)	
〃	〃	王干清			미검거
〃	경사	王守善	28	4. 24	사형
〃	〃	王潭信	28	4. 21	〃
〃	〃	曹俊德	25	4. 30	〃
〃	〃	張海龍	23	4. 21	〃
〃	〃	黄恒有	28	4. 25	〃
	〃	喬賓清			미검거
	〃	曲重忠			〃
	〃	胡有昌		4. 23(사살)	
	전 경사	滕永起		4. 19(사살)	
	〃	張 江		4. 23(사살)	
	무직	姜張氏	28	4. 19(사살)	姜永茂 처
	〃	姜殿文	17	4. 23	姜永茂의 장남 사형
	〃	姜殿式	15	4. 23	姜永茂의 차남 미성년형사
	〃	王桂珍	22	5. 10	曹俊德의 처 사형
	〃	王桂容	16	4. 30	王桂珍의 여동생 징역12년
	〃	王素蘭	29	5. 26	王守善의 처 징역12년
	〃	張 武	19	4. 24	사형
	농업	張万林			미검거
	〃	張国梁			〃
	〃	張国棟	18	6. 하 순	사형
경비대	급사	喬永福		4. 29	

● 단체에 가입했으나 일제 봉기에 참가하지 않은 자

소속	직업	이름	연령	검거일시	비고
姜永茂方	요리사	王振国	35	5. 10	병환으로 취조 만료
	전 경사	馮福金	23	4. 26	무기징역
	지아무쓰시 地政科 직원	董貫枝	18	5. 27	王振国의 생질 징역12년
	제재소 직원	王 貴	18	5. 27	王振国의 장남 기소유예
	농업	張 福	33	4. 말	징역12년

● 내통자(기소됨)

소속	직업	이름	연령	검거일시	비고
樺川県朝陽川村 安楽屯、屯長	농업	宗 林	44	5. 21	징역3년
	〃	宗 志	37	〃	宗林 동생 징역7년
	〃	曹樹林	48	〃	曹俊德 망처의 부친 기소후사망

로 그들은 모두 부모를 따라 도망했던 것에 불과하며 게다가 법률상으로 미성년자이다. 이 사건으로 일본 경찰관 등 7명이 살해되었는데 그 복수로 중국인은 17명이나 죽임을 당했다. 거의 모두 살해되었던 것이다. 표1의 명단을 통하여 일본군의 잔학성을 살펴볼 수 있다.

당시의 상황에 대해서는 일본 당국 또한 인정하고 있다.

일반적으로 만계국민은 일본의 전과에 대한 인식이 부족하고 쉽게 이를 믿는 풍조가 있다. 또 본 반역 사건 당시, 쌴지앙[三江]성 아래 푸진[富錦]과 쌴지앙 옆 화추안[樺川]의 일부에 민간 식량이 부족한 것도 확실하여 반역 사건 당시 경비대 부근의 민간식량 배급 상황은 한 달 중 20일분 정도의 배급이 있었을 뿐이었다. 특히 대원은 고량과 좁쌀 등을 하루 한 근씩 배급하여 부족하지는 않을 것이라고 생각할 것이다. 현재 쌴지앙[三江]성의 일부 만계(滿系)는 가장 먼저 일본군 아래에 있는 것을 싫어하는 움직임도 있는 것 같다.

일본의 고백은 왜 중국인이 필사적으로 저항하고 있는가를 보여주고 있다.

봉기 후 체포된 중국인은 전혀 죽음을 두려워하지 않았다. 사건 후 사살된 지앙용마오[姜永茂]는 전 항일 연군의 전사였고 그의 16세 아들 지앙띠엔원[姜殿文]은 사형판결을 받은 후 아무 망설임 없이 다음과 같이 말했다.

나는 현재 만주국에 대해 큰 불만을 갖고 있다. 국가의 정책이 나쁘기 때

본고 후반의 2절 참조. 기밀문서 표지(일부 파손)에 취급번호 No.49와 1943년 10월이라 명시됨. 사상 자료는 만주사법부에서 출판한 것으로 '비(秘)'자 가 찍혀 있고 동시에 '취급주의'라고 인쇄되어 있 다. '치안계심판관검사관회의'는 여러 차례 개최되 었지만, '일만사법 연락위원회 사상전문위원회 회 의'는 처음으로 개최되었다. (1943.10.1)

문에 우리가 아사 상태에 있는 것이다. 내 아버님이 귀순한 것은 산에 있는 것보다 먹을 것도 있고 생활이 편안하다고 생각했기 때문이다. 나는 지금 의 만주국에는 아주 반대한다. 아버지가 토벌로 돌아가셨기 때문에 나는 아버지의 원수를 갚고 싶다. 만약 할 수 있으면 비적이라고 속이고 일본을 토벌하고 싶다.

4. '사상 단속'의 공동 행동

만주 사법부에 의한 '제4차 치안계 심판관 검찰관 회의'가 개최될 때 이른바 '국외 참열자(參列者)'로는 일본, 조선, 관동주(뤼순 따리엔지구), 화북(華北), 샹하이, 칭다오, 화중(華中), 몽강(蒙疆) 대표가 참가하였고 이들은 사무관, 판사, 검사, 검찰관, 재판소 차장이었다.

『일만사법연락위원회 사상전문위원회 회의록』은 일본을 중심으로 한 사상전의 통일 협력 기록이며, 일본을 중심으로 한 '만주', 중국 화북, 화중, 내몽골, 조선에 대한 정치적 대탄압을 하기 위한 통일문서이다.

'일만' 사법 연락위원회 사상전문위원회 제1차 회의는 1943년 10월 1일, 만주국 신징(창춘)에서 열렸다. 이는 일본이 만주에 대한 정치와 사상 통치를 중시하고 있다는 것을 반증하는 것이다. 회의에 출석한 만주 대표와 일본 대표도 일본인이고, 화북, 칭다오, 화중, 샹하이, 몽강 대표도 모두 일본인이다. 이는 또한 일부 일본 수뇌부가 중국, 조선인 및 일본인의 운명을 어떻게 장악할까에 대해 연구하고 있음을 보여주는 것이다.

회의에서 발언한 자는 다음과 같다.

조선사상 정세에 관하여(미야자키 야스오키[宮崎保興] 임시위원)
관동주 사상 정세에 관하여(다나카 가이[田中魁] 임시위원)
몽강의 상황 설명(니시다 겐지로[西田賢二郎] 임시위원)
화북의 상황 보고(오카 가즈히로[岡一弘] 임시위원)

각각의 발언 뒤에 '질의응답'이 있었고, 마지막에 '의제협의'와 '간담(懇談)'이 있었다.

미야자키 사무관의 발언은 조선의 민족주의 운동, 종교운동 그리고 공산주의 문제라는 이른바 스파이 문제를 언급하면서 그중 첩보의 해가 가장 크다고 하였다.

조선은 일본 전력 증강 확립의 취약한 면으로 적의 모략 활동은 만주와 같지 않지만 더욱 집요하고 치열하게 되었다. 그중에서 우선 가장 격렬한 중공팔로군의 대선(對鮮)첩보 모략 활동에 관하여 말하였다.

동시에 동년 6월 18일 인천 일동회(日東會)사건에서 15명의 중국인이 체포되었던 것을 제시하였다. 그들은 중국 샨뚱[山東]성에서 조선까지 도달하였다. 보고는 각국의 첩보활동에 중점을 두고 있지만 사실 그것은 전쟁에 보조를 맞춘 일종의 사상전인 것이다. 적에 대해서라기보다는 조선인에 대한 것이라고 말하는 것이 타당하다. 대종교(大宗教)는 조선에서 탄압되어 만주로 건너간 후 1942년 12월 무딴지앙[牡丹江]에서 한꺼번에 약 20명이 체포되었다. 이는 일본이 조선의 독립운동을 탄압하고 있음을 보여준 사건이다.

'관동주'에 관한 보고에서 집중적으로 제기한 것은 '최초의 외부첩보사범(事犯)', '모략사범', '이적외환죄(利敵外患罪)', '언론사범', '좌익운동'이며, 전쟁 성격이 극히 농후한 샨뚱 팔로군의 첩보활동은 특별히 중시되었다. 1940년 6월 51명의 '방화단(放火團)'이 체포되었다. 그들은 일종의 자발적인 항일 조직이었지만 일본인은 중국공산당에 의한 '지하잠

입' 활동이라는 죄명을 씌웠다. '이적외환죄'는 산뚱 팔로군이 뤼순 따리엔의 조건을 이용하여 물자공급을 한 것을 가리킨다.

몽강에 관한 보고에서는 몽강을 '공산당을 방어하는 회랑'이라고 하였다. 그러나 이 보고는 실질적 문제에 대해서 별로 언급하지 않았다.

화북에 관한 보고에서는 당연히 '중공군(중국공산당군)'이 토론의 핵심이 되었다. 이 보고에서는 '중공군'은 당장 무기 결핍에 직면하였다고 하였고, 보고에 대한 검토에서는 중국공산당의 조직구성에 관해서도 자세히 논의되었다. 또 이 보고에서는 중국공산당이 북벌이후 몇 회에 걸쳐 책략을 전환한 것에 관해서도 자세히 소개하면서 중국공산당이 '정치적 공세'를 시작하고 있다고 논평하였다. 정치적 공세에는 '적화반전운동', '위군조직 공작', '반 침식(侵食) 운동'이 있는데, '적화반전운동은 일본군 병사의 반전 폭동, 일본 민중의 반전 적화를 목표로 하며, 대상으로는 일본군인, 거류민, 재중 조선인이라고 밝혔다. 이 보고에서 언급된 일본인 반전단체는 '재화 일본인 반전 동맹 화북연합회', '재화 일본인 공산주의자 동맹'이 있고, 조선인 단체로는 '조선독립동맹' 및 '조선 의용군 화북지부' 등을 지목하였다.

일만사법연락위원회, 사상전문 위원회의 최종 임무는 '일·만·화'에 의한 '공산주의 유입을 막는 정책' 제정이다. 따라서 본 회의에서는 일본측의 요청으로 '만주사법 연락위원회'의 설립이 당면 과제로 제안되었으며, '일·만 양국의 공동 사상범에 대한 단속정책'을 제정'하여 사상정세에 관해 일·만 사이의 정보교환을 더욱 긴밀히 추진하고 사상월보를 발행하여 '일·만 공동의 암호'를 제작하고 인사 교류를 강화하며, 또한 사상범 대책을 만들기 위한 기관을 설립해야 한다고 하였다. 이후 다시 토론한 결과 '만주국의 국체변혁, 기타 조헌(朝憲)을 문란케 하는 운동의 단속방법' 및 '일본 황실에 대한 불경죄를 만주국에서 규정하는 법규'를 추가해야 한다는 안이 있었기 때문에 회의는 일본을 중심으로 한 정치와 사상에 대한 전면적인 단속이 되었다.

그러나 채 2년이 되지 않아 일본은 중일전쟁과 태평양전쟁에서 철저하게 파탄되어 무조건 항복을 하게 되었다.

누실회구록(陋室懷舊錄)

천띠[1]

1. '자강학교'를 슬퍼한다

1932년 2월 5일, 일본군은 하얼삔의 일부 중학교 교사를 점거하여 병영으로 사용하였다. 따라서 7월 이전에 각 중학교는 해산되었고 많은 학생들은 공부하던 학교를 잃는 괴로운 경험을 하였다. 이렇게 어려운 상황에 진요우시엔[靳友賢] 선생님이 주동하여 따오와이베이빠따오[道外 北八道]거리의 서쪽에 민가를 빌리고 자금을 모아 학교를 창설하였다. '자강학교(自强學校)'라고 명명하고 광고를 내서 학생 30명을 모집했다. 나는 기쁜 마음으로 응시한 결과 수석으로 합격했다. 입학식에서 진 교장 선생님은 몇 분밖에 되지 않았던 선생님들을 한 분씩 학생들에게 소

---

1 陳隄, 1915년생. 작가. 중국 현대문학. 저서로는 『未名集』(哈爾浜文学院)이 있다.

개했다. 문학 담당은 연세가 50세 가까이 된 왕위슈(王玉書) 선생님이었다. 구체시(舊體詩) 또는 사(詞)의 창작에 뛰어나 선장본(線裝本) 시사집(詩詞集)을 한 권 저술하셨다. 신문학도 좋아하셔서 때때로 청신(淸新)하고 의미심장한 신체시(新體詩)를 신문에 발표하기도 하셨다. 러시아어 담당은 러시아 코카사스의 젊은 여성 교사인 샤리잉[沙麗影] 여사였다. 중국어에 정통하여 소리만 들으면 이방인이라는 것을 구별하지 못할 만큼 유창한 베이징어를 구사하셨다. 일본어는 일본인 네모토 요시노부[根本嘉信] 선생님이고 약관(弱冠)[2]이 된 지 얼마 안 된 젊은 분이었다. 나의 일본어 기초는 그 선생님에게서 배운 것이다. 선생님은 침략국 국민임에도 불구하고 우리 중국인 학생들을 무시하고 멸시하는 일이 결코 없었다. 춘난개화의 계절에 먼저 학생들을 데리고 따오와이얼스따오[道外二十道]가에 있는 삔지앙[濱江]공원을 산보한 적도 있다. 그때 일본의 침략행위와 정부의 포학무도를 심각하게 비난했기 때문에 듣고 있는 학생 중에 안색이 변하지 않는 자가 없었다. 그렇지만 그로부터 한 달도 지나지 않아 선생님은 징병을 당하였다. 우리와 작별을 고할 때 울먹이는 소리로 '일본어에 대해 진지한 태도를 취해야 한다. 침략국의 언어라고 해서 절대 경시하면 안 된다'는 말씀을 해 주셨다. 그 후 선생님의 행방은 모르지만 소문에 의하면 그는 자살로 반전(反戰)을 관철하고 일본 침략의 죄악을 통렬히 비판하는 유서를 남겼다고 한다. 영어는 진 교장선생님 본인이 담당했다. 어떤 지식인은 당시 학교를 '자강'이라고 명명한 것이 적이 터부시 할 수도 있다는 것에 대한 의견을 내었다. 예상대로 약

---

2 약관은 남자가 스무 살에 관례를 한다는 뜻으로, 남자 나이 스무 살 된 때를 이르는 말이다.

3개월 정도 후에 학교는 날조된 죄명으로 해산되게 되었고, 진 교장 및 다른 여러 선생님의 행방에 대해서는 알 수 없었다.

2. 쉬나이런 선생을 애도하다

쉬나이런[許乃仁] 선생의 자(字)는 징티엔[鏡天]으로, 까이핑[蓋平] 사람이다. '9 · 18사건'이 발발하기 전까지는 '동성특별구구립 제3중학교(東省特別區區立第三中學校)'에서 교편을 잡고 있었다. 1932년에 린펑[林鵬] 선생이 '동성특별구 사범전수과(師範專修科)'를 창립할 즈음 나는 동등한 학력으로 재차 사범과에 입학하여 다행스럽게도 쉬 선생님에게 수학을 배울 수 있었다. 선생님은 몸이 튼튼하고 당당하며 목소리가 좋았다. 사람됨이 다정하며 평온하여 학생들이 매우 존경하였다. 남성임에도 불구하고 자주 '어머님'이라고 불렸던 것으로 보아도 학생들과의 친밀한 관계를 살펴볼 수 있다. 1934년 린펑 선생님이 발기인이 되어 교사들은 농구팀을 결성하고 '신행(身行)'이라고 명명하였다. 멤버에는 린펑, 쉬나이런, 쳔칭뚸어[陳慶多], 왕샤오이에[王紹業], 푸전구오[傅振國] 등 5명의 선생님으로 학생들과 자주 시합을 했다. 시합할 때마다 졌지만 결코 낙심하지 않았다. 1935년의 봄 왠지 모르지만 선생님은 제1중학교로 전근하였다. 마침 같은 시기에 사범전수과와 사범과도 제1중학교 교사의 북동(北棟)으로 옮겼기 때문에 그때 선생님과 만날 기회는 여전히 많았다. 그런데 그해 여름 방학 때 린펑 선생님이 체포되어 경찰서에 구류되었고 가을 말에는 쉬 선생님도 체포되어 일본헌병대에 구류되는 사태가 발생하였다. 그 후 오랫동안 완전히 소식이 끊겼다. 1936년 10월 16일 내가 '하얼삔시 남강국민우수학교(南崗國民優級學校)'에서 교생실습을 하고 있을 때 선생님에 대한 확실한 정보를 얻을 수 있었다. 애국지사인 선생님은 반만항일 활동에 참가하였기 때문에 동지 80여 명과 함께 남강 극락사(極樂寺)의 구덩이에서 학살되었다. 목격자의 증언에 따르면 사형이 집행되는 순간에도 선생님은 안색 하나도 변하지 않고 당당하게 '일본제국주의 타도'를 소리 높여 외치고 십 수발의 총탄을 맞고 가까스로 숨을 거두었다고 한다. 선생님 외 80여 명의 열사가 희생 되었을 때 큰 눈이 쏟아져 대지가 은색으로 덮였다. 열사의 명복을 비는 것처럼 하늘에 흩날린 눈은 나라를 위해 생명을 바친 선생들을 애도하였던 것은 아닐까? 시간이 쏜살같이 흘러 선생님이 돌아가신지 59주년을 맞이하는 지금 선생님의 유골은 이미 썩고 선생님의 성함도 벌써 잊혀졌다는 것을 생각하면 여전히 살아 있는 우리가 어떻게 마음이 아프지 않을 수 있단 말인가.

3. 투옥자의 노래

銀鐺投煉獄 쇠사슬로 묶여 감옥에 던져지고
冷月照無眠 차가운 달이 비추니 잠 못이루네

家國今安在 집과 나라는 지금 편안한가

何時解倒懸 언제 도현[3]을 풀 것인가

   1941년 12월 31일, 야반에 소련 하바로프스크의 라디오 방송에서 중국 항전 정세를 들었던 나는 다음 날 '하얼삔시 공립 남강 국민 우수 학교'로 부임하여 전교 교직원의 신년단체 축하연회에 참가하였다. 그리고 그날 오후 1시에 따오와이[道外]의 국태(國泰) 영화관에서 쑤중후이[蘇仲慧] 여사와 만날 예정이었다. 그러나 어찌된 영문인지 축하연회 바로 그 장소에서 나는 '하얼삔시 경찰국 특무과'에 체포되어 무수한 사람이 학살되었다고 하는 비밀유치장에 던져졌다. 그날은 마침 음력 신사(辛巳)년 11월 15일로 밤이 되자 휘황한 달빛이 철창으로 흘러 들어와 감옥은 마치 대낮처럼 밝았다. 나는 계속 뒤척이며 잠에 들지 못하다가 위의 오언절구를 읊었다.

4. 야마다를 미워하다

   1942년 12월 23일, 나는 만주국 수도 경찰청 유치장에서 신징[新京]감옥으로 이송되었는데 감옥에 도착한 때는 이미 석양이 질 무렵이었다.

---

3 도현은 거꾸로 매달리는 것을 의미한다.

나를 맡은 일본인 간수는 야마다(山田)(성은 알지만 이름은 모른다)로 30세 정도의 나이에 얼굴은 사납게 생기고 온몸에 살기가 넘쳐 있었다. 무슨 죄냐고 질문을 해서 정치범이라고 대답을 했더니 갑자기 나를 시멘트 땅바닥으로 차버렸다. 전신을 구석구석 조사한 뒤 어두운 전등이 켜져 있는 독방까지 데리고 갔다. 밀폐된 철문을 열고 그는 또 한 번 나를 발로 차서 안으로 넣고는 자물쇠를 채우고 태연하게 가버렸다. 잠시 뒤 나는 냉정을 되찾고 일단 독방을 바라보았다. 약 6, 7평방 독방에 널판으로 만들어진 침대 한 장이 놓여 있고 그 위에 죄수용 요와 이불 한 벌, 철제 밥공기 2개가 놓여 있었다. 그밖에 목제로 된 변기 외에는 아무것도 없었다. 나는 갑자기 한기가 엄습하여 몸이 덜덜 떨렸기 때문에 이불을 머리에 덮어 쓰고 옷을 입은 채로 누웠다. 약 30분 후, 돌연 머리를 봉으로 얻어맞는 느낌이 들어 눈을 떠 보니 야마다가 문이 열려 있던 철창문으로 봉을 쑤셔 넣어 나의 머리를 때리고 일본말로 호통 쳤다. "여기는 미결수의 방이다. 규칙을 어긴 범인이 여기서 반성하는 것이다. 새로 들어온 정치범은 판결이 내려지기 전까지 모두 여기서 반성한다. 취침 시 반드시 머리를 이불 밖으로 내어 놓아라, 머리를 덮어 쓰고 자면 규칙위반이다." 나는 알겠다고 할 수 밖에 없었다. 반듯이 누워 작은 철격자(鐵格子)로 된 창문을 바라보니 두터운 서리로 뒤덮인 유리가 까맣게 빛나고 있었다. 다음 날 아침 내가 추위를 견디기 위해 요로 다리를 감싸면서 이불을 덮은 채 벽에 기대고 앉아 있을 때 갑자기 철창문이 확 열리면서 '이봐!'라고 호통 치는 소리가 귀를 찔렀다. 길이 0.5미터의 채찍을 손에 들고 무거운 철문을 열고 들어온 야마다가 알몸으로 엎드리라고 나에게 명령하고 피부가 찢겨져 살이 터질 때까지 나의 등과 엉덩이를 수십 차례 심하게 채찍질하였다. "여기는 미결수의 독방이다. 기상부터 취침까지 정좌해서 자기의 죄를 반성해야 한다. 그렇지 않으면 규칙위반이다"라고하면서 야마다가 한 글자 한 글자 차근차근 설명하며 나에게 경고하였다. 내가 새로 들어와서 아직 규칙을 몰랐다고 변명하면 야마다는 교활한 웃음을 보여주면서 서투른 만주어(즉 중국어)로 "너희 만주국의 붉은 수염들(중국 동북지방의 공산당계 게릴라 멤버)은 모두 같아서 채찍질하지 않으면 규칙을 모른다. 여기서 매일 정좌해야 하는 것을 이것으로 가르쳐 주겠다"는 말을 남기고 다시 문을 닫고 가버렸다.

5. 미쓰와 다케시

患難相逢亦是緣 역경 중에 만난 것 또한 인연

不分國籍兩相憐 국적 불문하고 서로 동정한다

放風偸遞靈丹藥 산책 시간에 몰래 전해준 영단약

那管獄卒死死看 간수의 엄한 감시 속에 어떻게 보관할까

미쓰와[三輪]가 성이고 다케시[武]가 이름인 일본인이다. 1944년 여름 정치문제로 지방에서 이송되었고, 미결수 독방에 감금되어 나의 이웃이 되었다. 매일 아침 변기를 독방 밖으로 내갈 때 서로 한 번 볼 수 있었다. 그는 중간 정도의 키로 약간 뚱뚱하였다. 우아한 용모로 나이는 나보다 서너 살 위로 보였다. 간수의 엄한 감시의 눈을 피해 서로 눈짓으로 신호를 보내면서 동정을 표시하고 위로하였다. 그의 독방과 나의 독방 사이에 하나의 난방용 파이프가 벽을 꿰뚫고 통과하는 곳의 틈새를 통해 우리 둘은 낮은 소리로 대화하며 옥중의 적막함을 약간 달랠 수 있었다. 내가 설사가 난 것을 안 그는 '약을 줄게'라고 말한 다음 날 아침 산책 때 재빨리 나에게 약을 주었다. 그것을 먹고 이튿날 설사가 멈추었다. 그 해 나는 판결을 받고 정치범을 위해 조성된 제7공장(봉제 공장)으로 이송되어 강제노동을 당하였다. 과도한 노동으로 급성티푸스에 걸려 병동으로 옮겼을 때 중국인 간수 위짜이민[于在民]과 만났다. 20세였던 그는 애국심이 있어 정치범에 대해서는 매우 동정하였다. 고열중의 내가 먹고 싶어 하는 과일을 자기 돈으로 사서 위험을 무릅쓰고 병동까지 보내 주었다. 또 미쓰와 다케시의 옥바라지[4] 도시락을 갖다 주었는데 그 속에는 쪽지가 끼워 있었다. 거기에 '이제 곧 정세가 변하여 당신은 출옥할 수 있다. 생환을 포기하지 말고 부디 건강을 지키기 바란다'고 쓰여 있었다. 미쓰와 다케시는 증거 불충분으로 일본이 항복하기 전에 석방되었고 그가 부탁하여 사과, 오이 등 20가지가 넘는 과일과 야채 등을 보내 주었다는 것에 대해 위짜이민의 입을 통해서 들었을 때 나는 감격한 나머지 나도 모르게 눈물을 흘렸다.

---

4 (유치장 등에 들어 있는 사람에게 음식·물품 등을) 차입하다는 의미이다.

중국 현대문학사에서 빠질 수 없는 한 장

함락시기 동북에서의 좌익문학 활동을 중심으로

리우후이쥐엔 · 쉬치엔[1]

1931년 9월 18일, 선양의 베이따잉[北大營]에 울려 퍼진 포성과 함께 미증유의 민족적 재난이 급습하였다. 전 동북의 대지가 순식간에 일본제국주의의 철제(鐵蹄)[2]에 함락되었고 유구한 역사를 가진 문명대국에 큰 불행이 찾아왔다. 동시에 동북에서 뿌리내리고 있던 5 · 4신문학운동의 맹아도 짓밟혀 버렸다. 그러나 역사에는 가끔씩 이러한 상황이 나타난다. 민족의 존망이 위급해질수록 자극을 받은 문학이 더욱 활력을 증진시켜 강인한 생명력과 강력하게 표출된 민족의 비분강개가 점점 부추겨졌던 것이다. 피와 눈물을 흘리며 망명의 길에 오른 작가들은 손을 떨면서 그 잔혹한 역사와 고향에 대한 상념, 그리고 사람들의 비참한 운명에 대한 동정을 받아들였던 것이다.

---

1 劉慧娟, 1955년생. 동북문학. 저서로는 『東北現代文学大系資料編』(共編, 瀋陽出版社)가 있다. 徐謙, 1953년생. 중국현대문학. 저서로는 『成語辞典』, 『文化大博覧』(海南文化出版公司)가 있다.
2 철제(鉄蹄)는 침략자의 탄압이나 전제를 비유적으로 이르는 말이다.

1. 함락시기 동북의 좌익문학의 역사적 흐름

5·4신문학운동의 파도는 동북으로 파급되어 온 이래 오랫동안 어둠에 가라앉아 있던 동북 문단에 불씨 같이 계속 빛나고 있었다. 20년대 초기, 황량한 동북 문단에는 새로운 문학 사단과 문학 간행물이 잇달아 등장하였다. 가장 먼저 등장한 것은 1922년 지린[吉林]의 무무티엔[穆木天] 등이 결성한 '백양사(白楊社)'와 잡지 『백양』, 그리고 1923년 션양의 메이포꽝[梅佛光] 등이 결성한 '계명(啓明)학회'와 그 기관지 『계명순간(啓明旬刊)』이다. 그 후 쏭시아오포[宋小坡]의 『관외(關外)』나 꾸오웨이청[郭維城], 리정원[李正文] 등이 편집한 『빙화(氷花)』, 바이시아오꽝[白曉光, 馬加]이 편집한 『북국(北國)』, 스티엔쇼우[師田手]가 지린에서 주재(主宰)한 『화리(火犁)』, 천닝치우[陳凝秋, 塞克]가 하얼삔의 『신광보(晨光報)』에서 맡았던 칼럼 「강변(江邊)」 등 새로운 간행물이 잇달아 세상에 나왔다. 이들 잡지는 모두 신문학을 제창하고 구문화 타파를 창간의 주지(主旨)로 삼았으며 루쉰[魯迅]이나 꾸오모루오[郭沫若], 원이뚜오[聞一多], 후이에핀[胡也頻], 빙신[氷心], 션총원[瀋從文] 등 관내의 신문학 작품을 경쟁적으로 전재하고, 프롤레타리아 혁명문학과 애국주의 민족문학을 적극적으로 선전하였다. 이러한 간행물의 출현은 동북에서 신문학운동의 전개에 큰 추진력이 되었을 뿐만 아니라 동북 좌익문학운동의 선구적인 역할도 수행하였다.

동북이 점령된 후 동북 문단에 나타난 진보적 단체나 유파(流派), 간행물은 어느 것이나 긴 어둠 속에서 5·4신문학운동의 불꽃을 발하였다. 1933년 8월 6일 공산당원 루오펑[羅烽], 진지엔시아오[金劍嘯], 지앙춘팡[姜

椿芳] 등이 괴뢰 만주국 정부의 기관지였던『대동보(大同報)』를 이용하여 만든 문예란 '야초(夜哨)'와 1934년 1월 8일에 창간된『국제협보(國際協報)』의 주간지『문예(文藝)』는 당시 함락시기에 좌익작가 활동의 거점이 되었다. 이러한 미디어를 통해 대량의 진보적인 문학작품이 발표되어 많은 진보적 문학자들이 연대를 강화해 나갔다. 1936년 티엔펀[田賁] 등에 의해 'L.S[鲁迅]문학 연구사'(표면적으로는 '영사(靈莎)문학연구사'라고 칭하고 있다)[3]가 결성되었는데 그 주지는 '좌익문학을 연찬(研鑽)하여 애국지사를 결속하고, 항일구국의 문예작품을 발표하여 랴오닝[遼寧]의 혁명문예운동을 발전시킨다'는 것이었다. 1933년 7월 하얼삔에서 탄생한 '성성(星星)극단'의 창립 목적은 '30년 전후부터 상하이를 석권한 혁명문예의 조류를 동북에 끌어넣는 것'이었다. 그 후 정세가 갈수록 어려워졌지만 동북 함락지역에서의 좌익문학 활동은 한 번도 정지되지 않았다. 문학자들은 여러 가지 방식으로 반제국주의와 애국적 문예활동을 전개하여 감시와 탄압을 뚫고 진보적인 문학작품을 계속 발표하였다. 작품에는 5·4 신문학운동에 의해 주도된 민족주의 문학 정신이 침투되어 잔혹한 현실과 피비린내 나는 진압에 대해 소리 높여 항거하였다.

두려운 재난이 찾아왔을 때 용감하고 끈질기게 하지 않으면 안 된다. 진리는 결코 사라지지 않는다. 어떠한 것도 두려워할 것이 없다. 우리를 다치게 하려는 모든 원수들에게 생명을 걸고 반항해야할 것이다. 강한 정신과 신념을 가지고 (…중략…) 마지막에는 반드시 우리의 것이 된다. 불요불굴

---

3 영사(靈莎)는 티엔펀의 자(字).

의 정신이 있어야만 승리가 반드시 우리의 손에 들어온다.[4]

14년간의 동북 함락시기에 좌익문학이 비분과 고통 속에서도 불굴의 정신으로 발전을 이룬 것은 5 · 4신문학운동의 영향을 받았기 때문이다.

2. 동북 함락시기의 좌익작가

여기서 논하는 동북 함락시기 좌익작가는 주로 '9 · 18사변'(만주사변) 전후 관내(샨하이꽌[山海關] 이남의 땅을 가리킨다)에 망명한 동북출신의 작가, 즉 '동북 유망(流亡) 작가' 혹은 '동북작가군(東北作家群)'이라고 불리는 작가들과 점령지역인 동북에 머물렀던 진보적 작가들을 지칭한다.

동북 함락시기 좌익작가 중에는 5 · 4신문학운동과 더불어 문단에 등장한 작가도 있지만 9 · 18사변 이후 동북 함락시기 초기에 등단한 자도 있다. 전자의 경우 무무티엔[穆木天]이나 싸이커[塞克, 陳凝秋], 마지아[馬加, 白曉光], 스티엔쇼우[師田手] 등의 작가가 있는데, 1920년대부터 이미 문예활동을 시작하고 있었다. 한편 시아오쥔[肖軍]이나 시아오홍[肖紅], 루오펑[羅烽], 바이랑[白朗], 슈췬[舒群], 루오삔지[駱賓基], 뚜안무홍량[端木蕻良], 린쮜에[林珏], 팡웨이아이[方未艾] 등은 후자에 속하는데, 이들은 점

---

4 但娣,「戒」,『靑年文化』, 1943. 10.

령초기 문학을 시작하였으며, 그 후 상황이 험악해짐에 따라 1935년을 전후로 속속 관내로 망명한 작가들이다. 그 외에는 진지엔시아오[金劍嘯], 량샨띵[梁山丁], 쳔띠[陳隄], 위엔시[袁犀], 티엔펀[田賁], 왕치우잉[王秋螢], 스쥔[石軍], 꽌모난[關沫南], 딴띠[但娣], 메이니앙[梅娘], 우잉[吳瑛], 티엔삥[田兵], 지앙링페이[姜靈菲] 등과 같이 일관되게 함락 지역에 머물렀던 작가들도 있었다. 이들 대부분은 가장 어려운 시대에 등단하여 고난 속에 있는 사람들을 일깨우고 극악무도한 사회를 비판하기 위해 심혈을 기울였다. 함락지역에서 고난의 현실을 반영하기도 하고, 일제와 만주국 정부군이 민중을 학살한 사실이나 구사회의 폐단을 폭로하는 작품을 대량으로 창작하여 동북에 대한 일본제국주의의 침략이라는 잔혹한 역사를 생생하게 기록하였다.

점령하 동북에서 활약하고 있던 진보적인 작가들은 5·4신문학사상을 넓히고 억압받고 있는 민중의 각성과 투지를 불러일으키기 위해 상상을 초월할 정도로 힘겹게 싸웠다. 이들 작가들 중에는 문학 활동을 한 작가도 많았다. 예를 들어 시아오쥔이나 슈쥔은 각각 '싼랑[三郞]'과 '헤이런[黑人]'이라는 필명을 사용하였다. 심지어 당국의 감시를 피하기 위해 여러 가지 필명을 사용한 작가조차 있었다. 관계 자료에 따르면 많은 작가들이 본인의 필명에 혁명적인 의미를 부여했다고 한다. 예를 들어 동북 함락시기 문학의 선구자인 진지엔시아오의 필명은 현실에 대한 항쟁을 의미하며(본명은 진 청자이[金承裁]), 쳔띠의 필명 '뚜밍[杜明]'은 문학을 무기로 전투에 참가하여 전국의 모든 국민에게 밝은 미래가 있기를 바라는 소원이 담겨져 있다. 뚜[杜]는 동음의 뚜[都]5('모두'라는 의미)를 함의하는 것이다. 또 꽌모난은 이전에 '스캉띠[史亢地]'라는 필명을 사용하였는데, 이는 역사는 교만하지도 않고 비굴하지 않아서[不亢不卑]⁶ 결코 반동파에게 굴복하지 않는다는 의미를 나타내고 있다. 리커이[李克異]가 사용한 '하오허[郝赫]'라는 이름은 세 개의 '적(赤)'자로 자신의 의지를 표명하였고, 신펑[信風]이 창작을 시작할 무렵에 사용한 '정리[征驪]'는 암흑시대에 전장을 용감하게 질주하는 군마처럼 되고 싶다는 작가의 소원을 체현한 것이다. 팡웨아이의 필명 '팡시[方曦]'는 지금 혁명에 광명이 보이기 시작했다는 의미이며, 티엔삥의 필명 '진샨[金閃]'과 '헤이멍바이[黑夢白]'는 각각 암야에 빛을 발하는 것과 백주(白晝)를 꿈꾸는 것을 의미하였다. 그 외 현실에 대한 풍자와 조소의 의미를 담고 있는 필명이나 혹은 내심의 고민과 애수를 담은 필명도 사용하였다. 이들 필명들은 모두 암흑시대에 문학을 무기로 투쟁을 계속하려 한 동북작가들의 창작 태도를 표현한 것이다.

동북 함락시기 동북 좌익작가들은 객관적인 환경의 영향과 역사적인 제약 때문에 문학 창작 또한 어느 정도 차이를 보인 것은 당연하다. 그러나 사상 감정이나 창작의 방향성, 제재(題材)와 주제 등에서는 거의 일치하고 있다. 그들 대부분은 사회 저변에서 일어난 문학청년으로 고향상실의 괴로움과 일본제국주의의 피비린내 나는 통치를 몸소 체험했다. 이러한 체험으로 그들의 내심에는 짊어져야 할 역사적 책임감과 사명감이 싹튼 것이다. 그 때문에 그들 작품 속에는 일종의 공통된 감정, 즉 함락당한 고향에 대한 고통과 비분이 흐르고 있는 것이다.

물론 망명 작가의 창작성과가 '동북 현대문학의 빛나는 정점'인 것은 부인할 수 없다. 일찍이 5·4신문학운동으로부터 깊은 영향을 받고 관

---

5 모두의 의미로는 또우[都]라고 읽는다.
6 불항불비는 언행이 격에 맞고 자연스럽다는 의미이다.

내에 망명한 이후 중국사회라는 큰 세계에 투신한 작가들은 특히 옌안[延安]에서 당과 혁명대오로부터 직접적인 지도를 받았고 관내 좌익문학 활동에도 적극적으로 참가하였다. 이러한 경험은 자연스럽게 그들의 창작활동에 크게 영향을 주었다. 따라서 그들 작품은 혁명적 현실주의(사회주의 리얼리즘, Socialist Realism)라는 좌익문학 공통의 특징이 보인다.

'동북 유망작가'와 비교하면 함락지구에 머물렀던 진보적 작가들은 환경과 사회의 제한을 받고 있었기 때문에 창작에는 약간 불충분하고 미숙한 점이 있었다. 그러나 구체적인 역사적 상황에서 그들의 작품을 고찰하고 이해한다면 작가의 마음 속 깊은 곳에 항상 소용돌이 치고 있는 깊은 슬픔과 민족에 대한 우려가 작품의 행간에 저절로 배어 나오고 있는 것을 알 수 있다. 환경적 이유로 그들은 감정을 직접 드러낼 수는 없었지만 완곡하고 도회(韜晦)[7]적으로 굴절된 표현은 작가의 심정을 표하는 공통된 기법이 되었다. 또 창작 초기부터 냉철한 시각의 리얼리즘을 채용하여 암흑시대에서도 작품이 성숙되어 가는 작가도 많았다.

저명한 문학자 량샨띵[梁山丁]은 시종일관 '향토문학'으로 '왕도문학'에 대항하였다. 또 왕치우잉[王秋螢]은 고통 속에서도 언제나 희망을 안고 '암(暗)'의 문학에서 '광명(光明)'을 희구하였고, 린쥐에의 작품은 '피와 눈물의 문학'이라고 평가되었다. 1935년 리얼리즘 창작수법을 확립한 천띠는 사회 저변으로 집필을 넓혀 비참한 현실을 묘사함으로써 민중의 저항의식을 고취시키고자 몇 번의 수정작업을 거쳐 작품을 완성하였다. 따라서 그의 작품은 '날선 검 같이 암흑의 긴 밤을 뚫고나가 '왕도낙토'를

---

7 도회는 재능이나 학식 따위를 숨겨 감춘다는 의미이다.

향하고 있다'고 평가되었다. 스쥔[石軍]은 1935년에 종래의 감상적이고 퇴폐적인 심정과 절망감에서 빠져나와 '예술은 바로 인생의 깊은 뜻'임을 자각하고 이전의 '기형(畸形)' 관념을 내버리고 농촌과 현실로 필봉을 돌리게 되었다. 『나와 소설』에서 작가 자신이 말한 것처럼 "그동안 나는 냉정하게 세상을 관찰하기 시작하였다." "사랑하지만 원망스러운 세상을 위해 이때부터 나의 마음속에 정의의 불길이 타올랐다. (…중략…) 나는 암흑이라고 생각된 이미지를 거듭 드러냄으로써 사회적 그늘에 있는 약자들을 동정하였다." 어두운 사회에 직면한 시인 청쉬엔[成弦]은 만주국 3천만 민중의 고난에 넘친 생활을 목격하고, 시집 『분동집(焚桐集)』의 후기에 14년 세월에 대한 스스로의 심정을 토로하였다.

나의 생명은 이미 모든 광채를 잃고 희망과 열정은 어디에도 의탁할 곳이 없었다. 나는 희미한 석양 아래 잔여의 심혈을 다 기울일 수밖에 없었다.

메이니앙의 『소저집(小姐集)』에서 『제2대(第2代)』까지의 작품에 보이는 창작상의 도약은 바로 '참신한 전진 의식'을 나타내고 있다. 샨띵은 「메이니앙의 창작에 대해」라고 하는 글에서 "『소저집』은 작가의 자상한 개인적 애증을 그리고 있지만, 『제2대』에는 대중의 활기가 넘치고 있다"(『華文大阪每日』 5권 10기, 1940)라고 논평하였다. 또 천재적인 작가 시아오쑹[小松]도 가까스로 환상에서 탈출하여 낭만주의에서 현실주의로 이행하였다.

일제 강점하 동북의 작가들은 현실을 반영하는 작품을 통해 줄곧 저항을 전개하였다. 도탄에 빠진 현실 속에서 리얼리즘을 내세운 작가들이 험난한 환경을 고려치 않고 현실을 묘사하며 지속적으로 폭로해 왔기 때문에 오늘날 우리에게 이러한 역사적 진실이 남겨져 있는 것이다.

3. 동북 함락시기의 좌익문학 활동

동북 함락시기 좌익문학은 탄압정책을 강화하는 일본제국주의의 식민주의 통치 아래서 깊은 우환의식과 강인한 정신력으로 활동을 전개하면서 발전해 왔다. 역사에 남겨진 문헌을 보면 동북 함락시기 좌익문학의 발전은 고난에 찬 긴 곡절의 도정을 걸었음을 알 수 있다. 좌익문학은 동북이라는 광대한 사회적 배경 속에서 정치풍운의 변환과 함께 번영, 위축, 쇠락을 되풀이 해 온 것이다.

9·18사변 후 동북문단에는 아주 짧은 기간이지만 적막과 쇠락의 현상이 나타나 막 싹트기 시작한 신흥문학까지 심각한 타격을 받았다. 9·18사변이 발발하자마자 일본 침략자가 제일 먼저 신문 출판을 통제하여 반일 언론이나 동북의 현실 상황에 관한 보도를 일체 금지하도록 각 신문 담당자에게 명령하고 민족의식에 관한 모든 서적과 간행물을 소각하라는 명령을 내렸다. 만주국 문교부의 기록에 따르면, 1932년 3월부터 7월 사이 650권의 책이 소각되었고, 또 새로운 '출판법'이 공포되어 동북에서 발행된 많은 신문이 간행을 정지당하였다고 한다. 시국의 격변과 출판업계의 기능 상실에 따라 사변 전 동북 문단에서 활약하고

있었던 작가들도 어쩔 수 없이 절필하고 입을 다물었다.

그렇지만 잠시의 침묵은 힘의 축적이기도 하였다. 이 무렵 북만주 하얼삔에서 루오펑이나 진지엔시아오, 지앙춘팡, 시아오쿤, 시아오홍, 바이랑, 진런[金시], 바이리[白莉] 등의 진보적인 문학청년들이 그룹을 결성하였다. 그들은 하얼삔의 '견우방(牽牛房)'에 모여 문학에 대해 서로 이야기를 나누고 문학은 '창문을 열고 눈을 떠서 현실에 인식해야 할 것이다'[8]라고 주장했다. 그들은 시기를 엿보면서 새로운 문학의 진지를 개척하여 여러 가지 형태로 좌익문학 활동을 전개하였다. 진보적인 문학작품이 발표됨에 따라 순식간에 동북문단의 정적은 깨졌다. 이 시기의 좌익문학 활동의 특징은 주로 다음과 같다.

첫째, 여러 가지 문학 단체가 우후죽순 출현하여 1931년부터 1936년까지 이미 수십 개의 문예단체가 등장했다. 당시 비교적 영향력이 있었던 단체로는 냉무사(冷霧社), 표령사(飄零社), 신사(新社), 백광사(白光社), 또 하얼삔의 구금사(口琴社), 성성극단(星星劇團), 평범사(平凡社), L.S(루쉰) 문학연구사 등이 있었다. 이들 단체의 대부분은 진보적인 문학청년에 의해 조직되어 스스로의 주장과 간행물이 있었다. 그중 '성성극단'은 진지엔시아오, 루오펑 등에 의해 창립되었다.

성성극단은 암흑시대에, 추악한 사회와 물질의 쓰레기통 하얼삔에서 갑자기 모습을 드러낸 것이다. (…중략…) 그 사명은 미약한 빛을 집중해서 사람들의 눈 속으로 향하려고 하는 것이다. 가령 하늘에 점점이 흩어지는 별

---

8 弋白(白莉), 「文学の使命」, 『国際協報』, 文芸欄創刊号, 1934.1.18.

이더라도 지구상의 모든 사람들의 얼굴을 비춰서 밝히려는 것과 같다. 이는 적막으로 숨 막히는 하얼삔에 실로 전위적인 단체 바로 그 자체였다.[9]

L.S문학연구사는 티엔펀 등에 의해 조직되었다. 그들이 비밀리에 창간한 『행행(行行)』과 『성화(星火)』는 모든 좌익문학의 빛을 비추고 있었다. 하얼삔 구금사(口琴社)는 지하당원 지앙춘팡, 진지엔시아오, 런전잉[任震英] 등이 계획하고 창립한 진보적인 문예단체이다. 그들이 연주한 '전장(戰場)의 달'(원래 이름은 선양의 달)은 처참 비분의 악곡(樂曲)으로 일본침략군의 죄를 폭로하여 당시 동북문단에 매우 큰 영향을 주었다. 물론 이름뿐으로 어떠한 영향도 끼치지 못하고 사라져버린 단체도 있지만, 좌익문학 활동 전체의 일부분으로 힘을 발휘했다는 점에서는 긍정적으로 평가되어야 할 것이다.

둘째, 문예란 혹은 문예특집이 대량으로 나타났다. 1932년 여러 가지 신문 복간과 새로운 창간은 문학청년들에게 폐원(廢園)으로 변한 문단을 새롭게 개척하고 씨 뿌릴 수 있는 토양을 제공하였다. 그 시기 많은 작가가 신문을 무대로 문학 활동을 전개하였던 것이다. 예를 들면 따리엔의 『만주보(滿洲報)』의 '성기(星期)'나 『태동일보(泰東日報)』의 '문예', 선양 『성징시보[盛京時報]』의 '문학', 챵춘 『대동보(大同報)』의 '야초(夜哨)', '만주신문단(滿洲新文壇)', '대동(大同)클럽', 또 하얼삔 『국제협보(國際協報)』의 '문예', 『하얼삔공보[哈爾濱公報]』의 '공전(公田)', 『하얼삔신보[哈爾濱新報]』의 '신조(新潮)', 잉커우[營口] 『영상일보(營商日報)』의 '야화(野火)'

---

9 『大同報』, 文芸欄 '夜哨' 제1기.

등 동북문단에는 문예란이 잇달아 등장하였다. 이들 문예란에는 진보적인 문예작품을 대량으로 발표하였는데, 특히 당시 영향력이 컸던 '신조'나 '야초', '문예' 등에는 선명한 방향성과 시대의 특색을 지닌 문학작품이 발표되었다.

셋째, 시아오쥔과 시아오홍이 공동 창작한 『발섭(跋涉)』 및 시아오쥔의 『팔월의 향촌』, 시아오홍의 『삶과 죽음의 자리』의 간행은 점령구가 된 초기 동북문단에 큰 충격을 주었다. 『팔월의 향촌』과 『삶과 죽음의 자리』는 샹하이에서 출판된 작품이지만 동북 대지에서 육성된 것과 다름이 없다. 동북에서 기필(起筆)되었을 뿐만 아니라 거기에 묘사된 생활도 동북 함락지역의 생활 그대로였다. 『발섭』은 동북이 점령된 후에 출판된 최초의 산문집이었다. 간행 후, 쥔멍[君猛]이 「생의 발섭ー발섭에 기대어」라는 시를 창작하여 1933년 11월 『대동보』 문예란 '대동클럽'에 발표하였다. 이 시는 『발섭』의 출판을 높이 평가하고 그 가치와 의미를 긍정한 작품이다. 또 작가들에 대해 '총탄을 업고 총을 메고 생의 전선에 돌진한 용감한 전사'라고 상찬하였다. 작품은 하층 노동자와 청년지식인의 생활을 취재하여 적의 통치 하에서 민중의 고된 생활과 적에게 저항하여 광명을 추구하는 강한 의지를 반영하였다. 또 작가는 침통한 마음으로 고향에 있는 사람들의 우매한 정신과 비장한 인생을 그리고 쇠약한 민족에 대한 정신적 통제를 타파하고자 통절하게 부르짖었다. 이들의 작품 출판은 동북문단에 참신한 공기를 불어넣었다. 뿐만 아니라 중국공산당 지도와 5·4신문학운동의 영향 하에서 진행된 일본침략자의 저항활동에서 당시 진보적인 문예가 어떠한 전투적인 역할을 다하고 있는지도 동시에 보여주었다.

동북 함락시기 문학 역사를 개관하면 함락시대 초기는 좌익문학 활동이 가장 활기 넘치고 기치가 선명한 시기였다고 말할 수 있다. 왜냐하면 그 시기 좌익문학 활동에 신문학의 영향이 있었을 뿐만 아니라 당시 동북문단에서 활약하던 작가들은 그 후 관내로 망명한 동북작가였기 때문이다.

중기에 이르러 상황이 악화됨에 따라 좌익문학의 핵심이었던 대부분의 작가들이 잇따라 동북을 떠났다. 게다가 1937년 일본이 중국을 전면적으로 침략하여 '7·7 루꺼우치아오[蘆溝橋] 사변'을 일으켰다. 이후 동북은 점점 암흑으로 떨어졌다. 작가들이 관내로 떠나감에 따라 점령 이래 동북에 머물렀던 진보적인 작가들도 초기와 같은 문학 활동의 분위기를 상실하였다. 게다가 1937년 5월 8일 '만주국 정부 행정기구 개혁 강령'이 발포되었고 7월 1일 전 총무청 산하에 설치된 정보처가 홍보처로 확대되어 문학과 예술·신문출판의 관리는 모두 홍보처로 넘겨졌다. 당시 9개 항목의 홍보처 규정에는 '여론을 통제하고, 문예를 통제하고, 선전자료를 통제하고, 출판물을 관리하는' 것이라고 규정되었다. 동년 8월 1일 만주국 홍보처가 신문 통제를 강화하기 위해 신문통제정책을 공포하여 동북 신문을 전면적으로 정리하였다. 따리엔의 『만주보』와 『관동보』, 션양의 『대아공보(大亞公報)』와 『민보(民報)』, 『민성만보(民聲晚報)』, 『펑티엔일보[奉天日報]』, 『펑티엔공보[奉天公報]』, 잉커우의 『영상일보(營商日報)』, 하얼삔의 『국제협보(國際協報)』, 『하얼삔공보[哈爾濱公報]』 등이 동시에 정간되어 이들 신문에 부속되었던 문예란도 마침내 종말을 고하게 되었다. 그 후 점령시대 초기에 유행했던 문학단체 결성이나 문예란의 창간, 문학가들의 개척 활동이 서서히 기세를 잃어 함락지역의 작가들은 형식을 바꾸어 반제국주의의 문학 활동을 전개해 갈 수 밖에 없게 되었다. 이 시기의 함락지역 문학특징은 다음과 같다.

첫째, 순수 문예적인 간행물이 출현하여 작가들에게 발표의 장을 제공하였다. 동북이 점령된 중기 문학 활동의 장으로서 신문 문예란 외에 순문예적 혹은 종합적인 문예잡지가 새롭게 나타났다. 예를 들면 션양의 『신청년』이나 『문총(文叢)』, 챵춘의 『명명(明明)』, 『흥만문화월보(興滿文化月報)』, 『사민(斯民)』(나중에 『기린(麒麟)』으로 개명), 『예문지』 및 『신만주』등이다. 당시 많은 작가들은 식민 당국으로부터 공개 출판 허가를 받은 이러한 간행물을 이용하여 진보적인 문예 작품을 발표하였다. 위엔시[袁犀]의 『이웃 세 명[隣三人]』이나 『류(流)』(나중에 『풍설(風雪)』로 개명), 이츠[疑遲]의 『도황(逃荒)』, 『산정화(山丁花)』 등이 바로 이런 형태로 출판되었던 것이다. 이 시기 작가들은 함락초기의 문학 활동을 통해 망국의 고통을 몸소 체험하였으며 목숨을 건 탐구 끝에 문학의 역할과 힘을 새삼스럽게 인식하였다.

중기에 이르러 창작이 절정에 달한 작가도 많았다. 그들의 작품은 '진실을 묘사하여 진실을 폭로' 한다는 것을 기조로 삼았는데, 이는 일본제국주의의 암흑 통치를 폭로함으로써 민중의 반항의식을 불러일으켰던 것이다. 특히 1939년 9월 24일 『대북신보(大北新報)』 문예란에 꽌모난, 쳔띠 등에 의해 편집된 순수 문예주간지 『대북풍(大北風)』의 창간은 정적이 흐른 동북문단에 활기를 불어넣었다. 이 잡지는 하얼삔의 진보적인 청년작가들을 단결시켰을 뿐만 아니라 항일사상이 내포된 진보적인 문학작품도 다수 발표하여 당시 문단에 나타났던 화조풍월(花鳥風月)을 음영한 '호접원앙파(胡蝶鴛鴦派)' 류의 작품과 대립각을 이루었다. 『대북풍』이 발간되자 취몽(醉夢)의 아인명사(雅人名士)들은 몹시 경악하였다.

둘째, 각종 문학단체가 출현하여 동인문학이 활기를 띠었다. 따라서 이 시기는 동인문학이 가장 발전을 이룬 전성기였다. 1939년 한 해에 보면 다음과 같은 단체가 새롭게 결성되었던 것이다.

작풍간행회(作風刊行會)

선양에서 결성된 동인문학 단체. 주요 멤버는 이푸[夷夫], 무펑[木風], 스쥔[石軍], 티엔삥[田兵] 등이 있다. 그 목적은 동인의 작품을 편집, 인쇄, 발행하는 것이다. 대형 계간지『작풍(作風)』을 출판하는 등 원대한 계획도 세웠지만 당시 상황에서 모두 실현시킬 수는 없었다. 계간지로는 창간호『작풍역문특집(作風譯文特集)』, 연속물로는 시가(詩歌)『지평선』밖에 출판할 수 없었다. 총서로써 출판된 스쥔의『맥추(麥秋)』는 인쇄되자마자 경찰청에서 전부 처분해 버렸다. 당시 복잡한 동북문단에서『작풍』간행은 한때 파란을 일으켜 여러 가지 비판도 받았다. 그렇지만 편집자들은 "문학에서의 지위는 인격과 학식으로 획득하는 것이다. 루쉰 같은 지위를 얻고 싶으면 루쉰과 같은 노력을 해야 한다"(木風,『작풍 탄생 전에 기대어』)라고 줄곧 주장하였다. 이러한 모토 하에서『작풍』은 현실을 폭로하여, 전쟁, 약탈을 반대하는 비평과 작품을 발표하였다. 당국은 이러한 작품에 대해 엄격하게 검열함으로써『작풍』동인에게 정치적 박해를 가하였다. 따라서 작풍간행회는 하는 수 없이 1941년에 해산할 수밖에 없었다.

문선간행회(文選刊行會)

왕치우잉이 선양에서 조직한 문학단체. 주요 멤버는 천인[陳因], 치우잉[秋螢], 위엔시[袁犀], 멍쑤[孟素], 리치아오[李喬] 등이 있고 가장 먼저 대형 문예지인『문선(文選)』을 창간하였다. 이 잡지는 창작과 비평을 중시하였으며 합쳐서 2권을 간행하였다. 그들은 "현 단계의 문학은 이미 시대를 넘어 예술을 위한 예술, 혹은 개인주의적인 우매나 개인적 분노를 털어놓는 곳이 아니다. 현재의 문예는 군중을 교화하는 이기(利器)며 현실을 인식하기 위한 도구다", "객관적인 현실을 도피하여 객관적인 진리를 차단하면 안 된다. 진정한 실천 속에서 생명력이 있는 작품을 창조해야 한다"(「刊行の緣起」, 『文選』)고 주장하였다.『문선』에는 많은 진보적인 작가들의 작품이 발표되었다. 예를 들면 샨띵의『좁은 거리』,『마을』, 티엔삥의『동차자(同車者)』, 치우잉의『탄갱』, 스쥔의『해탈』등이 있다.『문선』은 발표한 작품의 수량이 많을 뿐만 아니라 작품의 사상성과 예술성도 일정한 수준에 이르렀다. 일본침략군과 괴뢰정부의 통치 하에서 현실생활의 어두운 면을 단적으로 반영하여 심각한 민족 압박 하에서 살아남으려고 필사적으로 발버둥치고 있는 동북민중의 고통스러운 경우를 여러 각도에서 파고들었던 것이다.

문총간행회(文叢刊行會)

샨띵 등이 창춘에서 조직한 문학단체. 우잉[吳瑛]이나 메이니앙[梅娘], 진인[金音], 렁꺼[冷歌], 꺼허[戈禾] 등이 주요 멤버였다. 문학창작서는『문선』과 마찬가지로『문예총간』4권을 출판하였다. 제1권은 우잉의 단편소설집『양극(兩極)』, 제2권은 샨띵의 단편소설집『산풍(山風)』, 제3권은 메이니앙의 단편소설집『제2대』, 제4권은 치우잉의 단편소설집『거고집(去故集)』이다. 이러한 작품집은 당시 동북문단에 매우 큰 영향을 주었다.

이상과 같은 동인회 외에 꾸띵[古丁]이 중심이 되어 창립한 시가(詩歌)

간행회, 1938년에 출판된 '성도(誠島)문고', 1940년에 간행된 '문선총편', '시계(詩季)', '독서인 연총(連叢)', 1941년에 간행된 '낙타문학총서', '예술지소총서(藝術志小叢書)', '학예총간(學藝叢刊)', '문선소총서(文選小叢書)' 등을 통하여 대량의 문학작품을 출판하였다. 함락 중기의 문학작품은 수량 면이나 제재(題材),반영된 현실생활 범위의 넓이에서 보아도 초기와는 비교도 안 될 만큼 풍부한 것이었다.

함락 초기와 중기에 일본과 괴뢰정부 통치자는 신문의 문예란에 발표된 작품이나 수년 이래 계속 나타난 문예단체 및 개인 작품집의 잇따른 출판 ─ 사실상 암흑의 현실을 폭로한 진보적인 문학은 당국의 '왕도낙토'와 이미 예리하게 대립하였지만 ─ 에 대해 아직 주의를 기울이지 않았다. 그러나 말기에 이르자 전쟁 사태의 발전과 더불어 일본 측과 괴뢰정부 당국도 사상통제를 더욱더 강화하여 문학을 경시하고 그 '범람(氾濫)'과 발전을 방임할 수는 없게 되었다. 따라서 1941년 '예문지도요강'을 만들어 등장시켰던 것이다. 이 요강은 실질적으로 식민주의 사상을 강화하고 문화의 독재전제를 실행하여 항일 애국의 진보적 문예활동을 진압하려는 강요 바로 그 자체였다.

'예문지도요강'의 반포는 발전 중이던 동북문단에 어두운 그림자를 던져 거기서 활약하고 있었던 작가들에게 여러 가지 속박을 부과하였다. 이로써 함락시대 말기 문학은 서서히 침체기로 변하여 동북 함락지역의 좌익문학도 가장 어려운 고통의 시기에 진입하게 되었다.

일본과 괴뢰정부 당국은 동북문예를 식민체계에 넣기 위해 조직적이면서도 면밀한 획책을 강구하여, '만주문예가협회'와 '만주예문연맹'을 만들었는데 거의 전만주의 문예가가 거의 포함되었다. 한편으로는 조직적으로 동북작가의 활동을 제어하고 다른 한편으로는 비밀문서를 작성하여 일부 진보적 작가와 작품에 대해 엄밀한 심사를 하였다. 예를 들면 당시 샨띵이나 스쥔, 딴띠, 우잉 등의 작품은 모두 검열과 분석에 걸려 이 시기 투옥된 작가들조차도 많았다.

이러한 사태의 악화에도 불구하고 동북 함락지역의 진보적인 작가들은 여전히 전투를 계속하였다. 그들은 피비린내 나는 진압에 위협당하지도 않고 '예문지도요강'에 속박되지도 않았다. 그들은 변함없이 진실을 폭로하여 민족의식을 환기시키는 작품을 창작하고 출판하였다. 예를 들면 작가 우잉은 『명(鳴)』에서 이러한 분노를 외쳤다. "당신은 개다. 내가 소유한 전부를 빼앗아 가 버리고 점거했다. 그것뿐만 아니라 또 나의 육체를 능욕하여 고통을 주면서 죽음에 몰아넣을 것 같은 수단으로 나를 제압하고 착취하려고 하였다. 나는 이미 모든 것을 잃어 버렸다. 남겨진 것은 목숨뿐이다. 나는 이 목숨을 걸고 당신과 항쟁할 것이다." (『청년문화』, 康德 10년 10월) 또 샨띵은 『개척자(拓荒者)』에서 "조상의 유언을 잊지 말고 집으로 돌아가 전원(田園)을 지키자!"라고 마음속에서부터 부르짖고 있었다. 스쥔은 『혼혈아』에서 민족의 독립을 쟁취하려고 하는 결의와 국가를 잃었던 비애를 표현하여 "나의 혈액은 비등했다. 빛나는 유구한 역사를 가진 조상이여, 우리는 당신들의 건투 정신을 이어받아 역사의 일환으로 다음 세대에 전해야 한다. 우리는 영원히 빛나는 불멸의 역사를 창조해야 한다"(『청년문화』, 康德 10년 8월 창간호)라고 격하게 외쳤다. 그밖에 치우잉의 『소공차(小工車)』나 『하류의 저층』, 딴띠의 『안적(安狄)과 마화(馬華)』, 진인[金音]의 『교군(敎群)』 등의 진보적인 작품도 이 시기에 출판되었다.

특히 청년작가 위엔시는 이 시기에 활약하였다. 1941년 10월, '문선소총서' 제2권으로 출판된 단편소설집 『니쇼泥沼(수렁)』는 청년작가 위엔시의 역작이다. 그중에는 「이웃 세 명隣三人」, 「외꾸눈 치종(齊宗)과 그의 친구」, 「십일(十日)」, 「어머니와 딸」, 「해안」, 「아득히 먼 밤하늘」, 「수렁」 등 8편의 단편소설이 수록되어 동북 함락지역 최저변에 사는 민중의 고난에 찬 생활을 깊이 파고들었다. 작가는 작열하는 마음으로 순수하고 아름답고 광명을 열망하며 힘차게 향상하려는 영혼을 뚜렷하게 묘사하였다. 이러한 작품은 작가의 선명하고 강렬한 항쟁의식을 체현하여 동시대 작가들의 상찬을 얻었다. 샨띵은 위엔시의 근년 이래 창작을 "문단에서 드물게 본 걸작"이라고 높이 평가하였다. 또 당시 『니쇼』에 대해서는 이러한 평가도 있었다. "『니쇼』는 힘찬 인생을 그려내었다. 작가는 우리에게 큰 길이나 작은 길, 어두운 골목이나 쓰레기더미 등 도처에서 볼 수 있는 우리가 너무나 익숙한 사람들을 끄집어내었다. 그렇지만 우리는 이전에 그들의 생활에 거의 주의를 기울이지 않았고 또 그 생활의 본의도 헤아릴 수 없었다. 그들의 삶은 살고 있다는 생동감도 없고 그들의 죽음도 또한 살고 있었던 곳에서 아무렇지 않게 죽어 가는 것이라고 생각하였다. 그러나 작가의 손에 따라 그들에게도 삶이 있을 뿐만 아니라 진실한 인생을 위한 삶이 있다는 것을 알리게 되었다." 작가가 현실을 폭로하는 저항의식이 아주 명확했기 때문에 이 책이 출판된 후 즉시 판매금지가 되었고, 작가는 베이핑(베이징)으로 망명하였다. 화북(華北) 함락지역에서 창작된 『조개 껍데기貝殼』, 『베일面紗』 등의 장편 시리즈도 한 때 세상을 풍미하여 해방 후 창작에 질적인 비약을 가져왔다.

함락지역에 머물렀던 일부 작가들은 사회주의 국가가 성립될 때까지

고난을 참고 이겨내어 이후 각 분야의 전문가가 되었다. 예를 들면 무펑
[木風]은 의학교수가 되었으며 메이니앙은 영화 연출가가 되었고, 마쉰
[馬尋]이나 샨띵, 꽌모난, 쳔띠 등은 계속해 문학 영역에 종사하였다. 중
국작가협회의 멤버가 된 작가도 있지만 지방작가협회 및 문련(文聯)의
책임자가 된 작가도 있었다.

'만주국'의 여성작가 메이니양을 읽다

기시 요코[1]

1. 신중국에서의 평가를 둘러싸고

1991년 9월 중국의 챵춘에서 열린 '동북 함락시기 문학국제심포지엄'은 '만주국'의 문학을 둘러싸고 중국과 해외 연구자가 처음으로 한 자리에 모여서 의견을 교류한 획기적인 학회였다. 그곳에는 당시 아직 생존해 있던 '만주국' 시기 작가들이 몇 명이나 초대받아 참석하였다. 그중에는 생존을 위해 온갖 고초를 다 겪은 여성작가 메이니앙[梅娘](본명 쏜지아뤠이[孫嘉瑞])과 딴띠[但娣](본명 田琳)도 있었다. 메이니앙은 "이 심포지엄은 역사의 평가를 바로잡으려는 획기적인 것으로 참석자들의 여러 발언

---

1 岸陽子, 1934년생. 중국문학. 저서로『パリと北京』(共著, 玉川大学出版部)가 있다.

을 듣고 위로를 받았다"라고 하면서 볼을 붉혔고, 딴띠는 "지금 중국현
대문학사가 그 시대 동북문학에 대해 한 마디도 언급하지 않는 것은 동
북함락시기 문학에 대한 모욕이다"라고 격한 어조로 말했다. 지금은 연
로한 작가들의 "특수한 상황 하의 문학적 영위를 일률적으로 '한간(漢奸)
문학'으로 말살하지 않기를 바란다"는 비통한 호소를 나는 통절한 마음
으로 들었다.

　1931년 '만주사변' 후 일본이 중국 동북지방에 만들었던 괴뢰국가 '만
주국'을 비롯하여 샹하이나 화북 등 일본 지배하에 놓이게 된 지역을 중
국 사람들은 '함락지역'이라고 부르고 그 시기를 '함락시기'라고 한다.

　신중국 성립 후 동북함락시기 14년의 역사는 다양한 각도에서 연구
되어 왔지만 문학에 관한 본격적인 연구가 시작된 것은 1980년대에 들
어서이다.

　중국 사람들이 '괴뢰국'이라고 부른 '만주국' 건국 초기에는 하얼삔을
중심으로 문학에서 저항 조직이 생겨났고 시아오쥔[蕭軍], 시아오홍[蕭紅],
슈췬[舒群] 등은 신문 문예란을 이용하여 동북인들의 각성과 저항을 불러
일으켰다. 그들은 일본의 혹독한 탄압 때문에 동북을 탈출하게 되지만 중
국 각지를 돌아다니면서도 다양한 형태로 고향 동북 민중의 비참한 현실
을 계속 그려 왔다. 중국을 떠나 관내에서 활동한 동북작가군은 중국 현
대문학사에서 일정한 지위가 주어졌지만 일본 지배하에 머물렀던 '만주
국' 작가들의 문학적 영위는 오랜 시간 문학사에서 잊히고 있었다.

　그러나 1979년 3월, 동북에서 '동북현대문학연구회'가 성립되고, 『동
북현대 문학사료』가 간행되어 문학사의 공백을 메우는 작업이 진행되
었다. 흩어진 작품의 수집, 정리, 분석, 평가 등 연구가 진행되는 동안 일

본과 관련된 몇몇 작가에 대한 평가를 둘러싼 대립뿐만 아니라 '동북함락시기'의 문학을 중국의 문학사에 어떻게 위치 지울까하는 문제를 둘러싸고 격한 논쟁이 전개되었다.

어느 연구자는 일본의 탄압이 엄격해진 '만주국' 중기와 후기에 쓰인 작품을 일률적으로 '한간문학'으로 말살하는 것에는 반대하면서도 지하당원으로 저항운동을 조직하다 살해된 '싱안링[興安嶺]의 풍설' 시인 진지엔시아외[金劍嘯]나 '항일연군'에 투신하여 펜을 총으로 바꾸어 싸운 시인이나 작가의 이름을 들어, 초기에 북만에서 전개된 문학 활동만이 중국 전체 '항전문학'의 일환으로 문학사에 기록될 만한 가치를 가진다는 입장을 취했다. 그에 대해 어느 연구자는 다음과 같이 주장하였다.[2]

중국의 현대문학은 '5·4신문화운동'을 기점으로 하지만 전체적으로는 민족의 해방이라는 정치적 과제와 깊이 연결되면서 발전하여 왔다. 동북현대문학도 그 일환으로 형성되어 왔지만 '만주국'에서는 일본의 사상 통제가 너무나 가혹하였기 때문에 문학은 정치와 거리를 둘 수밖에 없었고, 그 때문에 중국 전체 문학의 흐름에서 분리되게 되었다. 그래서 작가들은 다시 '5·4시기'로 회귀하여 그 시대의 여러 가지 문학적인 시도, 예를 들면 모더니즘의 수법 등을 다시 탐구하여 그러한 수법을 사용해서 검열의 그물망을 빠져 나가면서 일본 지배하에서 살 수밖에 없었던 동북 민중의 허덕임이나 지식인의 고뇌를 중층적으로 그려냈다. 또 리얼리즘의 수법을 견지하면서 계속 쓴 작가들의 작품에도 여러 가지 메시지가 깊이 감추어져 있는데, 그

---

2 논쟁의 대표적인 것은 「回歸-淪陷区文学思潮的矛盾運動」, 『文学評論』, 1986.6; 鉄峰, 「也談東北淪陷区文学思潮」, 『文学評論』, 1990.5 등.

작품들은 모두 예술성이 높기 때문에 민족의 고난을 증언하는 문학으로서 힘을 잃지 않았다. 정치와 떼어놓을 수밖에 없었던 상황이었기 때문에 문학을 문학으로 깊이 있게 할 수 있었으므로 그들의 작품도 '항전문학'의 일환으로 적극적으로 자리매김해야 한다.

이러한 논쟁을 거쳐 '만주국'의 중국문학에 대한 연구가 진행되었고, 그 성과로 1996년에 선양에서 『동북 현대문학 대계』 전14권(遼寧人民文學出版社)이 출판되었다. 물론 그중에는 '만주국'에 머물렀던 작가들의 작품도 정선되어 수록되었다.

1999년에는 『중국함락구문학대계』 전7권(廣西教育出版社)이 간행되어 '만주국'을 포함하여 일본 지배하의 중국문학이 고뇌에 찬 언어로 중국현대문학사의 공백을 메우게 되었다. 이 획기적인 시리즈의 서언인 치엔리췬[錢理群]의 '언(言)과 불언(不言) 사이'에는 함락지역의 문학에 대한 새로운 관점이 제기되어 있어 흥미진진하다.

그는 함락지역 연구에는 무엇보다도 "자기 몸을 그 장(場)에 두고 보는" 상상력이 필요하다고 설명하고, '만주국' 작가 리펑[李瘋]의 글 「언과 불언」[3]에서 다음과 같은 말을 인용하였다.

사람이 마땅히 말해야 할 것은 반드시 말하지 않으면 안 되고, 말할 수 있으면 반드시 말해야 한다. 그러나 말해야 할 것을 말할 수 없을 때도 있다. 그 괴로움을 '무언'의 인사는 조금도 알 수 없다. 말해야 할 것을 말하려는

---

3 李瘋, 『雜感之感』, 長春益智書店, 1940.

사람을 억누르면 그는 악한(惡漢)이고, 말할 수 없는 것을 말하라고 강요하면 그는 어리석은 자이다. 그러므로 '말'을 하는 자는 그 나름의 도리가 있고, '말'을 하지 않는 자도 '불언'의 고충이 있는 것이다. 만약 '말'을 하는 자가 도리가 없고, '불언'하면서도 고충이 없다면 이는 말을 잃은 인류로서 '벙어리'라고 해도 부당하지 않을 것이다.

함락지역이라는 특수한 환경에 사는 작가들은 자기가 말하고 싶은데도 할 수 없는 말은 무엇인지, 남(권력)이 말하려고 시키지만 말하고 싶지 않는 말은 무엇인지, 또 자기가 말하고 싶고 그리고 말할 수 있는 말은 무엇인지, 그것을 어떻게 말할 것인지에 대해 보다 구체적으로 생각하지 않으면 안 된다.

정치(애국항일)는 말할 수 없지만 화조풍월(花鳥風月)도 말하지 않는다고 하는 것이 함락지역 작가들의 불가피한 선택이었다. 일본 지배하의 동북에도 화북에도 '향토문학의 제창'이라는 형식으로 '진실을 묘사하여 진실을 폭로한다'는 방법을 견지하여 검열의 눈을 피하면서 굴욕에 찬 시대를 증언하는 작품을 써서 남겼던 작가가 출현했지만, 많은 작가들은 어쩔 수 없는 상황 속에서 시대의 중심 테마인 '애국항일'에서 '일상생활'이나 '보편적 인간성'이라는 것으로 스스로 문학의 주제를 바꾸지 않을 수가 없었다. 그러나 거기서 뜻밖에도 이제까지 잊어버리고 있었던 '일상성'에 눈을 뜨게 되었다. 이민족 지배하가 아니면 전쟁이라는 일종의 극한 상황 속에서 인간의 생존이라는 가장 기본적인 것으로부터 사고하여 말을 만드는 작가들의 작품도 그 시대를 사는 사람들의 복잡한 정신세계를 보다 더 깊이 파악하였기 때문에 중국현대문학사의 빼놓을 수 없는 한 페이지가 된 것이다.

'만주국'에서 작가로서 위치를 쌓은 메이니앙의 작품이 오늘날 여러 가지 형태로 복간된 것도 이러한 관점에서 다시 읽기가 진행되고 있다는 것을 보여준다. 그녀는 '자신이 말하고 싶고, 그리고 말할 수 있는' 말로 힘껏 말했던 것이다.

여기서는 그 가운데 식민지 여성작가로 메이니앙 문학의 모티프를 더 명확하게 읽어낼 수 있는 단편 「교민(僑民)」을 채택해 보고 싶다.

2. 메이니앙에 대해

본명은 쑨지아뤠이[孫嘉瑞], 1920년 블라디보스토크에서 태어나 챵춘에서 자랐다. 아버지 쑨즈위엔[孫志遠]은 샨똥[山東]성 쟈오위엔[招遠]현 빈농의 아들이었지만 조부를 따라 어렸을 때 동북으로 이주했다. 소년 때부터 영국계 상사의 사환을 하면서 영어를 배웠고 게다가 러시아와 일본 은행에 근무하여 러시아어와 일본어를 배웠다. 이윽고 중화민국 정부의 길장(吉長) 진수사(鎭守使)에게 그 재능을 신임 받아 사위가 되었다. 강력한 후원자를 얻은 아버지는 철도, 목재, 곡물 등의 사업에서 상재(商才)를 발휘하여 챵춘에서도 굴지의 실업가로 그 이름을 알리게 되었다. 메이니앙의 자서전에 따르면[4] 아버지가 중동철도의 화물수송주

---

4 梅娘, 「我的少年時期」, 『作家』, 1996.9.

임을 맡았을 때 일로 블라디보스토크에 주재하였고 그때 메이니앙의 친어머니와 만나 서로 사랑하게 되었다고 한다. 아버지는 권력자의 딸을 본처로 맞았지만 사실은 고향에 또 한 명의 아내가 있어 노친을 보살폈다. 그 아내가 낳은 아들 — 메이니앙보다 2달 연상의 오빠는 아버지가 떠맡았다. 일부다처가 공인된 중국에서 메이니앙의 친어머니는 그 서열에도 들어가지 않는 첩이었다고 생각된다. 얼마 후 아버지는 장쭈오린이 계획한 철도 부설에 전념하기 위해 중동철도를 그만 두고 친어머니와 메이니앙을 창춘으로 데리고 갔다.

자서전에 따르면 친어머니는 본처와 같은 집에 살고 있었는데, 아버지가 출장 중에 본처에게 내쫓겨 자살했다고 한다. 메이니앙은 친어머니에 대한 기억 없이, 언젠가 계모가 친어머니가 아닌 것을 알게 된 후로 출생의 수수께끼로 고민했었고, 어느 날 계모가 믿는 진흙으로 만든 고신(孤神)을 깨뜨려 엄하게 꾸지람을 들었을 때, 증오에 찬 눈빛을 보고는 친어머니가 아니라는 확신을 가졌다고 쓰고 있다. 그러나 사실은 자서전과 다르며, 아직 어린 메이니앙에게 잔혹한 것이 아니었을까? 그것을 상상케 하는 자료는 1937년, '만주국'의 문단에 데뷔한지 얼마 안 되는 17세의 메이니앙이 『대동보(大同報)』에 쓴 에세이 「램프」(원제 「煤油燈」)와 「추억」(원제 「억(憶)」)이다.

아버지는 그 사람을 맞이한 후부터 그녀의 방에 가서 자게 되었다. 그 후 어머니의 방에는 그 여위고 홀쭉해진 그림자만이 살아남았다 (…중략…) 나의 머리를 쓰다듬은 어머니의 목소리는 밤바람같이 약하고 조용한 뜰에서 우는 가을의 곤충 소리 같이 서글펐다. 어머니는 여덟 살로는 컸던 나의 몸을 꼭 껴안았다. 머리를 올렸을 때 나는 아련한 램프 빛 속에서 어머니 눈에 눈물이 빛나는 것을 보았다.

"어머니, 아버지는 어째서 어머니의 방에서 안자요?"

어머니는 그에 답하지 않고 내 옷을 갈아입히고 램프의 심지를 줄였다.

—「램프」

이렇게 하여 '나'는 초등학교를 졸업할 때까지 고독한 어머니와 같이 지내다가 지린[吉林]중학교에 진학하게 되었다. '나'는 내가 곁에 없게 되었을 때 더욱 고독해하실 어머니를 생각하였다. 그러나 기다렸던 휴가가 오기 전에도 '나'는 아버지의 부름을 받았다. 어머니가 쓰러진 것이다.

결국 또 어머니 곁에서 시중들면서 램프 아래에서 몇 밤을 지냈다. 다만 이때의 어머니는 이제 나에게 공부하라고 말할 기력도 그림자놀이를 가르칠 기력도 없이 때때로 헛소리같이 나의 이름을 부르는 것이 전부였다. 또 약하게나마 띄엄띄엄 아버지에 대한 원망을 내뱉었다. 이렇게 하여 어머니는 적막한 생애를 끝냈던 것이다. 폭풍우 휘몰아치는 여름밤, 어머니의 임종을 지켜본 것은 나와 램프뿐이었다.

—「램프」

그 사람이 왔기 때문에 어머니는 지위를 침범 당했다. 어머니는 가슴 가득 원망을 품고 아버지 곁을 떠나 멀리 시골로 가 버렸다(…중략…) 어머니의 불만에 찬 모습이 생생히 떠오른다. 나의 가슴에 저주와 슬픔이 솟구쳐 올랐다.

—「추억」

메이니앙의 자서전에 따르면 친어머니는 아버지 부재중에 계모에게 내쫓겨 어딘가에서 자살했다고 듣게 되었다고 했지만 인용된 문장에는 철이 들었을 때부터 메이니앙과 친어머니의 구체적인 생활이 반영되어 있으며 어머니를 버린 아버지에 대한 증오를 읽어낼 수 있다. 1996년에 쓴 자서전에는 '위대한 아버지'에 대한 찬미로 일관되었지만 실제 아버지에 대한 그녀의 마음은 더 복잡한 것이 아니었을까?

계모와의 알력을 안은 채 메이니앙은 대실업가의 딸로 자랐다. 명문 지린[吉林] 성립(省立)여자중학교에 입학한 지 얼마 안 되어 '만주사변'이 발발하였고 이듬해 '만주국'이 성립하였다. 아버지가 일본 지배하의 '만주국'에서 어떠한 입장이었는지에 대해서는 명확하지 않지만 계모가 결핵에 걸려 요양을 위해 가족을 데리고 따리엔, 칭다오 등 바다가 있는 도시를 전전했던 것 같다.

그 후 일기에는 쓰핑지에[四平街]에 거처를 정했지만 계모가 사망하였다고 기록되어 있다. 아버지는 고향에 두고 온 또 한 명의 아내를 불러들여 새삼스럽게 본처로 내보였다. 그리고 쓰핑지에 세계 홍만회(紅卍會)[5] 쓰핑분회(分會)를 설립하여, 자선사업에 전념하였지만, 1936년 메이니앙의 고등학교 졸업 직전에 사망하였다. 메이니앙은 그대로 집으로 돌아갔다. 그 해, 16세로 '소저집(小姐集)'을 챵춘의 이즈[益智]서점에서 출판한 조숙한 소녀는 작가로 첫걸음을 내디뎠다. 1937년 오빠와 계모가 낳은 남동생, 여동생과 함께 도쿄에 유학하였는데, 자서전에는 여자대학의 가정학부에 입학했다고 기록되어 있지만 어느 여자대학인지는 불분

---

5 1916년쯤에 샨뚱[山東]성에서 성립한 종교적 결사. 자선사업에 의해 세력을 확대하였다. 중화인민공화국 성립 후 금지되었다.

명하다. 그때 간다[神田]의 우치야마[內山]서점에서 루쉰을 비롯하여 '5·4' 이후의 새로운 중국 문학을 구입하여 탐독했다. 우치야마 서점에서 아르바이트를 하고 있던 전수(專修)대학의 유학생 리우롱꽝[劉龍光]과 만나 서로 사랑하게 되었지만 남동생이 병이 나 귀국한 후, 일본으로 돌아가지 않고 '만주국' 신문 대동보(大同報)사에 근무하였다.

그 후 리우롱꽝과 결혼하여, 1938년 말 『화문오사카마이니치[華文大阪每日]』의 기자로 채용된 남편과 함께 한큐[阪急]선 슈쿠가와[夙川]역 근처에 살았다.

1940년 이즈서점에서 단편소설집 『제2대』를 출판하였다. "난폭하게도 작가가 사용한 용기 없는 말을 사용하며, 대담하게도 작가가 채택한 용기 없는 소재를 택하여, 이미 정평이 나있는 달의(達意)[6]의 글로 일군의 떠돌아다니는 시체 같은 남녀와 일군의 부랑아들을 그렸다"(량산띵[梁山丁])는 절찬(絶讚)을 받으며 작가로서 지위를 확립하였다. 그 후, '만주국'에는 돌아가지 않고 남편과 함께 일본 점령하의 베이징에서 살았다. 그 시기에 썼던 『게[蟹]』는 한 소녀의 눈을 통해 러시아와의 교역으로 재산을 모은 동북의 대가족이 일본 지배에 따른 경제구조의 변동과 재산을 둘러싼 가족의 추한 갈등 속에서 붕괴되어 가는 모습을 그린 장편으로 그녀의 대표작이 되었다. 그 후 남편 리우롱꽝은 일본에 가장 적극적으로 협력한 문학자로서 일본 점령하의 베이징에서 화북작가 협회 실무 책임자가 되어 대동아문학자 대회의 조직자로서도 활약하였다.

메이니앙도 제3회 대동아문학자 대회에 출석하였는데, 『게[蟹]』로 대

---

6 달의는 자기의 뜻을 남이 잘 알아듣게 말하는 것이다. 자기의 의사가 다른 사람에게 충분히 전달됨을 의미한다.

동아문학상을 수상하였다. 신중국 성립 후 이러한 일본과의 깊은 관계가 메이니앙에게 큰 재난을 초래했던 것이다. 일본의 패전에 따라 메이니앙과 리우롱꽝이 어떤 상황에 처하게 되었는지 메이니앙 자신의 단편적인 회상 이외에 확실한 것은 모른다.

리우롱꽝은 가족과 함께 대만으로 건너간 후 가족을 둔 채 다시 대륙으로 돌아갔고, 귀로인 샹하이에서 대만으로 가는 배가 사고로 침몰하여 사망하였다. 메이니앙은 임신한 몸으로 두 명의 아이를 데리고 대륙으로 돌아가 1951년 말, 국무원 농업부 소속 중국 농업 영화제작소에 배속되었다. 그러나 1955년 '반 혁명분자 숙정운동'부터 1978년의 명예회복까지 23년간 '문혁'을 거치면서 두 명의 아이를 잃고 온갖 고생을 다 겪었다.

1986년 동북 함락지역의 여성작가 작품을 복간한 『장야형화(長夜螢火)』(山丁編, 春風出版社)에는 메이니앙의 작품도 수록되어 출판되었다. 또한 1998년 중국현대문학관이 편집한 총서 『중국현대문학 백가』(華夏出版社)에 선택되어 문학사에 확고한 지위를 얻었다. 그녀는 지금 베이징에 혼자 살면서 녹슬지 않은 필력으로 에세이 등을 집필하고 있다.

3. '교민'-일상 속의 식민지 그리고 젠더

'교민'은 '이경(異境)'에 사는 사람'을 의미하지만 구체적으로는 '재일조선인'을 지칭한다. 1941년 『신만주(新滿洲)』(제3권 제6호)에 게재된 작품으로 메이니앙이 '만주국'의 신진작가로 활약하고 있을 즈음에 쓴 작품이다. 말미에 3월 21일이라고 탈고 날짜가 기록되어 있으므로 남편과 함께 일본에서 잠시 귀국하여 베이징에 체재했을 때 쓴 것이라고 생각되지만, 주인공은 일본에서 일을 얻어 근근이 살아가는 '이국(異國)'의 아가씨이며, 작품의 무대도 한큐덴샤(阪急電車)안이라는 설정으로 보아서 일본 체재 중에 구상되었다고 볼 수 있다.

이것은 일본에서 속기사(速記士)로 일하고 있는 '만주국'의 중국인 아가씨가 전차 안에서 인연이 있는 조선인 부부에 의해 의식의 심층에 가두고 있는 모호한 울결의 유래를 손으로 더듬어 나가는 마음의 드라마를 묘사한 단편이다.

무겁고 낮게 드리운 하늘 아래를 질주하는 전차 안에서 '나'는 한시라도 빨리 바다에 가서 맨발로 그 모래 해변을 달려 나가고 싶은 생각을 하였다.

비가 오면 그 주변 해안을 관리하는 노인의 판잣집에서 비를 피해도 좋다. **그 사람은 이제까지 한 번도 내가 이국 사람이라고 하여 차별한 적이 없다.** (강조는 필자)

독자는 '나'의 가슴을 짓누르려는 것이 무겁고 낮게 드리운 흐린 하늘만이 아니라는 것을 막연히 느꼈을 것이다.

갑자기 '나'의 뒤에서 다가온 불그레한 얼굴의 튼실한 사나이가 자기 자리에서 두 칸 정도 떨어진 자리에 앉아 있는 흰 조선옷을 입은 여성에게 '나'는 모르는 말로 무엇인가를 지시하니 그녀는 일어나서 머뭇머뭇

'나'에게 자리를 양보해 주었다. 왜 자리를 양보해 주는 것인가?

내가 여자였기 때문인가. 내 주위에는 다른 여성이 없었기 때문에. 전차에 올라탔을 때는 아름답게 치장한 아가씨 두 명이 나와 같은 곳에 서 있었지만 **결국 그들은 흰 손수건으로 입을 가리고 차량의 한 쪽 끝에 옷을 잘 차려입은 사람들 쪽으로 옮겨갔다.**(강조는 필자)

작가는 아무 일도 없는 듯한 어조로 그 시대의 풍경 한 조각을 잘라 내어 보여주고 있다. 마늘을 많이 먹는 조선인이나 '만주인'에 대해 '냄새 난다'고 하는 즉흥적인 반응이 그대로 인간의 차별에 단락(短絡)[7]한 '오족협화(五族協和)'[8]의 의심스러움을 일상적으로 경험한 자의 예리한 시각이 잡아낸 풍경이다. '나'는 신문을 읽는 체하며 이 조선인 부부를 관찰하였다.

남자는 옷깃에 판자처럼 풀을 먹인 와이셔츠를 답답하게 입었지만 싸구려 바지는 신사복의 상의와 세트가 아니었다. 그 모습에서 '나'는 이 조선인이 공사현장의 인부 우두머리임이 틀림없다고 생각하였다. 성실하게 일을 하여 돈을 모으고 상사의 신뢰를 얻어 우두머리에 등용되었을 것이다. 그래서 고향에서 아내를 불러 상사께 감사의 말을 하러 가는 것인지도 모른다. 왜냐하면 흰 저고리를 입고 정장을 한 아내가 신고 있

---

7 단락은 욕구 불만이나 갈등에 빠졌을 때, 상황을 합리적으로 해결하려 하지 않고 충동적, 직관적으로 행동하는 것을 의미한다.
8 '만주국'은 건국에 즈음하여 '오족협화'에 의한 '왕도락토'라는 이상을 내세웠다. '오족'은 '한, 만, 몽'에 '일, 조'를 더한 것을 말한다. 단 일본인은 일본국적 그대로이며 '만주국' 국적에는 넣지 않았다.

었던 것은 이제는 일본에 있는 조선인들이 신지 않는 조선 신발이었기 때문이다.

그에게 인부인 친구는 이제 필요 없다. 그는 한 단계 위의 계층에 올라왔기 때문에 그들보다 높은 곳에서 그들을 관리할 수가 있게 된 것이다. 높은 사람은 자기보다 낮은 사람과 사귀지 않는다. 그렇다고 해서 **더 높은 사람들과 사귀는 것은 아직 맞지 않다. 지금도 예쁘게 차려 입은 아가씨들이 차가운 눈으로 본 지 얼마 안 되지 않았는가.** 예쁘게 차려 입은 아가씨들의 양복감은 나의 코트와 비교하여 그렇게 비싼 것은 아니지만 **그녀들은 어차피 그에게는 그림의 떡이다.** 그래서 오래 입었던 코트를 새로 장만할 돈도 없는 나를 선택한 것임에 틀림없다.(강조는 필자)

남자는 그 나름대로 자세를 가다듬어 앉았고, 아내는 항상 불안한 듯이 남편의 형편을 살펴보았다. 이제 슬슬 도착할 것이라고 팔을 걷어 올리며 시계를 본 '나'를 남자가 흘끗 쳐다보았다. '나'는 남자가 시계를 갖고 있지 않다는 것을 알아차렸다. 그래서 문득 나의 세련되지 않는 남자용 시계를 남자에게 주려고 생각하였다.

이 시계를 그에게 주면 인부의 우두머리로서 완벽하다. 이제 그 팔로 노동을 하지도 않을 것이다. 그가 지휘봉을 가지고 인부를 둘러볼 때 팔에서 시계가 빛나고 있으면 한층 더 훌륭하게 보일 것이다
(…중략…)
하지만 지금 그는 사소한 것으로 미래의 꿈이 막히게 될까봐 두려워하고

있는 것이 틀림없다. 만약에 이 시계를 받았다고 하더라도 **그를 질투하는 사람에 의해 훔쳤다든가 주워서 신고하지 않았다든가 더욱 심한 것은 노상에서 빼앗았다든가 하는 새로운 소문거리가 될지도 모른다.** 어느 하나를 보아도 그의 미래를 망쳐서 그를 불행에 빠트리게 된다. 사람을 기쁘게 하는 것은 자기의 기쁨을 추구하는 것보다 훨씬 어려운 것임을 알아차린 나의 마음이 환상에서 창문 밖 흐린 하늘로 멀어져 갔다.(강조는 필자)

독자는 여기서도 작가가 환상을 빌려 전하고 싶은 메시지를 숨겨 놓은 것을 알아차릴 것이다.

식민자의 의식에 잠재한 차별이 만들어 낸 언설, 그것을 내면화해서 스스로 분단해 가는 식민지 사람들. 메이니앙은 교묘하게 우회하면서 한큐덴샤 속에 식민지적인 풍경을 환상으로 그려 나갔다.

드디어 덴샤(전차)는 고베[神戶]역에 도착하였다. 남자는 일어서서 아내에게 그물 선반위의 보자기에 싼 물건을 내리게 하였다. 아내는 느슨해지는 매듭을 다시 매려고 했지만 급해서 잘 맬 수가 없었다. 눈썹을 찌푸리면서 무엇인가 소리 친 남자는 아내 손에서 보자기를 빼앗아 보자기를 전부 풀어 안의 상자를 다시 쌌다. '나'는 그 상자의 축하금에 '감사'라고 쓰여 있는 것을 눈치 빠르게 보았다. 황새걸음으로 걸어가는 남자 뒤를 보자기에 싼 물건을 꽉 안고 흠칫흠칫 따라가는 아내. 느닷없이 '내' 가슴에 이 사나이에 대한 격한 증오가 치밀어 왔다. 아내를 윽박지르는 이 사나이는 '감사'를 올릴 상대에게는 한없이 비굴할 것이 틀림없다.

나는 몽둥이[樐]를 가진 고자세의 인부 우두머리의 모습이 생각났다. 마침 그의 뒤에 있었던 나는 그 판자처럼 풀 먹인 와이셔츠의 옷깃을 찢어버리고 싶다는 생각이 들었다.

플랫폼에 내려서자 비가 내리기 시작했다. 어찌할 바를 모르고 꼼짝 않고 서 있는 남자, 아직 택시 탈 만큼 유복하지 않은 것 같다. 물론 '나'도 그런 신분이 아니다. 그렇지만 '나'는 보란 듯이 택시의 순번을 기다리는 유복하게 보이는 사람들과 나란히 늘어섰다. 그리고 남자가 당황한 표정으로 아내를 재촉해서 개찰구를 떠나는 것을 끝까지 보고 살짝 그 줄을 빠져 나왔다.

차가운 비에 젖으면서 나는 그 가엾은 아내 대신 그녀의 남편에게 복수해 준 것 같은 느낌이었다. 그러나 한편으로는 비 때문에 그녀의 소중한 단벌 옷이 엉망으로 되지 않을까라고 걱정이 되었다. 아무쪼록 그녀의 남편이 돈 육전(六錢)을 아끼지 말고 시전(市電)을 타기 바란다.

어린애 같은 행위로 가슴을 풀 수밖에 없는 '나'. 남자의 당황한 표정을 확인하는 것으로 자기 속에서 치밀어 온 격한 감정을 가시게 할 수밖에 없는 '나'. 그러나 '내'가 갈기갈기 찢고 싶었던 것은 사실 같은 '교민'인 '내'가 조금씩 자신에게 허락한 '노예성'과 다르지 않는다. 다른 승객들이 그냥 지나가는 식민지적 풍경을 스스로의 내적 풍경으로서 껴안을 수밖에 없는 '나'의 아픔이 전해 온 것은 아닌가. '만인(滿人)'이라고 불러 준 주인공의 가슴을 짓누르는 것은 무겁고 낮게 드리운 하늘이 아니고 아이덴티티를 상실한 생의 울결인 것이다.

'자기가 말하고 싶은 것을 어떻게 말할까.' 메이니앙이 소설의 등장인물로서 '교민'을 선택한 것도 깊게 숨은 또 하나의 메시지를 전하려는 전략이었던 것이 아닐까.

물론 이 작품의 주제도 메이니앙의 다른 많은 작품과 마찬가지로 가부장적 전제(專制)하에서 인격을 박탈당해 온 여성의 '성 지배'에 대한 분노이며 흠칫 흠칫 남편의 안색을 엿보는 가엾은 아내에게 기울어진 연민의 눈빛은 결국 1943년의 『예문잡지(藝文雜誌)』(1권 1기)에 발표된 단편 「수술 전에」(원제 「수술하기 전」)의 젠더 이데올로기에 대한 격한 고발로서 작품화되었다.

남편에게 잊혀진 아내가 금목서(金木犀) 향기 나는 가을 공원에서 남편 친구에게 유혹되어 잘못을 저질렀다. 결국 임신 중인 몸으로 남자에게 성병이 옮은 것을 알고, 고뇌 속에서 신뢰를 기울인 의사에게 남성중심 사회의 부당을 호소하여 재생의 결의를 말한다는 내용이지만, 죽음을 결의한 여자 영웅(heroine)은 이제까지 남성에 의한 정의를 내면화해 온 여성자신, 자기의 모반을 높이 선언하였다.

아름다운 육체에 풍부한 정욕을 감춘 한 명의 젊은 여성이 매혹적인 가을밤에 이제까지 충족됨이 없는 긴 시간 억압되어 온 정욕을 상기시켜 남편이 아닌 남성에게 몸을 맡기는 것이 그렇게 대역비도인 것입니까?

욕망의 대상에서 욕망하는 주체로 스스로의 방향을 바꿀 때 여성들은 종횡으로 펼쳐진 젠더의 망을 깨달았다.

메이니앙이 전통적 차별 구조를 주시하여 그 작품의 다수가 젠더 규범에 대한 근본적인 비판을 핵으로 하는 것은 무엇보다도 생모를 둘러싼 통절한 체험에 의거한 것이 틀림없다.

수중의 옥같이 그녀를 귀여워했던 아버지는 한편으로는 친모를 헌신짝처럼 버린 남자였다. 메이니앙에게 난세를 살아나가는 '위대한 아버지'는 자랑스러운 존재인 것이 틀림없지만 가엾은 어머니와의 관계에서는 용서 못할 존재로 변환되었다. '위대한 아버지'에 대한 복수심(ressentiment)이야말로 '식민지' 경험과 함께 메이니앙의 문학을 해독하는 또 하나의 열쇠가 될 것이다. 식민지 지배와 젠더 규범이라는 이중의 억압 속에서 쓰인 메이니앙의 작품은 모성이나 문화 장치로서 섹슈얼리티를 응시하는 문제 등 인간 존재의 근원에 관한 물음이 포함되어 오늘날에도 여전히 새로움을 잃지 않았다. 다만 아쉬운 것은 최근 복간된 작품집에는 '교민'이 '애국항일'의 주제에 따라 대폭 고쳐 쓰여졌다는 것이다.

결국 메이니앙 뿐만 아니라 '만주국' 여성작가가 묘사한 여자 영웅은 '식민지'라는 형태로 '근대화'에 의해 경험하는 내부 분열과 갈등을 통해서 '5·4'나 '혁명근거지'와는 다른 여성 주체가 형성되어 가는 가능성이 짐작되어 흥미진진하다.

주
변
지
역
에
게
만
주
란

만주를 둘러싼 국제관계

19세기 말부터 20세기 전반에 걸쳐

미와 기미타다[1]

1. 머리말

일본은 만주를 둘러싼 국제관계의 변천에 크게 세 차례 관련되어 있
다. 첫째는 청일·러일전쟁이고, 둘째는 만주사변과 만주국의 수립이
며, 셋째는 태평양전쟁 말기에 소련의 참전에 의한 만주국의 붕괴이다.

만주사변은 전쟁 전 국제관계사에서 분수령이 되었다. 국제법 질서
를 준수하는 것을 국가의 원칙으로 삼고 국제사회 속에서 '일등국'으로
위치를 구축해 온 일본이 갑자기 국제법 질서 그 자체를 파괴하는 태도
로 나온 것이다. 게다가 일본은 국제법 위반 행위를 하면서 '국제법 위반

---

[1] 三輪公忠, 1929년생. 국제관계사. 저서로는 『松岡洋右』(中公新書); 『隠されたペリーの「白
旗」』(Sophia U. P.)가 있다.

은 하지 않았고, '자위적'인 군사력 행사로 미국이나 영국의 세력권 ─ 정식 혹은 비정식적인 '제국' ─ 내의 경찰권 행사와 같은 것'이라고 주장하였다. 그것은 법률적 '정의'와 실제 정치의 격투 장소가 되었다.

이러한 일대변혁의 시기 일본 외교는 헤이하라 기주로[幣原喜重郎]와 마쓰오카 요스케[松岡洋右]에 의해 주도되어 지옥의 나락으로 떨어져갔다. 헤이하라는 베르사유조약이 만들어낸 국제연맹이라는 '회의(會議) 외교'의 시대에서 열강의 간섭을 배제하고, 중국과 만주의 특수 사정을 거울삼아 당사국끼리 '양국간' 외교로 돌파하려고 했지만 이루지 못하였다.[2] 마쓰오카는 페리의 흑선(黑船)외교 이래 일관된 미국의 '자유무역주의와 중국의 문호개방정책'이라는 미국 '문명'의 권력적 확장주의 세력을 미국발 경제대공황 속에서 '전체주의'말로야 역사의 필연이라고 잘못 읽었다. 그리고 만철 선배 고토 신페이의 '신·구 대륙대치론'에 의거하여 일본·독일·이탈리아·소련이라는 유라시아대륙의 일대동맹으로 미국과 대치하였다. 그것은 미국의 '글로벌리즘'에 대해 '독일권', '소련권', 일본의 '대동아공영권', 그리고 '앵글로색슨권'이라는 4대 '광역경제권'의 설정으로 대항하려고 했던 것이다.

'4국 동맹' 구상은 독일의 '배신'으로 열매를 맺지 못하고 일본·독일·이탈리아 삼국의 '추축동맹(樞軸同盟)'에 머물러 미국의 세계 정책을 저지하는 세력이 되지 못한 채, 오히려 일본의 대 미국전 개시와 함께 미국의 대 독일 참전의 '뒷문'을 준비하는 것으로 되어 버렸다.

이런 이유로 만주사변을 '연맹' 외교로 처리할 수 없었던 일본은 중국

---

2 西田敏宏,「ワシントン体制の変容と幣原外交 (1)」,『法学論叢』149권 3호, 京都大学, 2001.6, 83면.

에서 미국의 '원리주의와 글로벌리즘'과 일미경제전쟁을 두고 싸우게 된 결과, '대동아공영권'이라는 특수한 일본 원리주의에 의한 블록 경제권의 건설을 전쟁목적으로 하는 대미전쟁으로 확대해 나갔다.

그야말로 전쟁을 '국책의 수단'으로 삼는 것을 금지했던 1928년 파리부전조약에 대한 전면적인 부정이었다. 당연히 '선전의 조칙'에도 언급된 것 같이 '자존자위'를 위한 것으로 합리화를 하였다. 따라서 '태평양전쟁'은 파리부전조약이 그 문언에 의거한 것이라고 생각되는 클로세비츠의 『전쟁론』으로 되돌아가 '전쟁이라는 다른 수단에 의한 정책의 계속'이 되었다.

그렇다면 패전 후는 '평화라는 다른 수단에 의한 정책의 지속'으로 특수 일본의 가치를 담고 있었을 '대동아공동선언' 등을 재확인하여 전전과 전후 국가로서의 연속성에 따른 재출발이 있을 수 있었을 것이다. 그러나 도쿄재판은 있을지도 모르는 일본이 국가적으로 책임을 질 수 있는 방법을 막았던 것이다. 미국을 중심으로 한 연합국에 의한 극동군사법정이라는 '문명의 심판[3] 아래 전전의 일본은 전면 부정되어 '국체호지(國體護持)'라는 '이름'으로 천황의 면책만이 남았다.

심판된 것은 일본의 확장주의이자 그것을 뒷받침하고 있었던 국체론을 핵으로 한 특수일본주의였다. '대동아공영권'의 사상은 '팔굉일우(八紘一宇)'이며, 천황의 덕을 위한 지배였다. 그 때문에 '태평양전쟁'은 '문명'이라는 이름의 서양열강 침략주의에 전면에서 대립하는 것으로 제시되었다.

이 전쟁의 실마리인 '만주사변'은 관동군참모 이시하라 간지가 세계

---

3 牛村圭, 『'文明の裁き'をこえて―対日戦犯裁判読解の試み』, 中央公論新社, 2001, 7면. 수석 검찰관의 모든 진술 취지는 '문명'이 '야만'의 일본을 심판한다는 뜻이다.

최종 전쟁의 포석으로 책모 했던 것이었다. '최종전쟁'은 '동양' 대표인 일본과 '서양' 대표인 미국과의 사이에서 싸우는 것이라는 관념이 있었다. '동양대표' 결정전은 일본과 소련 간에 싸운 것으로 그 승리에 만전을 기하기 위해 만주를 탈취하였다. 그의 역사철학은 헤겔이었고 그러므로 '최종전쟁'이었다.[4] '최종전쟁' 후에 이미 '전쟁'은 없고 인류는 영원한 평화의 시대에 들어가는 것으로 되어있었다. 그 때문에 일미전쟁에서 일본이 졌더라도 그는 '평화'를 믿고 있었다. 미국이 '최종전쟁'을 이겨 그것을 차지했다고 생각한 것이다. 그가 패전직후에 강연한 '신일본건설'은 절대 평화주의의 길을 설명했다. 천황의 조상이 대팔주(大八洲)의 땅을 선택하여 건국했던 것이기 때문에 이 국토가 '팔굉일우'의 평화주의 발신지로서 좁지 않다고 하여 '팔굉일우'의 대정신으로 전후 일본을 구축하자고 제창했던 것이다.[5]

이시하라 '최종전쟁론'이라는 특수 언어를 떠나서 보아도 일본이 시작한 이 전쟁은 서양의 근대국가군이 국제법질서를 가지고 동아시아에 도래한 이래 지방 세력이 그 원리원칙에 대항한 최초의 본격적 무력행사였다. 그리고 그것은 각각 원리주의의 확장주의적 투쟁이었다.

따라서 본고에서는 만주사변을 일대전기로 하는 19세기 말부터 20세기 전반에 걸치는 시대에 관계국을 흔들었던 확장주의의 이념과 실천을 우선 개관하고 이어서 통사적(通史的)으로 그 행동이 가진 의미를 생각해 보고자 한다.

---

4 柄谷行人, 『'戦前'の思考』, 講談社学術文庫, 2001, 239면.
5 三輪公忠, 「滿洲事変と'八紘一宇'－石原莞爾を中心に」, 軍事史学会 編, 『再考·滿洲事変』, 錦生社, 2001, 37~38면.

2. 주요관계국의 확장주의 원리

1) 모스크바 제3로마주의

중국의 최후 왕조인 청조와 유럽 국가가 처음으로 국경 획정을 시도한 것은 로마노프왕조의 러시아에 의한 1689년의 네르친스크조약이었다. 그것은 국제법 질서가 유럽에서 발상한지 얼마 되지 않을 즈음에 러시아의 확장주의에 의해 중화제국의 덕치주의적 질서의 주변을 침범하기 시작한 것을 의미하는 것이다.

이 조약이 설정한 '국경'의 내용은 그 후 중화제국의 운명을 암시하고 있는 것처럼 보인다. '국경' 획정은 '국민', '주권'과 함께 근대국가 삼대 속성의 하나지만 네르친스크조약이 설정한 중국과 러시아의 국경은 범위가 아주 한정되어 있었다. 러시아의 확장 세력을 중화제국이 직접적 위협이라고 인식한 베이징의 북변(北邊), 장성(長城)의 북방으로 한정되었다. 무엇보다도 특징적인 것은 그 국경선이 하나의 선이 아니고 '운수표묘(雲水縹渺)'로서 중국인에게 땅 끝, '중국어로 말하는 소리가 이제는 들리지 않는 지대'였던 것이다. 시작도 끝도 막연하여 동쪽으로는 만주의 북방에서 사라지고 해안까지 이르지는 않았다. 그것이 하나의 선으로 합의된 것은 170년 가까이 지나서이고, 청조가 영국과 프랑스의 무력항쟁에서 졌을 때 어부지리를 얻은 러시아가 1858년과 1860년에 맺은 조약에 따른 것이다.

러시아 확장주의는 '모스크바 제3로마주의'와 '아메바 양식'이라는 핵심 개념에 의해 특징지어졌다.[6] '모스크바 제3로마주의'라는 것은 몽골의 공포정치에 좌절되지 않고 키에프에 전래된 이래 그리스도교를 지킬 수 있었던 모스크바의 러시아인에게 하늘이 부여한 사명이 있다고 하는 '구세주' 콤플렉스를 일컫는다. 그것은 처음에 그리스도교의 성지탈환을 목적으로 이슬람세계로 향했지만 강한 저항에 부딪혀 '아메바'처럼 그 이상은 진행되지 않고 저항이 없는 쪽으로 진행방향을 바꾼 것이다. 결국 종교적 사명감이라는 것보다도 '경제적' 이익의 추구가 주목적으로 되어 서구에서 고가에 팔리는 모피를 찾으러 동쪽으로 동쪽으로 전진하면서 그 사이에도 남하를 계획하지만, 사막이라는 자연조건에 방해되어 목적을 달성하지 못하고 베이징의 북변에 와서 처음으로 정치세력에게 막히게 된 것이다. 그 결과가 청조와의 네르친스크조약이었다.

구세주 콤플렉스는 혁명 후 그리스도교로 대신하였으나 원래 그리스도교의 사회 정의감과 같은 근본적인 공산주의의 '복음'을 전파하는 사상투쟁으로 되었다. 그리고 그동안에도 유럽이나 동아시아에서 '아메바 양식'이 된 확장주의의 행동은 수없이 많았다. 냉전의 종언도 결국 이 '양식'의 한 결과로서 일어났다고 말할 수 있다. 일본과의 관계에서는 러일전쟁 전후의 모습이 이 가설로 설명이 가능할 것이다. 만주사변 발발 이래 소련의 융화적 태도인 소만 및 일소불가침조약 제안 등이 그 결과이다.

---

6 三輪公忠, 『環太平洋関係史』, 講談社現代新書, 1968.

2) 문명전파의 사도 미국

러시아 소비에트의 이 구세주 콤플렉스와 나란히 해야 할 것은 미국의 매니페스트 데스티니 콤플렉스(manifest destiny complex)이다. 미국이 서부를 정복하고 마침내는 태평양을 넘어서 중국으로 일본으로, 필리핀으로 확장해 나갈 때 미국인의 마음을 움직이며 그 행동을 정당화시킨 것은 이 사명감, '문명전파'의 사도라는 신념이었다.

비슷한 사명감을 인도 지배의 경험을 배경으로 '백인의 부담'이라고 표현했던 것은 영국인이었다. 영국과 대서양 쪽에서는 대항관계에 있으면서 동아시아 정책으로는 협조하여 제휴관계에 들어간 것은 미국이며 그 기선을 잡은 것은 페리의 미국 해군이었다. 페리제독 자신의 집의 역사가 이것을 도식화하여 보여주고 있다고 할 수 있을 정도이다.

페리의 선조는 퀘이크 교도로서 신앙의 자유를 찾으러 신세계에 넘어온 사람들이었지만 그의 조부 시대에 '평화주의'를 버리고 해군이 되었다. 일본의 개국에 성공한 마슈 페리제독의 대에 미국해군은 '페리해군'이라고 부를 정도로 그 구성원의 대부분은 친척일가를 포함하여 페리 일족이 차지하였다. 마슈의 형 올리버는 제2차 독립전쟁이라고 불리는 1812년의 대영전쟁에서 캐나다와 국경수역의 해전에서 승리를 거두어 미국건국 발전사에 '영웅'으로 이름이 기억되는 또 한 명의 페리이다.

미국 국민에게 독립전쟁 때의 '적' 의식은 그 후에도 오랫동안 남아 있었지만 특히 해외로 확장주의를 추구하는 자는 영국을 제외하면 '동맹국'에 해당할 나라가 없었다. 영국의 해양제국은 7개의 바다를 지배하는 영국해군에 의해 수호되었다. 미국이 해외로 발전하려고 하면 영국해군과 행동을 함께 하는 것이 이치에 맞았다. 아시아지역에서 특히 미국의 국익은 러시아 확장주의의 대항세력인 영국의 국익과 일치한다는 것이 미국의 확장주의자, 특히 페리의 생각이었다.

페리는 영·미 대 러시아의 피할 수 없는 지구 규모의 항쟁으로 일본 개국에 성공하고 귀국한 직후 뉴욕지리학 협회에서 다음과 같이 강연하였다.

그 그림자가 이미 이렇게도 명확한 장래의 사건에 대해 예언한 것은 성인이 아니라도 할 수 있는 것이다. 미국 "제국 발전의 길은 서쪽으로 향한다"고 결정되어 있다. 다만 이 드라마의 최후의 막은 아직 오르지 않았다. 정치적 경험칙에도 불구하고 서쪽으로, 북쪽으로, 남쪽으로, 미국 국민은 우리의 영토를 찾으러 여러 형식으로 확대해 간 것이라고 나는 생각한다. 그것은 이 광대한 태평양 섬들을 전부 미국의 품에 껴안고 마침내 아시아의 동해안 전역에 색슨민족의 지배를 확립할 때까지 계속될 것이다.

또한 동시에 앞으로 점점 강대화 된 러시아라는 우리의 대항마는 동쪽으로 남쪽으로 중국과 샴의 해안지대로 세력을 확대해 갈 것이라고 나는 생각한다. 이렇게 하여 색슨민족과 코자크 민족은 다시 무대를 바꾸어 서로 어울릴 것이다. 그것은 투쟁일까, 아니면 우호일까. 친하게 서로 어울릴 일은 '아니다'라고 나는 굳이 단언한다. 자유와 전제라는 양립하지 않는 주의와 주장의 양자가 드디어 서로 어울릴 것이다. 거기에서 전개되는 대전에 온 세계 사람이 손에 땀을 쥐고 지켜볼 것이다. 왜냐하면 이 싸움의 귀추에 온 세계가 자유로울 것인지, 아니면 노예화가 될 것인지의 운명이 걸려있기 때문이다. 전제가 이성에 부합하고, 자유라는 문명인의 운명이 결정되는 것이다. 나의 시야에는 이 장절한 최종 결전을 향해 이미 두 명의 거인이

착착 세력을 늘려가는 모습이 들어오고 있다.[7]

　미국의 대외태도를 ① 유럽, ② 카리브해 지역, ③ 동아시아라는 세 개의 지역으로 나누어 특징을 붙이면 ①과는 '서로 관계되는 것을 피한다', ②에서는 '압도적 권력적 지위의 보유', ③에서는 '지역 세력에 의한 균형', 그리고 그 균형이 깨지게 될 때만 '균형회복을 위해 개입 한다'는 것이다. 그리고 그것은 동아시아에 한해서 말하면 19세기 말까지 미국이 제창하여 억지로 일·영·러·독·불과의 '합의'로 공표한 '중국의 문호개방 정책'이 준거한 원칙이었다.

　그것이 현실정치의 장(場)에서는 만주에서 권익을 확대하여 '문호'를 닫으려고 하는 러시아에게 우선 적용되어 러일전쟁에서는 일본의 동맹국 영국에 필적할 만큼의 '지지'가 되었다. 그러나 전후처리에서는 '전승국' 일본의 세력이 일방적으로 중국대륙에서 확대한 것을 적극적으로 억제하도록 작용하였다. 포츠머스 강화회의에서 조정역을 맡은 미국대통령 시어도어 루스벨트는 러·일 양국 각각 '불만'이 남은 결과 '적의'가 발생하도록 하였다. 요컨대 전후의 세력균형은 '적의의 균형'을 만들어 냈던 것이다.

　만주사변에 대하여 미국이 취한 태도는 처음에 국무장관 스팀슨의 이름으로 알려진 '불찬성정책'이었다. 일본의 군사행동으로 일어난 미국의 권익으로의 변경을 전혀 인증하지 않는다고 하는 것이었다. 이때까지 지역적인 세력균형은 불충분하지만 '적의의 균형'으로 유지되었다

7　Samuel Eliot Morison, *"Old Bruin"-Commodore Matthew C. Perry*, 1794~1858, Oxford University Press, 1986, p.429.

고 할 수 있다. 그것은 러시아혁명 '간섭전쟁'으로의 시베리아 출병이라는 여운이 있었다. 그렇지만 제1차 5개년 계획에 몰두하고 있는 소련은 만주사변에 대해 일본과 분쟁을 일으킬 여유는 없었고 오히려 일본에게 '융화정책'으로 대했다. 일본군이 북진을 계속하여 소련 국경에 접근하였을 때 불가침조약 체결을 제안하였던 것이다. 그것은 열강 내에 누구보다도 빨리 일본군에 의한 만주지배라는 기정사실을 승인하는 것과 같은 의미를 가지고 있었다.

3) 영·미의 제휴 플레이

영국에서는 1877년, 24세에 이미 대부호가 되었던 세실 로즈가 '유언'을 썼다. 거기에서 그는 '비밀결사' 활동으로 아프리카를 모두 영국령으로 하고 태평양에서 아직 특정 국가의 영토가 되지 않은 것을 주워 모으고, 중국의 해안지대와 일본을 거두어들여 아메리카 합중국으로 귀속시켜 대영제국으로 할 수 있는 만큼의 대제국으로 만들 꿈을 꾸었다. 그 꿈을 실현하는 수단으로 그는 옥스퍼드 대학에 장학금을 기증하여 인재를 양성하려고 하였다.[8]

이는 미국이 영국제국에서 분리되어 독립전쟁을 시작한 해로부터 101년째 되는 것으로 로즈에 의한 유언이야말로 '팍스 브리타니카'의 이름에 상당하는 것이었다. 이렇게 함으로서 비로소 세계 '평화'가 보장

---

8 Denis Judd, *Empire*, Fontana Press, 1996, p.117.

된다고 생각했던 것이다. 이는 마침 로즈가 태어난 지 얼마 지나지 않아, 일본 개국에 성공하고 막 귀국했던 페리가 뉴욕에서 한 강연과 서로 맞아 떨어졌다.

실제 정치에서는 이 세기 마지막에 떠오른 독일이라는 신흥해양제국의 거친 파도를 막기 위해 영국은 미국에게로, 더 구체적으로 말하면 미국 해군에게 기대었다. 그것을 명확히 인식한 것은 미국이 현안이었던 '하와이공화국'을 단숨에 병합했을 뿐만 아니라 아시아 태평양 수역에서 괌과 필리핀을 스페인으로부터 할양시킨 미국·스페인전쟁(1898)에 대한 전후처리의 때였다. 사라와크 섬의 동북단 해상에서 이론적으로 당연히 미국에 소속될 두 섬이 강화조약으로 애매해져서 스페인 지배하에 남겨졌다. 미국 정부에게 그것을 뺏기지 않도록 가르쳐 준 것은 영국 사람이었다. 그것은 서태평양으로 진출하려는 독일이 몰래 탐을 내고 있었던 것이었다.[9]

독일이 오랜 시간에 걸쳐 '대독일'이냐 '소독일'이냐의 독일어권 정치에 결말을 짓고 오스트리아 없는 소독일로 독일제국을 탄생시킨 것은 잇달아 프러시아에 의해 싸우게 된 독일·오스트리아, 독일·프랑스 전쟁을 통해서였다. 그 후 독일 외교는 프랑스가 보복전쟁을 하지 않도록 유럽대륙에서 프랑스를 고립시키기 위한 동맹조약 네트워크를 구축하였다. 이 복잡한 다국 간 외교의 성과는 비스마르크 재상의 천재적 재능에 힘입은 것이었기 때문에 1890년 그의 실각과 함께 유럽의 평온은 붕괴되기 시작하였다.

---

9 高橋文雄, 「米西戦争期勢力均衡外交―群島関与中心」, 『国際学論集』 제49호, 上智大学国際関係研究所, 2002.1, 11~13면.

4) 인종주의의 국제정치

비스마르크를 은거시키고 자기만의 외교를 전개하기 시작한 황제 빌헬름 2세가 최초로 직면한 중대한 국제정치상의 변화는 '혁명'의 프랑스 공화국과 '혁명'을 두려워하는 로마노프왕조와의 급속한 접근이었다. 영국의 빅토리아여왕을 통해 혈연관계가 있었던 독일 황제와 러시아의 니콜라이 2세는 서로 '윌리-니키'라고 서로 부르는 친한 관계를 맺었다. 프랑스의 '고립'을 타파한 러시아·프랑스 동맹의 위협을 경감시키기 위해 독일 황제는 러시아로 하여금 동아시아로 확장하게 만들었다. 그 방향성은 러시아가 오랫동안 원하던 태평양으로의 출구, 부동항을 조선반도에서 구하는 것이며 동아시아에서 일본, 영국, 그리고 미국과 분쟁을 일으키는 것이었다.

1895년의 대일 '삼국간섭'은 독일황제의 부추김이 열매를 맺는 것이었다. 그는 그 때문에 일부로 전문가 화가에게 유럽의 그리스도교국을 침략하는 아시아의 불교도 떼라는 도안을 그리게 하여 니콜라이 2세뿐만 아니라 유럽의 여러 군주에게 보냈다. '황화론(黃禍論)'이라고 불리는 그것은 바로 '문명의 충돌'을 헌팅톤에 앞서 보여준 것이라고 말할 수 있을 것이다. 그리고 그때부터 이후 국제정치는 일본이라는 황색인종의 파워를 인지하면서 '황화론'이라는 이름의 인종주의를 하나의 의미 있는 요인으로 전개시켰다.

5) '인구폭발'의 배출구

실제정치에서 이 인종주의는 도안으로 보여 준 독일이나 삼국간섭의 다른 두 나라와 일본과의 사이에서 구체적인 문제가 되었다기보다 미국에서 일본인의 이민 배척으로 현재화하여 일·미 관계의 중대한 결정요인이 되었다. 그것은 러일전쟁 직후 샌프란시스코 시교육위원회의 '학동(學童)' 배척으로 시작하여 캘리포니아주의 입법으로 토지소유가 금지되었다. 1924년 일본인이 '동양인'이라는 '인종' 때문에 '귀화'할 수 없다는 이유로 전면적으로 '이민'을 금지한 존슨법이라는 이름의 '배일이민법'이 쿨리지 대통령의 거부권을 무효로 한 상하 양원 합동결의에 의해 성립하였다.

이러한 배일이민법을 일본 측에서 받아들이는 방법은 원리적으로는 대미전쟁을 언제든지 시작할 수 있는 만큼의 이유가 정리되었다는 것을 의미하였다. 그리고 무엇보다도 그것은 일본인의 마음속에 만주점령에 대해 꺼리는 느낌이 있는 것을 해소하는데 도움이 되었다. 미국뿐만 아니라 캐나다에서도 또 남미에서도 일본인 이민을 배척하여 오스트레일리아와 함께 환태평양의 배일이민 네트워크가 완성되었을 때 어디에서 일본의 '인구폭발' 압력을 제거할 수 있을 것인가 하는 논의가 있었다. 그것은 패전 다음 해 쇼와(昭和) 천황의 '독백'과 마찬가지이다. '개전책임(開戰責任)' 면책 포석으로 말한 것이지만 천황은 첫마디에 '먼저 배일이민문제가 있었으므로, 군부가 일어선다고 결정했을 때 그것을 막을 만한 수단은 없었다'는 의미로 말하였다.[10]

'압력 제거'가 북방으로 향하는 것을 환영하는 국제여론이 있었던 것이다. 일본이 남진하여 확장하는 것을 피하려면 이때 일본을 비판하는 것보다 일본을 동정하는 것이 득책이라고 생각하는 정부의 의견을 대표하듯이 한 명의 오스트레일리아 저널리스트가 일본에 와서 그런 취지의 발언을 하였다. 만주국이 성립된 후, 각각 '아시아인' 지배의 식민지 제국을 구축했던 영국이나 프랑스는 전면적으로 그것을 부정하고 구질서로 되돌아가기를 요구할 수 없는 사정이 있었다. 중화제국 외연의 인도지나 반도에 식민지를 영위하고 있던 프랑스는 특히 그러하였다. 일본이 지배하는 만주국과 프랑스령 인도지나라는 공통항을 근거로 일본육군 당국자 내에는 '일본·프랑스 동맹'을 모색하는 사람도 있었다.

6) 미국과 연맹외교

그러나 이것은 모두 '구식 외교'였다. 베르사이유 회의에서 미국의 윌슨 대통령에 의해 제시되어 국제연맹을 상징으로 한 하나의 정점으로 발족했던 '신외교'의 이념 밖에 있는 것이었다. 신외교를 표방하고 있던 미국은 필리핀이라는 '식민지'에 대해서도 필리핀인에게 '민주주의 정치제도'의 '개인교수'가 끝나면 '독립'으로 이행한다고 약속하였고 1935년부터 그 일정으로 돌입하였다. 미국은 스스로 국제연맹을 창설하였지만 고립주의 국내 정치 때문에 가맹국이 되지 않았다. 그러나 일본의 만주점령은 '부전(不戰)조약', '9개국조약 위반'으로 보고, 중국이 연맹에 제소했을 때부터 미

---

10 『昭和天皇独白録』, 文芸春秋, 1991, 20면.

국은 사람을 보내 연맹정치에 적극적으로 간여하였다.

만주사변을 다룬 연맹의 12개국 이사회의 의견을 대표한 것은 폴란 드처럼 '민족자결' 원칙 아래 부활하거나, 새로 만들어진 국가로서 이들 국가는 국경의 변경(變更), 영토의 침범에 특히 민감하게 반응하는 조건 하에 있었다. 게다가 만주사변에 이르기까지 연맹의 초창기 10년은 설 정된 지 얼마 안 되는 이들 국가의 국경을 둘러싼 분쟁을 연맹이 완벽하 고 평화롭게 해결한 성공의 역사였다. 만주사변 전 만주의 실태가 '구태' 복구 그 자체로 추진할 수도 없고 '조약을 위반'한 일본의 '기정사실'을 그대로 묵인할 수도 없었다.[11]

7) '외교의 독립'이라는 국민적 영웅

리튼보고서에서 보여 준 국제연맹의 해결책은 '신탁통치(信託統治)' 방 식이었다. 수탁국(受託國)인 분쟁당사국의 일본조차도 배제하지 않는 것이었다. 이 제안의 표결에서 일본대표 마쓰오카 요스케[松岡洋右] 전권 (全權)은 찬성 41표, 반대 1표로 국제정치에서 일본의 고립이 두드러지 자 조용하게 전권단을 데리고 총회회의장을 빠져 나갔다.

본국 정부의 훈령에 일본의 주장이 받아들여지지 않을 때에는 연맹 탈퇴도 부득이하다는 강경의견도 게재되어 있었지만 이때 마쓰오카 자 신은, 이것을 외교가인 자신의 실패로 삼을 일본의 여론을 의식해 자신

---

11 海野芳郎, 『国際聯盟と日本』, 原書房, 1972, 207면.

의 정치생명은 끝났다고 생각했을지도 모른다. 그러나 런던, 로마와 유럽의 여론을 정탐하면서 북미에서는 프랭클린 루즈벨트 대통령과 회견하여 새삼스럽게 일본의 입장을 개진하였는데, 요코하마[橫浜]부두에 도착한 마쓰오카 요스케를 기다렸던 것은 저널리즘의 열광적인 환영이었다. 연맹의 결정에 등을 돌린 마쓰오카 요스케의 외교를 일본외교가 오래 동안 달성하려고 하다가 못했던 '자주외교', '외교의 독립'으로 칭송하여 마쓰오카 요스케를 연맹이라는 도깨비 섬을 정벌한 모모타로[桃太郎]라고 칭찬하였다.[12]

자신의 정치생명이 지옥의 밑바닥에 떨어졌다고 생각했을 마쓰오카 요스케는 국민적 영웅으로 치켜세워져 전전 일본의 정당정치 말기에 '여론정치가'로 등장하였다. 자신의 출신지 야마구치[山口]현에서 정우회(政友會)의 중의원(衆議院)의원으로 당선되어 정당해소운동을 시작으로 전국을 유세하였는데, 때마침 농촌불황에 허덕이는 도호쿠[東北]지방 농촌 청년의 적극적인 지지를 받았던 것이다. 그는 이를 '쇼와이신[昭和維新]'이라고 불렀다. 마쓰오카는 이것을 자신의 '조어(造語)'라고 하였다. 그 이외에도 그는 '왕도'에 대해 '황도'를 주창하고 일본의 만주국 지배를 '왕도'의 이름으로 시인하는 것을 철저하게 배제하였다. 그것은 역성혁명의 정치이념에서 중화제국에 '왕도'가 있을 리 없고 어디까지나 일본 천황의 덕에 의한 지배이므로, '천황의 길', '황도'가 아니면 안 된다고 하였다. 이것이야 말로 일본의 '원리주의'였다. 만주 땅에서 미국과 일본 각각의 원리주의가 대립을 심화시켜 가는 것은 시간문제가 되었다.

---

12 三輪公忠, 『松岡洋右-人間と外交』, 中公新書, 1971, 122~123면.

8) 일본의 원리주의

일본의 대륙 진출에는 다수의 요소가 복합적으로 얽혀 있다. 쇄국 정책을 위협하는 외압의 위협 속에서 도쿠가와[德川] 정권 말기에 사토 노부히로[佐藤信淵]의 『우내혼동대론(宇內混同大論)』 및 『비책(秘策)』(1823)에서는 시베리아 방면에서 '덕치(德治)'를 미곡 증여로 실천하면서 남하하여 북쪽에서 조선반도에 들어가 이를 지배하는 방책을 논하였다. 하야시 시헤이[林子平]의 『삼국통람도설(三國通覽圖說)』(1785)의 삼국은 류큐[琉球], 에조[蝦夷], 조선이고 그 외 당천축(唐天竺)과는 경계를 분명히 긋는 것으로 인식되어진 일본 '중화제국'의 외연이었다. 이들 '삼국'은 일본이 근대 국민국가를 구성하려고 했을 때 맨 먼저 스코틀랜드, 웨일즈, 아일랜드를 병합한 영국합동왕국의 이미지에 중첩되었다고 말할 수 있다.

일본에는 동시대 유럽의 민족주의와 선민(選民)사상이 있었다. 일선동조론(日鮮同祖論), 만선동조론(滿鮮同祖論), 그리고 일만선동조론(日滿鮮同祖論), 또 일본을 맹주로 하는 아시아 민족 대동단결의 '대아시아주의' 등이다. 그중 특히 아시아연대 사상은 서양열강의 아시아 침략에 반해 일어났고 일본의 원리주의라 할 수 있는 국체론이 있다. '군인훈계(軍人訓戒)', '군인칙유(軍人勅諭)', '대일본제국헌법', '교육칙어(敎育勅語)'를 전개하여 만주사변 후의 5·15사건, '국체명징(國體明徵)' 결의를 거쳐 2·26사건에 이르러 마침내 문부성이 정리한 『국체의 본의(本義)』(1937)로 결실을 맺었다. 그것은 대미전쟁으로 치달은 일본인의 정신을 규정하는 '천황교(天皇敎)'의 도그마인 신앙 선언이었다. 그것이 동아시아 역사 세계에서 천황의 덕치라는 보편성으로 신념화되었을 때 일본의 특수한 '지역 내 보편주의'가 그리스도교 문화권을 대표하는 근대국가로서 미국의 도그마, '문명'의 지구화와 대립할 수밖에 없는 것은 자명한 것이었다.

3. 근대 일본과 국제법

1) '제국국가'로서 구미형의 '국민국가' 건설을 국가 목표로 한 일본

섬나라인 일본이 대륙으로 세력을 펼쳤다고 하는 것은 상궤일탈(常軌逸脫)이 아닐까라고 생각할 수 있다. 그렇지만 전례가 없는 것이 아니다. 일본 역사에서 하쿠스키노에[白村江], 히데요시[秀吉]를 상기할 수 있고 무엇보다도 메이지국가가 모델로 한 근대 국민국가인 영국은 대륙제국은 아니지만 해양제국으로 인도 아시아 대륙에 광대한 식민지를 보유하여 1877년에 디스레일리 수상은 빅토리아여왕에게 인도여제의 칭호를 헌상했다. 근대 국민국가 건설을 국가 목표로 한 일본에게 모델이었던 영국은 물론, 그 외의 열강도 모두 타민족을 공식적 혹은 비공식적으로 지배하는 제국국가였다. 요컨대 '네이션 스테이트(Nation State)'는 동시에 '엠파이어 스테이트(Empire State)'였던 것이다.

2) 미국에 의해 '적의의 균형'으로 만들어진 동아시아의 평화

우리의 주제인 '만주'에 대해 말하자면 러시아의 확장주의와의 대결이 일본에 의한 구미형 근대국가 건설과정에서 일정에 올라오는 것은 피하기 힘든 것이었다. 조선반도의 전략적 중요성을 인식하고 있었던 니콜라이 2세는 '아메바 방식'을 버렸더라도 그것을 탈취해야 한다고 생각했다. 1900년의 북청(北淸)사변 이래, 러시아군은 만주를 군사적으로 지배하고 있었다. 쇠퇴의 기세가 역력한 중화제국의 화이질서 안에서 조선이 가장 충실한 조공국이었다고 하면 청조에게 만주는 조상의 땅이었다. 만주왕조가 한족에 의해 중국본토에서 쫓겼을 때 후퇴하여 재기할 만주족의 고향으로서 특별히 보전해야 하는 토지였다.

일본은 이 땅에서 미국조차 '경합'관계로 진입하였다. 미국이 메이지정부에 조선개국을 위한 서비스를 요구했을 때 일본은 사보타주(sabotage, 태업(怠業))하였다. 일본은 열강에 앞서 근대적 조약으로 조선을 개국하였지만 그 이익을 계속 독점하려고 하였다. 미국은 이미 개국한 중국에 가서 '종주국'인 중국에 개입하였고, 일본보다 6년 늦게 1882년이 되어 한국 개국을 달성하였다. 국제법 질서에서 조선의 위치는 미국에 대해서는 중화제국의 '보호국'이었고, 일본과의 1876년 조약에서는 '독립국'이었다.

조선의 완전지배를 둘러싸고 2개의 국제 전쟁이 일어났다. 청일·러일전쟁이다. 그것은 1910년 일본의 조선병합에 의해 완결되었다. 그때 일본은 영국처럼 합동왕국을 상상하고 있었을지도 모른다. 양국을 연결시킨 문서는 국제법 질서의 정치 속에서는 '한일병합조약'이 되었지만 동시에 중화제국의 '덕치주의'라는 동아시아의 전통적 질서원리도 원용되어 천황 무쓰히토[睦仁]에 의한 조선왕의 '책봉조서(冊封詔書)'가 되었다.

1904~1905년의 러일전쟁에서 일본군은 동해의 해전(海戰), 육상에서는 펑티엔의 회전(會戰)에서 승전하였고 조선반도에서 러시아 세력을 축출했을 뿐만 아니라 1900년의 북청사변 이래 계속 이어져 온 러시아에 의한 만주 점거, 적어도 남만주에 관해서는 종지부를 찍었다. 이 전후처리는 미국 대통령의 중개로 미국에서 이루어진 포츠머스조약이다. 그것은 루즈벨트 대통령에 의해 러·일의 '적의의 균형'에 따라 유지되어야 할 평화로서 구상되었다. 페리 개국 이래 21세기의 오늘에 이르기까지 오늘의 시점에서 말할 수 있는, 미국의 자유무역주의라는 '글로벌라이제이션'은 포츠머스조약의 성립과 동시에 미국의 기업가 사이에 큰 파도가 되어 일어났다.

그것은 미국의 대륙 간 횡단철도 건설에 뛰어든 에드워드 하리만이었다. 그는 고무라[小村] 전권이 포츠머스에 도착하기 전 일본을 방문하여 자신의 제안에 대해 가쓰라[桂太郞] 총리의 동의를 얻었다. 그것은 일본이 러시아에서 양도받는 것을 결정한 지 얼마 안 되는 남만주철도 경영에 하리만을 참가시킨다는 것이었다. 하리만은 자신의 철도로 북미국을 알래스카까지 올라가서 해로(海路)의 만주 대문인 따리엔에 이르러 거기서 남만주철도를 원스텝(one step)으로 하여 러시아의 시베리아철도와 연결시키고 자본과 기술을 참가시켜 유럽의 철도망까지 접속시킴으로써, 대서양은 해로로 북미국대륙의 철도로 되돌아온다고 하는 '세계일주철도'의 꿈을 꾸고 있었다.

3) 달러외교에 의한 일본 '연기 피워 쫓아내기'

총리로부터 이 이야기를 들은 고무라는 격노하였다. 조그마한 전리품으로 여론이 반정부로 기울었다는 것이다. 만주는 일본의 '세력권'이 될 가능성을 감춘 '그림자(影) 전리품'으로 그것을 현실화하는 수단이 만철이었다. 남만주철도는 일본이 독점해야 할 것이며 하리만과의 합작회사 등과는 논외였다. 태평양 횡단 선상에서 고무라와 엇갈렸던 하리만이 샌프란시스코에 상륙했을 때 일본 영사가 건네 준 가쓰라(桂) 수상의 전문에는 '합작회사 설립 사항은 없는 것으로 해 주십시오'라고 쓰여 있었다.

이것으로 끝날 하리만이 아니었다. 북미대륙에서 철도왕이라는 이름을 제멋대로 쓰고 여러 자유경쟁의 수단을 부려 경쟁상대를 잇달아 탈락시켜 온 하리만이었다. 이번에는 현지 미국총영사를 끌어들여 중국정부와 일본과의 조약을 위반케 하고 남만주철도와 경합하여 철도 부설권을 획득하였다. 루즈벨트의 후계자이면서도 루즈벨트가 '자존심 높은 일본의 발끝을 밟으면 안 된다'고 했던 교훈을 무시한 태프트대통령은 카리브 해와 마찬가지로 '달러외교'라는 신정책을 만주에서도 내세웠다. 만주에서 미국 자본의 경쟁력으로 일본을 '연기 피워 쫓아낸다'는 것이었다.

1908년 시점에서 하리만의 급사(急死)와 함께 '연기 피워 쫓아내기' 계획은 일순간 좌절한 것 같이 보였지만, 1920년대 마지막까지는 중국 손으로 완성한 철도에 의해 만철 수입이 격감하여 관동군 사이에서 만주 직접지배의 요구가 높아지게 되었다.

4) 시베리아 출병시 일·미 대립에서
이시하라 간지의 세계최종전 포석인 만주사변

만주사변은 소련의 군사적 위협에 대하여 '방위전쟁'의 성격을 가진 것으로 이해되지만 하리만의 세계일주 철도계획으로 대표된 미국기업가 정신과 그것을 후원하는 미국 정부의 글로벌리즘 및 일본의 지역적 이해의 충돌은 만주에서 러시아 세력이 후퇴한 후의 공백을 메웠을 뿐이고 일본을 추락시킬 정도로 미국 '세력'을 주입한 그 원인(遠因)의 하나가 그때에 확실히 뿌리를 내렸던 것이다. 이 맥락을 더 파고들면 1918~1920년의 '연합국 공동출병'이라는 '러시아혁명 간섭전쟁'에서의 일·미 관계까지 이른다. 이때 미국은 1899년 이래 열강 간의 국제적 '합의'가 되었던 '문호개방 정책'을 원래의 적용 범위였던 중국 영역을 넘어 땅이 이어진 혁명 러시아령의 시베리아까지 미치게 하여, 혼잡을 틈타 전개되고 있던 일본의 확장주의를 견제했던 것이다. '중국 영토의 보전, 통상상의 기회균등'은 러시아 영토에서도 유효한 원칙으로 되어 일본의 동시베리아 영구 점거는 물론 배타적 권익의 취득도 배제하였던 것이다.

그 외 모스크바 혁명정권의 모략적 사명을 갖고 수립된 시베리아극동공화국은 영토 내에 있던 유전 채굴권을 재료 삼아 일미전쟁의 씨를 뿌리려고 했다.[13] 일·미는 이때부터 전략자원을 둘러싼 태평양전쟁으로의 길을 한 걸음, 한 걸음 걷기 시작했던 것이다.

---

13 三輪公忠, 『隠されたペリーの'白旗'』, Sophia UP(信山社), 1999, 96면.

5) 신·구 양외교의 얼굴이 된 워싱턴조약

일·미 협조의 기초는 1921~1922년의 워싱턴회의에서 체결된 여러 가지 조약으로 성립되었다. 중국의 문호개방 정책을 재확인 한 '9개국조약', 일영동맹에 대신한 일·불·영·미의 '4개국조약', 그리고 해군군축 '5개국조약'이다. 이에 앞선 베르사이유조약이 '민족자결주의' 등 미국 대표 윌슨대통령의 '신외교' 이념을 기본으로 하면서 이탈리아, 프랑스 등의 '구외교'적 이익에 간을 맞추었던 것에 대해 워싱턴회의의 여러 조약은 아시아 태평양지역의 4대 식민지 제국국가의 '구외교'적 이익을 '신외교' 향기로 처리했던 것이다. 단 거기에서 운용할 때 신외교나 구외교로도 향할 수 있는 방향성의 불균형이 있었다.

일·미 협조의 '태평양시대'를 단순한 꿈으로 돌아가게 했던 책임은 미국의 배일이민법에 있다. 이는 워싱턴조약, 특히 해군군축조약이 '일·미는 싸우지 않는다'는 상징이어서, 불만이지만 이를 감수했던 일부 일본인을 분개시켰다. 그렇게 일본인을 모욕하는 법을 일영동맹에 대신하는 우호의 표시로 받아들였던 '4개국조약' 체결의 리더인 미국이 만들었다. 그때 베르사이유 및 워싱턴 체제라는 상호신뢰의 평화와 번영의 체제는 붕괴하기 시작했다고 말할 수 있다. 게다가 거기에 몰아친 것은 1925년의 베이징 관세회의를 향해 미국정부가 둔 포석이었다.

9개국조약은 '구외교'의 흔적이었다. 미국은 '중국주권의 존중'이라는 것으로 중국에서 통상 상의 기회균등을 지키면서 중국의 이익을 보전하는 것으로 생각했지만 당사자인 중국은 제1차 영청(아편)전쟁 이래 열강과의 불평등관계를 고정화시킨 것으로 싫어하였다. 1920년대의 시작까지는 패전 독일과 혁명 러시아가 중국에서 여러 가지 권익을 포기하였다. 그럼에도 불구하고 1925년의 베이징 관세회의에서 미국은 독일뿐만 아니라 자국의 권세로 직접 라틴 아메리카의 볼리비아, 칠레, 페루를 비롯하여 유럽의 중간국 노르웨이, 스페인, 스웨덴, 스위스, 그리고 페르시아까지 참가를 호소하였다. 그래서 미국은 제1차 대전을 통하여 중국과 태평양에서 독일의 영토와 권익을 빼앗았던 일본의 확장주의를 견제하려고 했었던 것이 아닐까. 다른 한편, 일본외무성은 1936년의 내부자료에 "9개국조약은 점차 무효화 한다"라고 되어 있었다.

6) 황실외교의 아시아회귀

쇼와 천황이 다이쇼 천황에게 이어받은 메이지국가는 영국을 한 편의 모델로 삼았다. 쇼와 천황도 영국 왕실에 특별한 친근감이 있었던 것이 틀림없다. 제1차 대전 직후 영국을 방문하고 헤어질 즈음이었다. 황태자 히로히토[裕仁]는 영국왕 조지 5세를 포옹하고 세계의 왕실은 결국 우리끼리가 되었다고 하였다. 하기야 독일에서는 빅토리아여왕의 손자가 된 빌헬름 2세가 패전 결과 국외로 망명하였고, 오스트리아도 패전으로, 러시아는 혁명으로 왕실이 무너졌다. 전시 중에 출판하기 시작한 슈펭글러의 『서양의 몰락』은 일본에서도 번역되어 일본인 사이에서도 유럽시대는 끝났다고 생각하는 자가 늘어났는데 그들은 볼셰비키혁명의 미래를 보거나 혹은 일·미 협조로 구축될 '태평양시대'의 도래를 알렸다.

쇼와 천황은 1935년 만주국 황제 푸이를 도쿄에서 맞이하고 마차에 동

만주국 황제 푸이를 맞이하는 기차역 열병식

쇼와 천왕과 만주국 황제 푸이가 마차에 동승하여 도쿄거리를 행진하는 모습

승하여 도쿄 거리를 행진하였고 요요기[代代木]의 연병장에서는 함께 나란히 근위병을 열병하였는데 그때 그 마음에 오간 생각은 무엇이었을까? 그것은 세상에 유포되었던 일만동조론 이상으로 절실한 친애감이 아니었을까? 히로히토 천황으로서는 서양에서 잃어버린 왕실동아리를 근린에서 재발견할 수 있었다고 하는 기쁨이 아니었을까? 그것도 다른 인종이 아니고, 빅토리아여왕의 손자끼리인 조지 5세와 독일황제 빌헬름 2세 같이 되지는 않더라도 '근친'이라고 말해도 되는 만주 왕조의 후예이다.

이전에 다루이 도키치[樽井藤吉]는 『대동합방론(大東合邦論)』(1885)을 저술하여 본가가 몰락해 갈 때 번영한 분가를 의지하는 것처럼 이(李)왕조의 대한제국은 번영하는 메이지 천황의 대일본제국에 합병되어 인민에 대한 책임을 완수할 수 있는 것이 아닐까라고 제창하였다. 이번에는 '총본가'의 중화제국이 만주제국으로 되살아나 대일본제국과 '근친'관계의 정분을 맺은 것이다.

도쿄에 있을 때 푸이는 칙사를 시켜 만주왕조의 '공신' 가와시마 나니와[川島浪速] 저택을 찾아뵙도록 하였다. 가와시마는 젊은 나이에 대륙 정치에 몰입하여, 1899년 북청사변 때에는 자금성의 무혈개성(無血開城)의 대역에 큰 역할을 하였고, 신해혁명(辛亥革命) 후 1912년 2월, 쑤친[肅親]왕의 뤼순 탈출, 비록 실패로 끝났지만 3번에 걸쳐 봉기를 도왔다. 1932년 쑤친왕이 사망하자 가와시마는 왕의 남겨진 아이 2명을 양녀로 삼았다. 그중 한 사람인 진삐후이[金璧輝]는 가와시마 요시코[川島芳子], '동양의 마타하리'이다. 1927년 3월 가와시마는 티엔진에서 푸이와 회견하였다. 1932년 3월에는 독립선언을 발표한 지 얼마 안 되는 만주국의 창춘에서 집정하던 푸이에게 포옹을 받을 정도로 환영을 받았다. 그때 푸이는 "오직 당신을 믿고 의지한다. 내가 만주국에 온 것은 귀향(歸鄕)이다. 조상의 땅에 돌아온 것이다"라고 하면서 친족 딸들의 양육에 기울인 가와시마의 고생에도 감사하면서 "쑤친왕가의 자제에게도 가와시마의 은의는 잊지 말하라고 강력히 말했다"라고 한다.[14]

7) '신·구 대륙대치론'에서 삼국동맹으로

만주 정치에 개입하려는 미국의 달러외교는 러일전쟁의 원수를 맹방으로 바꿨다. 1907년 만주를 남북의 러·일 각각의 세력권으로 분할하는 비밀협약을 포함한 러일협상이 성립했던 것이다. 이것은 1902년의 영일동맹이 체결되는 과정에서 이토 히로부미가 밀고 있었던 러·일 동맹의 사상을 이어받았던 것이다. 뒤이어 일불협상이 체결되고 그 연으로 영불협상 및 영러협상이 모두 같은 해에 성립되었다. 중국의 주권 희생으로 출발한 러일협상이 가져온 제국주의시대의 외교적 산물이었다.

동맹이나 협상관계로 말하면 미국은 국제정치 가운데 고립되었던 것으로 보인다. 이때쯤 고토 신페이가 주창하였던 "신·구 대륙의 대치로 세계평화를 지킨다"는 아이디어가 구체화되어졌다. 고토 신페이는 외무대신으로 '시베리아출병'을 추진했지만 그 후 도쿄시장으로 일·소제휴의 외교를 추진하였다. 요페와의 교섭에서는 일·소의 신뢰관계를 구축하는 수단으로 소련의 옌하지죠우에 일본은 미작을 위한 농지를 조차한

---

14 波多野勝, 『満蒙独立運動』, PHP新書, 2001, 271면.

다는 재미있는 제안까지 하였다. 생사의 대미수출에 크게 의존해 있는 일본경제를 다원화하려고 소련을 선택했던 것이다.[15]

이렇게 체제적으로 대립하고 이데올로기적으로 양립되지 않는다고 생각하기 쉬운 일·소 관계였지만 '신·구 대륙대치'라는 발상은 나중에 일본외교에 '일·독·이·소 사국동맹' 체결로의 움직임을 만들게 되었다. 그렇지만 마쓰오카 외교에서는 소련이 참가하지 않는 '일·독·이 삼국동맹'만이 남고 일·미 관계의 수복의 길은 가로막히게 되었다.

8) 소련의 '일소중립조약' 파기, 만주진공, 일본의 패전

소련도 가맹하여 '4국 동맹'이 된 것이 아닐까라고 생각하게 만들었던 마쓰오카 외상의 '일소중립조약'(1941)은 일·미 개전에 공헌했지만 일본의 패전을 결정적이게 하였다. 조약의 유효기간이 아직 남아 있었던 1945년 8월 8일, 히로시마[廣島]에 원폭이 투하된 다음 날, 소련군은 만주로 진격하기 시작하여 일본 항복 후에도 진격하였고 9월까지 전투를 계속하여 '군사점령'한 일본의 북방 영토와 함께 만주에서의 공장시설 등을 전리품으로 소련령으로 반출하였다. 그 작업에 종사한 노동력은 일본인 병사 등 '포로'로, 이는 제네바 협정에 대한 위반이며 포츠담선언에 대한 위반이기도 하였다. 그 뿐만 아니라 70만이라고도 하는 '포로'를 소비에트권으로 데려가 가혹한 조건 아래서 노예노동에 종사시키고 세뇌

---

15 鶴見祐輔, 『後藤新平』 제2권, 勁草書房, 1972, 955~970면.

활동도 하였다. 10년이라는 오랜 기간 억류된 채로 있는 사람도 있었다. 거의 10분의 1인 6만여 명은 살아서 다시 고국의 땅을 밟지 못하였다. 731부대에 관한 비밀도 거기서 누설되었지만 이시이 시로(石井四郞) 중장 등 간부는 미국으로 정보를 넘기고 그 교환으로 '면죄'가 되었다. 그러나 관계자는 최근에 미국 본토 입국을 거부당하였다.

만주국이 성립된 지 얼마 안 될 즈음에 일본해군의 도요다 데이지로(豊田貞次郞)는 주일미국대사에게 이렇게 말했다.

우리 자신이나 아니면 가까운 장래 우리의 자손은 중·소의 공산주의나 영·미 자본주의의 양자택일에 속박될 것이다. 만일 중국이 공산주의 세력의 지배로 떨어지고 일본이 틀림없이 오늘날의 정책을 계속 추진하면 일본은 좋고 나쁨에 관계없이 영미자본주의의 전초기지로서의 (…중략…) 역할을 다하게 될 것이다.[16]

당시 도요타는 해군성 군무(軍務)국장이었고, 후에 마쓰오카 요스케의 뒤를 이어 외무대신을 맡게 되었다. 그 시기에 고노에(近衛) 수상은 일미화평의 최후 수단으로 루즈벨트에게 호놀룰루 회담을 제안했지만, 루즈벨트는 처칠과 버뮤다에서 벌써 '전후구상' 회담 중이었기 때문에 무시당했다. 미국은 도요타가 상상한 것처럼 공산주의의 방파제라는 일본의 역할을 미국의 '글로벌라이제이션'의 시점에서 줄 계획이 없었던 것이다.

---

16 Charles Callan Tansill, *Back Door to War*, Henry Regency, 1952, p.109.

일본이 패배하여 대륙에서 철수하자 대륙은 조선반도의 북쪽 반까지 포함해서 공산주의 세력권내에 들어갔다. 미·소의 대립은 동아시아에서 냉전에 머무르지 않고 조선반도와 인도지나반도에서 불을 뿜었다. 그러나 그것은 민족통합의 '내전' 요소도 있고 또 식민지 지배로부터의 민족독립투쟁의 성격도 포함되어 있었다. 그것은 미국 원리주의의 '민족자결' 원칙에 합치되는 것을 부정한 것은 아니다. 여기에도 미국의 권력정치를 합리화하는 보편적 가치가 작용하였고 미국발 글로벌라이제이션의 '복음'을 허용하는 조건이 되었다.

4. 마치며

이러한 생각들을 하고 있을 때 머릿속에 떠오른 것은, 일본 지도자는 역사의 기세를 잘못 읽었던 것이 아닐까라는 생각이었다. 만약 과오 없는 역사를 보고자 했다면, 하리만이 만철을 일·미 합작 사업으로 하려 했을 때, 이것을 미국과 일본 민족주의의 맹렬한 겨루기라고 생각하지 않고, 자본과 기술 지구화의 필연이라고 파악할 수가 있었던 것은 아닐까. 만약 일·미 합작으로 만주의 국제화가 추진되었다면 비록 '만주국'으로 독립했더라도 그 문호가 열려 있는 한 미국은 불평을 하지 않았던 것이 아닐까.

현실에서는 중일전쟁이 이미 수렁화되기 시작한 1940년이 되어 일본의 경제계는 미국과의 자본제휴가 생각나서 '대만지(對滿支)투자환경조

샤를 미국의 경제계에 요청하여 조사단을 맞이하는 데까지 갔다. 그러나 미국의 정신적 물질적 원조로 대일항쟁을 계속하고 있던 중국인을 버렸다고 간주될 것 같은 일본 측의 제안에 응할 수 없었다. 이 조사단이 떠난 직후 일본정부는 오랫동안 현안이었던 '일 · 독 · 이 삼국동맹' 체결을 단행했던 것이다.[17]

이것은 영 · 미의 글로벌라이제이션에 전면 도전하는 세계를 4대 광역 경제권으로 재편하려는 아우타르키 사상의 동맹이었다. 미국과의 대결은 피하기 어렵게 되어 '팔굉일우'라는 일본의 지역보편주의가 미국의 자유와 민주, 민족자결이라는 원리주의와 서태평양을 무대로 자웅을 겨루게 되었던 것이다.

---

17 沢田寿夫, 『対満支投資環境調査のオライン · ミション』, 経済団体連合会, 1984.

러시아에게 만주란

와다 하루키[1]

1. 만주와의 접촉

러시아는 16세기 중반에 벌가 부근의 카잔 칸 국을 멸망시키고 처음 시베리아로 들어간 후, 100년 만에 시베리아를 가로질러 태평양 연안에 달하였다. 17세기 말에는 캄차카반도를 남하하여 처음으로 일본인을 만났고, 18세기에 들어와 북쪽에서 쿠릴제도로 남하하게 되었다. 18세기 말부터는 남쪽의 섬나라 일본과의 접촉도 시작하였다. 그동안 러시아인은 알래스카를 자국령으로 편입시키고 미국대륙의 동해안까지도 남하해 갔다.

그런데 러시아인은 북쪽 대륙에서 동쪽으로 전진했을 때 당연히 그

---

1 和田春樹, 1938년생. 역사학. 저서로는 『朝鮮戦争全史』(岩波書店)가 있다.

들의 우측 옆구리에 위치한 청조와 접촉하였다. 17세기에는 아무르강 근처에서 수차에 걸쳐 러시아군과 청조군이 전투를 하여 겨우 1689년의 네르친스크조약 체결로 결말을 짓게 되었다. 러시아에게 청조는 귀찮은 존재였기 때문에 당면한 러시아인이 모피를 요구할 동안은 북쪽 세계를 전진하는 것만으로도 좋았다.

러시아가 청조 영내의 남쪽 땅으로 눈을 향하게 된 것은 19세기의 일이다. 세기의 절반에 러시아는 일본으로 국교수립의 사절을 파견하여 1855년 러일 통호(通好)조약을 맺었다. 쿠릴제도에서의 국경은 획정되었지만 사할린 섬은 분계 되지 않았다. 다른 한편 1860년 베이징조약으로 러시아는 청조로부터 연해지방을 획득하여 블라디보스톡이라는 중요한 항만도시를 열게 되었다. 이에 따라 러시아는 아무르강 및 동쪽에서도 만주에 접촉하게 되었다. 러시아는 이때 처음으로 만주를 의식하기 시작하였다. 1875년 러시아는 일본과 조약을 맺고 사할린 섬 전체를 자신의 영토로 함과 동시에 쿠릴제도의 북부 18도를 일본에 양도하였다.

러시아는 여기서 동북아시아 또 하나의 국가인 조선을 발견하여 1884년 국교를 수립하였다. 이 국가에 관심을 가지면 가질수록 그때까지 양호하였던 일본과의 관계가 긴장되게 되었다.

1891년 러시아는 블라디보스톡을 기점으로 하는 시베리아 철도의 건설을 시작하였다. 1896년 대장대신(大藏大臣) 비테는 청조 대신 리홍장[李鴻章]과 밀약을 나누어 시베리아 철도의 단축선을 만주를 통해 블라디보스톡과 치타를 연결할 것을 결정하였다. 러시아는 철도 연선을 관리지역으로 획득하였다. 1898년부터 착공된 동청철도(중동철도)는 1901년에 개통하였고 그 중앙에 생긴 하얼삔은 만주에서 러시아의 도시가 되었다.

1898년에 러시아는 만주의 남단 요동반도를 청조로부터 조차하여 뤼순과 따리엔이라는 군항(軍港)과 상항(商港) 두 개의 항구를 획득하였다. 이렇게 하여 러시아는 만주 남단의 관동주와 중앙의 철도를 지배하게 되었다. 만주는 북쪽과 동쪽에서 러시아와 접촉하게 되었던 것이다.

2. 만주를 둘러싼 러 · 일 관계

1900년 청조 내부에서 의화단(義和團)반란이 일어났다. 외국공관이 습격되고 연합군이 움직이기 시작했다. 러시아는 7월 블라고베시첸스크 대안의 청국군으로부터 포격을 받았던 것에 보복하여 시내의 중국인 3,000명을 학살하고 그 사체를 아무르강에 흘려보내는 사태를 일으켰다. 그리고 그것을 계기로 만주에 대군을 출동시켰다. 연합군이 철퇴한 후에도 만주의 러시아군은 버티고 있었다. 청군은, 무엇보다도 러시아에게 철병을 다그쳤다. 일본도 특히 반발하였다. 1902년 1월 러시아에 대항하여 영일동맹이 조인되었다. 그 압력하에 1902년 3월 26일, 러시아는 청국과 만주철병에 관한 조약을 체결하였다. 그렇지만 러시아는 좀처럼 철병을 하지 않았다.

만주출병을 추진한 육군대신 쿠로파토킨은 철병에 반대했다. 비테 장상이나 라무스도르프 외상은 철병을 주장했다. 철병하지 않으면 일본과의 대립이 격화된다. 물론 쿠로파토킨 육상(陸相)도 일본을 자극해서 전쟁이 되는 것은 피해야 한다고는 생각하고 있었다. 그렇지만 러시아 정부 안에는 다른 생각이 있었다. 우익 국수파의 적극적 모험주의였다. 전 근위사관(近衛士官) 베조블라조프는 일본에 양보하는 것은 굴욕이라고 생각하여 민간 상인이 얻은 압록강과 두만강 일대의 목재 이권을 하사금으로 수매하여 이것을 실마리로 극동경영의 최전선을 만들자고 황제에게 말을 꺼냈다. 이른바 동아시아산업회사 구상이다. 이것은 조선에 대한 진출안이며 일본에 대한 직접적인 도전을 의미했다. 황제는 이에 기울었다. 회사가 설립되고 1903년에 활동을 시작하여 벌채장(伐採場)에 경비대가 파견되었다.

1903년에는 극동정책을 둘러싸고 대신들의 특별 심의회가 열렸다. 3월 26일의 심의회에서 압록강 이권은 러시아가 조선에 영향을 미쳐 일본의 세력 확대를 막는 것을 의미한다고 하는 아바자 해군중장의 의견서가 검토되었다. 프레뷔 내상을 제외하고 전대신이 반대하여 베조블라조프파의 계획에 브레이크를 거는 결론이 나왔다.

그러나 반격이 꾀해져 5월 7일에는 다시 특별 심의회가 열리고 이번에는 베조블라조프 본인도 출석했다. 그들의 상주에는 '양보정책'은 나라의 위신을 훼손하는 것으로, 전쟁이 일어난다고 해도 만주에서 철병하지 말고, 군대를 보강하고, 극동에 태수제(太守制)를 설치하라는 내용이 담겨 있었다. 장상과 외상은 반대했지만 황제의 지지로 압록강 목재 이권에 무제한으로 국고자금을 원조하고 회사의 활동은 국가적 이익에 광범위하게 보답하게 하여 관동주 장관 알렉세이프에게 감독을 맡겼다. 만주에서도 철병하지 않고 병력을 증강하며 안전 확보를 위해 조선에서 입장을 굳힌다고 하는 방침이 채택되었다. 모험주의의 승리였다.

3. 쿠로파토킨의 일본 방문

육군대신 쿠로파토킨은 극동시찰을 나가 있어 5월 7일의 특별 심의회에는 출석하지 않았다. 그는 그 심의회의 결론을 모른 채 블라디보스톡에서 5월 27일 일본 방문 여행을 시작하였다. 그의 일본 방문 중 쓴 일기인 『일본일기』는 1995년에 러시아에서 공간되었다.[2]

쿠로파토킨은 어쩌면 러시아 정부 내부에서 만주에 가장 집착한 사람일 것이다. 쿠로파토킨은 20만 명의 병력을 투입하여 2,000명의 전사자를 내고 중국과 전쟁한 이상 만주를 포기하고 철병한다고 약속한 것은 잘못이라고 생각하였다. 다만 그는 만주 전체를 러시아가 획득하는 것은 생각하지 않았다. 그는 북만주 획득을 주장하며 거기서부터는 철병하지 않게 해야 한다고 했다. 군대를 철수한 뒤로 만주에 외국 세력이 이르지 않게 하는 것은 불가능하다고 생각했다. 러시아는 대체로 만주에 경제적인 관심을 갖고 있지 않다. 중국으로 수출하는 것마저 미미한 것이었다. 베조블라조프는 조선 만주의 자원 개발을 말했지만 러시아는 자국 내의 자원도 개발하지 못하고 있었던 것이다.

우리는 자기의 코끝 자원을 활용하기 위해 충분한 문화성을 가지고 있지 않은데 만주 자원을 외국인이 탈취하도록 호소하고 있다. 이것은 누구에게 필요한 것인가. 러시아에게인가. 전혀 필요 없다. 러시아는 본국에 많은 일

---

2 *Rossiiskii arkhiv* VI, 1995, pp.393~444.

이 있고 많은 과제가 가로놓여 있다. '압록강변의 목재기업'보다 훨씬 중요하고 심각한 과제이다.

쿠로파토킨의 북만주에 대한 집착은 만주의 자원이라는 관심에서 온 것이 아니고 전략적인 안전 보장의 관점에서 온 것이다.

쿠로파토킨의 일본 방문 의도는 일본과 러시아의 전쟁이 일어날 것인지, 방지하기 위해서는 어떻게 하면 좋은지를 살피는 것이었다. 그는 일본에서 메이지 천황, 원로인 야마가타 아리토모[山縣有朋], 이토 히로부미[伊藤博文], 가쓰라 다로[桂太郞] 수상, 고무라 주타로[小村壽太郞] 외상, 데라우치 마사타케[寺內正毅] 육상, 오야마 이와오[大山巖] 참모총장, 무라타 아쓰시[村田淳] 소장 등과 꽤 깊이 있는 논의를 하였다. 데라우치 육상과의 간담에서 쿠로파토킨은 일본군의 결함은 기병이 약하여 전쟁이 나면 러시아군이 일본군의 기병을 파괴시킬 수 있지만 그렇게 되면 일본의 보병은 기병에 의한 원호를 잃어서 어렵게 될 것이라고 솔직하게 논의했다. 고무라 외상과의 논의에서 쿠로파토킨은 일본이 조선에 강하게 집착하고 있는 것을 느꼈다.

6월 4일 그는 교토에서 전보로 황제 니콜라이 2세에게 일본 요직에 있는 사람들과의 논의를 통해 자기가 얻은 결론을 써 보냈다.

현재정부의 정점에 선 사람들은 만인을 시달리게 하고 있는 러시아가 극동에서 보여주고 있는 불확정적인 입장에서 빠져나오는 것이 정말로 필요하다고 인식하고 있다. 이 사람들은 이토를 포함해서 일본이 러시아와 단절하는 것이 위험하다고 평가하여 만주에서 러시아의 이해와 관심에 주의와 경의를 갖고 대하고 있다. 유감스러우나 영향력이 강한 당에 조종되어 있는 여론은 러시아에 대해 불신과 경의를 가지고 대하고 있다. 이 당 대표는 우리가 조선을 포기한다고 하더라도 러시아가 만주에서 주인 행세하는 것을 용서하면 안 된다고 계속 소리 높여 선전하고 있다.

만주문제에 관해서 우리는 일본과의 충돌을 걱정하지 않아도 된다. 다만 우리는 조선에서 이론(異論) 없는 권리를 갖고 있지만 이 권리의 적극적 행사는 삼가는 것이 조건이다.

쿠로파토킨은 사관학교도 시찰하고 오사카의 박람회도 본 뒤 6월 16일에 일본을 떠나 뤼순으로 향했지만 일기에는 그가 일본방문에서 도출해 낸 결론이 다음과 같이 쓰여 있다. 극동에서 러시아의 관심은 첫째가 아무르주, 만주, 그리고 조선 순서이다. 조선 점령은 러시아의 힘으로 할 수 없고 이익이 되지도 않는다. 조선의 남북분할은 러시아 입장을 강하게 하지만 많은 희생을 요할 것이다. 다만 일본이 전 조선을 점령하는 것이 러시아에게 불리하다고 인식되지는 않는다. 일본도 점령은 할 수 있지만 군사적으로는 상당히 소모적이다. 그래서 "우리에게도 일본인에게도 조선이 어느 쪽 나라에도 점령되지 않는 것이 유리하다. 그렇지만 일본은 조선 때문에 우리에게 선전 포고할 것이다. 러일전쟁은 한 번으로 끝나지 않고 수차에 걸친 전쟁을 일으킬 것이다. 따라서 '일본과의 화평을 유지하는 것이 근년 극동에서의 행동의 기초가 되지 않으면 안된다. 이것은 조선에서의 그 어떤 사안보다 중요하다. 만주에서는 북만주를 확보하고, 남만주에서는 열강에게 일정한 행동의 자유를 주어 조선의 중립 보장론을 제안하는 것이 좋겠다."

쿠로파토킨이 도착한 뒤순에는 황제의 뜻을 가지고 온 베조블라조프가 도착하여 6월 18일~28일에 쿠로파토킨, 알렉세이프, 베조블라조프 등과의 회의가 열렸다. 쿠로파토킨은 일본 방문의 결론을 설명하고 베조블라조프를 설득하여 스스로의 주장을 관철할 수 있었다. 조선 문제에 관하여 러시아는 조선을 점령하지 않고, 일본에 의한 남부 조선의 점령은 있을 수도 있지만 이에 대해 러시아는 항의하는 것에 그쳐 일본을 자극하지 않으며 압록강 사업에는 순상업적인 성격만을 부여해야 할 것이라고 하였다. 쿠로파토킨은 베조블라조프에게 이긴 것이었다.

4. 전쟁으로

다만 황제는 부분적으로 대일 강경노선을 남겨, 7월에는 알렉세이프를 극동 태수로 임명하고, 8월에는 비테 장상을 해임하였다. 게다가 가을에는 베조블라조프도 물러나 국외로 떠났는데, 11월에 압록강 근처의 거리 롱이엔푸[龍岩浦]를 시찰한 일본대사관원에 따르면 러시아의 포대 등은 불가능하다는 것을 확인하였다. 동아시아 산업회사 구상은 한때의 꿈으로 끝났던 것이다.

다만 일본에서 쿠로파토킨의 방문은 대일 개전을 위한 정찰이라는 의견이 강하여 그의 귀국 후에 대러시아 개전론(開戰論)이 공공연하게 논의 되었다.

1903년 후반 러일교섭에서 러시아가 만주를 얻고 일본이 조선을 얻는다는 타협이 되었다면 전쟁은 회피되었을지도 모른다. 그렇지만 일본은 조선을 취하지만 만주에 관해서도 러시아에게 모두 맡길 생각이 없었다. 러시아도 만주를 취하지만 조선을 모두 포기한다고는 말할 수 없었던 것이다.

러일전쟁은 뤼순 요새를 둘러싸고 싸웠을 뿐만 아니라 만주 평원에서도 싸웠다. 그리고 쿠로파토킨이 내다본 것 같이 그것은 일련의 러일전쟁의 첫 번째 전투였다. 1945년 최후의 제4차 러일전쟁은 다시 만주에서의 전쟁이 되었다(제2차는 시베리아출병, 제3차는 노모한사건).

일본이 세운 만주국은 소련군의 공격으로 붕괴되어 일본은 만주에서 떠났다. 대신 러시아가 이전의 뤼순, 따리엔과 동청철도의 이권을 회복했지만 그것은 오래 가지 않았고 러시아도 만주에서 자취를 감추었다.

유대인·백계 러시아인에게 만주란

하얼삔에서 성장

얀소레키[1]

1. 만주의 땅과 러시아

나는 1919년 3월 23일, 러시아 국경에서 가까운 중국 북부 내몽골의 미엔뚜허[免渡河]에서 태어났다. 미엔뚜허는 동청철도에 속한 작은 철도 기지다. 내가 태어났을 때, 중국의 이 일대를 만주라고 불렀다. 포르투 갈인이나 영국인 등의 노력으로 서구에 문호를 열었던 다른 지방과는 달리 만주는 몇 세기 동안 가까이 가기 어렵고 다른 곳으로부터 간섭을 받지 않는 먼 땅으로 계속 남겨져 있었다. 1644년 이후, 청의 역대황제 는 한족이 만주인의 토지에 거주하는 것을 허용하지 않으면서 중국에서

---

1 Jan J. Solecki, 1919년생. 작가. 저서로 *Escape to Life*, Jotulusa Trade & Management Inc가 있다.

권력을 유지하기 위해 몇 세기에 걸쳐 만주에서 청년들을 데리고 나와 중국점령군으로 군무에 종사시켰다. 그 결과, 1911년에 청국이 무너졌을 때 만주인의 토지에는 대부분 주민이 없었다.

농지, 삼림, 광물, 석탄 등의 풍부한 자원이 있는 만주는 총면적 155만 4천km²에 이르고 프랑스, 독일, 영국, 스페인을 합친 것보다 넓었다. 1900년의 인구는 1,400만 명으로 추정된다.[2] 북쪽 이웃인 제정 러시아의 권력 중추인 모스크바까지의 거리는 약 5,800km이다. 11세기부터 17세기에 걸쳐 러시아 지배자들은 타타르인이나 유럽세력과의 전쟁으로 나날을 보냈다. 광대한 시베리아의 황야가 러시아와 중국과의 사이에 놓여 있었기 때문에 17세기 중엽에 이를 때까지 이 두 대제국간에 무력충돌이 일어난 적은 없었다. 러·청 국경은 1689년의 네르친스크조약으로 획정되었다. 그러나 그 후 러시아가 강하게 압박하기 시작하여 1860년에는 청은 자국의 영토로 간주하고, 러시아 측은 자기 마음대로 누구의 것도 아니라고 해석하여 광대한 토지를 영유하였다. 이로써 우수리강, 헤이룽[黑龍]강(아무르강), 아르근강을 따라 현재의 국경선이 결정되었다. 러시아는 새롭게 획득한 영토 끝에 군항 블라디보스톡을 건설하였다. '동양 정복'을 의미하는 블라디보스톡이라는 이름에 청과 그 외의 열강은 불길함을 느꼈다.

---

[2] F. C. Jones, *Manchuria Since 1931*, London : Royal Instutute of International affairs, 1949.

2. 만주를 통과하는 철도

1894년 니콜라이 2세가 러시아 황제에 즉위하였다. 이때 26세로 정치적 연륜이 거의 쌓여 있지 않았다. 유일하게 길었던 외국 여행은 극동방문이며, 도중에 체재한 일본에서 일본인 순사에게 칼부림을 당해 경상을 입었다. 이 습격은 일본에 대한 황제의 태도, 그리고 간접적으로는 후일까지 만주 운명에 계속 영향을 주었다.

러시아는 1894년 조선에서의 반란을 계기로 발발한 청과 일본의 전쟁으로 극동에 눈을 돌리게 되었다. 청은 속국이라고 생각하고 있었던 조선 측에 서서 개입하려고 했지만 공업화와 근대화를 한 지 얼마 안 되는 일본에게 패배당하여 부득이 굴복하게 되었다. 시모노세키[下關]조약으로 전승국 일본은 청에게 조선의 독립 승인을 요구하였다. 또 펑후[澎湖]열도, 대만, 중국 본토의 요동반도 할양도 요구하였다. 해군기지 뤼순이 있음으로 인하여 요동반도는 요충지가 되었다. 일본은 배상금과 더불어 일본인이 사업을 할 때 특별대우도 요구하였다.

일본의 요구는 러시아와 그 외의 서구 제국에게 경종을 울렸다. 특히 러시아로서는 일본이 중국대륙, 그중에서도 만주에 확실한 발판을 굳힌 것을 위협이라고 느꼈다. 아시아 지도를 보면 일목요연하지만 만주에 에워싸인 블라디보스톡의 위치가 매우 심각한 불안 요소일 뿐만 아니라 만주는 극동 러시아에 바로 붙어 있다.

1895년 4월, 러시아의 대장대신 비테 백작의 선창으로 러시아, 독일, 프랑스가 도쿄에 각서를 제출하여 일본에게 요동반도에서의 철퇴를 요구하였고, 세계평화를 위해 청의 영토불가침은 유지되어야 한다고 주장하였다.

러시아의 관심이 모두 인도(人道)를 따르고 있었던 것은 아니다. 겨우 4년 전인 1891년 러시아는 시베리아 철도 건설을 시작하였다. 공사는 양단 즉 우랄산맥 동쪽 기슭의 체랴빈스크와 극동의 블라디보스톡에서 시작되었다. 만주통과가 가능하면 노선거리를 수백 킬로 단축할 수 있고 그에 따라 공사비와 공사 기간을 축소할 수 있는 것은 처음부터 명확한 것이었다. 바이칼호 남쪽 한 지점에서 청 지배하의 만주를 통과하여 블라디보스톡에 이르는 철도 건설의 제안으로 청과의 접촉이 시도되었다.

이 계획에 대해 러시아 국내에는 두 개의 다른 견해가 있었다. 러시아 정계의 중진 세르게이 유리이비치 비테 백작은 철도는 순수한 경제적 기능만을 가져야 할 것이라고 믿고 있었다. 즉 러시아 제품에 대해 중국으로 고속 수출로를 제공하여 중국과 일본에서 화물을 유럽시장에 운반하는 것이다. 다른 한편 황제와 그 일부 측근은 철도를 전략적 수단으로 간주함으로써 극동에 군사적 영향력을 끼칠 수 있다고 생각하였다. 아마 일본에서의 습격사건이 생각났을 것이다. 황제는 침략적인 견해를 강하게 지지하였다.

1896년 5월, 니콜라이 2세 대관식 열석을 위해 각국 대표가 모스크바에 도착하였는데, 그중에는 청 제국 특사 리홍장(李鴻章)이 있었다. 리홍장은 당시 베이징에서 큰 영향력을 가지고 있었다. 러시아는 이 기회를 이용하여 철도 건을 서태후에게 청원하도록 리홍장을 설득하기 위해 노력하였다. 러시아 측은 만주를 통과하는 철도 건설이 인정되면 블라디보스톡까지 수백 킬로미터를 단축할 수 있을 뿐만 아니라 중국 제품을 유럽에 보내는 편리한 수송로를 가질 수 있다고 지적하였다. 철도는 순수하게 경제적인 것으로 군사적 의미는 없다고 보증하였다. 게다가 일본에게 침략의 굴복을 겪은 지 얼마 안 되는 청과의 사이에 대일 공수(攻守)의 밀약체결을 약속했다. 설득력을 증가시키기 위해 러시아는 또 하나의 수단을 강구 하였다.

러시아 측은 리홍쟝을 보석 미술관에 데리고 가서 거기서 비둘기 알 크기의 훌륭한 에메랄드(혹은 루비)를 보여주고, 서태후를 설득할 수 있으면 이 보석은 리홍쟝의 것이 될 것이라고 말했다. 리홍쟝이 보석을 아주 좋아하는 것은 유명하다. 러시아와 청은 계약에 정식으로 서명함으로써, 일본이 청을 공격할 경우 러시아는 청 방위의 책무를 갖게 되었다.

3. 열강의 중국 침략

다음 해, 두 명의 독일인 선교사가 샨똥[山東]성에서 살해되었다. 그 보복으로 독일은 칭다오[青島]항을 포함하여 지아오죠우[膠州]를 점령하였다. 러시아는 청을 도우려고 달려가는 대신에 요동반도를 뤼순과 함께 탈취하기로 결정하였다. 황제는 러시아 전함에 발해만 진출을 명령하고 서태후에게 상륙 허가를 요구했다. 그러나 서태후는 동의하지 않았다. 비테 백작은 서태후 설득을 위해 리홍쟝에게 50만금 루블, 또 그 부관(副官)에게는 25만금 루블을 보냈다.[3] 이들은 그럭저럭 서태후를 설득하여 조약에 서명하게 되었다. 그것이 동청철도의 성격과 극동 역사의 흐름을 변화시켰다.

그 직후 철도관리의 중추로서 동청철도가 건설되고 있었던 하얼삔에서 뤼순에 이르는 새로운 철도선이 부설되었다. 이것이 러시아가 원했었던 것, 즉 러시아의 태평양으로의 출입을 가능케 하는 부동항을 주는 전략적 철도였던 것이 누구의 눈에도 명백하였다. 이렇게 하여 만주의 철도망은 Y를 거꾸로 한 형태가 되었다. Y의 다리가 된 하나는 러시아 국경의 만죠우리[滿洲里]에서 하얼삔에 이르고 하얼삔에서 앞으로는 두 개로 갈라져 하나는 국경의 포글라니치나야를 통과하여 블라디보스톡으로, 또 하나는 중국 발해만의 뤼순항에 이른다. 러시아는 요동반도도 손에 넣었다. 이렇게 하여 불과 수 년 전에는 청 영토불가침의 원칙에 따라 일본을 쫓아내기 위해 삼국간섭을 획책한 러시아가 바로 같은 토지를 자기의 것으로 삼은 것이다. 이 행동의 결과가 나중에 바로 러시아에게 돌아왔다.

독일과 러시아의 행동의 직접적인 결과는 모두가 중국의 일부분을 움켜잡으려는 것에서부터 나왔다. 러시아가 요동반도에 주저앉아 버린 것처럼 독일은 99년간의 지아오죠우 조차권과 산똥철도의 양도를 얻었다. 영국은 발해해협을 사이에 두고 뤼순의 바로 앞에 있는 웨이하이웨이[威海衛]를 획득하였고, 프랑스는 남부에 진출하였다.

서구열강의 침략적 정책은 중국 민중 전체의 불만을 초래하였고, 그 감정은 의화단의 난으로 표명되었다. 의화단은 1899년에 조직되어 서태후의 은밀한 지원을 얻어 강력한 운동으로 확대되었다. 외국적 성격을 가진 모든 사업 특히 교회, 선교단체, 철도가 공격을 받았다. 1900년 6

---

3 Count S. Yu · Writte, *Memoirs, The Reign of Nicholas II, Vol. I*, Slovo Publishing House, Berlin, 1922, p.128.

월, 14만의 의화단원이 베이징에 침입하여 공사관 구역을 포위하였다. 8월에는 연합군이 베이징을 해방하여 반란은 종결되었다.

만주에서는 철도직원과 경비대가 공격을 받아 어느 정도 손해를 입었고, 하얼삔에도 반란군이 들이닥쳤다. 그때까지 부설되어 있었던 1,400km의 궤도 중에 의화단 습격 후에는 불과 430km만이 남겨졌다. 하얼삔 이외 지역에서는 대부분의 건물이 공격을 당하였고 차량도 전체적으로 파괴되었다.[4] 6월에는 10만을 거느린 러시아의 원정군이 파견되어 가을까지 이 지역은 완전히 러시아가 장악하게 되었다.[5]

철도를 보호하고 자국의 영향력을 확대하기 위해 러시아는 만주에서의 지배력을 강화하였다. 원래의 조약으로는 러시아에게 선로의 양측 1km 너머 거류지에서 약 6km의 부속지를 인정했을 뿐이었다. 그러나 1902년에 러시아는 500명의 장교와 2만 5천 명의 병력을 만주에 보냈다. "전 연대와 기병대는 동청철도와 그 역을 경비할 뿐만 아니라 선로 양측 27km의 너비를 초계(哨戒)[6]하여 80km 이상의 범위에서 정찰을 계속하였다."[7]

4　S. Avenarius, *Politekhnik* No.10, p.61.
5　R. K. I. Quested, *Sino-Russian Relations, A Short Historyendtag*, London : George Allen and Unwin, 1984, p.84.
6　초계는 적의 습격에 대비하여 함선이나 비행기를 배치하여 경계함을 의미한다.
7　N. A. Baikov, *My arrival in Manchuria in 1902, Down the Western Line of CER to Harbin, Russian Harbin*, Moscow University Publication, pp.1~12.

4. 러일전쟁

만주에서 러시아가 발걸음을 굳힌 것은 영국과 일본 양쪽의 마음에 들지 않아 더욱더 분쟁을 초래하였다. 1904년 2월 8일, 일본은 선전 포고도 하지 않는 채 뤼순항을 공격하였다. 러시아 육군은 연패를 당하였고, 해군은 쓰시마 근해에서 일본해군에게 괴멸적인 타격을 받았다. 이러한 패전은 본국에서의 경제적인 어려움과 상호 작용하여 러시아 국내에 정치적으로 심각한 불안 상황을 만들었기 때문에 황제는 10월 칙령(1905.10.17·30)을 발표하고, 부득이 정치적 양보를 하게 되었다. 황제 권력에 깊은 금을 가게 만든 이 칙령이 극동에서 황제의 침략적 정책으로 초래되었던 것은 부정할 수 없다. 러시아 국내적 불만을 일부분은 진정시키고, 일부분은 억압하여 소멸시켜 제1차 대전의 파괴적 패배와 소비재의 부족이 다시 정정 불안을 만들고 그 불안과 함께 혁명을 가져올 때까지 단기적인 안정은 계속되었다.

해륙(海陸) 전투에서 다수의 승리에도 불구하고 일본은 계속 전쟁하기를 원하지 않았다. 아니 오히려 계속할 수 있는 여유가 없었다. 러시아도 비슷한 상황에 있었다. 러시아에게 인원과 자력은 있었지만 전쟁지대에서 멀리 떨어져 있고 전쟁 자체가 본국에서는 극히 인기가 없었다. 그 결과 만주에서 교착상태가 계속되어 어떠한 해결책이 필요하게 되었다.

1905년 8월 미국의 포츠머스에서 시어도어 루즈벨트 주최로 강화회의가 열려 조약에 서명하게 되었다. 러시아는 철도의 남쪽, 창춘에서 뤼순 따리엔을 포함한 바다까지의 부분을 일본에게 할양해야 했다. 이것은 바로 불과 수년 전 러시아 주도에 의한 삼국간섭의 결과로 일본을 쫓아내었던 곳과 같은 지역이다. 러시아는 또 가라후토[樺太]의 절반도 포기하였다. 나머지의 만주, 특히 하얼삔에서는 평상시와 같은 생활이 계속되었다.

5. 러시아가 만들었던 도시 하얼삔

20세기 전반 철도와 하얼삔 도시 모두 여러 가지 변화를 경험하였다. 황야 가운데서 갑자기 출현한 것은 러시아 거리의 레플리카(replica : 모사)였지만 그 특성은 다르지 않았다. 하얼삔시는 경제적으로 번영하였고 특히 문화는 화려한 꽃을 피웠다. 유감스럽게도 짧은 기간 번영하였을 뿐 계속 이어지지 않았다. 정치와 경제의 변화가 거리의 러시아적인 성격을 점차 약하게 하였고 그 후에는 문화대혁명을 비롯한 현대 중국의 정치동란이 그 숨을 멈추게 하였다. 거리의 러시아 모습은 천천히 소멸되기 시작하여 마침내 거의 대부분이 흔적 없이 지워지게 되었다. 현재 하얼삔은 완전히 중국의 거리이다. 지나가 버린 세월의 표시는 관광용 간판으로 남겨진 것에 불과하다. 그렇지만 러시아인이 단기간 살았던 하얼삔과 선로(線路)에 연이은 거주지는 모두 러시아적인 생활의 최후의 사례라는 의미로 흥미를 끌었다. 그것은 러시아에서 여러 이유로 사라져 버렸고 지금으로는 중국에도 남아 있지 않다. 러시아에서는 혁명과 공산당 지배의 세월이 오래된 생활양식을 파괴하였다. 중국에서는 외국의 것 모두에 대한 격렬한 반발이 러시아 존재의 흔적을 모두 지워 버렸다.

무엇이 일어났는지를 이해하기 위해서는 하얼삔과 하얼삔에서 펼쳐진 철도망이 무에서 창출되었다는 것을 생각해 내지 않으면 안 된다. 유명한 러시아인 작가 N · A 바이코프는 하얼삔 개설 당초(1902)의 만주 평야를 다음과 같이 묘사하였다.

치치하얼[齊齊哈爾]에서 하얼삔까지 풍경은 한결같이 평평하여 사막과 같다. 한 그루의 나무도 한 그루의 관목도 없다. 평야는 당구대처럼 평평하여 여기저기 낮은 노란 풀로 덮여져 있다. 많은 눈은 작은 골짜기나 도랑으로 모여 그곳을 완전히 메워 버린다. 인구는 아주 적다. 중국인 오두막집이 띄엄띄엄 서 있고 그 곁에는 까만 중국 돼지가 배를 질질 끌면서 코로 땅바닥을 파고 있는 것이 보인다. 슬픈 풍경이다. 우울해졌다.

옛날(1902), 하얼삔은 아직 무성하게 풀이 우거진 아무 것도 없는 초원과 덤불로 덮어진 습지였다. 활동은 구시가 스탈리 하얼삔(이라고 현재 불리는)지역에 집중되었는데 거기에는 임시로 설치한 흙으로 지은 연립주택에 철도 관리사무실, 아무르강 국경경비대 본부, 기상대, 전보국, 병원 등이 건립되어 있었다. 플리스탄[埠頭圖]과 중국인가의 푸지아띠엔[傅家甸]은 아직 머릿속에도 없었다. 쏭화[松花]강의 강변에 여러 채의 목조 창고가 서 있었다. (…중략…) 두 개의 도로만이 계획되어 있었다. 절반 정도 땅속에 깊이 가라앉는 오두막집이 서 있는 기타이스카야와 카자차는 국경경비대를 수용하기 위해 건설되었다. 현재의 뚜지아띠엔 위치에는 4채의 큰 중국식 오두막집이 서 있었고 중국인 노동자가 살고 있었다 (…중략…) 포장은 되지 않았다. 우기가 되면 지면은 통행불능의 진흙땅이 되어 마치 늪지처럼 짐마차와 마차가 진흙 속에 깊이 가라앉았다. 이것은 의화단 난이 발생한 2년 후의 일이다.

러일전쟁을 계기로 하얼삔은 크게 발전하였다. 주요 공급지로서의 수요에 응하기 위해 시(市)는 부득이 확대를 하게 되었다.

포츠머스조약은 러시아의 손에서 뤼순까지의 철도를 빼앗은 것뿐만 아니다. 러시아는 만주에서 전군을 철퇴시키고 각지의 광산과 전깃줄을 청에게 되돌려 주었고, 만주 여러 도시를 외국인의 상거래에 개방하지 않으면 안 되었다. 또 청이 관세를 징수하는 것도 동의하였다. 동청철도 왕국 내에서는 러시아인이 여러 제한에도 불구하고 지배를 계속하였다.[8]

6. 철도 건설과 '러시아인'

나의 아버지는 1876년에 태어났다. 식구들은 폴란드의 러시아 지배지에 살고 있었기 때문에 아버지는 징병되어 만주에서 병역을 마쳤다. 아마 20세기 초에 철도 건설의 경비를 위해 만주에 보내졌다고 생각된

---

8 R. K. I. Quested, op.cit., p.85.

다. 병역을 마쳤을 때 철도에 관한 일을 찾았고, 1935년 철도가 일본으로 매각되어질 때까지 그 직무에 머물렀다. 이렇게 하여 아버지의 인생, 그리고 필연적으로 우리 가족의 인생도 만주의 역사 및 철도 발전과 연결되게 되었다.

만주에서 러시아인의 수와 그 운명은 정치적 사건에 의해 변화되었다. 유럽 사람은 철도 건설과 함께 처음으로 이 땅에 흘러 들어왔다. '러시아인'이라고 말할 때 나는 당시 러시아를 위해 일하고 있었던 모든 민족을 포함하고 있다. 예를 들면 하얼삔시는 폴란드인 아담. I. 시돌러프스키에 의해 건설되었다. 쏭화강의 철교는 역시 폴란드인 기사(技師) 키엘베제에 의해 놓였다. 그 형제는 바르샤바의 비스바강에 놓인 유명한 키엘베제교를 만들었다. 즉 러시아인과 함께 우크라이나인, 타타르인, 아르메니아인, 유태인 등 기타 여러 민족이 온 것이다.

하얼삔이 성장함에 따라 2지구가 구성되었다. 유럽인 거주구에서는 중국인 행상인조차 서투른 러시아 말을 하였지만, 뚜지아띠엔은 순수한 중국 거리였다. 양자는 철도 선로를 사이에 두게 되었다. 중국인 거주지역은 러시아인 거주 지역의 크기를 넘었다. 러일전쟁은 군인뿐만 아니라 다수의 민간인도 데려왔다. 수송기관에 임시 노동을 제공했던 사람들은 상업을 확립하고 건설업 성장을 촉진하였다. 1905년 전쟁 후 러시아 거주지역의 성장은 한 때 둔화되었지만 중국인 수는 주어진 상업적 기회와 특히 농업에 이끌려 계속 증가하였다.

일본은 패전과 포츠머스조약의 결과에 따라 중국대륙에 발판을 확립하여 청왕조 붕괴 이전도 이후도 중국 정책에 영향을 줄 수가 있었다. 다른 한편 러시아 입장은 약화되었다. 무엇보다도 철도 경영은 여전히 원칙적으로 러시아인 수중에 있어서 그 사업의 세력권 내에서는 어떻게든 독립을 유지하고 있었다. 그것이 가능했던 것은 청조 말기 및 독립된 중국의 초기 정치적 혼란 덕분이다. 군벌과 지방적 이해 사이를 갈라놓으면서도 새로운 중국이 형태를 취하기 시작하였다. 청조 붕괴 후 단기간 국가는 파벌로 분열하여 분극화하였다. 남부에서는 쑨원[孫文]과 지앙지에스[蔣介石]에 의한 국민운동이 고개를 쳐들었다. 그 힘의 중심은 광뚱[廣東], 특히 1920년대 초에 소련의 원조로 조직된 황포군관(黃埔軍官)학교였다. 북부에서는 권력투쟁의 결과 지배권은 최종적으로 쟝쭈오린[張作霖]의 손에 떨어졌다. 쟝쭈오린은 러일전쟁에서 일본군에 협력하였고 그 후에는 권력 집중 과정에서 일본의 지원을 받았다.

7. 하얼삔의 황금시대

러시아에서는 러일전쟁의 충격파와 짧은 혁명 후 1907년부터 14년까지 비교적 안정된 시기가 계속된 결과 경제가 급성장했다. 하얼삔은 원격지임에도 불구하고 유럽과 아시아를 연결하는 국제선상에 있는 곳으로 점점 중요성을 획득해 갔다. 하얼삔 시는 착실히 성장을 계속했지만 문화적으로는 미성숙한 상태에 머물러 있었다. 제1차 세계대전의 발발은 철도사업을 활성화시켜 그것이 하얼삔 시를 더욱더 발전시켰다. 황제정부의 붕괴와 본국의 내전은 러시아 서부를 동부의 영토에서, 북부를 남부로부터 끊어 갈라놓았다. 볼셰비키의 탄압에서 도주하는 기본 루트는 콘스탄티노플을 경유하여 베를린, 프라하, 파리, 런던 등 유럽의 주요도시로 이어졌다. 우랄산맥 동쪽의 주민은 철로를 따라 시베리아를 빠져서 블라디보스톡이나 하얼삔에 다다르는 탈출구밖에 없었다. 그러나 블라디보스톡은 바로 공산주의자의 지배하로 들어갔었기 때문에 하얼삔으로 난민이 쇄도하였다. 난민 파도에는 지식인이나 예술가가 높은 비율로 포함되어 있었다. 하얼삔은 눈에 띄지 않는 시골에서 급속하게 문화적 쉼터가 되어 화가, 작가, 학자는 어디나 다른 곳으로 가는 도중, 이곳에서 멈추었다. 목적된 장소는 이민법 때문에 좀처럼 도달하지 못하고 일시적 피난생활이 몇 년씩 연장되었다. 그동안도 사람들은 살아야 했다. 이러한 재능이 있는 난민들의 창조성은 바로 화려한 문화 활동으로 표명되었다. 재난 속에서 하나도 변하지 않았던 것은 철도였다. 만주에서는 정치적 변화가 심하였다. 그러나 그것은 바야흐로 고아가 된 기업의 운영에 어떠한 영향도 주지 않았던 것처럼 보였다. 철도가 아시아와 유럽을 연결하는 귀중한 기반이 된다고 하는 비테 백작의 예언은 변함없이 정확하였고 철도는 기적적으로 간섭을 받지 않는 채 사업을 계속하여 번영하였다. 이 상황을 이해하기 위해서는 볼셰비키가 1917년에 권좌에 올랐을 때 황제가 체결한 조약을 모두 파기하여 동지(東支)철도(구 동청철도)에는 어떠한 관심도 보이지 않았던 것을 생각해야 한다. 중국인은 당시 격화된 내부 항쟁 때문에 자기 자신도 평형을 잃고 있어서 너무 신중했는지 아니면 실수였는지 자기의 권리를 거의 주장하지 않았다. 볼셰비키 지도자들이 철도의 가치를 알아차리고 그에 대한 권리, 적어도 그 운명에 말참견을 할 권리를 주장한 것은 1924년에 이르러서였다. 이어지는 20년간은 하얼삔 역사의 황금시대가 되었다.

이즈음 소련은 지극히 곤란한 시기여서 어떠한 분쟁도 원하지 않았다. 만주에서 일한 철도 직원을 우대하였고 정부와 양호한 관계를 유지하려고 하였다. 이것은 중국에서의 민족주의 대두와 일본의 움직임 때문에 쉽지 않았다.

뤼순과 따리엔에서 중국 본토에 발판을 확립한 일본은 괴뢰로 간주된 베이징의 쟝쭈오린 대원수를 통해 영향력을 확대하려고 하였다. 지앙지에스가 정치와 무력을 교묘하게 사용하여 중국 남부의 지배권을 획득했을 때 쟝쭈오린은 남부에서 대두한 신흥 민족주의 집단과 어떠한 동의에 이르는 것이 안전하다고 생각했던 것 같다. 이것이 일본의 마음에 들지 않자 쟝쭈오린은 1928년 6월 폭살되었다. 아들인 쟝쉬에량[張學良]이 권력을 장악하고, 남부의 지앙지에스 그룹과의 동맹을 당당하게 선언하였기 때문에 정치적 긴장은 계속되었다.

이런 모든 정치동란 동안 줄곧 하얼삔은 간섭을 받지 않고 계속 번영하였다. 경제의 기둥은 물론 철도다. 종업원에게는 금 루블로 지불되었는데 그것은 하얼삔 달러[哈大洋]의 3배의 가치가 있었다. 특히 선로에 따른 거류지에서는 좋은 살림을 할 수 있었다. 철도직원의 대부분은 낙농, 수렵, 어업, 양봉 등으로 부수입을 얻었다. 철도는 교육, 예술, 스포츠에 고액을 보조해 주었고 공산주의 선전운동을 하기는 해도 공격적인 것은 아니었다. 하얼삔은 독자적인 생활을 보내는 것이 허락되었다. 그리고 그것은 풍부하고 즐거운 생활이었다.

철도는 사립학교와 대학을 창립하고 높은 수준의 교육을 제공하였다. 하얼삔 이공대학은 다수의 기술자를 양성하였고, 기술자들은 후에 미국, 캐나다, 호주 등의 나라에서 활약하였다. 마찬가지로 결출한 것은 동양학 연구소였다. 상뻬쩨르부르크나 모스크바에서 피난해 온 예술가들이 발레, 노래, 연극, 댄스 등의 학교를 열었다. 수업은 모두 러시아어로 하였다. 무엇보다도 홍미진진하고 또 놀라운 것은 하얼삔시와 거류지가 오랜 러시아적인 생활의 최후 성채가 되었던 것이다. 사람들은 마치 혁명 이전의 러시아에 있는 것처럼 활동하며 생활하였고, 본국에서는 공산주의자로 인해 근대화와 전체적인 생활수준이 현저하게 저하되었기 때문에 그때까지 소멸된 전통을 지켰다.

하얼삔시에는 20곳 가까운 러시아 정교회 회당이 있었고 우수한 교향악단이 있었다. 수많은 극장에서 하얼삔시의 인재나 소련, 미국, 유럽에서 방문하는 예술가에 의해 오페라, 오페레타, 연극이 상연되고 연주회가 개최되었다. 철도 클럽 빌딩 옆에 댄스홀 3개가 있었고, 그것보다 협소하지만 바나 레스토랑, 회의실 기타의 설비가 들어있었다. 사유 건물도 많고 호텔이나 영화관, 레스토랑, 다방, 빵집, 제과점 등 여러 종류의 상점이 입거하였다. 교회와 극장에는 우수한 합창단이 있었다. 도처에서 러시아어가 사용되었다. 러시아인 주부를 위해 비단에서 생선, 감자까지 모든 물건을 출입구까지 운반해 주는 중국인 행상인조차 러시아말을 하였다.

하얼삔시는 완전히 균질적인 것은 아니었다. 러시아인이 80% 이상이었고, 나머지는 이전에 러시아제국을 형성했던 여러 민족이었다. 그중에도 다수파는 우크라이나인, 폴란드인, 유태인, 아르메니아인, 그루지야인, 타타르인으로 모두가 독자적인 종교적, 사회적, 그리고 정치적 중심을 갖고 있었다. 러시아인은 반드시 공산주의자가 아니지만 소련 동조자라고 생각되는 철도 직원과 자기의 사업과 사업장을 가지고 있는 의사, 치과의사, 교사, 예술가, 기술자 등 여러 가지 서비스를 제공하는 사람들로 나뉘어 있었다. 물론 민간 구역도 간접적으로는 철도에 의존해 있었다. 대부분 경우 민간 구역의 구성원은 계약자로 철도에 직접 서비스를 제공하든가, 아니면 철도의 피고용자로 서비스를 제공하였다.

만주의 자연자원도 상업적 기회로 삼을 수 있었다. 임업, 광산, 특히 철도를 위한 탄갱, 도시교통, 건설업, 제당업도 마찬가지로 중요하였다. 임업의 스키델르스키, 임업과 광산의 코발르스키, 제당업의 지크맨, 삼림, 축산, 부동산개발의 뷜런주프 형제, 다수의 증류주(蒸留酒) 제조업자, 맥주 양조업자 등의 기업가들은 수많은 부를 얻었다. 농기구나 수송기재를 공급하는 다국적기업이 지점을 열고 하얼삔 시의 활동에 참가하였다. 신문, 잡지, 서적이 러시아어로 출판되고 유럽 특히 미국으로부터 수입된 영화는 러시아어로 번역되어 녹음되었다. 하얼삔시에는 음악, 노래, 시가 울려 퍼졌고 그 모두가 러시아어로 러시아 전통에 따랐다.

8. 일본의 만주점령

대체 목가적이라고도 말할 수 있는 이러한 삶은 1930년대 초 일본군이 만주를 점령했을 때 최초의 타격을 받았다. 1932년 3월 괴뢰국가 만주국이 수립되어 만주는 그 풍부한 자원과 함께 일본 수중으로 떨어졌다. 동지(東支)철도는 기본적으로는 러시아인에 의해 계속 운영되었지만 경제는 일본인에게 장악되었고, 철도의 번영과 함께 러시아인 사회의 번영도 기울기 시작하였다. 1935년 3월 23일 동지철도는 만주국에 매각되어 그 황금시대의 전반, 즉 보다 좋았던 절반을 마쳤다. 몇 천 명이 되는 철도원이 상당한 퇴직금을 지불받고 해고되었다. 사람들은 돈이 있으면 하얼삔에서 유흥으로 날리고 그 후에 소련으로 돌아갔다. 슬픈 이야기지만 이 사람들은 국경에서 모든 소유물을 빼앗긴 채 카자흐스탄이나 시베리아의 황야로 보내졌다. 2년 후 일본 및 미국 스파이의 혐의를 받아서 소련보안국장의 명령에 따라 남성 전원이 총살되었다.

소련으로 돌아간 사람들은 아주 소수의 러시아인이었다. 대다수는 하얼삔 시에 남았다. 이 사람들은 일반적으로 정치에 무관심하였고 무관심한 채 머물러 있고 싶었을 것이다. 중국인들은 자기들에게 발언권이 있는 한 백인을 방치해 두었다. 사실, 중국인은 놀라울 만큼 관대하고 인내심이 강하고 친절하였다. 일본인이 무대에 등장하기 전, 러시아인 사회에는 가소크 우애회(友愛會)나 우크라이나 협회 같은 정치단체가 몇 개 존재하였지만 큰 위협으로는 생각되지 않았다. 폴란드인, 유태인, 리토아니아인의 민족 조직도 있었지만 그들은 민족 문화, 언어, 전통의 계승에 관심을 갖고 있었다. 인구의 대부분은 무국적의 러시아인 이민으로 소련의 러시아인, 혹은 철도직원이며 소련에 충실할 것이라고 생각되었던 적계 러시아인과 구별하여 가끔 백계 러시아인라고 불렀다. 백계 러시아인 중에는 중국의 여러 군벌에 참가했던 사람도 있었지만 그 수는 비교적 적었다.

일반적으로 말하면 이 큰 주민 집단은 일이 없었다. 사람들은 서로 서비스를 제공하면서 생활하였고 철도 수입이 점점 적어짐에 따라 더욱더 빈약해졌다. 모두가 어딘가 다른 나라의 비자를 취득하려고 했지만 1930년대에는 세계의 대부분이 대공황의 타격을 받고 있었기 때문에 그것도 어려웠다.

일본인 등장과 함께 정치 무대는 변화하기 시작하였다. 일본인은 유럽에서의 나치스, 혹은 파시스트정당 형태의 우익정치 운동의 형성을 촉진하였다. 무국적 러시아인의 생활은 일본인이 통솔한 러시아인 이민국 손에 놓여졌다. 러시아인 청년은 특별한 군사조직 가입이 권유되어졌고 때로는 단순하게 붙들려 소련 거주지를 습격하기 위해 국경 건너편으로 보내졌다. 소련과 일본은 1941년 4월에 불가침조약을 체결하여 표면적으로는 우호관계를 유지하였지만 가끔 전쟁이 일어났고 거기에 백계 러시아인 부대를 참가시켰다. 제2차 세계대전 중, 하얼삔 러시아인의 지위는 거의 기아 수준까지 계속 떨어졌다.

9. 일본의 패전과 소련 국내 탄압

일본의 패전은 중국 국내 난민의 어려운 실상을 조금도 개선하지 않았다. 만주를 점령한 소련군은 가난한 백계 러시아인을 경멸했다. 백계 러시아인 측도 난폭한 행동을 쉽게 휘두르는 공산군을 보고 새 주인들을 그다지 존경하지 않았다. 상당수의 러시아인, 특히 남성은 일본에게 협력한 것을 의심 받거나 어느 서방측 권력의 스파이라고 비난 받아 공산군의 첩보 기관에 체포되어 시베리아나 기타 강제수용소에 보내졌다. 하얼삔시 행정과 철도 운영은 소련의 손에 넘어갔고 하얼삔 시민의 일부는 일을 얻는 것이 허락되었지만 일반적인 자금 부족 때문에 임금은 적었다. 중국인도 러시아인에게 일을 제공했다. 소련과의 우호관계로 중국에서는 러시아어의 습득이 중요하게 되어 인근에서 백계 러시아인을 교사로 고용했다. 그러나 거기에서도 급여는 낮았다. 하얼삔의 러시아인 인구는 조금씩 감소해 갔다. 일부 가족은 국외로, 특히 호주와 미국으로 탈출 비용을 제공해 주는 친척을 찾기 시작했다.

1953년 스탈린 사후 소련 국내의 탄압이 약해지자 일부 가족은 본국으로 돌아갔지만 대부분은 그대로 남았다. 만주에서의 권력은 서서히 러시아인에서 중국인 공산주의자의 손으로 옮겨갔다. 민족주의, 새로운 공산 중국의 민족주의가 증대하여 백인의 입장은 다시 곤란하게 되었다.

10. 연소된 러시아의 도시 하얼삔

다행인 것은 국제연맹이 만주 기타 아시아 지역에 잔류한 백인의 어려운 실상에 관심을 갖게 되어 그 탈출을 조직하기 시작하였다. 유태인에게는 이스라엘행의 비자가 발급되었고, 폴란드인은 러시아를 통과하여 본국에 이송되었다. 무국적의 러시아인은 남미, 특히 브라질이나 파라과이로 가게 되었다. 하얼삔의 러시아 모습은 봄의 눈같이 녹았다. 눈을 녹인 열은 마오저뚱[毛澤東]이 권력 유지에 분투하는 과정에서 불을 붙인 문화대혁명에 의해 제공되었다. 마지막으로는 실질적으로 한 명의 유럽인도 남지 않았다. 하얼삔은 다른 중국도시와 마찬가지로 되었다. 만주 원래의 주민들은 샹하이나 티엔진, 칭다오 기타 중국도시의 원래 주민 그리고 장래의 홍콩인들과 서로 연락을 취했다. 사람들은 기억을 활용하기 위해 감상적인 이야기를 썼다. 그러나 유감스럽게도 이 사람들이 죽었을 때 기억과 함께 사라져 갔다. 개인의 기록과 추억이 띄엄띄엄 남겨졌지만 그것은 점점 역사의 각주까지 축소시켜 갔다. 문화의 혜성 하얼삔이 연소된 것이다.

나는 1929년 가을부터 1939년 봄까지 즉 10세부터 20세까지를 하얼삔에서 보내, 이 황금기의 풍부한 문화생활을 맛보고 흡수할 수 있었다. 그러나 내가 홍콩으로 출발하기 전에 이미 벽에다 낙서할 수 있는 자유는 끝났음을 보여주었다. 하얼삔의 세월은 나에게 교육을 제공하여 나를 음악, 미술, 문학과 대면시켰다. 그것은 나중에 나의 생활을 형성하는데 도움이 되어 덕분에 나는 홍콩 포로수용소에서의 어려운 생활을 하얼삔에서 가져온 음악으로 위로할 수 있었다.

몽골에게 만주란

후흐바토르[1]

1. 머리말

일본 군부의 몽골에 대한 정책은 기본적으로 관동군 참모부에 의해
구상되었다. 만주국의 일부로서, 이미 일본군 지배하에 들어가 있었던
동부 내몽골에 대해서는 만주국내 정치 안정을 목적으로 한 '민족협화
의 정신'을 밀어붙임으로써 만주국내 몽골인 지역인 서부 내몽골과의
연대를 견제하였다. 서부 내몽골에 대해서는 '평화적 문화공작' 및 만주
국과의 경제적 관계를 연결고리로 몽골인의 '부만친일(附滿親日)'을 도모
하였다. '외몽골'에 대해서도 만주국과의 접촉점을 찾아 점차 일본의 영

---

1 呼和巴特爾, 1958년생. 사회언어학, 몽골학. 논문으로 「內蒙古'という槪念の政治性」이 있다.

향을 미침으로써 소련으로부터 이탈하도록 하여 친일만(親日滿)의 경향으로 전환시키려고 노력하였다.

전체적으로 보면, 일본의 대몽골정책은 만주국에서 몽골인의 생활을 향상시키고 민족 전체가 자립할 수 있도록 하여 만주국령 밖의 서부 내몽골을 중국 중앙에서 분리시키고 '외몽골'을 소련의 영향에서 분리시켜 몽골인 전체의 마음을 만주국으로 끌어당겨 몽골인을 친일시키기 위한 회유정책이었다. 따라서 일본 군부에 의한 '내몽'(서부 내몽골)에서의 자치, 독립운동의 성공 및 '외몽'(몽골인민공화국)의 발전은 만주국 내 몽골인의 정신을 동요시킨다는 의미에서 경계 또는 견제해야 할 위험한 것이었다.

이와 같이 일본 군부가 취했던 대몽골정책은, 중국 군벌의 몽골 목초지 개간으로 생활 장소를 잃어버리고 대한민족주의(大漢民族主義)의 압박에 괴로워하면서 민족의 자립이나 민족의 자결을 위해 나날을 보내고 있었던 당시의 내몽골 몽골인들이 기대하고 있었던 것처럼 민족 자치나 민족 독립을 지원하는 정책이 아니었던 것은 분명하다. 그렇지만 한편으로 몽골민족의 자립을 지원하는 일본의 대몽골 문화정책 및 만주국내에서 행정관리상의 개혁 등은 당시 내몽골에서 몽골민족의 근대교육이 거의 없었던 상황이나 봉건왕공의 세습제라는 몽골사회 전체의 후진성을 개선하는 것에 적극적인 역할을 하고 있었던 것도 사실이다.

만주국이 붕괴하고 이미 반세기 남짓 지난 현재, 일본 군부의 대몽골 정책과 만주국의 존재가 몽골민족의 역사 및 그 후의 몽골민족에게 어떠한 영향을 미쳤는지, 즉 몽골에게 만주라는 것은 무엇이었던 것인지 새삼스레 생각할 필요성이 있을 것이다.

근년에 일본에서도 일본의 식민지정책 및 일본의 식민지였던 국가나

지역에 관한 연구가 활성화됨에 따라 일제점령기의 내몽골 역사 연구도 주목할 만한 성과를 내고 있는 중이다. 중국의 내몽골 등에 있어서도 이 분야의 연구는 지금까지의 정치적 터부의 껍질을 깨면서 연구의 수준을 올리고 있다. 여기서는 이러한 최근의 연구 성과도 도입하면서 내몽골 출신의 개인적인 관점에서 더없이 복잡하고 불투명한 사실 관계의 많은 역사적 단편을 요약하여 말하고자 한다.

2. '외몽'과 만주국

몽골인민공화국(1924~1992년, 현 몽골국)의 역사서에서 말해 온 만지 · 햐타딘 · 다르랄(만주와 중국, 또는 만주인이 지배한 중국에 의한 압박과 지배)이라는 말에도 상징되어 있는 것처럼 몽골국에게 만주라는 것은 일본에서 불리는 만주국이라기보다 청조의 지배자인 만주 민족의 것이다. 외몽골과 '만주'와의 교제는 만주국의 14년보다도 청조와의 이백 수십 년이 훨씬 길고 또 직접적이었던 것이기 때문이다. 그러나 만지 · 궈 또는 만지 · 올스라고 불린 만주국 건국이 몽골국의 정치와 관계가 없었던 것은 아니다.

1921년에 소련 공산군의 지원으로 사회주의혁명에 성공하여 독립을 하였고 1924년에 몽골인민공화국의 이름으로 역사 무대에 등장한 지 얼마 안 되는 '외몽골'에게 그 존재가 위협되고 있었던 것은 당시 아직 외몽골에 대해 종주권을 갖고 있었던 중국보다 오히려 동부 내몽골까지 그 영토의 일부로 하여 '건국'한 '만주국'이었다. 사실, 관동군참모부에 의한 대몽시책은 만주국 건국 당초부터 '외몽공작'을 다음 사정(射程)에 집어넣고 있었다.

1939년 몽골인민공화국과 '만주국'의 국경에서 발생한 '노모한사건'은 실제는 '외몽골'과 내몽골의 경계에서 소련과 일본을 당사자로 일어난 전쟁이며 몽골민족의 정치적 분단과 국경선의 존재를 기정사실화하게 된 일이었지만 몽골인민공화국에게는 국가의 존망과 관계된 어려운 싸움이었다. 그 때문에 일본에서 말하는 '노모한사건'은 몽골국에서는 '할하강 전쟁'이라고 칭해져 그 후 반세기에 걸쳐 소련군과 함께 싸웠던 이 전쟁의 승리를 축하하는 국가 행사가 계속 진행되었다. 거국적인 이 싸움이 '몽골 습격'이래 몽골과 일본과의 또 하나의 큰 접점이 되었던 것이다.

항일 전쟁이 중국 일반 민중의 중국인 의식 형성에 중요한 역할을 다했다고 한다면 할하강 전쟁은 '외몽골' 주민이 신생 몽골인민공화국 국민으로 아이덴티티를 획득하는 것, 즉 몽골국의 형성에 큰 역할을 다했다고 말할 수 있다. 그때의 적은 마찬가지로 일본이었다. 그러나 일본군 국주의의 중국에 대한 침략 및 식민지화와 비교하면 할하강 전쟁은 총을 가진 병사끼리 국경에서 싸움을 한 것이어서 그 후의 중·일 관계와 몽·일 관계는 다르게 나타났다.

2002년은 일본과 중국(중화인민공화국)의 국교수립 30주년임과 동시에 일본과 몽골국의 외교관계 수립 30주년이기도 하다. 이와 같이 전후 일본은 몽골과의 관계를 기본적으로 국제관계라는 국가와 국가와의 관계로 전개시키면서 몽골국과의 관계를 움직여 왔다. 그러나 전전은 몽골인민공화국이 소련의 보호 아래에 있었던 것도 있지만 일본이 실제로 계속 관계를 가졌던 몽골-몽고(蒙古)는 당시 일본에서 '외몽'이라고 불렸던 몽골인민공화국이 아니라 오히려 현재의 중국내 내몽골자치구를 중심으로 한 '내몽'이었다. 따라서 일본의 괴뢰국가였던 만주국의 건국으로 가장 영향을 받았던 것도 내몽골이었다. 몽골인 분포 지대는 만주국에 가까운 지역인 만큼 일본군에 의한 지배가 직접적이며 그 영향이 깊었던 것은 말할 것도 없다.

3. '내몽골의 통일'과 만주국

13세기에 세계제국을 창조했던 몽골민족은 17세기가 되어 처음으로 타민족의 지배하에 들어가 만주 민족이 지배하는 청조의 봉건 통제에 의해 약 300년에 걸친 분할통치 정책을 받아 왔다. 그 정책은 구체적으로는 기(旗)라는 행정 단위를 기본으로 하는 것인데, 기는 청의 조정에 직속되어 몽골이 통일된 행정기관을 가지는 것을 허락하지 않았다. 따라서 1911년의 신해혁명(辛亥革命)으로 청조 붕괴와 동시에 일어난 몽골 독립운동은 독립운동인 것과 동시에 몽골민족 전체의 정치적 재통일을 지향하는 통일운동이기도 하였다. 그러나 1921년의 몽골 사회주의 혁명에 의한 외몽골의 독립으로 몽골민족의 정치적 통일, 또는 행정상의 통일은 사실상 내몽골 내부의 과제 혹은 내몽골의 내부에서 착수해야 되는 문제가 되었다.

청조붕괴 후, 북양군벌(北洋軍閥)정부가 몽골에서 취한 행정 정책은 그때까지의 '번속대우(藩屬待遇)'에서 제외하여 몽골의 중국 내지화를 추진하는 것이었다. 북양정부는 1914년에 내몽골에 3개의 특별구를 설치하여 지린[吉林]성에 인접하는 지렘맹(盟 = 출간, 복수의 기로 구성하지만 기의 상위행정단위는 아니다)과 헤이룽지앙[黑龍江]성에 인접한 훌룬보이르를 각각 지린성과 헤이룽지앙성에 관할시키는 외에, 조오드맹(盟)과 조스트맹을 러허[熱河] 특별구로 하였다. 또 내몽골 서부의 실링골맹과 차하얼팔기(八旗)를 차하얼[察哈爾]특별구로 하여 귀화성 투메드와 올란차브맹 및 이흐조맹을 수이위엔[綏遠]특별구로 하였다. 북양정부에 이어 국민정부의 통치도 내몽골에 내지 같은 성을 수립하는 것으로부터 시작하였다. 1928년 9월 국민정부는 '개성명령(改省命令)'을 내리고 그때까지 3개의 특별구를 각각 러허[熱河]성, 차하얼[察哈爾]성, 수이위엔[綏遠]성이라는 3개의 성으로 바꾸었고, 내몽골 서단(西端)의 알라샨과 에지나 2기(旗)를 신설한 닝시아[寧夏]성에 관할시켰다.

이것은 내몽골의 각 맹기(盟旗)가 사실상 각지의 국민당 신군벌의 지배하에 들어가 한족 이민이 한층 늘어나면서 몽지(蒙地, 몽골의 목초지) 둔간이 더욱 힘을 증대시킨다는 것을 의미하였다. 그러나 몽골 측의 저항이 강하였기 때문에 1930년 5월 국민정부가 이를 수용하여 난징[南京]에서 '몽골회의'를 개최하여 몽골의 행정제도와 몽골의 자치문제를 논의하였다. 그즈음 동부 내몽골 측 대표는 '지방정무위원회를 조직하는 제의안'과 '내몽골 지방정무 위원회 조직 대안'이라는 제안을 내어 내몽골의 각 맹기를 관할할 수 있는 내몽골의 지방 최고 자치기관 설립을 주장하였다. 이것은 원래 몽골 측의 주장이었다. 그 후 1931년 10월 '몽골 맹부기(盟部旗)조직법'

이 발포되자 몽골맹기제가 중화민국에서 존속할 수 있는 법적 근거가 되었다. 그러나 동법은 내몽골의 맹기를 각 성내에 고정시키는 것으로 내몽골 측이 요구했던 몽골민족의 통일된 행정구를 만들고자 하는 것과는 거리가 먼 것이었다. '몽골 맹부기 조직법'이 승인되게 된 배경에는 '만주사변'과 일본군의 대몽골정책에 있다. 그러나 만주국 건국으로 동부 내몽골의 3맹과 훌룬보이르가 만주국의 일부가 되었기 때문에 내몽골의 정치적 통일은 객관적으로 불가능하게 되었다.

4. 동부 내몽골이 '만주국'을 수용한 경위

1930년대까지 동부 내몽골에서도 정치적으로 영향력을 갖고 있었던 것은 기본적으로 각기의 몽골 왕공(王公)들이었다. 따라서 만주국에서 몽골 문제를 해결하려면 왕공들에 대한 공작이 중요하였다. 그 보다 먼저, 관동군은 '만몽독립'운동으로 유명한 바보자프(투메드 좌익기 출신, 1916년에 린시[林西]에서 중국군과의 교전으로 죽음)의 아들 간조르자브와 하풍가(당시는 동북 몽기 사범학교의 학생) 등 청년들이 몽골독립운동을 지향하여 만들었던 몽골독립군(그 후 '내몽골자치군'이 됨)에게 무기 탄약을 원조하여 만주국 건국에 내몽골자치군을 이용하려고 했지만 내몽자치군의 통랴오[通遼]공격 실패(1931. 10) 이후는 몽골 왕공들의 협력을 받지 않으면 안 되었다. 당시 내몽골에는 왕공(王公)을 수반으로 한 봉건왕공제를 지키는 세력과 내몽골인민혁명당 및 일부분의 지식 청년들에 의한 왕공제 반대 세력이 있었지만 그 공통의 적은 중국 군벌이었기 때문에 일본군의 대몽골정책은 중국 군벌에 대한 비판이나 몽골인이 한족의 압박을 받아온 현상을 몽골인 입장에서 호소하는 것이 가장 유효하였다. 몽골 왕공과 민중에게 가장 절박한 문제는 무엇보다도 한족의 몽지 개간을 저지하는 것이었다. 따라서 몽골 왕공들은 한족의 침입으로부터 자신들의 토지를 보호해 줄 것을 일본군에게 기대하였다.

동부 내몽골을 만주국의 판도로 집어넣기 위한 준비 회의로 알려져 있는 것은 1931년 12월 14~15일 잘라이드기(旗)의 타이라이[泰賚]에서 열린 '타이라이 회의'와 동년 12월 30일 정지아툰[鄭家屯]에서 개최된 '정지아툰 회의'이다. 몽골 측의 참가자에 따르면 '타이라이 회의'에 앞서 치치하얼을 점령한 일본군은 몽골인에 대한 선전활동을 서둘러 일본군 진입을 계기로 몽골인이 일어서서 선동하여 각 기(旗)가 연락할 수 있게 추진하였다고 한다. 그에 대해 몽골 왕공 측에서는 몽지문제를 둘러싼 동북 군벌에 대한 원망으로 "일본과 협력하는 것에 두 손 들어 찬성한다"라고 공언하는 등 타이라이에서의 동부몽기왕공 회의에 적극적으로 응하였다(那木海札布, 1989). 이 회의의 몽골 측 참가자는 바드마라브단(잘라이드 旗王), 슈밍가(호르친 右翼三旗 대표), 보얀만다흐(호르친 左翼三旗 대표) 등이었지만 회의는 스와 히데타케[諏訪英武] 치치하얼 특무기관원에 의해 진행되었고 마쓰이 기요스케[松井淸助] 대좌도 있었다.

이 회의에서 몽골독립문제 논의를 진행하여 "각 맹기는 이후 중국정부로부터 이탈한다"라고 선언하여 정지아툰에 내몽자치준비처(맹기정부 준비기관)를 두고 자치·독립을 연구하여 내몽자치준비처와 내몽자치군이 협동·합작할 것을 결정하였다(森, 101면). 그렇지만 관동군이 논무렌(넌 강, 嫩江)보다 동쪽 각기의 대표가 이 회의에 참가하는 것을 인정하지 않았 기 때문에 바드마라브단은 스와[諏訪]에게 그 이유에 대한 설명을 요구했 다고 한다. 그에 이어 '정지아툰 회의'는 기쿠타케 지쓰조[菊竹實藏] 만철 정지아툰 공소장(公所長)에 의해 진행되어 '타이라이 회의' 참가자에 예시 하이순(호르친 우익 후기(後旗)친왕), 링셩[凌陞, 홀룬보이르 公爵] 등이 더하여 슈밍가, 보얀만드호, 예시하이순, 링셩이 일본의 만몽정책에 찬성하는 발언을 하였다. 이 회의에서 몽골민족 자치권 보유를 목적으로 하는 결 의가 채택되어 내몽골 자치 준비 위원회의 설립이 결정되었다.

5. 관동군의 동부 내몽골 지배와 그 정책

1932년 3월 만주국이 건국되어 관동군은 동부 내몽골과 홀룬보이르에 몽골인의 특수행정구로 싱안[興安]성을 설치하였고 싱안성의 일반 행정 의무를 관장하는 중앙행정기관으로 싱안국[興安局]을 설치하였다. 여기 서 싱안링[興安嶺]에서 유래한 '싱안[興安]'은 몽골인 거주지를 의미하여 성 명(省名)에 '몽골'을 덧씌우는 것은 민족의식의 고양으로 이어질지도 모른 다고 경계되었다. 그 후 싱안국은 싱안총서(總署)로 개명되었지만 일본군 의 러허[熱河]작전 후 1933년 4월부터 5월에 보드하, 지렘, 홀룬보이르, 조 오드 등 각부와 맹의 행정구역을 기반으로 싱안 동, 서, 남, 북으로 분성(分

省)이 만들어져 각 분성은 싱안총서에 직할되었다. 1934년 10월 싱안총서
는 몽정부로 변경되어 각 분성의 '분(分)'자를 취소하고 정식적으로 성제
(省制)를 도입하였다. 1943년 10월 싱안 동, 서, 남 성(省)을 취소하고 이 삼
성을 합쳐서 싱안총성으로 하였지만 싱안북성은 보류되었다.

내몽 자치군은 만주국 건국에 따라 싱안남경비군(興安南警備軍)으로 개
편되었고 다른 싱안 각 분성에도 각각 경비군이 성립하여 1934년 7월에
는 몽골인 장교를 양성하기 위한 싱안군관학교가 정지아툰에서 개교하
였다. 그 다음 해 싱안군관학교는 왕이에미아오(王爺廟)로 이전하였으며
8년제의 이 학교에서 군사교육 외에 기초교육도 하였는데 몽골어 수업
이외에는 일본인 교관이 담당하였지만 교장은 항상 몽골인을 두었다.

싱안성 설립에 대해 관동군은 평민출신 몽골 지식 청년의 요구를 일
부 받아들여 왕공이 정치적 특권을 갖는 맹기의 봉건제를 폐지하였다.
그 배경으로 만주국의 지방행정기구를 정비하려면 전근대적인 몽기행
정을 근대화할 필요성이 존재하였다(森, 106면). 따라서 평민 출신의 기
장(旗長)도 등장하여 기의 행정을 처리하게 되었다. 1933년부터는 기장
보좌(旗長補佐)로 각기에 일본인 참사관을 배치하게 되었지만 그것은 재
정면에서 '근대화'를 추진하여 종래 일체화되어 있었던 구 왕공의 사유
재산과 일반재정을 분리하려고 했기 때문이다(廣川, 12면). 몽골 각 기는
한족에게 개방한 몽지에서 징세하여 그것을 기의 행정비와 왕공의 수입
으로 하였지만 만주국 정부는 예산제도를 도입하였다.

만주국 정부는 1933년 11월 '싱안 각 분성 각기 기지의 보전에 관한 건'
이라는 기지보전령(旗地保全令)을 공포하여 몽지의 불합법적인 개간을
금지하였지만 1935년에는 중앙집권적 국가체제 확립의 일환으로 토지

권리관계의 명확화를 위해 개방 몽지에서 몽골 측 토지에 관한 권리를 포기시키려고 하였다. 그에 대해 1936년 3월 신징[新京]에서 진행된 '제1회 싱안 각성 성장회의'에서 몽골인 성장들이 강하게 반대하였다. 링성 싱안북성장은 몽골인이 만주국에 참가하는 것은 우선 몽지를 국가권리에 의해 물려주기 위해서라고 확실하게 말하고 '동아민족의 협화' 운운이라는 것은 그 다음 이야기라는 뉘앙스를 풍기게 하였다. 그 외에도 기의 일본계 참여관(參與官)문제, 몽골인 자치 문제, 공용어 문제, 몽골인 지위의 문제 등이 링성 및 다른 성장으로부터 잇달아 제기되어 만주국 정책에 대한 몽골인의 불만이 단번에 분출하는 형태가 되었다. 그러나 그 직후 링성 등 4명이 '소련 내통 혐의'로 처형되고 몽정부의 폐지로 몽골인의 발언은 막히게 되었다.[2]

6. 서부 내몽골의 정치적 동향

만주국의 성립으로 내몽골은 행정상 크게 변했지만 격동하는 정치정세 속에서 왕공을 수반으로 하는 서부 내몽골의 몽골인들은 몽골민족의 자치문제와 내몽골의 통일된 자치기관의 성립을 둘러싸고 국민정부와 교섭하면서 내몽골 고도자치운동 준비를 해 왔다. 그때쯤부터 내몽골

---

2 이상 사실관계는 広川의 글 참조.

의 정치를 맡아 온 것은 '덕왕(德王)'이라는 이름으로 알려진 뎀축동로브[德穆楚克棟魯普]서(西) 수니드기(旗) 자삭(세습 기장), 겸 시링골맹(盟)부맹장이었다. 내몽골의 정치적인 운명을 염려하는 동서내몽골의 우수한 청년들이 덕왕 아래에 잇달아 모여든 것도 그때쯤이었고 그 안에는 관동군의 만주국 정책에 실망하여 온 사람들도 있었다.

왕공이 정치적 실권과 영향력을 갖고 있었던 당시 내몽골 현실에서 민족주의를 깨달은 청년들을 위해 왕공으로 있으면서 개혁적인 생각을 가진 덕왕은 몽골민족의 지도자로 의지할 수 있는 인물이라고 여겨졌다. 내몽골 인민혁명당의 유력 멤버였던 인재들이 덕왕 아래 모여든 사실은 민족을 위해서라면 이데올로기에 관계하지 않는다는 그 당시 몽골인의 자세를 보여 준다.

덕왕은 몽골민족의 자치를 획득하기 위한 제1보로 1933년 7월에 제1회 바이링미아오[百靈廟, 바트 할라가]회의를 주최하였다. 회의 참가자는 서부 내몽골 각 맹기의 대표 수십 명이었지만 이 회의에서는 내몽골자치정부의 성립을 허가하도록 국민정부에게 요구할 것과 제2회 바이링미아오 회의의 개최를 결의하였다. 10월에 제2회 바이링미아오 회의가 개최되었고 참가자는 서부 각 맹기 및 각 몽골인 조직의 대표를 포함한 87명에 달하여 덕왕이 제안한 '내몽골자치정부 조직법'을 채택하였다. 바이링미아오 회의는 제5회까지 계속되었고 덕왕은 일본군의 침공과 외몽골로부터 공산주의의 영향을 막는 것을 근거로 자결과 자치를 끈질기게 요구했고, 1934년 4월 바이링미아오에서 몽정회(蒙政會, 몽골지방 자치 정무 위원회)의 성립을 실현시켰다. 그러나 동년 가을 덕왕의 신뢰가 두터웠던 몽정회 보안처 제1과장 후흐바토르(한평린, 韓鳳林)가 국민정부 측에게 암살된 사건을 계기로 덕왕은 지앙지에스[蔣介石]에 실망하여 관동군과의 접촉을 깊이 하게 되었다.

관동군은 1933년 2월 러허 작전 후 다시금 내몽골 공작을 진행하는 것으로 서부 내몽골로 영향력을 강하게 침투시켰다. 1936년 4월에 덕왕에 의한 제1회 몽골대회가 서(西)우주무친 기(旗)에서 개최되었고, 5월에는 덕왕을 총재로 하는 몽골군정부가 화더[化德]에서 성립하였다. 1937년 7월 루꺼우치아오[盧溝橋]사건이 발생하였고, 9월에 관동군이 차하얼 작전을 시작하였으며 10월에 꾸이수이[歸綏, 현 후흐호트시]를 점령했기 때문에

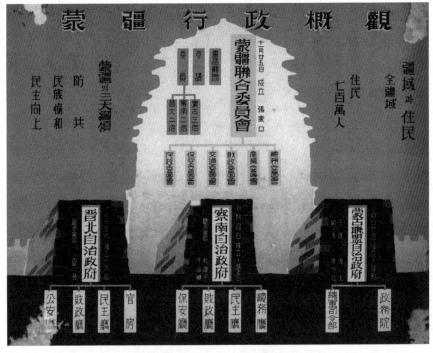

몽강행정기구를 전체적으로 도식화 한 것이다.

꾸이수이에서 제2회 몽골대회가 열려 몽골군정부를 개조하여 몽골연맹 자치정부가 성립하였다. 그 즈음 덕왕은 몽골건국문제에 관한 요망(要望) 을 제출했지만 관동군은 몽골건국에 동의하지 않고 자치정부를 수립하 도록 내부적으로 지시[內示]하였다. 또 1939년 9월 몽골연맹자치정부는 챠난[察南]자치정부와 진베이[晉北]자치정부가 합병하여 몽강연합자치정 부가 되었다. 일본패전 후 덕왕은 국민정부와 서몽골의 자치를 계속 교 섭해서 1949년 4월 알라산기 띵위엔잉[定遠營]에서 '내몽골 각 맹기 대표 대회'를 개최하여 동 8월 몽골자치정부를 성립시켰지만 인민개방군의 란죠우[蘭州]공략으로 띵위엔잉을 떠나 몽골인민공화국으로 향했다.[3]

7. 일본의 지배가 내몽골에 미친 영향

1945년 8월 일본의 무조건 항복으로 일본군의 내몽골 정치적 지배는 끝났다. 그러나 일본의 지배가 내몽골에 미친 영향은 종전과 함께 사라 진 것이 아니었다. 가장 전형적인 예가 만주국 또는 일본군 지배시대에 양성된 수많은 몽골인 인재가 그 후 내몽골 전환기에 행정, 교육, 학술 등 근대적인 사회를 구성하는 여러 분야에서 공헌해 온 것이다. 이런 사 람들은 오랜 시간 동안 일본에 대해 말하는 것도 일본어를 말하는 것도

---

3 이상 사실관계는 森의 책 참조.

터부였지만 일본에서 또는 만주국이나 몽강정부 지배령 내에서 일본식 근대교육을 받아 습득된 지식이나 경험과 사고가 항상 움직이고 있었던 것임에 틀림없다. 이것은 눈에 보이지 않은 영향이다.

　그 시대 일본 교육을 받았던 몽골인이 어느 정도 있었는지 자세한 통계는 아직 없지만 1943년 시점에서 만주국에서 몽민후생회(蒙民厚生會)의 장학금을 받았던 몽골인 학생은 959명이며 일본 대학, 전문대학 15개교에 33명, 중등학교 17개교에 47명이 재적하였고 그 외 만주국내 대학, 전문학교 15개교와 중등학교 15개교에 재적하였다. 몽민후생회는 몽골 토지를 만주국 황제에게 바친다는 명목으로 취한 이른바 '토지봉상(土地奉上)'의 대가로 만주국 정부로부터 매년 제공되는 자금으로 운영되었던 재단법인적인 기구로 1939년에 설립되었다.

　몽골인의 일본유학은 1906년에 시작되었는데, 만주국시대는 몽강정부 지배령 내 학생도 포함하여 절정에 달했지만 전후 실제로는 중국의 개혁개방 이후도 몽골인의 유학 우선지가 기본적으로 일본이었다. 그 배경에는 중·일 간 관계 개선이 있었던 것은 물론이고, 전전의 내몽골과 일본의 관계에 의한 영향이 있었던 것은 명백한 것이다. 한편 몽골국에서 일본 대학 정규과정에 유학생이 보내지게 된 것은 특수한 케이스를 제외하면 10년 이래의 일이다.

　전전, 일본의 근대교육을 받았던 내몽골 청년들은 과거 티베트 불교가 지배적이었던 몽골에 근대 과학사상을 도입하면서, 티베트 불교가 몽골 사회에 끼친 소극적인 면을 비판하여, 몽골인들에게 많았던 티베트어 이름과 한어 이름을 배제하게 되었다. 후자는 근대교육을 받았던 것으로 한족에 대한 콤플렉스가 없어진 것을 의미한다. 티베트 불교에 대한 비판도 한족에 대한 저항도 일본 교육을 받은 젊은이들이 몽골민족주의적으로 되어 가는 현상이다. 이름에 대한 이러한 경향은 전후에도 계속되어 내몽골 몽골인들의 몽골어명은 티베트어명이 여전히 많았던 몽골국(외몽골)까지도 소문이 났다.

일본 지배는 중국군벌의 몽지 개간을 저지하는 것으로 적극적인 역할을 하였고 마찬가지로 한어에 의한 몽골어의 동화에도 제동을 걸었다. 그것은 몽골어 교육을 적극적으로 시켜 수많은 몽골어 출판물이 발행된 것과 직접적인 관계가 있다. 특히 내외의 정치정세나 행정, 경제, 교육이라고 하는 근대적인 사회의 여러 가지 문제를 취급하는 몽골어 정기간행물의 간행은 그 정치적인 목적과는 별개로 몽골어 근대 어휘의 발전에 크게 공헌하였다.

마지막으로 만주국 건국에 의한 동부 내몽골이 만주국에 편입된 것은 이미 서술한 것 보다 넓은 범위의 통일을 요구했던 몽골인 본의에 반하는 것이었다. 그러나 싱안성의 설립과 그 동적인 행정변동은 결과적으로 동부 내몽골 내에서의 통일과 인적교류에 적극적인 역할을 다하였으며, 그 후 동부 몽골인들의 정치적 활동 및 내몽골에서의 행정 구성에 영향을 주었다.

8. 마치며

봉건왕공들로 대표된 당시 내몽골 권력자들이 동부 내몽골에서 '만주국'을 받아들인 것도 서부 내몽골에서 관동군에 협력한 것도 당시 중국 영내에서 몽골민족이 놓여 있던 실상으로부터 생존을 위해 강요된 길로서 그 직접적인 원인이 일본군국주의의 만주, 또는 중국 동북부에 대한 침략정책에 있었던 것은 말할 것도 없다. 그러나 그 간접적인 원인이 중국의 군벌 등 대한민족주의의 몽골 목초지 약탈로 몽골 민중이 생존의 장을 빼앗겨 막다른 지경까지 몰아넣었다고 하는 사실도 인식하지 않으면 안 될 것이다. 따라서 이 문제는 전후 시점에서 또는 타민족의 입장에서 평가할 수 없는 몽골민족의 역사이며 그 판단은 끝까지 그 당시 몽골민족의 실상을 고려하면서 몽골민족의 입장에서 해야 할 것이다.

몽골인은 일본군에게 몽골의 독립과 자치로의 지원을 기대했지만 일본군은 그에 부응하기는커녕 스스로 몽골민족의 분단에 가담한 새로운 당사자가 되었다.

몽골민족이 20세기 전반 정치적 과제였던 민족의 정치적 통일이라는 의미에서 만주국은 몽골에게 민족의 정치적 분단의 상징이었던 것은 명백하다. 따라서 만주국의 붕괴는 바로 내외몽골의 정치적 통일의 가능성을 가져왔고 일본의 패전에 따라 동부 내몽골과 서부 내몽골에서 대표단이 잇달아 몽골인민공화국의 수도 울란바토르를 방문하여 내외몽골 통일 가능성을 탐색하였다. 그것은 당시 국제 정세의 타이밍에 의해 실현 불가능하게 되었지만 그 후 다시 중국국민정부의 패배로 내몽골 내부에서의 정치적, 행정적 통일을 가능케 하는 길이 열렸다.

일본의 패전으로부터 약 2년 후의 1947년 5월 수백 년에 걸쳐 분할통치 되어 왔던 내몽골이 중국공산당 주도 하에서 처음으로 내몽골 전체를 관할하는 통일된 행정기관 — 내몽골자치정부의 성립을 가능케 하였다. 1949년 중화인민공화국의 건국으로 중국에 재편된 내몽골자치구는 사회주의라는 공통의 정치적 이데올로기 하에서 몽골인민공화국, 게다가 간접적으로는 소비에트연방 영내의 부랴트 — 몽골자치공화국과도 언어, 문화적 통일을 촉진할 수 있었다.

동부 내몽골에서 특히 왕공들은 만주국 건국에 몽지의 법적인 보호를 기대하고 만주국에 참가하였다. 수도 신징(창춘)을 포함하여 만주국 영토의 약 절반을 차지하는 동부 내몽골, 홀룬보이르 등의 몽골 영지(領地)를 만주국에 통합할 수 있었던 것은 그들 몽골 왕공 등의 지지가 있었기 때문이다. 그러나 관동군은 몽골인이 가진 몽지의 소유권을 법적으로 부정하여 그것에 정면으로 반대한 링성 싱안북성 성장을 바로 '소련 내통 혐의'로 처형하였다. 그 진상은 아직 밝혀지지 않았지만 이것은 국경 건너편인 몽골인민공화국에서 몽골의 독립을 지원했던 소련이 몽골의 독립성을 주장한 할하 몽골(몽골인민공화국)의 지도자들을 처형했었던 것과 거의 같은 것으로 20세기 몽골민족의 비극이라고 말할 수밖에 없다.

동부 내몽골은 누구에게 지배되었든 어차피 노예와 다름없으므로 조금 더 좋은 노예주를 선택하려고 하는 마음으로 만주국에 응했지만 노예주는 본질적으로 좋고 나쁜 차이가 없다는 생각이 들듯이, 그 문화정책이라는 것은 180도 다른 관동군의 정치 지배였다.

참고문헌

森久男, 『徳王研究』, 創土社, 2000.

広川佐保, 「モンゴル人の"満洲国"参加と地域社会の変容－興安省の創設と土地制度改革を中心に」, 『アジア経済』제41권 제7호, 2000.7.

札奇斯欽, 『我所知道的徳王和当時的内蒙古』 1・2, 東京外国語大学アジア・アフリカ言語文化 研究所, 1985, 1993.

ドムチョクドンロブ, 森久南 訳, 『徳王自伝』, 岩波書店, 1994.

盧明輝, 『徳王其人』, 遠方出版社, 1998.

薄和・薩音 編著, 『薄彦満都生平事略』, 内蒙古大学図書館, 1999.

善隣会 編, 『善隣協会史－内蒙古における 文化活動』, 日本モンゴル協会, 1981.

中見立夫, 「地域概念の政治性」, 溝口雄三・浜下武志・平石直昭・宮嶋博史 編著, 『アジアから考える(1) 交錯するアジア』, 東京大学出版会, 1993.

田中克彦, 森久男 訳, 「ドムチョクドンロブ」, 『徳王自伝－モンゴル再興の夢と挫折』, 『アジア経済』제37권 12호, 1996.12.

那木海扎布, 「泰賽会議前後」 中国人民政治協商会議, 内蒙古自治区委員会文史資料委員会 編, 『偽満興安史料』(内蒙古文史資料 제34집), 1989.

那木海扎布・達瓦敖斯爾, 「参加"鄭家屯会議"的回憶」 中国人民政治協商会議, 内蒙古自治区委員会文史資料委員会 編, 『偽満興安史料』(内蒙古文史資料 제34집), 1989.

達瓦敖斯爾, 「我的経歴見聞」 中国人民政治協商会議, 内蒙古自治区委員会文史資料委員会 編, 『我的経歴見聞』(内蒙古文史資料 제31집), 1988.

フフバートル, 「植民地のことば－日本語がモンゴル語に与えた影響－"満洲国"におけるモンゴル語近代語彙の形成と淘汰」, 『和光大学人間関係学部紀要』 2호, 1997.

_____, 「"内蒙古"という概念の政治性」, 『ことばと社会』("地名の政治言語学"), 三元社, 1998.5.

_____, 「内モンゴルの留学史に垣見聞る日本」, フフバートル 『私が牧童だったころ－モンゴル人が語るモンゴルの世界』, インターブックス, 2000.

金海, 「日本占領時代的内蒙古盟旗制度」, 『蒙古史研究』 제6집, 内蒙古大学出版社, 2000.

ボルジギン・ブレンサイン, 「ウンドゥル王と"西夾荒"の開墾問題」, 『近現代におけるモンゴル人農耕村落社会の形成』, 早稲田大学大学院 文学研究科, 2001.6.

만주로 건너간 조선민족

김찬정[1]

1. 19세기 중반에 시작한 정착

조선인이 조선반도에서 월경하여 만주에 정착하기 시작한 것은 1860
년경이다.[2] 조선과 청조 중국은 백두산을 분수령으로 하여 동서로 흐르
는 압록강과 두만강을 국경으로 하였다. 나는 1998년 조선민주주의인
민공화국의 기아 난민 실태를 조사하기 위해, 두만강의 하구 방천(防川)
에서 압록강의 하구 동항(東港)까지의 중국 측 국경지대 약 700km를 답

---

[1] 金贊汀, 1937년생. 재일조선인사, 조선 · 일본 근대관계사. 저서로『朝鮮人女工のうた』(岩波新書)가 있다.

[2] 1860년 정도부터 조선인이 만주에 정착하기 시작한 것은 아니다. 만주에 거주하는 조선인과 관련하여 조선인 토착 민족설부터 원말 명초설, 명말 청초설, 근대 이주설 등 다양하지만 본고에서는 근대 이주를 강조하고 있다. 자세한 내용은 박선영, 「중화인민공화국 동북지역에 거주하는 조선족의 역사적 정체성」, 『고구려 연구』 29, 2007. 참조.

파(踏破)한 적이 있는데, 거기서 실감한 것이, 이 두 하천의 양안은 산 그리고 또 산이 펼쳐지는 가파른 산악지대로, 쌍방 간의 왕래가 한정된 개구부(開口部) 이외에는 상당히 험준한 지형이어서, 오래 전부터 조선과 중국의 국경선으로 정해진 의미를 잘 알 수 있었다는 것이다.

조선은 쇄국을 국책으로 실시하여 이를 어기는 자에게는 엄한 형벌을 가하였기 때문에 조선 국내가 안정되어 있었던 시기에 쇄국 금지령을 어기고 만주로 출입하는 자는 몰래 월경한 극소수의 사냥꾼이나 약초를 찾는 사람들이었고, 농업을 업으로 삼아 정착한 조선인은 없었다. 1860년 당시의 만주 영토는 중국전토를 지배한 청조 만주족 시조의 땅이었으므로, 청조는 만주 땅을 신성한 토지로 삼고 오랫동안 한족의 이주를 금지하였고, '봉금지'로서 개간되지 않은 태고적 모습을 유지하고 있었다.

쇄국과 '봉금지'라는 양국정부의 정책으로 오랫동안 만주의 정적이 유지되었지만, 1860년경부터 조선농민에 대한 조선의 가렴주구와 가뭄으로 굶주린 농민들이 무인지대였던 두만강의 청조 측 연안에 들어가 농지 개척을 시작하였다. 청조 관리자는 그러한 조선인 불법 월경자를 찾아내 조선으로 추방했지만 단속하는 관리인의 수가 부족하고 광대한 영지에 생활양식을 찾아 들어온 조선농민이 끊이지 않아 청조 관리자와의 악순환이 반복되었다. 그 상황을 "아침에 갈고 저녁에 돌아간다", "봄에 갈고 가을에 수확한다", "금령이 엄하면 물러나고 금령이 완화되면 돌아간다"(『延邊朝鮮族自治州槪況』)는 것으로 중국 조선족 역사서에는 기술하고 있다. 1868년경까지 두만강 연안에서 농업을 영위하는 조선인은 수천 명 정도였지만 1868년 조선의 북동지방을 덮친 대한파로 굶주림에 고생한 조선농민은 대거 만주로 들어가 경지를 개척하고 농업을 영위하기 시작하였다.

만주에서 개척 농업을 시작한 조선인 농민의 최대 공적은 이 땅에서 벼농사 농업에 성공한 것이다. 조선인 농민의 수전개간으로 1875년경에는 통화(通化)지방까지 벼농사 경작을 하게 되어 조선인 농민은 벼농사 개간과 함께 만주 내륙부로 진출하였다. 벼는 그 후 중국 동북부의 주요한 농작물이 되었다. 개간의 진전과 함께 1881년에 만주에 정착한 조선인 농민의 인구는 약 1만 명에 달하였다(『연변조선족자치주개황』).

조선인 농민의 만주 출입을 고민한 청조는 그때까지의 단속과 개간지 몰수, 추방의 방법으로는 조선인 농민의 진입을 저지할 수 없다고 생각하였다. 정책을 바꾸어 '초민개간(招民開墾)' 정책으로 '이민'을 받아들여 청조 정책 하에서 조선인 농민을 지배하는 통치가 시작되었다. 두만강 연안에서 시작한 조선인의 만주 진출은 결국 서서히 내륙부로 확대되어 갔다. 그 결과 조선인은 중국 소수민족의 하나로 만주에 정착했지만 만주에서 조선민족은 소수민족으로 받는 동화정책 등의 민족 박해와 지주 등에 의한 수탈에 괴롭힘을 당했을 뿐만 아니라 그 후 만주 지배를 꾀하는 러일제국주의 침략정책의 도구로 이용되어 심각한 수난기를 맞이하게 되었다.

2. 청조정부의 조선인 억압정책

1883년 청조정부는 '봉금지'를 해제하여 한족의 개척을 허가하고, 이미 정착한 조선인에 대해서는 청조의 정책에 따를 것을 강요하였다. 먼저, 개간을 허가하는 조건으로 청조의 풍속 습관을 준수할 것을 서약하게 하고 조선풍의 두발이나 복장의 금지, 변발과 청조풍의 복장 착용을 명령하였으며 거부하는 자는 입적시켜 토지 경작을 금지시켰다. 민족 동화 정책에 반항한 조선인 농민은 고용농민 또는 소작농민을 감수하거나, 다른 직업을 찾는 것 이외에 생계를 세울 길이 없었고, 소수의 사람들이 도회지에서 소상인이나 노동자로 생활양식을 구하게 되었다. 만주 최대의 도시 선양(구 펑티엔)에는 현재 시타(西塔)라고 불리는 조선인 집단거주지 등이 있는데 그들의 집단거주지도 포함해서 선양에는 약 8만 명의 조선인이 생활하고 있지만 이 시타에 조선인이 집단적으로 자리 잡게 되었던 것은 1901년이라고 한다(『瀋陽朝鮮族誌』). 이렇게 만주의 내륙부에 서서히 진출한 조선인 인구는 1894년에는 6만5천 명, 1910년에는 10만 9천 명에 달했다고 한다(外務省東亞局, 『在滿朝鮮人槪況』).

3. 러일전쟁 후의 조선인

만주를 주전장으로 하여 싸우게 되었던 러일전쟁에서 현지 중국인과 함께 조선인도 상당한 피해를 입었지만 러시아제국에 겨우 승리한 일본은 러시아와의 밀약으로 옌비엔[延邊]을 포함한 동북 남부지방을 일본의 세력범위로 할 것을 인정하고, 옌비엔을 거점으로 하여 만주 전토의 지배를 목표로 하는 책동을 시작하였다. 1907년 일본정부는 옌비엔 지역의 조선인 보호를 명목으로 사이토[齋藤] 중좌가 지휘한 일본군과 경찰대를 청정부의 승낙도 없이 옌비엔의 중심도시 롱징[龍井]에 보내 놓고 '통감부 간도파출소'를 설립하였다. 이에 놀라 격노한 청정부의 동북삼성 총독 쉬스창[徐世昌]은 일본정부에게 격렬하게 항의했지만 일본정부는 그를 상대하지 않고 베이징에서 청정부와 직접 교섭하였다. 일본정부는 부패하고 약화된 청정부를 협박하여 옌비엔 지역의 많은 통상지역을 개방시켰을 뿐만 아니라 롱징에 일본 총영사관 개설을 인정받아 조선인 영사 재판권을 획득하는 등 일본에게 압도적으로 유리한 '간도조약'을 체결하였다. 일본정부가 조선인의 영사 재판권을 강하게 요구한 것은 옌비엔 지방이 조선인의 반일독립운동의 거점이 되어 다양한 항일운동이 일어났기 때문에 그 단속을 위해 필요하였던 것이다. 조선을 '보호국'으로 한 1905년 이후 이에 반대한 조선인에 대해 일본정부는 철저하게 무력탄압을 했기 때문에 많은 조선인 독립운동가가 일본의 지배권이 미치지 않았던 만주로 건너가 그 땅에서 무력투쟁을 벌이는 반일독립운동을 전개하였다. 그들에 대한 단속은 일본정부에게는 초미지급이었다.

4. 한일병합과 조선인

1910년 8월 한일병합조약이 체결되어 일본이 조선을 식민지 지배한 후 일본정부의 '토지조사사업' 등으로 상징되는 식민지 수탈정책은 조선농민의 영락을 가져왔으며 조선에서 생활할 수 없게 되었던 영락(零落)농민이 조선반도의 남부지방에서는 일본으로, 북부지방에서는 만주로 유입되어 졌다. '토지조사사업'이 종료한 후 1920년 만주의 조선인 인구는 45만9천 명에 달하였다(『조선족간사(朝鮮族簡史)』). 일본의 수탈 결과 급격히 만주로 유입한 조선인의 반일감정은 만주 땅에서 넘쳤고 그것은 격렬한 반일활동이 되어 현재화(顯在化)되었다.

1915년에는 중국인의 '대중 21개조 반대' 운동에 호응하여 많은 조선인이 일본의 경찰대와 격렬하게 싸웠다. 1919년 3월, 조선전토를 흔들었던 3·1독립운동이 일어나자 만주의 조선인 민족주의자는 일제히 반일대회를 개최하여 반일운동을 전개하였다. 그들은 1919년 여름부터 만주 각지에서 적극적으로 무장조직을 창설하여 일본 경찰이나 부호를 습격하게 되었다. 같은 해에 옌비엔에는 7개 부대와 약 2,900명의 전투원이 항일무장투쟁에 참가하였다(『조선족간사』). 반일무장투쟁의 확대에 놀란 일본정부는 '일본인의 생명보호'를 구실로 중국 지린성 정부의 반대를 무릅쓰고 조선주둔 일본육군을 중심으로 수 개 사단의 병력을 만주로 보내 조선인 무장 세력 '토벌'에 임하게 하였다. 압도적인 병력과 근대적인 장비를 가진 일본군에 의해 반일부대의 조직적인 무장투쟁은 종언하였다.

1920년대에 들어 청조정부의 붕괴, 중화민국의 성립, 각지 군벌의 난립이라는 중국의 혼란을 틈타 일본정부는 만주에 2~3개의 총영사관과 분관을 설치하여 영사재판권을 수단으로 만주 조선인 지배를 강화시켰다. 펑티엔정부는 이를 내정간섭으로 여겨 반발하였고, 일본의 간섭을 차단하는 조치로 일본정부에게 직접 저항하는 것이 아니라 조선인의 만주 이주와 왕래를 금지하는 법령을 제정하여 실시하였으나, 일본정부에 아무런 타격을 주지 못하고 단지 조선인을 괴롭히는 결과가 되었다. 게다가 펑티엔정부는 1924년에는 조선인 학교를 폐쇄하는 명령을 내려 조선인에 대한 억압을 강화하였다. 군벌지배시대에 조선인은 일본정부와 펑티엔정부 양쪽으로부터 억압되는 상태가 계속되었다.

5. '만주국'의 성립과 조선인

1931년 9월 이전부터 만주의 완전 지배를 획책했던 일본정부는 만주를 침략한 이듬 해 청조 최후의 황제였던 푸이를 황제로 삼아 '만주국'을 수립하였다. '만주국' 성립 후 만주의 조선인 사회를 상징하는 사회 현상은 반만항일투쟁의 격화, 그리고 일본의 국책으로 추진된 '만주개척' 정책의 첨병으로 소련과의 국경지대에 강제 연행되어 고난이 강요된 '조선인 개척농민'이다.

만주에서 조선인 민족주의자를 중심으로 한 반일무장투쟁이 종언한 것

일본에 의해 건국된 만주국기와 황제로 추대된 푸이의 모습

과 때를 같이 하여 공산주의 항일투쟁이 시작되었다. 중국공산당의 정책에 따라 만주에서 무장투쟁을 시작한 조선인 공산주의자는 중국공산주의자와 함께 항일연군을 결성하여 만주 전토에서 과감한 항일무장투쟁을 전개했지만 1939년경에 일본군의 강력한 토벌로 괴멸 상태가 되어 국경을 넘어 소련령으로 피신하여 소련 공산당군 제88특별저격여단에 편입되었다. 이 여단의 조선인 장병이었던, 김일성이 일본 패전 후 소련군의 보호하에 북한으로 돌아가서 북한정권의 중핵을 떠맡게 되었다.

　조선인 '만주개척단'은 일본인 '만주개척단'과 연계하는 형태로 보내졌다. 일본정부는 '만주국' 수립과 동시에 만주 '개척'을 위한 일본인 이민을 대대적으로 추진하였지만 양적으로 부족하였기 때문에 그 보충으로 조선인 농민을 노렸다. 일본정부가 조선인 농민을 '만주개척민'으로 들여보내려고 책략한 배경의 하나는, 식민지 지배로 인해 영락한 조선인 농민이, 생활의 양식을 얻기 위해 대량으로 일본에 흘러들어가 세계공황 후의 일본 사회불안에 일조하고 있다고 여겼던 일본정부의 치안대책이었다. 조선인의 급격한 유입으로 사회불안이 조장되는 것을 우려한 일본정부는 그들을 일본뿐만 아니라 '개척'을 위해 만주로 내보내려는 일석이조의 모책을 강구하였다. 일본정부는 1934년 9월 '조선인 이주대책의 건'을 각의에서 결정하여 조선인 농민의 만주로의 '강제연행'이 시작되었다. 이것은 일본 본토로의 조선인 강제 연행보다 3년 이상이나 일찍 시작하였다. 이와 같이 '만주개척민'으로 만주에 내보내진 조선인 농민 수는 종전시까지 국책회사 '만선척식공사(滿鮮拓殖公社)'의 통계 등에서 25만 명 정도로 추정되었다. 그들은 일본인 만주개척민의 하청적인 존재로 이용되어, '만선척식공사' 지배하에서 심각하게 수탈당하였고 일본 패전 때까지 '개척'에 따른 고난의 생활을 강요당했다.

6. '만주국' 붕괴와 조선인

일본의 패전과 함께 '만주국'이 붕괴했을 때 일본정부는 일본인 개척민에게는 일본으로의 귀국을 지령했지만 조선인 개척민에게는 아무런 지시도 하지 않고 내팽개친 상태로 두었다. 일본의 패전과 함께 그때까지의 지배에 대한 반발로 중국인의 일본인이나 조선인에 대한 습격사건이 빈발하였다. 조선인 자신의 의식부터 말하자면 자신들은 일본제국주의의 희생자라는 의식이 있지만, 중국인은 조선인을 일본인 부하로 자신들을 괴롭혀 왔던 '적'이라고 보았다. 많은 조선인 '개척촌'이 중국인 비적의 습격을 받아 많은 희생을 입었다. 조선인 사회는 대혼란에 빠졌다. 곤란한 상황 하에서 사람들은 조선으로 들어가야 할 것인지 머물러야 할 것인지를 결단해야 했다. 습격을 받고 살아남은 사람 중 아주 소수가 겨우 목숨을 부지하여 조선으로 도망치듯 돌아갔지만 많은 조선인들은 그 땅에 머물렀다. 조선의 고향에는 돌아가더라도 경작할 토지가 없는 것을 알고 있었기 때문이다.

일본 패전 후 중국대륙에서는 국민당과 공산당의 내전이 격화되었다. 만주에서는 공산당이 '토지는 경작하는 농민에게'라는 슬로건을 내걸고 빈민들을 자기편으로 만들어 가난한 농민이었던 조선인들은 그 정책을 지지하고 공산당군에 참가하였다. 그들은 조선의용군으로 3만 명 부대를 조직하였고 그것을 3지대로 나누어 만주 각지에서 매우 용감하게 싸웠다. 현재 중국 동북부에 살고 있는 조선족의 의식을 구성하는 중요한 요소는 이 해방 전투를 통해서 길러졌다. 그 의식이라는 것은 신중국 건설에서 조선족은 많은 피를 흘려 신국가 창립을 위해 많은 공헌을 했다는 것이다.

7. 옌비엔 조선족 자치주의 성립

　1949년 9월 중화인민공화국이 탄생하였다. 신중국은 그때까지 내건 중국공산당의 공약인 소수민족 자치권을 인정하는 조치를 취하였고 '중화인민공화국 민족구 자유실시 요강'에 의거하여 옌비엔 조선족 자치주가 1952년 9월에 설립되었다(설립시는 '구(區)'였으나 1954년에 '주(州)'로 변경되었다). 자치주 정부에서 많은 민족 간부가 양성되어 민족 교육, 민족 문화가 구애됨 없이 널리 알려지게 되었지만 결국 중국 국내 한족 중심의 정치체제가 강해짐에 따라 박해가 따르는 영향을 많이 받게 되었다. 자치주의 민족화가 가장 위기에 닥친 것은 1966년[3]에 시작된 마오저뚱 지도하의 문화대혁명 시기다. 이 시대 자치주 간부는 거의 조선족이 차지하였지만 이 간부들은 '실권파'로 단정되어 베이징 등에서 파견된 홍위병의 공격 대상이 되어 북한의 '정치특무' 등의 죄명으로 단죄되어 수용소에 들어가게 되었다. 이전에 내가 옌비엔에서 지인의 간부로부터 들은 것에 따르면 그 희생자는 3,000명이 넘는다고 한다. 1971년 문화대혁명이 종언되고 '당위원회를 '재조직' 했을 때 조선족은 전주(全州)의 8현(縣), 시의 정부(正副)서기 총수의 28%를 차지할 뿐으로 주당(州黨)위원회와 각 현, 각 시의 제1책임자 가운데 조선족 간부는 한 명도 없었다('연변조선족자치주개요(延邊朝鮮族自治州槪要)』). 그 후 조선족 간부의 재등용, 민족문화, 민족교육 재구축 노력의 결과, 소수민족의 자치권은 회복되

3　원문에는 1962년으로 기록되어 있었으나 저자가 문장에서 말하는 1962년의 의미가 분명하지 않고, 일반적으로 문화대혁명을 1966년부터로 규정하므로 역자가 1966년으로 수정하였다.

어 갔지만 그 후의 후유증으로부터 완전히 벗어난 것은 아니다.

8. 현재의 조선족 상황

현재 중국 동북부에 살고 있는 조선족 인구는 약 200만 명이다. 그 대부분은 농민이다. 중국정부가 현재 가장 힘쓰고 있는 개혁개방에 따른 '사회주의 자유경제'의 추진은 도시와 농촌의 소득격차를 확대시켜 중국 농민에게 심각한 영향을 주고 있는데 조선인 농민도 그 예외가 아니다. 많은 농민이 생활고로 보다 좋은 임금을 얻을 수 있는 도회지로 돈벌이를 위해 나가고 있다. 그러나 조선족 농촌의 경우 중국인 농민과 달리 돈벌이하러 나가는 장소가 국내보다도 말이 통하는 한국이나 인연이 있는 일본이 많다고 하는 독특한 사정이 있다.

1998년 나는 헤이롱지앙성의 조선인 농촌(전 촌민이 조선인)을 취재차 방문한 적이 있다. 그 농촌의 호적수는 약 300호이다. 그러나 실제 그 마을에서 살고 있는 농민 호수는 180호, 젊은 여성은 한 명도 없고 약 120호의 농민이 해외로 돈벌이 하러 가서 부재중이라고 한다. 농민이 농지를 버리고 이주해 갔다. 돈벌이하러 가는 장소로 가장 많은 곳은 한국으로 약 50호이다. 그 외에도 일본, 러시아 옌하지죠우, 미국 등 참으로 많은 나라에 나갔다.

나는 그 후 헤이롱지앙성에서 지린성 무딴지앙(牡丹江)시로 돌아갔지만 거기는 사태가 더 심각하였다. 무딴지앙시는 조선족 인구가 18만 명으로 동북 삼성에서는 유수한 조선인이 많이 거주하는 지대였다. 그 지역의 조선족 지도자 한 명과 만났는데 그는 1996년에 조사한 조선족 출가 조사 결과에 대해 말해 주었다. 그해 시내의 초등학생 1,353명을 대상으로 조사한 결과 양친 모두 외국에 나간 학생은 314명, 아버지만은 210명, 어머니만은 265명에 달하였고 돈벌이 나간 가정의 총수는 806명으로 전 학생 총수의 60.06%에 달하였다고 한다.

현재 중국에서 진행 중인 개혁개방정책은 확실히 만주에서의 조선족 농촌을 붕괴시키고 있다. 만주 이주를 농업과 함께 발맞추고 농지에 밀착하여 전쟁과 혁명의 20세기를 가장 가혹하고 심각하게 체험해 왔던 이 땅의 조선족 역사는 지금 전쟁과 혁명과는 다른 '사회주의 자유경제'라는 사회변동의 황야 가운데서 다시 큰 전환점을 맞이하고 있다.

조선민족의 분단과 만주

쓰루시마 세쓰레[1]

조선민족과 중국, 만주와의 관계에 관하여 진지한 논의가 이루어진 적이 있다. 문화대혁명 시기 소수민족에 대한 박해의 반성과 민족정책 전환[2]의 일환으로 조선민족에 대해서도 사회역사 조사와 그 조사 결과가 검토되었을 때이다.[3]

---

1 鶴嶋雪嶺, 1927년생. 경제개발론. 저서로『豆滿江地域開発』(関西大学出版部)가 있다.

2 민족정책전환의 일환으로 1979년 민족 문제 5종 총서인『中国少数民族』(人民出版社, 1981) 등이 출판되었다. 조선족에 관해서는 길림성 민족문제 5종 총서편집위원회가 조직되어 엔비엔[延邊] 인민출판사에서 大村益夫 訳,『延邊朝鮮族自治州概況』, 1984;『中国の朝鮮族』, むくげの会, 1987;『朝鮮族簡史』, 1986이 출판되었다.

3 중국 조선족 사회역사조사에 관해서는 鶴嶋雪嶺,『中国朝鮮族の研究』, 関西大学出版部, 1997을 참조했으면 한다. 중국 문헌으로는 韓俊光,『中国朝鮮族遷入史論文集』, 黑龍江朝鮮民族出版社, 1989; 延邊大学民族研究所,『朝鮮族研究論叢』1・2, 延邊人民出版社, 1987・1989; 金沢主 編,『吉林朝鮮族』(吉林省政協文史資料委員会・延邊朝鮮族自治州政協文史資料委員会), 吉林人民出版社, 1998; 瀋陽市民委民族志編纂辦公室,『瀋陽朝鮮族志』, 遼寧民族出版社, 1988이 있다.

1. '조선민족', '중국 조선족' 개념의 재검토

우선 조선민족과 중국 조선족의 개념이 논의되었다. 조선과 중국은 육지로 이어졌을 뿐만 아니라 국경은 시대에 따라 크게 달랐다. 만주에서 고구려의 영토는 크고 넓었지만, 고려 초기에는 조선반도로 남하하였다. 국경이 이동하면 같은 장소에 살고 있더라도 외국에 있게 된다. 국경을 이동시키는 정도의 정치적 변화는 사람들의 대이동이 따르게 된다. 중국에서 조선으로의 이주를 보여주는 것으로 중(中), 한(韓), 장(張), 전(田), 마(馬), 왕(王), 천(千)이라는 이름의 조선인 조상은 한족이었을 가능성이 강하다.[4] 또 당에 유학 가서 고관이 되어 '계원필경(桂苑筆耕)'을 저술한 최치원(崔致遠), 고승으로는 고구려의 파약(波若), 신라의 자장(慈藏), 명의 무장 이성량(李成梁), 청의 회화사 안기(安岐) 등 중국의 각계에서 활약한 조선인이 많고 그중에는 귀국하지 않은 자도 있는데 그 자손은 그 시대의 지배 민족에 동화되거나 융합되어 버렸기 때문에 조선족이라고 할 수 없다는 것[5] 등 사회역사조사와 그 조사 결과의 검토는 흥미진진한 예를 들어 혈통주의를 부정하고 있다. 그리고 고구려인의 아주 일부가 신라로 들어가 신라, 백제 등 조선반도 사람들과 조선에 와 있던 중국의 다른 민족을 포함하여 고대 조선민족이 형성되고, 고려를 지나 이조 중기에 걸쳐 현재의 조선민족이 형성되었다고 한다.[6] 중국 조선

---

4 韓俊光, 『中国朝鮮族遷入史研究提綱』, 前掲書, 4면.
5 王承礼, 「中国朝鮮民族研究中的若干問題」. 이 글은 중국 역사상 각계에서 활약한 조선인을 소개하였다. 안기(安岐)에 관해서는 張昌熙, 「清初著名朝鮮族書画鑑蔵家 — 安岐 — 兼論」, 『墨縁彙観』(『朝鮮族研究論叢』 2).

족은 이 조선민족의 일부가 중국에 이주한 것이다.

중국에 있는 조선의 고지(故地)와 유적에 대한 조선인의 애착은 강하다. 초기 항일운동의 유림파(儒林派)의 병장 유인석(柳麟錫)도 개명파(開明派)신민회 이상용(李相龍)도 근거지를 두만강이나 압록강의 북쪽을 선택한 이유로 그 땅이 조선과의 인연이 깊은 고지라는 것을 들었다.[7]

2. 국경 획정—간도조약

중국으로 이주한 조선민족, 중국 조선족의 기원은 중국이 국경 봉금정책으로부터 조선인 농민을 유치하기 위한 초간정책으로 전환한 19세기 중엽경이다. 중국은 러시아, 영국의 만주 접근에 대항하기 위해 1875년 만주봉금정책에서 적극적인 입식(入植) 개간(開墾)정책으로 전환하였

---

6 朴昌昱,「試論朝鮮族的遷入及其歷史上限問題」,『朝鮮族硏究論叢』1.
7 민족파 반일운동은 대한제국의 부흥과 재건을 추구하는 수구파와 대한민국으로서 독립하는 것을 목표로 하는 개명파(開明派)로 대별된다. 민비(閔妃) 살해에 항의한 의병을 충주(忠州)에서 일으킨 유인석(柳麟錫)은 '与同志士友書'와 '与諸陣別書'로 두만, 압록 양강의 북면에 근거지를 쌓고 지구전을 제창했지만 기자조선과 이씨 왕조의 조선을 사랑하는 애국을 주장하였다. 신민회(新民会)의 이동녕(李東寧)형제는 병합된 조선에서 1911년 중국 랴오닝[遼寧]성 싼위엔푸[三源浦]로 이주하고 이상용(李相龍)을 조선에서 초청하여 경학사(耕学社)를 창립했다. 이상용은 근거지를 남만주에 둔 이유를 「일도록(日徒録)」에서 "만주는 조선건국의 시조, 단성(檀聖)의 구 강역이며 항도천(恒道川)은 고구려 국내성 부근이며 랴오뚱[遼東]도 또한 기자(箕子)의 영토였다"라고 기술하고 있다. 姜龍範,「9·18前中国東北朝鮮族資産階級反日民族主義運動的思想探析」,『朝鮮族硏究論叢』2; 姜在彦,「近代朝鮮の思想」,『姜在彦著作選』제5권, 明石書店;「新民会の国権回復運動」同書 제2권.

다. 조선에 대해서는 1876년의 조일수교조규(朝日修交條規, 江華條約)에 따라 일본의 대조선 영향력이 증대되는 것을 두려워하여 1883년 '펑티엔[奉天]과 변민(邊民)의 교역장정(交易章程)', '지린[吉林]과 조선의 상민무역지방장정(商民貿易地方章程)'을 체결하여 그때까지 국경에서의 정기개시(定期開市)에서 상시 무역으로 전환하여 상부지(商埠地)에서 조선인의 법적지위를 인정하였다.[8] 게다가 두만강 이북, 해란강 이남의 광대한 조선인 개간지를 설정하여 입식을 장려하였다. 물론 그때까지도 강을 건너 이주하는 자가 없었던 것은 아니다. 청의 입관에 따라 일손이 부족하게 된 만주에서 조선인 노동력은 환영받았다. 그러나 봉금정책 때문에 관리의 눈을 피해 생활하는 것과 초간정책으로 공공연히 공동체를 만들어서 생활할 수 있는 것과는 큰 차이가 있다. 이주자도 증가하였다. 청조정부는 두발과 복장을 중국풍으로 바꾼 조선인에게도 1890년에 법령으로 토지소유권을 인정해 주었다.

조선과 중국은 압록강과 두만강을 국경으로 삼았지만 두만강이 국경으로 획정된 것은 1909년의 '간도에 관한 청일협약'(圖們江淸韓協約, '間島協約')이다.[9] 그때까지 조선은 백두산정계비의 비문을 근거로 하여 쑹화[松花]강으로 흘러들어가는 토문강이 국경이라고 주장했었다. 그렇다면 간도(지금의 연변(延邊))의 대부분은 조선령에 들어간다. 1905년 조선의 외교권을 장악한 일본은 처음에 조선의 주장을 계승하여 중국과 교섭했

---

8 魯德山, 「論中国朝鮮族的形成」, 『中国朝鮮民族遷入史論文集』; 千寿山, 「吉林省朝鮮族的遷入」, 『吉林朝鮮族』; 黄今福, 「清朝, 民国政府对延邊朝鮮人民的統治政策」, 『朝鮮族研究叢書』 2.

9 중국국경 교섭과 간도문제에 관해서는 『中国朝鮮族の研究』, 중국과 일본이 획정한 중조 국경에 대한 조선민주주의인민공화국의 정책과 견해에 관해서는 西重信, 「豆満江(図們江)地域開発における'NET'(Natural Economic Territory)論の意義」, 『環日本海研究』 제7호, 2001 참조.

지만 러일전쟁으로 얻은 만주의 권익과 교환하여 간도의 영토권을 양보해서 두만강을 국경으로 하는 '간도협약'을 체결한 것이다. '간도협약'은 두만강을 국경으로 하지만 간도 조선인의 거주권, 토지, 가옥 소유권, 국경 왕래, 곡물의 조선인에 의한 운반이 보증되어 국경의 장벽을 낮춘 보더레스(borderless)화가 도모되었다. 게다가 철도의 동일[同]규격에 의한 연결이 제정되었다.

3. 재만 조선인을 둘러싼 중·일의 다툼

일본이 중조국경의 보더레스화를 도모한 것은 새로운 조선, 중국 정책에 따른 것이었다. 만주의 권익을 얻었기 때문에 그때까지 조선에 집중했던 일본의 관심은 만주로 옮겨갔다. 간도는 일본의 관심이 조선에 집중되어 있을 때에는 조선의 일부 혹은 연장, 즉 조선의 종착점이라고 간주되었지만, 만주로 관심이 옮겨가면서 만주의 입구로 간주하게 되었다. '간도협약'은 이 변화에 따른 것이었다. 법적 지위가 보증된 간도로의 조선인 이주가 증가하였으며 간도에서 만주 내부로의 조선인 이주지가 확대되어졌다.

'간도협약' 체결 다음 해 일본은 조선을 병합했다. 병합으로 조선인의 만주이민이 더욱 증가하여 일본의 조선 통치가 조선인의 만주이민으로 확대되게 되었다. 일본은 조선인을 일본 신민이라고 간주하여 그 보호를 명목으로 만주에 대한 간섭을 진행하였다. 병합 다음 해에 신해혁명이 일어났다. 중국 민족주의는 더욱 고양되어 일본의 만주 진출과 조선인 보호를 명목으로 한 간섭에 대해 반발이 더욱 강해졌다. 중화민국은 국적법을 발포하여 대만 국적의 사람이나 만주 조선인의 귀화를 장려하였다. 일본은 조선인의 중국 귀화를 인정하지 않았다. 재만 조선인이 일본과 중국의 쟁점이 되는 일도 자주 일어났다.

4. 만주를 식민지 조선의 연장으로 간주하려 한 일본

—만주국 건국

일본과 중국 사이에서 이주 조선인의 대응은 복잡하였다. 20세기 초 이동춘(李同春) 등의 간민교육회(墾民敎育會), 병합 후 신민회(新民會)의 경학사(耕學社), 부민단(扶民團)처럼 중국의 관청과 협력하는 것으로 자치권을 획득하려는 민족주의 독립운동 지도자의 움직임이 있었다.[10] 독

---

10 이동춘(李同春) 등이 1909년에 조직한 간민교육회(墾民敎育会)는 19세기 말에 간도로 이주한 김약연(金躍淵) 등이 1907년에 조직하여 한국 통감부 임시간도파출소(파출소)가 해산되고 간민자치회(墾民自治会)의 활약을 계승받은 것이었다. 간민교육회를 설립할 수 있었던 것은 이동춘이 중국동남로시찰사공서(中国東南路視察使公署)의 고급관리가 되었던 것뿐만 아니라 파출소와 대립해 있던 엔지변무공서(延吉邊務公署)의 독판(督辦) 우루청[吳禄貞]과 잘 지내기 위해서라고 말해 주었다(金仁哲,「延邊第一個社会団体—墾民会」,『吉林朝鮮族』; 趙昌赫,「金躍淵」,『中国朝鮮族人物伝』(韓俊光), 延邊人民出版社, 1990). 신민회가 설립한 경학사는 군벌정부의 허가를 받아 근거지 내의 조선인의 인구·호적을 고치고 구역을 나누고 자치제를 취하였다. 익년 가을 그 기초 외에 부민단(扶民団)을 결성하여 활동을 확

립운동의 근거지와 함께 이상향(理想鄕) 건설을 목표로 한 것이다. 그러나 중국의 민족정책과 지방관의 부패는 조선의 풍속과 습관을 고수하고자 한 유림파(儒林派)지도자나 막 이주한 가난한 농민의 반발을 초래하였다.[11] 귀화한 조선인은 많지 않았다.

만주를 조선의 연장으로 간주한 일본의 정책에 대한 중국 관민의 저항을 일본식으로 해결한 것이 만주국의 건국이다. 조선인의 만주이민은 급증하여 만주국 건국에서 붕괴까지의 15년간 재만 조선인은 약 60만 명에서 3배가 넘는 약 200만 명으로 불어났다. 조선 남부에서의 이민도 증가하여 조선인 거주지는 소련 국경 근처까지 확대되었다.

5. 만주를 무대로 한 조선인 공산주의자의 저항

일본의 조선 통치에서 최초의 대사업인 토지조사가 진행 중이던 1917년 러시아혁명이 발발하였고, 혁명에서 활약한 재러시아 조선인도 있어 조선인에게 혁명은 큰 영향을 주었다. 조국을 빼앗기고 조상이 물려 준 토지를 막 떠난 재만 조선인에게 볼셰비키의 제국주의 반대 슬로건이나 피억압 민족에게의 어필(appeal)이 강하게 호소되었다. 조선공산당은 엄격한 탄압도 받았고 몇 개 파로 분열되어 활동도 힘들었지만 각파별로

대하였다. 朴柄益, 「反日運動在南滿的中心三源浦」, 『吉林朝鮮族』.
11 『朝鮮族簡史』는 이 반발을 반봉건투쟁의 일환으로 평가하였다. 16~17면.

각기 만주에 조직된 만주총국은 당원 수나 영향력으로도 조선의 조직을 훨씬 상회하였다. 항일독립 운동의 헤게모니는 공산주의자로 옮겨갔다.

공산주의 독립운동에 대해서도 만주는 운동의 기지이자 조선의 연장이었다. 그러나 이 노선은 1928년에 코민테른 제6회 대회가 '일국일당(一國一黨)'의 원칙을 채택함으로써 끝났다. 만주총국은 "재만 조선인 공산주의자는 조선운동에서 손을 떼라! 조선의 연장적 조직을 지양하라!"라고 외치면서 해산시켰다. 중국공산당에 입당한 조선인 공산주의자는 만주사변 발발 전후에 격렬한 투쟁을 전개하였다. 유럽에서 인민전선 전술이 채택되었고 만주에서는 항일연군을 결성하여 일만군(日滿軍)과 과감하게 싸웠다. 그러나 항일연군은 1940년대 초에 코민테른과 소련 공산당에 의해 시베리아로 이동 명령을 받고 종전까지 만주로 되돌아오는 것이 허락되지 않았다.[12] 코민테른과 각국 공산당의 국제주의의 중심과제는 소련의 방위였다.

6. 분단된 조선민족에게 '만주'가 갖는 의미

중화인민공화국의 조선족 자치구역은 조선국경을 따라서 옌비엔[延邊] 조선족 자치주와 창바이[長白] 조선족 자치현으로,[13] 그리고 조선민족

---

12 姜在彥, 『滿洲の朝鮮人パルチザン』, 青木書店, 1993; 和田春樹, 『金日成と滿洲抗日戰爭』, 平凡社, 1992.

은 대한민국(한국), 조선민주주의인민공화국(공화국), 옌비엔 조선족 자치주, 창바이 조선족 자치현으로 국경과 경계선에 의해 분단되어 있다. 그러한 국가나 자치주의, 성립 초기 최고지도자가 되어 발전에 크게 공헌한 박정희 대통령, 김일성 주석, 주덕해 주석[14]은 사상도, 활동도, 의존했던 국가도, 여러 가지지만 모두 만주에서 청춘의 열정을 끓어 올려 추구한 이상을 거의 다 그대로 독립국, 자치주의 발전에 투입했던 것이다. 조선민족의 현황에 '만주'가 반영되어 있다. 조선민족에게 '만주'가 어느 정도 큰 것인지 새삼스레 통감하게 된다. 최근 옌비엔주와 창바이현은 조선의 유적을 관광자원으로 개발하는 것에 열심인데, 자치구역은 물론 헤이룽지앙성이나 랴오닝성 등 자치구역 이외의 조선족 사이에도 공화국이나 한국에 있는 조상의 땅과의 교류를 깊게 하려는 움직임이 보인다. 그러나 한국에서 공화국이나 자치주 및 현을 연결하는 철도가 아직 연결되어 있지 않다.

그러한 가운데 조선 함경북도 나선(羅先)경제무역지대와 중국 옌비엔 조선족 자치주를 완만하게 연결한 두만강지역 개발[15]은 민족을 기반으로 한 전통적인 보완관계를 활용하여 자유경제 무역지대를 개발하려고 하는 것이다. 두만강을 사이에 둔 양국이 각각 영토와 국민에 대한 주권

---

13 国家民族事務委員会統計司·国家統計局国民経済総合統計司,『中国民族統計年鑑1998年』, 民族出版社, 1998.

14 주더하이[朱德海]는 1911년 시베리아에서 태어나 지린성 허룽[和龍]현 즈신[智新]향에 이주하여 1931년 중국공산당에 입당하였다. 모스크바 동방 노동대학 졸업 후 옌안[延安]에 옮겨 일본의 항복과 함께 옌안[延安] 조선혁명군정학교의 간부로, 학생을 인도하여 하얼삔에 와서 조선의용군 제3지대를 결성하고, 창춘전투를 거쳐 1949년 옌비엔으로 가 공산당 지구위원회 서기, 1952년 옌비엔 자치구 성립과 함께 구(区) 주석, 주(州) 주석을 역임하였고, 문화대혁명 중에 박해되어 1972년 7월에 사망하였다. 金東和,「朱德海」,『中国朝鮮族人物伝』.

15 鶴嶋雪嶺,『豆満江地域開発』, 関西大学出版部, 2000 참조.

의 존중을 확인하고 국경을 넘어 연결한 교통, 운수, 통신망을 정비하여 조선족의 수많은 자본이 나선지대에 투입되었고 한국, 공화국의 기업이 엔비엔주에서 영업하고 있다. 조선 북부 항구가 지린성의 동해 측 출구가 되었고 한국과의 항로도 개설되어 있다. 이것은 소수민족의 주체성, 자주성을 존중하면서 경제 합리성을 추구한 연변(沿邊, 국경지역)개발의 모델이며 조선민족에게는 분단을 넘어 보완과 의존을 강화하는 개발이다. 또 38도선에서 분단된 철도와 도로를 연결한 사업도 시작되었다. 다음 과제는 몽골에서 러시아 극동에 걸친 광대한 지역과 풍부한 자원과 높은 기술을 가진 태평양 지역을 연결하는 결절점이 되는 것이다. 그 실현으로 조선민족에게 만주에서 가장 큰 그림자를 드리운 나라 일본이 적극적으로 협력할 수 있게 될 것을 간절히 바란다.

만주에 살았던 사람들

'실험장'이 된 만주의 천국과 지옥

체험 · 검증 · 인식

도미나가 다카코[1]

1. 쓸쓸한 거리 하얼삔

"여기가 이토 히로부미[伊藤博文] 공이 살해된 장소인 것 같다."

하얼삔 역 홈의 흉상 앞에서 아버지가 말했다. 평소의 나라면 "누구에게, 왜?"라고 다그쳤겠지만 모지[門司]에서 배로 3일, 따리엔에서 특급아시아로 하루 종일의 긴 여행 때문에 피곤해서 멍청히 그것을 흘려들었다.

1941년 5월 27일 마중 나온 사무관은 "해군 기념일로 택시가 다 나가버려서"라고 하면서 마차로 우리들을 관사에 안내했다. 신록 앞에 중앙사원이나 우크라이나 사원이 한결 돋보이는 따즈지에[大直街]에 말발굽

---

1 富永孝子, 1931년생. 문필가. 저서로 『大連 · 空白の六百日 · 戦後そこで何が起ったか』(新評論)가 있다.

이 리드미컬하게 울렸다. 처음 보는 유럽적인 풍경이었다.

"어쩐지 호젓한 느낌이다."

나는 이 이국 거리의 첫인상을 아버지에게 말했다. 아버지는 말없이 나를 옆으로 끌어당겼다.

관사에 한 달 전에 보냈던 짐이 도착하지 않아 텅 빈 방에서 부모님과 함께 침묵을 지켰다. 한 달 늦게 짐이 도착했지만 그 이유를 안 것은 전후(戰後)였다. 1941년 7월 소련을 가상 적국으로 일본 육군은 북만주에서 극비리에 대규모 관동군 특별연습을 거행하였다. 이로 인한 군수물자수송 때문에 민간수송은 뒤로 밀려 있었다. 만주에서의 불안한 생활을 상징하는 시작이었다.

아버지 도쿠시게 고스케[德重伍介]가 54세의 나이로 만주국립대학 하얼삔학원의 초빙에 응했을 때 어머니는 40세, 나는 초등학교 4학년, 남동생이 초등학교 2학년, 여동생은 막 2세가 되었다. 아버지는 이전에 유럽에서 배운 청년교육의 이상이 군부의 압력으로 잇달아 거절된 시세(時勢)에 싫증이 났었다. 국책으로 '만주로 웅비', '오족협화의 신천지'라고 선전되어 순수하게 그것을 믿고 개척단이나 산업전사가 바다를 건너갔다. 일부는 내지에서 팔방이 꽉 막힌 상태가 되어 만주에서 활로를 개척하려는 사람도 있었는데 그것을 만주에 떨어진다고 표현 하였다. 아버지의 기분도 마찬가지였음이 틀림없다.

당시 하얼삔 주변의 인구는 약 51만, 약 10분의 1이 백계 러시아인이었지만 이 거리에서의 그들의 존재는 컸다. 1895년 러시아제국은 이 땅에 '동양의 모스크바' 건설을 목표로 거액의 비용을 투자하였다. 동청철도 완성 후 자국민을 이민시킬 목적이었다. 22년 후 러시아혁명으로 그

꿈은 사라졌지만 혁명의 어려움을 피하기 위해 과거의 귀족이나 부유계층이 이 땅으로 망명해 왔다. 그들은 이 거리를 정비하여 경제적인 기반을 다졌다. 그러나 역사의 흐름 속에서 망명자에게 밝은 미래는 없었다. 길거리에 감도는 적막감이 당시 나의 직감이 되었던 것이다. 중국인·조선인·유대인 클래스에는 몽골인도 있어서 민족의 터부를 우선 외워야 했다. 다민족 국제도시 특유의 스파이들의 암약은 어린이들 사이에도 일상의 화제였다. 관동군 정보본부가 하얼삔 특무기관으로 이곳에 있었던 것도 납득할 수 있었다.

아버지가 근무한 하얼삔학원은 1921년 당시 외상 고토 신페이[後藤新平]가 외무성 관할의 러일협회학교로 설립하였는데, 1939년 만주국립대학이 되었다. 러시아어 교육에 정평이 나있고 많은 러시아 전문가를 배출하였다. 태평양전쟁이 발발한 후에 쓴 아버지의 일기에 따르면, 학생들이 연구를 위한 여행을 하기 전에 테마, 행선지, 여행기간 등에 대해 특무기관의 허가를 받기위해 아버지가 출두하였다고 한다. 여기서도 대학은 군의 감시 하에 들어가 있었던 모양이다. 1942년 9월 15일 만주건국 10주년 기념축전에 출석한 아버지가 어머니에게 "푸이황제는 존재가 희미한 분이다"라고 말하였다. 어머니는 과묵한 남편이 희한하게 말했던 인상을 나중에 만주와 푸이의 운명에 중첩시켜 상기했었다.

2. 일본인 천국 따리엔

1943년 1월 아버지의 따리엔고등상업학교 교장 부임으로 온 식구는 따리엔으로 이주하였다. 영하 35도나 되는 하얼삔의 기후와 치안의 스트레스 등으로 식구들의 건강이 상했기 때문이다. 아버지는 자기에게 적합하지 않다는 것을 알면서도 그 직무를 받아들였다.

만주의 현관인 따리엔시는 당시 관동주(현 요동반도)의 한 도시로 만주국이 아니었다. 관동주는 일본이 청일전쟁으로 러시아로부터 조차권을 얻었지만 삼국간섭으로 러시아에게 반환하였다. 러일전쟁으로 러시아에서 일본으로 재반환되어 일본의 조차지가 되었다. 행정도 일본정부 척무성(拓務省, 후의 大東亞省) 관할하에 있고 지도도 일본과 같은 적색으로 표시되어 있었다. 아버지의 전임사령(轉任辭令)도 하얼삔학원은 만주국 국무원에서, 따리엔 고등상업학교는 일본 내각에서 발령하였다.

따리엔의 기후는 일본의 도호쿠(東北)지방과 같고 삼면이 바다에 인접하여 자연의 혜택이 풍부한 아름다운 도시였다. 이전에 러시아는 파리를 모델로 설계한 시내가 거의 완성된 시점에 러일전쟁에서 패배하였다. 러시아군은 퇴각 시에 시내를 폭파시켰지만 폭약이 부족하여 부두나 거리의 일부를 파괴하는 것에 그쳤다. 넘겨받은 일본은 러시아의 설계도를 수정 없이 채용, 육군과 해군의 예산으로 상하수도 가스 완비의 일본에도 없는 환경도시를 만들어냈다. 도로나 구조물에는 만철이 윤택하게 예산을 투자하였다. 동양 제일의 병원이라고 불리는 따리엔병원이나 야마토 호텔 등 현재도 따리엔의 귀중한 문화유산으로 사용되고 있는 건물도 많다. 항구는 수심이 깊어 국제 자유항으로 세계의 물자가 모였다.

1943년 당시 따리엔시의 인구는 약 80만, 일본인 약 20만, 중국인 약 58만, 조선인과 기타 민족이 8천, 치안도 좋은 일본인 천국이었다. '아카시아의 따리엔'이라고 일본 사람들이 동경하는 땅이다.

우리 집은 싱싱푸[星星浦] 일각에 있는 전 영국영사관저였고 테니스 코트나 장미 정원이 있는 쾌적한 생활로 가족은 건강을 회복하였다.

만주에서의 생활에 정이 들면서 어린 마음에도 이 땅의 주민인 중국인이 부당하게 차별되어 가난한 살림을 감수하고 있다는 것을 느꼈다. 만주를 소개한 그림책에는 중국과 일본 어린 아이가 어깨동무하고 웃는 얼굴로 만주 국기를 흔들거나 스케이트에 즐거워하고 있는 모습을 그리고 있었지만 그런 광경은 한 번도 보지 못했다. 거주지도 학교도 따로따로였다. 일본인 사회에 특별히 공헌하고 있는 중국인 자제만 일본인 학교에 입학이 허가되었다. 해수욕도 일본인과 백인만 하였다. 중국인 해수욕이 금지되어 있다는 것을 안 것은 물정에 어둡게도 전후였다.

그러나 오래 전부터 따리엔에 거주하고 있는 중국인은 온화한 성격의 소유자가 많아서 불합리한 자기들의 입장을 강조하기보다 일본인 주도 속에서 생계를 세우고 그것으로 좋다고 여겼다. 그 기질은 현재도 변하지 않아 "따리엔에서 이익을 보는 사람은 샹하이나 홍콩 사람들뿐입니다. 따리엔 사람은 어수룩하니까요"라고 하면서 따리엔 친구는 웃었다.

3. 천국에서 지옥으로

1944년 태평양전쟁의 일본군 열세로 따리엔 주변 해역에는 미 잠수함이 출몰하기 시작하여 일본이나 조선, 칭다오와의 연락선이 잇달아 격침되었다. 아버지의 도쿄 출장에 밥상[陰膳][2]을 차려서 무사하기를 빌었다.

여학생이 된 나는 수업은 적었고, 간호부나 통신원으로서의 훈련, 군복의 단추를 다는 것이나 수원(水源)이 없는 지형을 위해 저수지를 파는 것이 일과였다. 관동군의 지령이었는지 군사훈련도 엄하였고 군인칙유의 암송으로 시작하여 수류탄 투척이나 38총 조작도 철저하게 가르쳤다.

공적인 것은 아니지만 중공이나 국민당의 공작원들이 각각 시내로 잠입하여, 중국인 노동자들의 태업이나 인심 교란공작을 시작하였다.

우리 집의 가옥이나 정원을 관리하는 탕(唐)이라는 청년이 있었다. 젊은 날의 죠우언라이를 닮아 과묵하면서 열심히 일하는 좋은 청년으로 가족의 일원이었다. 가족 모두가 그를 신뢰하였다. 그는 어머니가 손수 만든 큰 도시락 그릇을 기쁘게 손에 들고 다녔고, 주간에는 따리엔 고등상업학교의 사환으로 출근하였다. 그가 고향에 돌아간다고 하여 울면서 이별하게 되었다. 전후 혼란기에 그가 중공군 간부로 활약하고 있다는 소식이 왔다. 놀라우면서도 납득이 갔다. 지금은 어떻게 지내고 있을까 정겹게 상기하게 된다.

미군기의 공습도 있었지만 피해상황은 숨겨졌다. 2001년, 시마다 히

---

2 음선은 (여행 등으로 집을 떠나 있는 사람의 무사를 빌기 위해) 가족이 차려놓는 밥상을 의미한다.

로시[島田浩]와 하나이 요시외[花井良夫]가 미군 측의 자료와 피해 체험자의 증언으로 'B29에 의한 따리엔 공습 기록'(비매품)이라고 제목을 붙여 상세하게 발표하였다.

1945년 정예라고 불리는 관동군은 남방으로 옮겨가 관동주의 방위는 소년과 고령자와 여성으로 이루어진 국민의용대가 떠맡게 되었다.

8월 9일, 소련군은 갑자기 세 방면에서 만주를 침공하였다. 병력 180만, 전차 5,500량, 이에 비해 관동군은 끌어 모은 보충병과 함께 70만 명이었다.

다음날 10일, 관동주에 계엄령이 내려졌다. 남하해 온 소련군에 대항하여 죽창 4만 자루가 시민에게 보급되었다. 관동주청은 이 날부터 일본정부 및 관동군 사령관과의 연락이 두절되었고 모든 권한은 이마요시 도시외[今吉敏雄] 주청장관(州廳長官)에게 위임되었다. 이마요시 장관은 "노약자와 유부녀를 라오후탄[老虎灘]에 모아 소련군에게 투항시키고 남자는 옥쇄(玉碎)[3] 각오로 싸운다"라고 선언하였다. 조국으로부터 버려진 일본인에게 긴장된 나날이 이어졌다.

8월 15일 일본 패전. 따리엔시의 각처에 청천백일기(중국국민당기)가 나부꼈다. 건국 13년 남짓한 만주국도 조차지 관동주도 순식간에 사라졌다. 관동군 육군은 전투 속행이라고 외쳤지만, 해군은 무장해제하고 기지 폭파를 계획하였다. 양자의 폭거를 간언하여 꼼짝 못하게 한 것은 민간 유력자였다.

혈기로 덤빈 재향 군인과 중국인 집단의 격돌을 몸소 막은 것은 비무

---

3 옥쇄는 옥처럼 아름답게 부서진다는 뜻으로, 명예나 충절을 위하여 깨끗이 죽음을 이르는 말이다.

장한 일본 경관이었다. 각처에서 중국인의 폭동이 발생하여 무법화된 거리에서 우리는 숨을 죽이고 필사적으로 자위하였다.

8월 22일, 소련군 제1진이 따리엔에 진주해 와서 거리가 적기(赤旗)로 변하였다. 전차부대 주둔지가 된 우리 집 주변은 야수화된 소련병에 의해 그날 밤부터 '격전장'이 되었다. 13세의 나에게 새겨 놓은 그 공포. 소련군에게 집을 빼앗긴 우리는 마차 한 대의 가재(家財)를 가지고 난민이 되었다. 학생 기숙사, 교실, 민가의 한 방을 전전했다. 두 차례 생사의 수렁에 빠졌으나 1947년 3월 겨우 일본에 도착하였다. 일 년 후 아버지는 급사하였다.

4. 나의 만주인식의 시작

1976년, 55세가 된 나는 『따리엔 공백의 600일―전후 거기서 무엇이 일어났을까』(新評論刊), 이어서 『유언 없는 자결―따리엔 최후의 일본인 시장 베쓰미야 히데오[別宮秀夫]』(위와 같음)를 출판하였다.

신문도 라디오도 없는 악몽 같은 전후의 600일, 소련병의 공포와 싸움, 굶주림과 싸움, 국가의 종언, 전쟁과 사람의 정체(正體)를 14세 소녀의 눈으로 응시하였다. 그러나 무엇 하나도 납득할 수 없었다. 만주와 관동주는 어떻게 끝이 났는가? 군인, 경관, 간부관리인이 왜 시베리아로 납치된 것인가? 왜 소련군의 폭거가 허용된 것인가? 상륙한 미 해군이 왜 퇴거한 것인가? 스탈린과 마오저똥의 초상이 내걸리자 지앙지에스를 내건 사람은 왜 체포된 것인가? 유일하게 소련군에게 인가되어 사회주의체제 아래 20만 일본인을 통치한 좌익 집단 일본 노동조합의 조직과 운용은 어떠한 것이었던가? 왜 일본인 귀환이 늦었는가? 귀환 허가증 대상으로 일본인이 지불하게 된 시정부 건설 공채라는 것은 무엇이었는가?

이 다수의 의문과 수수께끼는 봉인된 채 방치되었다. 아버지가 남긴 일기가 나를 움직이게 만들었다. 일을 하면서 다른 한편으로 나는 5년 동안 취재하여 7할의 공백을 메웠다. 나의 만주인식은 여기에서 시작된 것이다.

만주국은 일본의 꿈과 야망의 '실험장'이었다고 생각한다. 꿈의 개화도 있었다. 그러나 야망에는 많은 희생이 있었다.

전후 난민이 되어 빼앗긴 우리 집에서 어머니를 밀어내고 주인이 된 소련군 사령관 부인에게, 어머니가 손수 만든 드레스를 판 대가로 빵과 기름을 받아들고 파수병의 총으로 찔리면서 쫓겨나게 된 그 굴욕. 그러나 그것은 전에 이 땅에 만주국을 건설하여 중국인의 수많은 권리를 빼앗은 일본의 염치없음을 절실히 깨닫게 된 체험이었다.

게다가 버려진 우리는 목숨 걸고 몸에 지닌 것을 몽땅 빼앗겨 조국의 빚을 갚고 귀국할 수 있었던 것이다. 육친까지 빼앗긴 잔류고아라는 사람들의 비극을 결코 잊을 수가 없다.

따리엔시장 베쓰미야 히데오의 귀국 후 자결도 아버지가 일 년 뒤에 급사한 것도 조차지의 종언에는 그에 따른 책무가 있었기 때문이다. 그 혼란과 국제적으로도 복잡한 사회구조 속에서 발생한 사건에는 정의도 변명도 없었다. 책임자의 사형으로 끝났다. 두 사람도 사형을 면하는 대신으로 생각도 못한 미·소 냉전 달리기에 휩싸이게 되었다. 귀국 후,

미 · 소 쌍방으로부터 환문(喚問)을 받고 옴짝달싹도 할 수 없게 되어 고뇌 속에서 죽음을 맞이했다고 생각된다. 확증은 없다. 아버지의 장례식 날, 신생 일본 문부성에서 아버지에게 근무 발령이 왔다. 남겨진 가족은 원통한 아버지의 죽음과 두 번도 없을 만주 체험을 양식으로 살아왔다.

한편 일본의 인습에 사로잡히지 않고 느긋하고 자유롭게 생활할 수 있던 만주에서 자란 일본여성은 전후 일본에서 각계의 선구자가 되었다. 고인이 된 다카하시 노부코[高橋展子] 전 덴마크 대사, 마찬가지로 탱고가수의 개척자 후지사와 란코[藤澤嵐子]를 비롯하여 이전의 명 여배우 이고란[李香蘭]부터, 참의원 의원이 되어 활약한 오타카 요시코[大鷹淑子], 이시하라 가즈코[石原一子] 전 다카시마야[高島屋] 상무, 라디오 · 텔레비 전 창생기의 각본가이며 방송작가조합 간부인 데라시마 아키코[寺島アキ子], 여성의 시점으로 논픽션작품에 뿌리를 내리게 된 제1인자 사와지 히사에[澤地久枝], 이와나미[岩波] 홀 지배인으로서 세계 양질의 영화 상영에 열정을 기울인 다카노 에쓰코[高野悅子], 세계적인 재즈 피아니스트 아키요시 도시코[秋吉敏子], 재빨리 환경문제를 추구한 과학평론가 와타누키 레이코[綿貫礼子], 제3세계를 중심으로 국제문제 평론가로서 활약 중인 기타자와 요코[北澤洋子], 초기의 텔레비전계에 부인(婦人)뉴스를 마련하였고 다큐멘터리 작품으로 기염을 토한 TV프로듀서 이치하시 아키코[市橋明子], 독특한 그림 작가이며 수필가인 사노 요코[佐野洋子], 그리고 본지에 집필하고 있는 작가 기자키 사토코[木崎さと子], 기록영화 감독하다 스미코[羽田澄子] 등. 그녀들에게 공통적 보이는 역동성, 넘치는 생기, 몸에 밴 풍부한 국제 감각은 '만주' 대지가 그녀들에게 준 선물이라고도 할 수 있다.

5. 아직 남은 공백

이전에 워싱턴의 미 국립 공문서관에서 일본 패배 후의 구관동주, 만주에 주둔한 소련군 동향이나 국공내전을 연합국 측이 어떻게 보았을까를 알만한 실마리가 될 자료를 발굴하였다. 현재 그 해독을 시작할 참이다. 따리엔에 진주한 소련군은 '전리품'으로, 여러 공장시설, 원료, 식량, 길거리의 변압기까지도 본국으로 이송하였다. 미국과 영국은 그것을 꽤 정확하게 파악하였다. 그러나 소련이 중국 측의 양해를 받고 있다고 발표한 것, 소련에 항의하는 것은 정세를 보고 시기를 선택할 필요가 있다는 것 등을 양국이 협의하였다.

또 하나, 만주의 일본인 제1차 귀환 후, 따리엔에서만 가족을 포함하여 약 4천 명, 전 만주에서 합계 약 3만 3천 명의 연구자, 기술자, 의사, 간호사 등이 중국 측에 강제로 잔류되었다. 자발적 잔류자도 포함해서 그들은 신중국 건설의 지도자로 구 만주 각지에 파견되었다. 국공내전과 열악한 생활환경 속에서 망향의 사념을 좇으면서도 그들은 임무를 완수하였다. 병사, 사고사도 발생하였다. 조선전쟁 발발 후에는 일본인이 미군과 내통할 두려움도 있어 중국 측은 일부러 그들을 멀리 중국 북서부 쓰추안(四川)성의 벽지까지 이전시켰다. 그들의 귀국이 완료된 것은 패전으로부터 13년 후인 1958년이었다. 이 신중국 건설에 공헌한 잔류일본인의 고투도 기록해야 할 것이다.

6. 만주가 인연이 된 쟝쉬에량과의 회견

1991년 1월 27일, 나는 타이베이시에 사는 쟝쉬에량[張學良] 저택에서 그를 회견할 기회를 얻었다. "전후 처음 만나는 일본 여성"이라면서 그는 손을 뻗어 주었다. NHK TV 인터뷰 방송 직후였지만 나와의 회견은 당분간 공식화하지 않는 것으로 약속했기 때문에 그는 마치 집안사람에게 옛날이야기를 하듯이 편안하게 말했다.

관동군에게 아버지 쟝쭈오린[張作霖]이 폭살되고 만주사변으로 태어난 고장 만주에서 쫓겨났으며 시안[西安]사변에서는 목숨 걸고 지앙지에스[蔣介石]와 마오저뚱[毛澤東]에게 '내전정지 일치항일'을 호소하였다. 그러나 사변 해결 후 쟝쉬에량은 지앙지에스에게 감금된 채 반세기 ─.

이전에는 만주의 주인이었지만 일본으로 인해 운명이 어긋나게 된 91세의 영감이 무명인 나와의 회견을 승낙한 것도 '만주'가 인연이었다.

그의 부인인 쟈오이띠[趙一荻]는 분노와 절망에 빠져있던 쟝쉬에량 인생의 후반기를 체념에서 안녕의 시간으로 인도해 주었다. "처 덕분에 기독교에 귀의하여 이제 누구에게도 어떤 원망도 없다"라고 미소 짓는 쟝쉬에량. 나는 쟈오이띠 부인을 소개 받은 후 그녀에게 그냥 압도되었다. 무엇이라고 말할 수 없는 존재감과 사람을 얼씬 못하게 하는 아름다움. 죠우언라이[周恩來]가 그녀를 절찬했다고 하는 것도 납득이 갔다.

"선양에 돌아가서 아버지 묘에 성묘하고 싶다"라는 쟝쉬에량의 소원이 이루어지도록 준비하였지만 부인의 반대로 실현하지 못했다. 남편을 걱정하면서 한 발 먼저 세상을 떠난 쟈오이띠 부인. 백세의 천수를 완수하고 부인을 따라간 쟝쉬에량. 두 분이 돌아가신 후 지금 『내가 만난 쟝쉬에량과 쟈오이띠』을 정리하여 두 분 세기의 드라마가 그려질 수 있었으면 ─ 하고 생각한다.

'만주'는 더욱더 나를 자극하여 끊임없이 나로 하여금 열심히 살도록 만들고 있다.

'만주이민'이 질문하는 것

아라라기 신조[1]

1. 잊혀진 사람들, 해동된 기억

고도성장을 거쳐 경제 번영의 원숙기에 다다른 1981년 3월, '중국 잔류일본인 고아'(이하 '잔류고아'라 약칭)의 방일조사가 시작되었다. 텔레비전으로 떠들썩하게 보도했던 늙은 육친과 중년에 다다른 잔류고아와의 눈물의 대면은 패전이나 그 후 힘든 시대의 기억이 옅어지고 평화스런 일상이 습관이 된 사람들을 35년 전으로 타임 슬립(time slip)시켰다. 전쟁으로 갈라진 가족이 시공을 뛰어넘어 재회한 인간 드라마는 많은 사람들에게 충격과 감동을 주었다. 동시에 일본사회가 잊고 있었던 전전의

---

1 蘭信三, 1954년생. 사회학. 저서로 『滿洲移民』の歷史社会学』(行路社)가 있다.

'만주'(이하 부호 생략)나 패전 직후 외지에서의 귀환이라는 기억을 되살아 나게 했다. 만주, 외지, 개척단, 도피행, 그리고 귀환 등, 전후 일본사회가 기억의 깊은 곳에 집어넣어 암갈색으로 변해 버린 '과거'가 그들의 '갑작스런' 출현으로 생생하게 되살아 나온 것이다.[2]

많은 잔류고아는 만주 오지의 농촌에 입식되었던 개척단 사람들이 1945년 8월 9일 소련군 침공 후 약 2달간에 다다른 도피행과 또 그 후 다가온 엄한과 맹위를 떨치는 전염병으로 '일상화된 죽음'에 드러나게 된 극한 상황에서 '잔류'[3]하게 되었다. 극한 상황에서 자기 자신과 아이를 지키기 위해 현지 중국인에게 맡기거나 팔거나 해서 남겨진 만주이민의 아이들이 그들, 잔류고아인 것이다. 그럼 왜 그러한 극한 상황이나 '비극'이 생긴 것인가. 그것은 1932년에 건국된 '만주국'(이하 부호 생략)의 오지에 27만 명이나 되는 일본인이 농업이민으로 입식된 것이 발단이다.[4] 대체로 소련과 만주국 국경 개척지에 살고 있었던 그들은 소련군의 침공으로 대부분은 개척지를 탈출하여 대도시로 피난했지만 일본의 패전과 만주국의 붕괴 그리고 국공내전의 시작으로 난민화되었고, 그 과정에서 많은 희생자를 낸 '죽음의 도피행'으로 변한 것이다. 도피행을 그린

---

2 만주나 그것에 관여된 사항은 중국에 사는 잔류고아나 잔류부인에게는 '현재'이지만 일본 사회에게는 '과거' 사항으로 되어 있다. 그 때문에 잔류고아나 잔류부인의 출현은 일본사회로서는 '갑자기'라고 비추어졌다. 그리고 그 때까지 35년간은 그들과 관계된 사항이 사회적으로는 어떤 종류의 '공백'이었다고 말할 수 있을 것이다.

3 물론 잔류고아나 잔류부인의 전부가 만주에 이민한 자들의 아이들이라는 것은 아니다. 그 중에서는 만주국 지방관리 관계자 등도 때때로 포함되어 있지만 큰 흐름으로서는 '만주이민 → 중국 잔류부인・잔류고아 → 중국귀국자'라는 도식이 그려질 것이다.

4 그들을 '잔류'라고 칭할 때 그것은 잔류를 강요되었다고 하는 맥락을 지워 버린다는 비판이 있다. 게다가 고아나 부인이라는 용어에도 비판이 있다. 중년의 어른에게 왜 고아라고 하는가, 또 왜 여성이라고 말하지 않고 부인이라고 하는가. 호칭을 둘러싼 논의는 다양이다. 井出孫六, 1986 참조.

후지와라 데이[藤原てい]의 『흐르는 별은 살아 있다[流れる星は生きている]』(1949~1994)를 읽으면 도피행이 불과 반세기 전에 일어났던 것이라고 도저히 믿기 힘든, 정말로 소름이 끼칠 만큼의 생지옥이었던 것에 쇼크를 받는다. 그리고 그 과정에서 잔류고아나 잔류부인이 생기게 된 경위도 이해할 수 있을 것이다.

그렇지만 잔류고아가 가져 온 것을 전쟁 와중에서 생긴 '비극적 이야기'라는 문맥만으로 받아들이는 것은 매우 피상적이다. 왜냐하면 35년간의 '공백'을 넘어 일본 사회에 나타난 그들의 존재는 '비극'이 일어난 역사적 배경뿐만 아니라 잔류고아나 그들 부모들이 만주이민으로 '살 수 있었던 세계'가 어떤 것이었는가, 게다가 만주를 부정하여 사회적 기억에서 흔적 없이 지워버린 전후 일본 사회에서 만주이민의 의미는 어떤 것이었는가라는 의문을 우리에게 던져 주었기 때문이다. 이 의문에 답하지 않는 한 해동된 만주의 기억은 다시금 갈색으로 바랠 수밖에 없다.

2. 희망으로서의 만주이민, 동원으로서의 만주이민

만주이민 사업은 1932년 3월 만주국 '건국'[5]으로 시작되었다. 그것은 군이 장악했던 점과 점을 연결시켜 반만항일 게릴라를 일반 농촌에서

---

5 만주국이 '만주국민'에 의해 건국된 것이 아니라 일본의 관동군에 의해 '건국'되었다고 하는 특수한 사정을 표기하기 위해 따옴표를 달았다. 무릇 '만주국민'이라는 것은 누구였던 것인가?

분단하여 배제시키고 만주에 일본식 질서를 수립하기 위한 이른바 '둔전병(屯田兵)'으로 관동군이 처음부터 제안한 것이다. 물론 그것이 일본국의 이민사업인 이상 관동군만으로 추진될 수는 없었다. 관동군과의 제휴 하에서 국내 '만주이민의 아버지'라고 칭해진 가토 간지[加藤完治]와 척무성(拓務省)을 중심으로 대공황의 발단이 된 농촌 공황으로 현재화된 과잉 인구와 빈곤에 허덕이는 농촌의 구제책으로 만주이민 사업안이 제창되었다. 그리고 '건국' 직후 1932년 10월 여러 반대를 누르고 시험적 실시에 이를 수 있었다. 농촌 공황과 시대적 폐쇄감에 신음하고 있던 농민들에게 만주는 현상을 타개할 수 있는 희망을 주었다. 만주이민으로 도만(渡滿)한 사람들에게 이야기를 들으면 대부분이 생활이 빈한하여 도만하였던 것과 동시에 광대한 옥토나 '신천지' 만주로의 희망에 가슴이 부풀어 도만한 것임을 강조하였다.

분명히 초기 시험 이민기의 5년간 농촌 경제는 저조하였다. 그렇지만 일·만 양국의 국책으로 만주이민 사업이 본격화되어 연간 수만 단위가 송출되어진 1939년에는 이미 중일전쟁이 시작되었고 전시 경기로 농촌 경제가 서서히 좋아져 과잉 인구는 일손 부족으로 변하였고 농촌 구제책으로서 이민사업의 의미는 후퇴되어 갔다. 중일전쟁에서 태평양전쟁 사이에 '일만일체(日滿一體)'화를 추진한 만주를 병참기지로 삼기 위해 만주이민 사업은 총력전을 수행하기 위한 일종의 '동원'[6]으로 변하였다.

---

6 만주이민으로의 참가는 본인의 판단이라고 되어 있다. 그러나 대량 이민기에는 개척단이 경쟁적으로 편성되어 단원이 반 강제적으로 송출되었던 경위를 보면 본인을 위해서라기보다 모촌(母村)의 경제 경생이나 국가의 총력전수행을 위한 측면이 전면적으로 내세워졌다. 만주이민을 송출하는 만주이주협회나 만주척식공사라는 이민송출기관의 설립과 모촌의 경제 경생 운동으로서 만주이민송출이 자리매김하게 되었던 것에 따라 대량 이민은 실현되었고, 그것은 총동원 체제 아래의 농촌에서 마을 전체로 추진되어 '동원'의 일종이 되었던 것이 아닐까.

예를 들면 내가 처음 만났던 만주이민 체험자 K 씨는 1938년에 구마모 토[熊本]현 최초의 분촌이민으로서 도만했지만 그것은 경제적으로 곤란 했었기 때문이 아니고 명망가의 셋째 아들로 자라면서 징병검사로 병종 (丙種) 합격되었다는 '오명'을 풀기 위해서라고 한다. 또 나가노[長野]현 시모이나군[下伊那郡] 하에서는 이민사업의 절정이 지난 1940년대조차 '분촌이민'이 다수 기획되어 마을 인구의 20%가 만주로의 이민이 '강요 된' 마을도 있었다.[7]

3. 도피행의 의미, 만주개척의 의미

만주이민의 만주에 관한 이야기는 1945년 8월 9일 소련군 침공과 그 에 따른 도피행부터 시작되는 것이 그 정형(定型)이다.[8] 그것은 말할 것 도 없이 그들 만주 체험의 중핵이 도피행으로 상징된 패전 체험에 있었 기 때문이다. 그럼 왜 도피행에 따른 비극이 생겼던 것인지, 게다가 그 이전 그들의 만주에서의 생활은 어떤 것이었을까.

우선 두 개의 사건을 보자. 1932년 10월 14일, 제1차 만주이민인 야에 이[彌榮] 개척단의 기념해야 할 지아무쓰[佳木斯]로의 제1보는 반만항일

---

7 사이토 도시에[斎藤敏江]에 의해 작성된 자료「下伊那地方の満洲移民送出」(2002.5.26.「飯 伊満蒙開拓団を語り継ぐ会」에서의 연구보고자료)에 의하면 나가노현 시모이나[長野県下 伊那] 지방의 만주이민송출은 전 인구의 4.5%, 모촌 인구의 20%가 된 마을이 있다고 한다.
8 山田昭次, 1976; 蘭, 1994 참조.

무장부대의 습격으로 실현되지 못하였다. 또 1934년 3월에도 반만항일 부대가 일으킨 투룽샨土龍山사건으로 두 개의 개척단이 습격되어 많은 퇴단자退團者를 냈다. 이 두 개의 사건은 '개척단은 일본제국주의에 의한(토지)침략의 첨병이다'라는 중국인 농민의 만주이민에 대한 적의를 상징적으로 나타내고 있다. 그럼에도 불구하고 개척단 송출이 중지된 적은 없었다. 관동군이 반만항일 게릴라 진압을 위해 혹은 그에 따라 무장화된 개척단은 계속 송출되었다. 그리고 정당정치가 종언을 맞이하는 2·26사건 후의 1936년에는 히로타廣田 내각의 7대 국책의 하나로 국책 이민화 되었던 것이다.

그럼 만주이민자들은 만주에서 어떠한 생활을 영위했던 것일까. 만주이민은 개척지로 입식할 즈음에 300호를 표준 단위로 하는 개척단으로 입식하였다. 사람들은 농협과 동사무소의 기능을 겸하는 단團본부를 중심으로 광대한 개척지 내 분산된 취락에 거주하였고, 대부분의 생활은 개척지 내에서 충족되었다. 학교도 의료시설도 신사도 구매부도 있는 문자 그대로의 분촌으로서 그것은 일본인 콜로니(colony : 공동체)를 형성하였다. 개척지는 단지 이름뿐이고 입식지는 대부분이 중국인이나 조선인 농민이 경작한 풍족한 기경지를 강제적으로 매수한 옥토로 거기에는 중국인 쿨리를 고용해서 지주적 경영이 운영되었다. 일본인, 아니 동향인 사이의 인간관계 속에서 고향의 생활양식을 기본적으로 바꾸지 않고 중국어도 사용하지 않고 일본과 만주국 양 정부를 후견으로 만주의 옥토와 저임금의 중국인 농민에게 기생해 있었던 것이다. 시간이 경과함에 따라 초기에 보였던 반만항일세력의 개척단에 대한 습격은 진정화되어 표면적으로 개척지는 '한가로운 생활' 속에 있었다. 농업 경영에

'성공'한 개척단도 나오고 만주에 와서 새로운 가족을 가진 사람들은 짧은 시간 '행복'에 잠겨 있었다. 그렇지만 그것도 토지와 노동력의 수탈 위에 있었다는 것을 그 시점에서 이해했던 사람은 아주 적었다. '행복한'[9] 개척 생활이 사상누각이었던 것을 알게 된 것은 소련군의 침공 후 무정부상태 속에서였다.

그럼 만주이민이 당초의 이념대로 만주의 황야에 입식하여 문자 그대로 미개지를 개간했다면, 중국인 농민을 저임금 노동력으로 착취하지 않고 자작했다면, 중국인과의 대등한 인간관계에 의한 쌍방향적인 교류가 이루어지게 되었다면, 개척단 남자들이 '송두리째 동원'되지 않고 개척지에 머물러 있었다면, 저런 '비극'은 회피되었을까. 답은 끝없이 부정에 가깝다. '위만(僞滿)'[10]이라는 기본적인 구조가 바뀌지 않는 한 대등한 쌍방향적인 교류는 이루어지지 않았을 것이고 결과로서 '비극'은 회피될 수 없었을 것이기 때문이다.

---

9 '행복'에 괄호한 것은 그것이 현실 모습이라기보다 그 후의 도피행위나 패전 후의 괴로운 생활 현실 이상으로 증폭된 행복이라는 것을 가리킴과 동시에 그것이 스스로에 의해 얻을 수 있었던 것이라기보다 토지와 노동력의 수탈 위에 있었다고 하는 것을 보여주기 위해서이다.

10 만주국은 만주인에 의해 건국된 것이 아니라 괴뢰성이 강한 '국가'였기 때문에 중국에서는 그것은 '허구'라는 의미로서 '위만(僞滿)'이라고 칭한다. 여기서는 그 뉘앙스를 전하기 위해 사용하였다.

4. 고통으로서의 만주, 노스탤지어로서의 만주

패전 후의 난민생활은 일본으로의 집단 귀환으로 종지부를 찍었다. 대체로 말하면 27만 명의 만주이민자들 가운데 8만 명이 죽고, 18만 명이 귀환(이 안에는 시베리아에서 억류된 사람 약 5만 명, 유용된 사람 수 천 명이 포함되지만), 그리고 약 1만 명이 중국 잔류를 강요당하였다. 패전까지는 대동소이한 코스를 걸어온 만주이민자들도 이 난민기와 귀환기에 따라 인생의 경로가 크게 나뉘었다. 그리고 필연적으로 집단 귀환자와 중국 잔류일본인이라는 두 개의 다른 경로를 걸은 사람들에 대해 전후 인생에서 만주가 가진 의미는 결정적으로 달랐다.

전후 집단으로 귀환한 사람들의 이야기를 청취할 때 하나의 놀라움은 상술한 바와 같은 도피행의 비참한 체험을 울면서 말하면서도 많은 사람들이 '만주는 좋았다'라고 그리워하는 것이다. 그럼 왜 만주는 좋았던 것인가? 분명히 그것은 신천지에서 새로운 가족을 부양한 희망에 찬 시기였고 식민지적 착취의 은혜를 향수하였던 것도 있었을 것이다. 단지 그 이상으로 그들에게 8월 9일 이전의 '희망에 찬 만주'와 그 이후의 도피 행로의 고난이나 비극이 긍정과 부정의 관계에 있어 8월 9일 이후가 비참하면 비참할수록 그 이전의 행복이 실제 이상으로 증폭되어 오기 때문일 것 같다. 간신히 살아남아 귀국했지만 그것은 죽거나 잔류하거나 한 사람들의 희생 위에 있었다. 그들에게 있어서 가장 사랑하는 육친(肉親)을 여의는 슬픔이나 육친을 남기거나 팔거나 죽이거나 한 것의 죄책감을 빼고 만주를 상기하는 것은 불가능하였다. 그리고 그 슬픔이나 고통이나 죄책감의 뒤집기로서 그 이전의 만주는 달콤한 노스텔지어로 이어져 있는 것이다. 이러한 피해를 일으킨 '전쟁만 없었다면 개척은 잘 되었을 것이었는데'라고 할 뿐 만주개척과 전쟁이 연결되어 있었던 것은 전혀 생각하지 않는다.

집단 귀환자의 귀환 후 또 하나의 어려운 문제는, 전후 '부정된 만주'[11]와 관계된 자신의 인생을 어떻게 해석하여 설명할 것인가에 있었다. 전전의 희망으로서의 만주, 국책으로서의 만주이민에서 전후는 일변하여 괴뢰국가로서의 만주, 침략의 첨병으로서의 만주이민으로 180도 역전한 평가의 간극을 어떻게 메우면 좋을까. '어차피 무엇을 말해도 알아주지 않는다'라며 공식적인 자리에서는 침묵하고 체험자들이 모인 장소에서는 밖으로 속마음을 말하지 않는 것이 일반적인 경향이었다. 다만, 혹은 전자를 고집하더라도 혹은 후자로 바뀌어도(전향하여) 어느 쪽으로도 그것은 우울한 것임에 틀림없다. 슬프고 괴롭고 우울한 일본에서의 나날에 그들은 '노스텔지어로서의 만주'를 생각한 것이었다. '일본에서 산 만주' 조차 그들의 전후 인생이 의지할 곳이었다고 할 수 있을 것이다.

---

11 전후의 일본사회에서 만주는 부정되었다. 다만 포츠담선언 이후 공식적으로 만주국이나 만주이민이 부정되었던 것인가? 억압되어 말하지 않은 것을 부정이라고 한다면, 그것은 부정되어 왔다. 그러나 그것을 공식적으로는 하지 않았던 것이 아닐까. 사견에 따르면 특히 만주이민에 관해서는 공식적인 논의나 견해는 밝히지 않았다고 인식하고 있다. 현재 진행되고 있는 재판에 의해 처음으로 공식적으로 논의되게 되는 것일지도 모른다.

5. 스티그마로서의 만주, 노스탤지어로서의 일본

한편 중국에 잔류가 강요된 사람들에게 '만주는 스티그마' 바로 그 자체였다. 물론 집단 귀환자에게 있어서도 그것은 마찬가지였지만 아직 일본 사회 안에서는 만주에 관해 공식적으로는 부정하면서도 비공식적으로는 부정하지 않는다고 하는 모순된 상황으로 그것은 백안시 수준에 머물러 있었지만 무엇보다도 '생존의 불안'은 없었다. 다만 중국에서는 공식적으로도 민중 수준으로도 만주는 괴뢰국가인 '위만'이외에 아무것도 아니었다. 패전 후 중국에서 일본인은 '적국인(敵國人)'이자 '패전국민'이었다. 이것은 그들의 존재를 바닥에서부터 규정한 것이다. 잔류한 일본인은 이른바 잔류부인과 잔류고아로 나눌 수 있지만 특히 잔류부인의 생존 불안감은 말로 다할 수가 없었다. 그것은 식민지적 상황의 착취자에서 일변하여 패전국민으로 전락되어 도피해야 하는 비극에서 분명히 볼 수 있는 것처럼 생존 그 자체가 불안한 것이었다. 극한의 상황에서 살아남는 수단으로 중국인 가정에 들어갔지만 스스로의 존재에 대한 불안을 없앨 수는 없었다. 게다가 잔류는 일본으로 귀환할 때까지 "임시적이고 일시적인 것이라고 생각하면서도 그 사이에 귀환의 알림이 오지 않아 잔류생활은 계속 지연되어 갔다. 적국인이라는 불안에 초조해지고 중국에 잔류하지 않을 수밖에 없다고 하는 불운을 한탄하고 '일본인인 나도 여기까지구나'라고 생각하면 슬펐다."[12] 거듭되는 사상

---

12 중국 잔류부인인 기소 사치코[木曾幸子](가명)의 청취에서. 蘭信三, 「ある中国残留婦人のアイデンティティ」, 1994.

개혁이나 사회개혁운동 가운데 '일본귀신'이라는 스티그마에 가위눌리고 몸을 숨기면서 사는 나날에 고향 일본에서의 생활이나 만주에서의 생활이 달콤한 노스탤지어로 회상되었다. 불안과 고독 속에서 망향을 연모하며 회상하는 고국 일본의 생활이야말로 그들의 삶에서 의지할 곳이었던 것이다.

중국 사회 속에 살면서 중국인과 접하는 것 때문에 잔류부인들은 집단 귀환자가 볼 수 없었던 측면을 보았다. 그것은 패전 전까지는 '식민지 배경'으로 밖에 없었던 중국 민중의 진정한 모습이며 스스로가 의지할 곳이라고 했던 만주국의 진정한 모습이다. 집단 귀환자는 부정된 만주에 관여한 자신의 인생을 어떻게 위치 지을까 고민하였지만 잔류부인은 고민할 여지가 없었다. 가령 자신이 아무리 만주에서 행복했었다고 하더라도, 그것은 중국민중의 희생 위에 이루어진 행복 밖에 없었다는 것을 잔류생활을 하며 여러 방면에서 통감하였고, 그 때문에 중국 민중의 노여움도 스스로의 생존 불안도 잘 이해하고 있었다. 그럼에도 불구하고, 혹은 그럼에야말로 그녀들에게 있어서 현실의 잔류생활은 임시적이었고, 마음속의 노스탤지어야말로 진정한 세계였다. 그것은 이른바 '중국에서 산 일본'이었다.

6. 잔류로부터의 해방, 귀국 후의 고통

1972년 중·일 국교가 회복되고 1981년부터 방일(訪日)조사를 하게 되어 전 일본에 충격을 준 잔류고아의 대부분은 그 후 일본에 귀국하였고 가족도 불러들여 생활하였다. 잔류부인은 그보다 일찍 1974년경부터 귀국하였다. 잔류고아나 잔류부인 그리고 그 가족은 중국에서 귀국한 사람들이라는 의미로 중국 귀국자라고 불리는데 현재 10만 여명이 일본에서 생활하고 있다. 그렇다면 망향을 연모하여 귀국한 고국에서 그들은 '스티그마로서의 만주'나 '일본인이라는 스티그마'에서 해방되었는가?

잔류부인이나 잔류고아는 일본인이기 때문에 일본에 받아들여졌고 일본정부는 그들의 귀국과 정착 과정을 원조해 주었다. 단 잔류부인도 잔류고아도 일본인이지만 육친의 신원 인계나 신원 보증이 없으면 귀국하지 못하는 제도가 있었다. 그리고 '본인만이라면 받아들이지만 일본어를 모르는 중국인 배우자나 아이들까지 받아들일 수는 없다'는 친척에게 신원 보증이 거절되어 좀처럼 귀국하지 못했던 사람들도 있었다. 그리고 가령 귀국할 수 있었더라도 정부의 정착 자립 지원이 있긴 있었지만 유감스럽게도 그들의 생활이 순조로운 것은 아니었다. 그들은 잔류한 지 35년이나 지나 본국에 귀환한 사람임과 동시에 이민가족의 특성도 같이 가지고 있었기 때문이다. 예를 들면 잔류부인을 제외하면 언어의 벽이 두터웠고 또 사회제도나 생활습관의 차이, 전쟁피해의 해석 차이 등에서부터 일본생활에 적응하기 어려웠기 때문이다. 망향 끝에 드디어 일본인으로 받아들여져 귀국했더라도 생활의 여러 장면에서 중국인으로 배제되는 더블 바인드 상황에 놓여 그들은 '일본인이라는 스티그마'에서 해방되었더라도 이번에는 새로운 '중국 잔류자나 중국인이라는 스티그마'를 떠맡게 되었던 것이다.

이와 같이 중국에서 귀국해 온 잔류고아나 잔류부인은 난민기 이후 중국에서 고생하였고 국교회복 후에 가까스로 고국 일본으로 귀국하였다.[13] 다만 중국에서의 잔류 경위나 거기서의 생활 상황이나 고통이 이해되기 보다는 오히려 쿨리였던 중국인과 결혼했다든가 중국에서 가난한 생활을 보냈고 귀국하고 나서도 중국적인 생활양식이나 발상밖에 없다고 하는 것으로 백안시되어 왔다. 즉 중국 잔류는 육친의 눈물 대면에 상징된 가엾은 이야기나 꺼림칙한 이야기일 수밖에 없었다. 그 때문에 그들 대부분이 자기들은 전쟁으로 중국에 내버려지게 되었을 뿐만 아니라 귀국 후에도 일본사회에 받아들이지 않게 되었다는 '의붓자식 아이덴티티'에 조바심 내게 되었던 것이다.[14]

---

13 물론 모든 잔류부인이나 잔류고아가 이런 것은 아니었다. 중국 생활을 적극적으로 받아들이고 중국에서의 인생을 선택하여 중국에 정착한 사람도 있었기 때문이다. 따라서 원래대로라면 그 사람들의 시각에 의해 본론의 잔류부인이나 잔류고아의 망향이나 슬픈 이야기는 상대화 되어야 할 것이다(이 작업은 우리들의 공동연구인 우완훙[吳万虹]에 의해 벌써 진행되고 있다). 다만 본 소론은 지면 사정상 귀국한 사람들의 이야기를 중심으로 하였다. 그런 의미에서 본론 끝까지도 피상적인 모델 스토리뿐이라는 비판은 감수할 수밖에 없다. 게다가 입론 과정에서 잔류고아와 잔류부인을 자의적으로 설명에 사용하고 있다고 하는 비판도 있을 것이지만 그것도 지면 사정 때문으로 비판을 감수할 것이다.

14 '의붓자식 아이덴티티'는 그중에서도 잔류고아에 강하게 있다. 중국에서 그들의 존재는 문자 그대로 양자＝의붓자식이며 중국인 사회에서 자란 일본인 아이라는 존재와 상호작용에 의해 '의붓자식 아이덴티티'가 획득되어 갔다. 그러나 일본인의 아이로서 일본에 돌아와 일본사회에 받아들여지고 싶어 하는 강한 소망에도 불구하고 일본사회는 이번에는 '중국인'이라고 불러 배제함으로써 중국에서 이상과 같은 강한 아이덴티티의 위기에 빠지는 상황을 가리킨다.

7. 지속적으로 질의되는 만주, 지속적으로 질의되는 일본

　잔류고아와 육친과의 눈물 대면은 만주의 기억을 해동시켰다. 그리고 해동된 기억에서 만주이민의 체험이 만주 체험이나 난민 체험뿐만 아니라 전후 일본에서의 체험, 중국 잔류 체험, 그리고 그들의 일본으로의 귀국 체험이라는 여러 체험으로 구성되어 있는 것을 알게 되었다. 그리고 각각의 체험이 어떤 것이었을까를 역사적인 흐름에 따라 빠르게 짚어 보았다. 그 결과 이것은 각기 따로 분리해서 이해할 것이 아니라 만주이민에서 시작한 일련의 역사적 또 현재적인 체험으로 이해될 사항이라는 것을 알게 되었다.

　그리고 이들 일련의 사항을 지금 바로 문제 삼으려고 한다. 그 하나는 잔류부인이나 잔류고아 본인이 호소한 재판이며 또 하나는 만주 체험을 다시 질문하여 구전해 가려고 하는 만주이민 송출지의 지역 활동에 관한 것이다. 우선 전자에 관하여 간결하게 소개한다. 이는 잔류부인이나 잔류고아가 국책 만주이민 사업으로 끌어내려져 전쟁의 동란으로 전후 중국에 부득이하게 잔류를 하였다고 하는 중국 잔류에 관한 국가 책임과 잔류일본인의 귀국을 촉진하지 않았고 또 1972년 이후 중·일 국교가 회복된 후 잔류부인이나 잔류고아의 귀국과 정착에 관하여 국가가 행정 노력을 소홀히 했다고 하여 잔류부인이나 잔류고아에 대한 국가배상과 그들의 인권회복을 요구하며 국가를 고소한 재판이다. 이 소송은 이제까지 말해 온 것처럼 만주이민의 비참한 체험이나 중국 잔류자의 중국에서의 고통스러운 체험, 그리고 일본으로 귀국한 후 고국 일본의 냉정한 대응이라는 만주이민 사업이 일으킨 일련의 사항을 그들의 슬프고 괴로운 사적인 체험으로 끝내는 것이 아니라 전전, 전후를 통해 일본 사회의 공적인 문제로서 일본정부와 동시에 일본 사회에도 제기한 것이다. 그래서 바로 그들의 체험은 '사적인 체험'이 아니라 '공적인 체험'인 것이다.

그러나 지금까지 국가는 1981년에 '방일조사'를 실시하여 그들의 귀국과 정착을 지원해 왔고 1994년에는 이른바 '중국 잔류 일본인 등의 자립지원법'을 제정하여 잔류부인이나 잔류고아 등의 귀국, 정착, 자립 지원을 법제화하였다. 그럼에도 불구하고 잔류부인이나 잔류고아가 정부를 고소하는 것은 왜일까. 그것은 귀국한 잔류부인이나 잔류고아가 놓인 상황에서 당사자의 해석과 행정 현장에 호소하는 것으로 대표된 일본 사회의 해석 사이에 생긴 '지각(知覺)의 충돌'[15]에 의한 것일 듯하다. 당사자의 해석은 행정 현장의 해석과 부딪치고 그 서로의 부딪침은 소수자인 당사자가 권력을 가진 행정에 의해 항상 짓눌려 그 해석을 감수할 수밖에 없는 입장에 놓이게 되기 때문이다. 이에 대해 계속 불만을 가지고 있어도 그것을 어떻게 타개하면 좋을지 모른 채 불만은 각자 가슴 속에 응어리로 남아 있었다. 거기에 2001년 한센병 소송이 하나의 사례가 되었다.[16] 즉 잔류부인이나 잔류고아의 이 소송은 독특한 체험을 하면서 학대받아 온 잔류부인이나 잔류고아의 인생을 그들의 해석에 따라 '다시 이야기하기'와 인간으로의 회복을 원하며 국가와 대치하는 재판을 하는 것이다. 이

---

15 민족 사회학적 방법론(ethnomethodology)의 말을 빌리면 소수자인 당사자의 인식과 다수를 대표하는 행정 인식의 대립은 '지각의 충돌'로 묘사된다. 여기서의 케이스는 바로 그 전형적인 사례일 것이다. 山田・好井, 1998 참조.

16 재판지원자 중심 멤버로부터의 청취에 따른 것이다. 자료로서 예를 들면 中村智志, 「中国残留孤児どうなる老後保障」, 『週間朝日』, 2001.7.6을 들 수 있다.

와 동시에 이제까지 만주국이나 만주이민 사업, 중국에서 일본인의 잔류 문제, 그리고 중국으로부터 잔류방인의 귀국이나 자립이라는 일본 사회가 정면에서 마주보지 않았던 사건의 결탁이 부딪힌 재판인 것이다. 재판결과뿐만 아니라 재판 과정에서 이것을 얼마나 정확하게 끝까지 파고들어 밝혀낼 수 있을까, 일본과 일본 국민이 질문하고 있는 것이다.

또 다른 하나는 만주 체험을 말로 전해 내려가려는 활동이다. 현재 재판의 지원활동과 함께 만주 체험이나 그것에 이어지는 중국 잔류 체험을 말로 전해 내려가고자 하는 실천 활동의 예가 적지 않다. 그 하나는 나가노현 이다시[長野縣飯田市] 및 시모이나군[下伊那郡]을 중심으로 진행되고 있는 '이이(飯伊) 만주개척단을 말로 전해 내려가는 모임'이 있다. 나가노켄 이다시[長野縣飯田市] 및 시모이나군[下伊那郡]은 전전 만주이민을 다수 송출하여 많은 희생자와 많은 잔류자를 내고 지금 현재 지방 도시로는 대단히 이례적으로 다수의 중국 귀국자가 사는 지역으로 유명하다. 이 지역은 1970년대부터 야마모토지쇼[山本慈紹]를 중심으로 잔류고아의 육친 찾기나 귀국 운동에서 전국을 리드하여 중일우호협회 등에 의해 귀국한 사람들에게 극진하게 지원활동을 해 왔다. 그래서 시민을 중심으로 '왜 시모이나[下伊那] 지방에서 다수의 만주이민이 송출되었는지'를 집단 귀환자나 잔류부인, 잔류고아였던 체험자로부터 청취하여 현재 지역 역사로서 다시 파악하고자 하는 활동이 진행되고 있다. 농산촌인 시모이나[下伊那] 지방은 양잠이 주업이었는데 정면으로 세계공황의 영향을 받아 만주로 이민했던 지역으로 유명하지만 이 지역의 역사를 단순하게 연구자가 연구하는 것뿐만 아니라 지역 사람들 스스로가 체험자만의 사적 체험에 그치지 않고 지역의 '공적 체험'으로 지역으로

'다시 말하기'를 하는 활동이다.

그렇다면 마지막으로 연구자로서 나의 과제는 무엇인가? 나는 이제까지 수많은 만주이민 체험자나 잔류부인이나 잔류고아나 그 2세, 3세들에게 체험담을 듣고 그들의 존재에 빛을 비추고 그들의 소리를 대변하여 그들의 체험을 '공적인 체험'으로 계속 발표해 왔다. 그들의 인생 이야기를 듣고 그들의 체험을 따라가 보며 함께 슬퍼하고 함께 울고, 함께 분노해 왔다. 그러나 이것은 어떤 의미에서 나와 체험자로 구성된 이야기의 장소와 작품을 발표할 연구자 커뮤니티라는 반쯤 닫혀진 공간에 그들의 체험을 억누르는 것뿐인지도 모른다는 생각이 들었다. 그래서 나도 이다 시모이나下伊那의 '만주개척단을 말로 전해 내려가는 모임' 설립에 참가하였다. 체험자와 지역과 연구자의 트라이앵글 안에서 체험자의 지역에서의 '다시 말하기'와 지역에서의 만주이민이라는 역사의 공유화와 그의 현재적 의미를 다시 파악하는 사회운동에 참가하기 위해서이다.

지금 '만주' 땅에 잠든 많은 중국인 희생자와 함께 만주이민자들의 영혼이 재판이나 말로 전해 내려가기라는 '다시 말하기' 활동을 주목하고 있다. 현재 일본과 일본 국민은 만주이민의 문제로부터 질문을 받고 있다.

참고문헌

蘭信三,『満洲移民の歴史社会学』, 行路社, 1994.

_____ 編,『中国帰国者の生活世界』, 行路社, 2000.

_____,「'偽装日系中国人事件'とは何か」, 駒井洋 編,『講座グローバル化日本と移民問題 제1기 제1권 国際化のなかの移民政策の課題』, 明石書店, 2002.

藤原てい,『流れる星は生きている』, 中央公論社, 1994(初版 1949).

井出孫六,『終わりさき旅中国残留孤児の歴史と現在』, 岩波書店, 1986.

小林弘二,『満洲移民の村 信州泰阜村の昭和史』, 筑摩書房, 1977.

満洲移民史研究会 編,『日本帝国主義下の満洲移民』, 竜渓書舍, 1976.

呉万虹,「中国残留日本人—その経緯と類型」,『神戸法学雑誌』 제49권 제1호, 1999.

山室信一,『キメラ—満洲国肖像』, 中央公論社, 1993.

山田昭次 編,『近代民衆の記録 6 満洲移民』, 新人物往来社, 1978.

山田富秋・好井裕明 編,『エスノメソドロジーの想像力』, せりか書房, 1998.

만주로 보내진 피차별 부락

다카하시 유키하루[1]

1. 개척단원의 집단 자결

구마모토켄 시카모토마치[熊本縣鹿本町] 변두리 일각에 납골당(納骨堂)
이 건립되고, 그 옆에 '만주 구타미[來民] 개척단 공양탑' 이라는 석비가
서 있다. 묘석에는 짙은 글자로 이름과 연령을 새겨 넣었는데 그 수는
275명이나 된다. 1945년 8월 17일, 구만주(중국 동북부)의 개척지에서 고
립된 그들은 집단 자결의 길을 선택할 수밖에 없었던 것이다. 자결의 희
생자는 대부분이 아이나 여성, 노인들이었다. 희생자 가운데 16세 미만
의 아이가 124 명을 차지했다. 또 20대, 30대, 40대의 남성이 적은 것은

---

1 高橋幸春, 1950년생. 논픽션 작가. 저서로 『蒼氓の大地』(講談社)가 있다.

현지 소집되어 있었기 때문이다. 구타미[來民] M지구는 이전에는 저습지로 항상 수해(水害)와 서로 이웃하고 있는 마을이었다. 전답의 수확량도 일반 토지보다 적고 농지로서 뿐만 아니라 습지라는 환경은 사는 장소로도 부적합한 지역이었다. 그리고 여기는 이른바 피차별 부락이라고 불리는 지구였다.

구타미[來民] 개척단은 지린[吉林]성 푸위[夫餘]현 우지아참[五家站]에 입식하였다. 하얼삔과 신징[新京, 챵춘]을 연결하는 경빈선(京濱線)의 타오라이쟈오역[陶賴昭驛]에서 서북 방향으로 28km 정도 간 곳에 우지아참[五家站]이 있다. M지구에서 1941년 5월 10일 선견대(先遣隊)가 파견되어 1942년 4월, 제1차 본대 37가족 150명이 입식하였다. 그리고 제2차 본대 130명이 1943년 4월 6일 구타미[來民]를 출발, 4월 10일 우지아참[五家站]에 도착했다. 그리고 1944년 4월 제3차 본대, 1945년 4월 제4차 본대가 입식하여 최종적인 입식 호수는 82호, 316명이었다.

구타미[來民] 개척단의 집단 자결자 수는 일·소 개전 후 소련병, 중국인의 습격을 받아 자결 혹은 전투 중에 사망한 기타의 만주개척단 희생자 수에 비교하면 결코 많은 편이 아니다. 15명 이상의 희생자를 낸 개척단은 77단 이상으로 희생자 수는 9,662명에 이른다. 15명 미만의 사건을 더하면 그 희생자는 11,000명에 이른다.

개척단에 이변이 일어난 것은 1945년 8월 13일 오후 3시 정도이다. 우지아참[五家站]에 주재한 경찰관이 황망히 개척단 본부 사무실에 뛰어 들어와서 주머니에서 한 통의 전문을 꺼냈다.

"구타미[來民] 개척단은 즉시 단원을 집결시켜 타오라이쟈오 협화 초등학교[陶賴昭協和國民學校]로 철수할 것."

정말로 아닌 밤중에 홍두깨였다. 전문은 총원 철수를 고하는 것이었다. 경관은 소련이 참전한 9일 이후의 상황을 개척단 간부에게 전했다. 소련군이 국경을 돌파하여 만주로 노도와 같이 침입하였고 관동군은 각지에서 퇴각하여 만주국이 존망의 위기에 있다. 한시라도 빨리 모든 단원은 타오라이쟈오 협화국민학교[陶頼昭協和國民學校]에 집합하라는 명령을 반복하였다.

그 대응에 쫓기면서 종전을 맞이하였다. 8월 15일 상황은 일변하여 개척단은 긴장된 표정에 휩싸였다. 오후 4시 반을 지나서는 주변 마을 사람들이 구타미[來民] 개척단을 습격하려고 한다는 정보가 들어왔다. 습격은 오후 10시부터 시작되었다. 개척단 무기는 투석용 벽돌, 석회를 종이에 싸서 눈을 멀게 하는 것, 토담을 기어오른 적에게 끼얹은 뜨거운 물, 식칼이나 창칼을 대나무 앞에 붙인 창, 나머지는 문자 그대로 죽창이었다.

3일간의 공방전이 전개되었다.[2] 17일 미명부터 총공격을 시작하여 오후 7시 개척단의 문은 파괴되었고 무기를 손에 든 중국인이 침입해 왔다. 동시에 반종(半鐘)이 난타되었다. 드디어 자결의 때가 온 것이다. 여자나 아이도 투석하며 저항하였지만 종을 신호로 자결 장소로 서둘렀다.

이때 미야모토 데이키[宮本貞熹]는 단장으로 불렸다. 고향에 집단 자결의 진상을 알리려고 자기 혼자 쓰레기 더미 속으로 몸을 숨겼다. 자기의 처자나 단원이 자결하는 것을 확인하고 어둠을 틈타 개척지를 탈출하였다. 전후 그의 증언으로 구타미[來民] 개척단의 비극은 밝혀지게 되었다.

만주개척단 가운데 엄청난 수의 희생자가 나왔다. 만주라는 환상의

---

2 종전부터 자결까지의 상세함은 高橋幸春, 『絶望の移民史』, 毎日新聞社刊 참조.

국가에서 지주가 될 것을 꿈 꾼 가난한 농민이 개척 이민을 떠난 것이다. 구타미[來民] 개척단도 그 하나였다. 구타미[來民] 개척단은 더욱이 또 하나의 꿈을 그리며 만주에 건너갔다. 그것은 가혹한 차별로부터 '해방'이라는 꿈이었다.

전전 구타미[來民]에서 하와이, 북미, 그리고 브라질 등 남미에 이주해 간 자가 많았다. 다이쇼[大正] 시대, 피차별 부락 내에서도 기와지붕의 집이 건립되었지만 그들 대부분은 미국에서 돌아온 이민자가 건설한 것이었다고 전해지고 있다. 심한 차별에 놓여 가난한 생활이 강요되어진 그들이 빈곤에서 도망치는 방법은 해외로 나가 성공하는 길뿐이었던 것이다.

나 자신도, 이민하여 브라질에 건너갔던 경험이 있는 사람이지만 전전과 전후를 통해 북미와 중남미에 피차별 부락에서 조직적으로 이민을 보냈다고 하는 사례는 들어본 적이 없다. 만주에 건너간 구타미[來民] 개척단만이 유일한 사례이다.

과잉인구문제에 대한 해결책으로서의 이민이라는 점에서는 만주이민도 하와이, 북미, 중남미로 건너간 이민도 색다를 것이 없다. 만주이민이 기타의 경우와 크게 다른 것은 '오족협화(五族協和)'라는 슬로건의 중핵을 맡아 '민족융화'라는 사명이 부과되어 있었던 것이다. 그에 그치지 않고 더 나아가 관동군 식량 보급 등의 병참기지, 병사의 공급원, 자원 개발, 국경 경비 등의 역할을 맡은 '괭이의 전사'였던 것이다.

2. 만주에 살면 차별은 해소

구타미[來民] M지구는 1941년 당시, 138호, 인구 831명이었다. 이 가운데 80호는 농업, 나머지 58호는 행상, 공업, 날품팔이, 기타 여러 가지 종류가 있었다. 농업은 대부분이 소작이었다. 게다가 1호 당 평균 경작 면적은 4반(反) 5무(畝)이고 양잠, 짚신 만들기, 전통적인 가내 상업인 부채 만들기로 겨우 가난한 생활을 유지하였다. 인구에 비해 절대적으로 경작 면적이 부족하였고 주변에 잉여인구를 흡수할 산업도 또한 없었다. 있었다 할지라도 당시의 부락에 대한 차별로 그것이 거부되었다.

1929년의 세계공황은 일본의 농촌을 직격하였다. 피차별 부락의 핍박된 상황은 한층 더 심각하였다. 그나마 남겨진 길은 남미 이민이었다. 그러나 당시 브라질도 민족주의 정책을 추진하여 1941년에 일본으로부터의 이민을 중지시켰다. 팔방이 다 꽉 막힌 상황에서 살았던 구타미[來民]의 사람들 앞에 만주이민 계획은 눈부신 빛을 띠고 부상하였다.

2·26사건 후 발족한 히로타 고키[廣田弘毅] 내각은 1936년 8월, 7대 국책 14개 항목을 결정하였다. 7대 국책의 하나로 '20년 100만 호 송출 계획'이라는 만주이민 정책이 포함되었고 이후 대량 이민으로 만주에 건너가게 되었다. "만주에 대한 일본인 농업 이민은 대체로 20년 동안 약 100만 호(500만 명)를 목표로 입식시키는 것으로 한다"라고 기술되어 있다. 100만 호, 500만 명이라는 숫자가 산출된 것은 1호 당의 가족 수를 5명으로 했기 때문이다.

당시 일본의 농가 수는 560만 호, 그중에 5반(反) 이하의 가난한 농가는 35%, 200만 호였다. 이민 계획은 토지를 간절히 원하는 가난한 농민의 절반을 만주로 보낸다는 것이었다. 또 20년 후의 만주 인구를 5,000만 명으로 추산하여 그 10%를 일본인으로 채우고자 하는 것이었다. 입식 지역과 입식지 면적은 11개 지역에 1,000만 정보(町步)였다.

만주이민을 본격화한 중앙융화(融和)사업협회는 1938년 5월 만주 시찰을 하고 융화 운동 가운데 만주이민을 포함시키는 계획을 구상하기 시작했다. 1939년 3월 시점에서 전국 31부현(府縣) 1526지구의 산업과 직업전환 상황을 조사하고, 그 결과에 따라 부락 대중에게 만주이민과 시국산업으로 전업을 장려하였다.

구마모토현 사회과(熊本縣社會課)는 동화사업도 담당하여, 사회과의 지도 아래 구타미(來民)촌은 분촌 이민을 향해 활발한 움직임을 보여 마침내 구타미(來民) 개척단의 계획이 결정된 것이다.

선견대 12명이 지도원의 인솔 하에 만주로 향하여 현지에 도착한 것은 5월 17일이었다. 지도원은 현지에서 중앙융화사업협회에 편지로 입식지의 상황을 전했다고 한다.

소생은 현지도 보지 않고 단원이 권하고 인솔하는 만주로 건너갔는데 과연 좋은 토지일까라고 내심 걱정하였지만 예상외로 토지도 좋고 대부분 기간지(旣墾地)였다.

일본인이 입식해야 할 개척지는 원래 미개간지이지만 그들이 입식한 곳은 이미 개간이 종료된 토지였다. 선견대는 도착한 다음 날부터 작업을 시작하였다. 밭 2정(町) 2반(反), 수전(水田) 8정보(町步)에 씨앗을 뿌렸다.

씨앗 뿌린 작물은 쌀, 보리, 콩, 팥, 마, 감자 등이었다. 그들은 5시에 기상하여 5시 반부터 아침 예배를 하고 7시까지 농사일을 하였으며 조식을 마치고 정오까지 밭에서 일했다. 오후에는 1시부터 7시 반까지 일했다. '올해 내에는 각 기계를 구입하여 내년 본대 입식의 때에는 대농식(大農式) 다각경영(多角經營)'을 목표로 한다는 선견대는 순풍만범(順風滿帆)³이었다.

선견대보다 3개월 늦게 3명이 선견대에 더해졌다. 그중 한 명은 이러한 증언을 남겼다.

황야를 개척할 예정이었습니다. 그런데 가 보았더니 벌써 토지, 가옥, 모두 관동군 쪽에서 매수가 끝났고 농지부터 주택 전부를 사들여서, 이제 그대로의 형태로 입식하는 것이라고 해 놀랐습니다. 가장 어려웠던 것은 매수한 후, 가옥에서 현지 사람들을 이전시키는 것이었습니다. 현에서 쫓아냈지만 뒤에 관동군이 있었기 때문에 저항도 못하고 할 수 없이 나갔습니다.

매수는 현의 개척과에서 했습니다. 나가지 않으면 현의 2, 3명이 마을의 경찰에게 말하면 마을의 경찰이 우르르 몰려와 '빨리 나가라, 빨리 빨리'라고 하면서 내쫓았습니다. 특히 남자보다 여자가 미련이 강했었던 같습니다. 나갈 때 눈물을 흘리면서 (…중략…) 그때는 스스로 마음에 충격을 받았습니다.

개척단에 온 사람이 모두 괭이를 휘두를 것이라고 생각했었는데, 우리가 생각했었던 것과 전혀 달랐기 때문에 모두 놀랐습니다. 완전하게 밭을 만든 해부터 증작(增作)할 수 있었기 때문에 모두 놀랐습니다. 관동군의 식량 확보를 서둘러야 하는데 개척하여 증산하는 것은 시간이 부족한 상태여서

---

3 순풍만범은 일이 뜻대로 잘되어 가는 형편을 비유적으로 이르는 말이다.

결국은 현지 사람들의 농지, 주택을 강제 매수하여 그 안에 우리를 들여 넣었던 것입니다.

이러한 개척지에 M지구 사람들의 마음이 움직이게 되었던 것은 말할 것도 없다. 토지에 주리고 소작료의 지불에 고생했던 피차별 부락의 사람들에게 '20정보'의 지주가 되는 것은 정말로 꿈이었다. 그리고 그들을 끌어당겼던 또 하나의 힘은 '만주에 살면 차별은 해소된다'라는 중앙융화사업협회가 내놓은 환상이 아니었을까. 동협회의 시모무라 하루노스케(下村春之助)는 차별과 만주이민에 대해 이렇게 말했다.

지금 하얀 천에 이상적인 일본 마을이 그려지려는 것같이 바로 새로운 세기가 시작되려고 한다. 일본같이 차별을 배태시키는 역사적 원인은 더 이상 없고 또 이것에 근거한 전통 같은 것도 전혀 없다.

개척민은 차별의 전통이 집요하게 얽혀 온 일본을 떠나 이러한 신천지를 향해 입식하려고 한다. 따라서 특정 사회의식에서 벗어남으로써 차별 관념은 해소되고 차별의식은 발생하지 않게 되는 것이다.

만주개척민은 모두 평등한 대접을 받아 일반 대부락 같은 차별도 받지 않고 같은 일본인으로 협동 생활을 영위하는 것이 방침으로 되어 있다. 일본에서 어떠한 빈부우현(貧富愚賢)의 차별이 있었다고 하더라도 입식 당초부터 평등하게 20정보의 토지가 배당된다. 주택은 개척민 각각에게 동일한 규격에 의거하고, 게다가 건평(建坪)도 평균하여 지어 준다. 영농에서도 농구의 사용 기타에 관해서 아무런 차등을 두지 않는다. 군대에서 동일한 무기를 갖게 되고 동일한 피복이 급여되는 것과 마찬가지다. 촌락생활도 봉건시대 특정의 전통이 없기 때문에 그 모두가 일반적 표준으로 영위되어 있다. 직업은 처음부터 농업이라고 정해져서 구별이 있는 것은 아니다. 따라서 개척지에서는 모두가 평등하고 거기에는 아무런 차이가 인식되지 않는다.

시모무라[下村]는 이렇게 "만주에 살면 차별은 해소된다"라고 설명했던 것이다.

3. 차별을 차별로 덮어 은폐

개척단은 국책에 따라서 만주로 건너갔다. 그러나 종전과 동시에 그들은 국가로부터 버려져 만주에 방치되었다. 혼란 가운데 많은 사람이 다치고 죽어 갔다. 많은 개척단원 중에 엄청난 수의 전사자, 자결자, 귀환 도중의 병사, 쇠약사(衰弱死)가 나왔다. 국책에 따른 개척단에서부터 많은 희생자가 나온 것이다.

구타미[來民] 개척단의 비극은 이러한 국책 위에 또 하나의 국책이 겹쳐 일어나게 되었다. 만주개척단과 융화사업의 통합에 의해 만주에 가면 '20정보의 지주'가 될 수 있다고 하는 감언과 동시에 차별로부터의 '해방'이 선전되었던 것이다. 그것은 열악한 생활환경에 놓여 차별로 고생해 온 피차별 부락 사람들의 마음을 잡기에는 너무나 눈부실 만큼의 환상이었다.

현지에서 소집되어 생존한 단원 한 명은 이렇게 말했다.

왕도낙토라는 이상에 공명한 적도 있었지만 지주가 될 수 있다고 하는 것이 무엇보다도 매력적이었다. 피차별 부락에서 태어나 자신의 토지를 가지지 못한 소작이라는 환경에 비참한 느낌을 통감하였다. 만주에 가서 새로 태어난 기분이 되었다.

빈곤과 차별로부터의 '결별'은 구타미[來民] 개척단 사람들에게 말하기 어려운 '해방감'을 주었다.

게다가 싼 임금으로 중국인을 쿨리로 멋대로 썼다. 그들은 일본인을 두려워하고 싫어하였지만 개척단에 순종하는 태도를 보였다.

"어디로 가도 대인(위대한 사람)이 왔다고 맞이해 주었다."

라고 증언한 전 개척단원도 있다.

그들은 그때까지 일본에서 지주의 안색을 보면서 소작료 지불에 급급해 하며 살아왔다. 구타미[來民]에서 느꼈던 주변에서 그들을 멸시하는 것 같은 시선은 만주에는 없었다.

제방의 건설, 목재의 벌채 등 개척에 필요한 노동력은 관동군의 힘을 배경으로 중국인을 제멋대로 부려먹을 수가 있었다. 일본에서 얻을 수 없었던 권력도 가질 수가 있었다.

"일본인은 천하를 얻은 것처럼 세계 제1의 민족이 된 기분이었다."

그러나 그것은 중국인의 토지를 빼앗고 그 위에 쌓은 것이다. 구타미[來民] 개척단은 관동군 식량공급의 사명을 맡아 비옥한 토지를 억지로 빼앗아 입식하였다. 전후 그들의 원망이 개척 단원에게 향하게 된 것은 당연한 결과였다.

만주이민이 중국의 식민지 지배에 큰 역할을 다한 것은 의문이 없는 사실이다. 구타미[來民] 개척단도 예외가 아니다.

구타미[來民] 개척단은 차별의 가혹함을 피부로 느끼고 비인간성을 지겹도록 알아 버렸을 것이다. 차별에 가장 민감하게 그 미진계(微震計)의 바늘을 흔든 사람들이 국책이라고 하더라도 어느새 침략의 첨병으로 만주에 보내졌다. 그들은 중국인을 차별하는 측으로 돌아섬에 따라 부락 차별이 해소된 것 같은 착각을 품게 되어 버린 것이다.

"만주에 살면 차별은 해소된다"라는 미사감언(美辭甘言)은 그들을 만주로 보내기 위한 것이고 부락 차별을 침략, 민족 차별로 덮어서 은폐한 가짜의 해방밖에 없었다.

구타미[來民] 개척단의 비극은 차별은 새로운 차별을 만들어 낸다는 것을 말하고 있다. 비극의 역사를 교훈화 한다고 하는 것은 역사를 정확하게 전함과 더불어 부락 차별은 물론이고 모든 차별을 철폐해 가는 것이 아닐까.

청조의 잔향
아이신쥐에루오 시엔즈와 후이성

상(喪)의 이야기로서의 정신사

노자와 도시히코[1]

1. 그림자 정신사의 시공

1945년 8월, 만주국 황제 푸이[溥儀]는 퇴위하고 국가는 붕괴되었다. 괴뢰나 가짜 국가라는 평가를 논외로 한다 하여도 기이한 제정(帝政)이었다. 1912년 황제 퇴위 및 대청제국의 종언과 마찬가지로 이 붕괴는 30년 전과 어우러진다. 이곳에 눈을 응시해 보면 거기를 기점으로 민국혁명 이후 정(正)의 역사에 대해 잠복된 부(負)의 역사가 어떤 하나의 그림자의 시공으로 나타난다. 청조복벽(퇴위한 황제의 복귀)을 목표로 한 종사당(宗社黨), 만

---

1 能沢嘉彦, 1947년생. 신도사(神道史), 고층문화론(高層文化論). 논문으로 「ヒメヒコ制の 原型と他界観」이 있다.

몽독립운동 등이 그곳에서 활약하였다. 일본에서도 가와시마 나니와[川島浪速] 등이 이런 흐름에 깊이 관여하였다.

두 명의 왕녀 이름이 표제로 실렸는데, 이러한 나열은 인격, 자질, 시대상황 등의 차이가 너무나 크다는 염려가 있을 것이다. 전자는 15년간의 전쟁기에 대륙에서 군사모략가 등으로 살다가 국민정부에 의해 총살당하여, 훼예포폄(毀譽褒貶)이 심한 청조의 왕녀이자 한간(漢奸)인 진삐후이[金璧輝]로 향년 40세였다. 후자는 푸이의 질녀로, 어머니 쪽으로 일본의 공가화족(公家華族)의 혈통을 이어받지만 전후 이즈[伊豆]의 아마기산[天城山]에서 급우와 비운의 죽음을 한 왕녀로 향년 19세였다. 틈새는 깊지만 나는 앞에서 언급한 그림자의 시공에 다시 그녀들을 두고 싶다. 거선의 침몰이 주위의 여러 가지를 휩쓸어 버리는 것같이 청조폐절 후의 그림자 정신사의 시공으로.

아이신쥐에루오 시엔즈[愛新覺羅顯玗](자(字)는 동진(東珍), 통칭 진삐후이[金璧輝], 1907~1948)는 제10대 쑤친[肅親] 왕의 제14왕녀이다. 친왕은 청조복벽운동의 중심인물인데, 일본정부의 교섭과 배려로 7세인 시엔즈를 맹우 가와시마 나니와[川島浪速]의 슬하에 양자로 보냈다. 가와시마 요시코[川島芳子]라고 불린 일본 생활에서 훗날의 그녀가 되었던 기저를 볼 수 있다. 이국에서의 고독, 양부로부터의 감화, 대륙낭인이나 군인들의 거점인 가와시마 가택[川島邸]의 환경, 망국 청조 혈통의 자각, 그리고 친부와 양부의 대망의 후계자로서의 자각, 더욱이 16세 때 친부의 죽음, 이러한 사실의 누적이 독특한 중력으로 변해 갔다. 때로는 단발한 남장이나 권총자살사건 같이 그녀의 10대 시절의 심리적 곡절과 격발을 유도하였다.

시대의 추이를 살펴보면, 1912년, 가와시마[川島] 등이 관여한 몽골 의

용군 궐기가 일본 내각의 결정으로 중지되었다. 1916년 제2차 만몽 독립 계획은 위엔스카이[袁世凱]가 급사하자 오쿠마 내각[大隈內閣] 방침의 변경으로 중지되었다. 1922년의 쑤친왕 사망으로 복벽의 꿈이 깨어진 가와시마[川島]는 마쓰모토[松本]에 은둔하였다. 1924년, 폐제 푸이가 베이징을 탈출하여 시민이 되었다. 다이쇼[大正]말기는 국민정부(지앙지에스), 펑티엔군(장쭈오린), 즈리파[直隷派], 우페이푸[吳佩孚], 종사당(宗社黨) 등의 혼전 상태가 되었다.

2. 허상을 살면서 시공에 각인

1927년 시엔즈[顯玗] 20세 때 몽골독립운동 용사의 유복자인 간쥬르잡과 결혼하였으나 금방 파탄되었다. 하나의 요인으로는 복벽전망의 쇠미함이 현저했던 시대 추이가 반영되었다. 그리고 1931년경 상하이[上海]에서 육군 소좌 다나카 류키치[田中隆吉]와 만나 첩보 등 군의 이면 활동에 관여하기 시작하였다. 1931년 9월 만주사변 후 관동군 고급 참모 이타가키 세이시로[板垣征四郞] 대좌의 지휘 하에 티엔진[天津]에서 푸이의 황후 완룽[婉容]을 탈출시켰다. 게다가 1932년 초 다나카[田中]와 모략하여 제1차 상하이사변을 유도하였는데 이는 만주국을 독립시키려는 유도 공작의 하나였다.

그렇지만 성립된 만주국은 시엔즈[顯玗]의 꿈과는 먼 것이었다. 의부

나니와(浪速)에게도 마찬가지였다. 굴욕적인 제정이었다. 결국 그녀 자신도 만주국에서 소외당하였다. 이때쯤부터 평자가 말하려는 자기 현시, 허세 부리기, 변덕, 음탕 등이 늘어갔다. 특이한 양육에 더해 군사모략 등 숨겨진 감성의 편향, 꿈의 상실 등으로부터 온 누적된 반응이라고 해야 할 것인가. 한편 1932년에는 마쓰무라 쇼후(松村梢風)의 모델이 된 소설 '남장의 려인(麗人)'이 『부인공론(婦人公論)』에 연재되기 시작하였다. 동시에 그것이 '만몽건국의 여명'으로 영화화되었고, 다음 해에는 소설로 간행되었다. 이러한 일련의 전개에 가와시마 요시코(川島芳子)의 허상이 부풀려졌다.

그러나 이러한 허와 실에 대해 나는 좀 더 그 내부를 들여다보고 싶다. 허상을 피하지 않고 오히려 의지로 살면서 그것을 역사 시공에 새기자고 한 그녀의 계획을. 만주국에 대한 상실감의 깊이가 전복된 망국 청조 왕녀의 이야기를 만들었고 동시에 응축되어 시로 등장했다. 평소 그녀는 소리 내어 읽었다. "집이 있더라도 돌아갈 수 없고, 눈물이 있더라고 말할 수 없다. 법이 있더라도 바로잡을 수 없고, 억울함이 있어도 누구에게 호소할 것인가." 시대의 모순에 몸을 두고 중국과 일본의 균열에 신음하였다. 역사의 역설을 살면서 그것을 그녀의 방식으로 발광시켰다.

3. 고귀한 착각

아이신쥐에루오 후이셩[愛新覺羅慧生]은 1938년, 황제 푸이[溥儀]의 동생 푸지에[溥傑]와 히로[浩, 사가 공작가 출신(嵯峨侯爵家出身)]의 장녀로 탄생하였다. 그러나 만주국의 붕괴와 함께 일가는 흩어졌다. 후이셩[慧生]은 도쿄[東京]에서 종전을 맞이했지만 아버지는 소련 억류 후 중국에서 장기 수감되었다. 어머니와 여동생 후셩[嫮生]은 전화(戰火)의 대륙에서 도피행을 되풀이하다가 1947년 가까스로 일본으로 갔다.

가족 3명은 어머니 쪽의 사가게[嵯峨家]에 살았고 후이셩[慧生]은 가쿠슈인[學習院]에서 수학했다. 재기 발랄하고 감성이 풍부한 소녀로 성장했다. 고등학교 2학년 때 저우언라이[周恩來] 총리에게 직소하여 옥중의 아버지와 교류의 길을 열었다. 철학서를 좋아하고 또 청조 역사에도 몰두하였다. 중국어 스승 우수[伍淑], 일가인 청조왕족의 푸루[溥儒], 징지아[景嘉] 등과의 교류로 얻은 감화가 있었던 것인가. 청조의 혈통을 자각하였지만 반면, 자기 출신에서는 지울 수 없는 만주국의 그림자가 있었기 때문에 괴로워하기도 하였다. 그녀는 남당(南唐) 최후의 국왕사인(國王詞人) 리허우쥬[李後主, 李煜]의 '낭도사(浪淘沙)'를 애송하였다. 이는 송의 수도에서 유폐 중일 때의 작품으로 이렇게 끝맺는다. '유수락화귀거야 천상인간[流水落花歸去也天上人間]' 눈[眠] 앞의 물은 흐르고, 꽃은 지고, 우리 나라는 멸망했다. 천상계와 세상의 경계처럼 손이 닿지 않는 저쪽으로. 망국. 잃었기 때문에 순화되어 미와 격조를 얻는 애사(哀詞)에 후이셩[慧生]은 침잠했다.

대학에 진학하여 재능이 더욱더 연마되었다. 학업이나 학업 외 활동 및 교우와도 발랄하고 질서 있는 생활을 보냈다. 사회적 시야도 넓어지고 황실과도 교류하였다. 그러나 1957년 말, 느닷없이 상황은 뒤바뀌었다. 급우 오쿠보 다케미치[大久保武道]와 행방불명이 되었고, 12월 4일, 아마기산[天城山]에서 권총에 의해 사망하였다. 당시의 신문이나 잡지, 후일의 여러 책에 사인에 대한 논의가 많이 게재되었으나 여전히 의문 그 자체이다. 12월 1일 오전에 오쿠보[大久保] 앞으로 보낸 서한에 죽음의 기색이 전혀 없었다. 또 실종시에 기입이 끝난 12월 예정표가 남겨졌고, 자기 방에는 내년의 포부를 기입한 완성된 분량의 연하장도 쌓여 있었다. 다만 1일 저녁 지유가오카[自由ヶ丘]에서 권총을 소유하고 자살 의지를 알린 오쿠보[大久保]를 설득하여 총을 몰수하였다. 4일 오전에는 모든 왕복서한을 소포로 오쿠보[大久保]의 어머니 앞으로 우송하였다. 동시에 오쿠보[大久保]의 사감 호즈미 고이치[穗積五一] 앞으로 그녀의 유서처럼 된 편지를 보냈다. 더욱이 양자는 저금을 전액 인출하였다. 어떻든 1일 밤부터의 이변이다. 그렇다고 해도 불가해한 낙차가 남는다. 사감 앞으로 간 편지지 5장의 편지는 미묘한 경위로 유족의 손에서 그녀의 관에 넣어 태워버렸다. 읽은 자의 기억은 유서설과 절박한 상담 내용으로 나뉘기도 하였다.

여기서 궁극적으로는 수수께끼로 하면서도 좀 더 추측을 시도해 보자. 그녀는 극한까지 동행하면서 상대방의 마음을 바꾸기 위해 계속 설득한 것인가. 이 추리는 당초부터 이미 나와 있었다. 친구에게 동정이나 애정이 깊은데다가 온실에서 길러진 꽃인 영양(令孃)이어서 현실 감각이 어둡다는 점 등도 지적되었다. 각기 납득할 만 한 것이지만 나는 그녀가 자랐던 어떠한 류의 내적으로 순화된 힘의 장소에서 온 파란(波瀾)을 하나 더 덧붙이고 싶다. 그것은 망국 청조가 되는 그 단절의 시공 때문에, 보다 이념화, 규범화, 윤리화된 마음의 힘이 불러들인 위기인 것일까. 이미 총으로 자살할 염려가 농후한 친구에게 필요한 것은 가족이나 다른 긴급한 개입이었을 것이다. 그렇지만 4일간 생사를 맹렬히 다툰 후 그녀의 마음에 생긴 것은 어떤 장절(壯絶)한 사명감이었을까. 구제력(救濟力)을 갖춘 과거의 왕에게 감응된 것처럼, 구해야 한다, 구할 수 있다는 어떠한 정신적 비약이 있었던 것인가.

산속은 어두웠다. 그 어둠의 길에서 그녀는 멍해졌다. 자기를 관리해 온, 이제까지의 질서 있는 생활 감정과 죽음의 구렁에서 격하게 일어선 폭발적인 위력을 조정(調停)하지 않았기 때문에 고귀한 착각이 그녀를 삼켜 버렸다.

4. 애도의 이야기를 잣다

1945년, 베이징에서 시엔즈[顯玗]가 체포되었다. 1947년에 사형 판결이 내려지고, 다음 해 3월에 처형되었다. 옥중의 그녀는 포로된 일본사람들을 조기 석방시키기 위해 배려하는 등 고결한 모습을 보였다. 청조 왕녀의 운명 이야기를 완결하는 것처럼 자기를 관리하였다.

왕조의 붕괴가 만든 그림자의 시공이나 정신사적인 힘의 장(場) 등은 보기 힘든 영역이다. 그것은 마치 왕조를 보내는 애도의 행위라고도 할 수 있을까. 정화된 청조의 정신세계에 자기 귀속을 예측하면서도 사생의 위기에서 자기를 끝까지 관리하지 못한 후이셩[慧生]의 모습. 그것은 멸망한 왕조의 운명에 비밀리에 소환된 것처럼 비쳐졌다. 형태는 대극적이면서도 양자는 각양으로 망국의 상실을 살았다고 말할 수 있다.

사망한 후부터 오늘날까지, 그녀들은 가끔 상기되어 활자화되어 왔다. 어느 종류의 전승(傳承)으로 살기 시작하는 것처럼도 보인다. 거기에는 음화적(陰畫的)으로 구만주국에 관련된 모든 과제가 얽혀있다. 그렇지만 나는 그것을 생각하는 것도 청조 말기, 붕괴기, 후일사(後日史)라는 보다 긴 시간 축이 필요하다고 생각한다.

마지막으로 어느 후일담을 곁들이면, 시엔즈[顯玗]는 베이징에서 화장되었고 유골은 승려 후루카와 다이코시[古川大航師]에 의해 일본으로 보내져 마쓰모토시[松本市]의 쇼린지[正鱗寺]에 납입되었다. 묘비의 이면에 후루카와시[古川師]의 영시(詠詩)가 기입되어 이렇게 끝맺고 있다. '용잠유송하 영웅미료혼(龍潛幽松下英雄未了魂)' 왕족의 혈통은 소나무 아래에 숨어있고 영웅은 아직 그 뜻을 이루지 않았다.

후이셩[慧生]은 미시마[三島]에서 화장되었고 유골은 요코하마[橫浜]로 돌아왔다. 나중에 어머니와 함께 베이징으로 옮겨 조상의 춘[醇]친왕가(親王家)의 묘지에 묻히기를 원하였지만 문화대혁명으로 이루어지지 못했고, 사가게[嵯峨家] 대대의 묘지인 교토 사가노[京都嵯峨野]의 니손인[二尊院]에 납입되었다. 분골은 베이징에서 부모가 제사 지냈지만 어머니 사후, 1987년 그 일부가 어머니의 분골과 함께 시모노세키[下關]의 나카야마진자[中山神社] 부지에 건립된 아이신줘에루오사[愛新覺羅社]에 납입되었다. 아버지 푸지에[溥傑]도 사후 그 유골의 절반이 당사에 납입되었다. 또 나머지 절반과, 베이징 자택에 있었던 히로[浩]부인과 후이셩[慧生]의 분골은 1994년 3월, 특별 허가된 군용기로 여동생 후셩[嫮生]에 의해 산포되었다. 베이징의 북서쪽에 있는 춘 친왕가[醇親王家]터인 미아오펑산[妙峰山]상공에서 흰 장미의 화판과 함께 흩날려졌다.

부언하면, 아오모리현 하치노헤시[青森縣八戸市]의 오쿠보게[大久保家]의 보다이지[菩提寺]에는 후이셩[慧生]과 다케미치[武道]의 유발(遺髮)과 손톱을 납입한 묘가 있다. 아마기산[天城山] 비극의 현장은 지표의 일부가 회흑색의 작은 장방형의 석면(石面)으로 되어 있다. 묻혀진 석주(石柱)의 두부(頭部) 평면으로 외관은 지면 이상으로 부풀어 오르지 않았다. 수년 전에 방문했을 때는 오래된 작은 선향(線香)이 세워져 있는 것을 찾아서 겨우 위치를 확인 할 수 있었다. 문자 등의 기호는 전혀 없었다. 여러 가지를 전체적으로 포괄하여 선택된 형태일 것이다. 침묵하는 지면은 조용하게 응축된 기도를 보여주고 있다.

나
에
게

만
주
란

아이의 눈

기자키 사토코[1]

소녀시절부터 '만주'라는 단어를 보거나 듣거나 하는 것만으로 거대한 암흑이 계속 눈앞에 펼쳐지는 것 같은 느낌이 있었다.

깊고 끝없는 암흑.

그러나 그 암흑 속에 희미하게 떠오르는 세계는 캄캄한 것만은 아니었다. 한여름의 태양에 비추어진 황색의 빛나는 큰 해바라기. 새파란 하늘과 접하는 지평선 위를 걷는 검은 아기 돼지. 건조하고 넓은 길. 죽을 병으로 누워 있어도 생긋 웃어주던 어머니의 옛 모습.

너무나 어린 그 기억에 이어진 5, 6세 때 기억의 광경이 나의 내부에 '만주의 암흑'을 형성하는 것이었다.

갑자기, 어른들의 상황이 변하고 긴장과 어수선함으로 치달았다. 경계

---

1 木崎さと子, 1939년생. 소설가. 저서로『蘇りの森』(文芸春秋社),『夢の記憶』(岩波書店)이 있다.

경보가 울려 퍼지자 잠자고 있는 나를 깨워 방공호로 데리고 들어갔다.

바로 그 날이 1945년 8월 9일, 소련이 참전한 날이라는 것을 안 것은 머리가 굵어진 후로, 무조건 '소개(疏開)'라지만 당시는 이유도 모르고 작은 손을 끌린 채 아무런 준비도 없이 걸친 옷만으로 도망하였다. 소개지에서 패전을 알았지만 어린아이여서 상황의 중대함을 이해하지 못한 채 또 손을 끌린 채 원래의 집으로 돌아왔다.

어느 날 갑자기 소련군이 신을 신은 채 집으로 덮쳐와 닥치는 대로 집 안의 물건을 빼앗아 갔고, 그 후 몇 번이나 그런 일이 반복되었다. 벽으로 이어져 있었던 전기시계의 코드를 잡아 빼고 나의 초등학교 입학을 기다리는 빨간 가방을 함께 가지고 가 버렸던 것이 아이의 눈에는 선명하였다. 밤중에 잠이 깨거나 하면 베갯머리를 진흙투성이의 군화가 걷고 있을 때도 있었고 부엌의 높은 창문에 소련 병사가 바깥쪽에서 달라붙어 '열어'라고 지역 특유의 발음으로 일본어를 외친 적도 있었다.

소련 병사에게 일본인이 살해당한 이야기는 어린아이 귀에도 항상 들려왔고, 우리 집에서는 아무런 저항도 없었는데도 아버지에게 총이 들이대어졌지만 결국 소련 병사는 사라졌고 그 다음은 중국인 '폭민'(이라고 어른들은 불렀다)이 등장하였다. 밤중에 일본인 집을 습격하여서 물품을 빼앗았다. 일본인은 하다못해 가위로 딱따기를 치면서 야간순찰을 돌았는데 아버지가 귀로(歸路)에 습격을 당했다. 우리 집에 도둑이 들어와 문 뒤에 숨어 있었는데 아버지가 돌아오니까 나무로 때리고 공격했던 것이다.

미간에 피를 흘리고 빈사 상태로 호송되던 아버지의 모습은 6세가 된 나에게는 심각한 충격이었다. 심야여서 나는 벌써 잠들어 있었지만 소음에 깨어 화장실에 가려고 비틀비틀 일어났을 때 그 모습을 목격하였기 때문이기도 하였을 것이다. 이 충격은 그때까지의 소련 병사에 대한 공포와 뒤죽박죽이 되어 그 후의 생애를 관철할 만큼 어둔 밤의 기억, 악몽이 되어 버렸다. 어머니는 돌아가셨고 아무도 나의 공포 같은 것을 돌아볼 여유가 없었다.

그때쯤부터 신징[新京]은 중국 내전의 전장이 되었다. 내가 들어갈 초등학교는 주둔했던 중앙군이 불태워 버렸다. 그래도 입학식은 진행되어 불탄 자리의 벽돌 마루에 바로 앉아서 합판의 화판을 목에 달아매고 교과서도 없이 글자를 배웠다. 그러나 머지않아 우리 집 주위에 총탄이 난비하게 되어 학급도 폐쇄되었다. 중앙군과 팔로군이 번갈아 진주할 때마다 의지할 곳이 없는 일본인들은 합판으로 '개선문'을 새로 만들어 호신을 위한 '환영'을 하였다.

그리고 드디어 '귀환'날이 와서 우리는 긴 여행 뒤, 일본으로 돌아갔다. 어른들에게는 '귀국'이지만 만주에 태어나 자란 아이들에게 그것을 귀국이라고 부르는 것이 어떤지…… 거기에서 나는 내부적으로 뿌리내려야 할 고향을 찾는 여행을 시작하게 됐다. 사라져 버린 환상의 '만주'를 대신할 참다운 고향을 추구하는 것이 나의 인생의 주제가 되었다.

어른이 되고 나서 오래 동안 프랑스에서 산적도 있어서 '국가'는 무엇인가라는 생각을 계속 하면서 중국 '만주'의 흔적을 몇 차례나 방문하기도 했다. 나의 아버지는 당시 아직 젊은 과학자로서 군과는 아무런 관계도 없었지만 일본인인 이상 나도 침략자의 아이었다. 중국 동북으로 처음 여행을 떠날 때에는 마치 저승길이라도 떠나는 것 같이 긴장되고 흥분되었다. 아직 모든 중국인이 인민복을 입고 있는 시대였지만 이미 '만주'는 관광자원이 될 가능성을 염두에 두고 취급되었기에, 구만주에 관여한 일본인으로서의 염려와 뒤가 구려 헛물켜는 느낌이었다.

몇 번째에는 '잔류고아'라고 불리는 사람들이 북한 국경을 방문하기도 하였다. '만주'관련 사료를 뒤지고 취재도 하여 어린 눈에 비쳐졌던 내용을 열심히 증거로 수집하였다. 소설도 썼다. 동북출신의 중국인 친구도 남녀노소를 불문하고 몇 명이나 생겼고 '괴뢰 만주국(傷滿)'시대에 대해 솔직하게 토론하여 이성적으로는 '만주'를 나름대로 이해한 것 같은 생각이 되었다.

그러나 그 거대한 암흑은 사라지지 않았다. 죽는 날까지 사라지지 않을 것이다. 그것은 아이의 눈에 붙잡힌 삶의 암흑 그 자체이므로.

전신주와 바람과 남자 1

베쓰야쿠 미노루[1]

  '무대에는 전신주 하나, 그 이외는 아무것도 없다.' 나는 나의 희곡을
그렇게 시작한 것이 많다. 물론 따로 벤치가 있거나 포스트가 있거나 하
겠지만 장면의 핵이 되는 것은 철저히 전신주였다.

  언젠가 이 점에 대해서 "이것은 작가가 자란 만주의 풍경에서 온 것이
다"라고 쓴 극평가가 있어서 '그렇구나' 하고 생각하였다. 나 자신이 궁
핍한 극단에 있어서 무대에 돈을 들이지 않는 것으로 고안해 낸 것이지
만 반복해서 그것에 집착한 것이 그런 이유일지도 모른다고 생각했다.

  보이는 것은 온통 황야, 또는 고량 밭 속에 길게 외줄기로 뻗어 그것을
지탱하는 전신주 하나 그리고 또 하나, 이어지는 풍경은 분명히 만주에
서는 낯익은 것이다. 만약 거기에 전신주가 없다면 사람들은 분명히 그
풍경에 어떻게 대응하면 좋을지 몰랐을 것이다.

---

1 別役實, 1937년생. 극작가. 저서로 『にしむくさむらい』, 『淋しいおさかな』(三一書房)이 있다.

그리고 바람이다. 강풍이 부는 날에는 전선이 '붕, 붕'하고 울려 풍경이 풍경으로 신음하고 있는 것 같은 정취가 있다. '전신주와 바람'이라고 하면, 이전에 나는 '전신주'라고 써 넣을 때마다 자주 '바람이 불고 있다'고 주문을 붙였지만 최근에는 그렇게 하지 않는다.

무대에서의 바람은 소리로 만들지만 일본에서의 바람이 원래 그런 탓인지 그것은 '어딘가 저쪽에서 부는 바람'으로밖에 들리지 않는다. 만주에서 전선을 신음케 하는 것은 이른바 '땅을 돈다'고 하는 바람인데, 만약 그렇다면 소리만으로는 어떻게도 표현이 힘들기도 한다.

그러나 '전신주와 바람'도 그렇지만 내가 어떻게 할 수도 없는 '만주 태생'인 것을 증명하는 것은 실은 등장인물을 모두 '남자 1', '여자 1'이라고 하여 이름을 붙이지 않는 것이 아닐까라고 내 자신은 생각하였다. 말할 것도 없이 '남자 1', '여자 1'이라는 것은 '기타 많은 사람'으로 불리는 등장인물에 붙인 기호이기 때문에 출연자들에게는 평판이 좋지 않았다.

그럼에도 불구하고 나는 등장인물에게 '스즈키[鈴木]', '사토[佐藤]', '야마다[山田]', '가와카미[川上]' 등 일본에서 흔한 이름을 붙이는 것에는 기묘한 저항감을 느꼈다. 외국인 이름에서는 그다지 느껴지지 않지만 일본인 이름에 그런 뉘앙스가 있는 지도 모른다. 그 이름으로 등장시키면 거기에 있는 독립된 다른 물체라기보다 풍경 속에 절반은 매몰된 것 같은 분명치 않은 악감을 가져버리게 된다.

물론 '그 어딘가가 만주이다'라고 하면 다소 기가 꺾일 수밖에 없지만 나에게는 어쩐지 그것이 전신주와 마찬가지로 만주라는 풍경 속에서 인간을 확인하기 위한 방법인 것 같은 생각이 든다. 풍경과 인간과의 관계를 기묘하게 말하는 방법인지도 모르지만 '메말라 있다'는 것이다.

나는 1946년 7세 때 집단 귀환으로 당시 '내지'라고 불린 일본으로 귀국 했지만 거기가 고온다습의 고지(高知)인 탓인지, 우선 그 '습기'에 대해 겁에 질려 떨었다. 거기에 있었던 것은 '흙'이 아니고 '진흙'이며 무엇보다 그곳을 맨발로 밟고 들어가는 것에 거의 공포를 느꼈다고 말해도 좋다.

그러한 자연이 인간에게 친숙해지는 방법, 인간이 자연에게 친숙해지는 방법이 심상치 않음을 눈치 채었는데 극단적으로 말하면 거기에서 인간의 존엄이 모독되어진 것이 아닐까라는 불안을 느꼈던 것이다. 다소 신경불안증적인 반응이지만 이러한 점에서 볼 때 '스즈키[鈴村]', '사토[佐藤]', '야마다[山田]', '가와카미[川上]'라는 이름의 존재가 거기에 무의식적으로 매몰되어 있는 것 같이 보였다고 하더라도 이상하지 않은 것은 틀림없다. 연극 공간에 라이브 출연으로 난데없이 나오는 것에는 필요 이상의 것을 미분화(未分化)시켜 너무 끌고 있는 것 같은 느낌이 있다.

나의 아버지는 '마적이 될 작전으로'(라고 어머니가 절반 농담으로 얼버무려서 자주 말했다) 만주에 건너가 거기서 만주국 총무청의 관리가 되었다. 홍보처라는 오늘날의 정보국 같은 곳에서 일을 하였는데 1944년 종전 직전에 폐결핵으로 사망하였다. 아버지는 결코 '마적 타입'이 아니었지만 그 '좁은 일본에는 살기 싫증난다'라는 '마적의 노래'를 동경하여 만주로 건너갔다고 하는 것을 나는 반쯤 믿고 있다. 그리고 뜻밖에도 관리가 되어 버렸다고 하는 경위도 이해할 수 있다.

그러나 그것도 아버지의 이름으로가 아니라 '남자 1'로서 인 것이다. 만주의 광대함은 모두를 '남자 1'이나 '여자 1'로 해서 일본과는 다른 문체로 그것을 설명해 주는 무엇인가 있다. 아무래도 나는 그 문체로 나의 희곡을 다루는 것 같다.

원망과 온기의 추억

장신펑[1]

　'만주(滿州)'는 중국에서 '괴뢰 만주[僞滿州]'라고 불리는데, '만주(滿州)' 라는 말을 볼 때마다 기억 속에서 여러 가지 광경이 떠오른다. 내가 태어 난 도시 창춘[長春]은 '괴뢰 만주[僞滿州]'의 시대 '신징[新京]'이라고 불린 도 시였다. 내가 어렸을 때 다녔던 유치원은 '괴뢰 만주[僞滿州]'의 '신징신사 [新京神社]'였다. 1996년 여름 방학 창춘[長春]에 귀성했을 때 나는 일본 친 구의 부탁으로 이 유치원을 안내하였다. 나에게 이곳은 35년 만에 방문 하는 추억이 담긴 장소이다.

　유치원의 녹색 정문을 들어가 삼십여 년 전의 풍경이 눈앞에 펼쳐질 것을 생각하니 그리운 기분이 들어 엉겁결에 발걸음이 서둘러졌다. 큰 길로 향한 사원 같은 건물이 본관으로 우리 교실이었다. 오른쪽에 있는

1　張鑫鳳, 일본문학, 불교. 저서로 『中国医師の娘が見た文革』(藤原書店)이 있다.

또 한 채의 사원은 침실과 목욕탕이었다. 멀리서 문 앞 4개의 붉은 기둥이 보이고 건물 뒤 인공 산 위의 버드나무도 보였다. 그 산 아래에는 터널이 있고 나와 친구는 거기서 숨바꼭질을 하였다.

그런 생각에 잠겨 있을 때 "일본인은 들어오지 마십시오"라는 소리가 들려 제정신으로 돌아왔다. 소리의 주인은 원장이었다. 그날은 8월 6일로 일본에서는 당시 수상이 야스쿠니신사[靖國神社]를 참배했던 직후였다. "나는 일본인이 아니라 이 유치원의 졸업생입니다. 그리워서요." 나는 단념하지 않고 말하였다. "그렇지만 일본인과 동반하였으니까." 원장도 곤란한 안색으로 말을 얼버무렸다.

유치원을 떠날 때 다시 한 번 그 녹색 철문을 뒤돌아보고 구만주 시절에는 전차가 '신징신사[新京神社]' 앞으로 통과할 때마다 전차 속의 사람들이 일어서서 그것을 향해 요배(遙拜)하지 않으면 안 되었던 것, 매월 8일 '고아호코비[興亞奉公日]'라고 불리는 날에 일본인 중학생이나 초등학생들은 '신징신사[新京神社]'에 전쟁 승리를 기원하러 갔던 것 등 어머니에게 들었던 이야기를 상기하자 기억 속의 아름다운 동화의 세계는 갑자기 무거운 암운으로 뒤덮여지는 것 같았다. 이 유치원 가까이에 성리공원[勝利公園]('만주(滿州)'시대의 '고다마공원[兒玉公園]')이 있는데 어머니가 젊었을 때 이 공원 잔디밭에 비스듬히 누어 명랑한 얼굴로 렌즈를 바라보는 사진이 지금도 남아 있다. 어머니의 친구인 일본 여성이 찍었던 것이다.

'괴뢰 만주[僞滿州]'시대, 어머니는 7년 동안 타이피스트로 '만영(滿映)'에 근무하였다. 어머니는 만영 최초의 중국인 여성 타이피스트였다. 단한 명의 중국인 타이피스트였던 어머니는 일본 여성 타이피스트에게 경원(敬遠)되고 경멸시 되었다. 단체 사진을 찍을 때 어머니와 일본인 타이피스트 사이에는 늘 한 명분의 공간이 비어 있었다. 그것을 눈치 챈 어머니의 친구는 사진을 찍을 때 어머니 곁에 섰다. 집에 있는 사진 중 일본인과 관계있는 것은 문화대혁명시대에 전부 불태웠다. 어머니는 그리운 듯이 점심시간 때 그 친구와 함께 도시락을 먹었던 것, 두 사람이 같이 여러 가지 꿈을 서로 이야기한 것 등을 자주 말해 주었다.

나는 늘 불태워진 사진 중 어머니와 일본인 여성 타이피스트 사이에 들어간 일본 여성의 모습을 응시하였다. '만주(滿州)', 역사에 남겨진 국가와 국가의 큰 틈바구니에 양국 사람들 간의 간격은 한 사람, 한 사람 살아 있는 인간에 의해 메워졌던 것은 아닐까라고 생각하였다.

'괴뢰 만주(僞滿州)'국 시기 아버지는 일본인이 경영하는 병원에서 일한 경험이 있어서 문화대혁명시대에 일본 스파이로 규탄 되었다. 뇌리에 새겨져 있는 장면이 있다. 아버지는 큰 무대 위에서 허리를 구부린 채 일어서 있었다. 큰 플래카드를 목에 걸었고, 그 플래카드에는 '자본주의의 반동학술권위', '일본 스파이' 등의 함부로 갈겨쓴 글씨가 새까맣고 크게 쓰여 있었다. 그 후 아버지의 자살미수, 가족 전원이 살아남은 것이 불가사의할 만큼의 빈곤, 농촌으로의 하방(下放). '만주(滿州)'야말로 우리 가족에게 재난의 씨를 뿌렸던 장소였다.

1984년 10월. 올림픽 승리를 축하하는 열기 속에서 올림픽 선수를 위한 치료를 마치고 베이징[北京]에서 창춘[長春]집으로 돌아온 아버지는 과로로 병상에 누운 채 영원히 눈을 감았다. 곁에는 한 대의 전기 치료기가 있었는데, 이는 선수들의 병 치료에 썼던 것이다. 그것은 패전 후 일본인 의사가 귀국할 때 아버지에게 남겨 준 것이었다. 40년 의사생활 중 아버지는 언제나 그것을 개조하여 서양의학의 지식과 조상으로부터 대대로 전해 온 한방의학을 활용하여 베이징[北京]에서 벽촌의 농촌까지 중앙지도부의 간부에서 농민까지 무수한 난병을 치료해 셀 수 없는 사람을 죽음의 깊은 수렁에서 구해 내었다.

이 전기치료기는 아버지의 40년 의사 생애와 함께 '만주(滿州)', 창춘[長春], 베이징[北京], 로스엔젤레스. 모든 것을 짓밟고 간 것 같은 시대의 거대한 발소리 하에서 여러 가지 이데올로기적인 시대의 드라마를 꿰뚫고 몰래 한 곡의 '치병구인(治病救人,병을 치료하여 사람을 구하는)'의 멜로디를 연주하였다.

'만주(滿州)'는 나에게 무엇인가. 민족의 치욕과 원망, 가족과 개인의 고통과 괴로움이 새겨진 땅이다. 그러나 그것은 또한 양친과 일본 친구, 다른 나라, 다른 민족 사람들과의 불가사의한 만남, 자상한 인간의 온기가 많이 남겨진 장소이기도 하다.

전족된 발

하네다 스미코[1]

내가 태어난 곳은 따리엔. 4살 때 교사인 아버지의 전근으로 미에현 쓰시[三重縣津市]로 이동했지만 초등학교 5학년 때 다시 아버지의 전근으로 뤼순에서 살게 되었다. 뤼순과 따리엔은 40킬로미터 정도밖에 떨어지지 않았다. 요동반도의 이 토지는 러일전쟁 결과 중국에서 조차한 관동주의 도시로 만주국은 아니었지만 당시 일본인 의식에는 같은 땅으로 잇닿아 있어 만주와 일체감으로 인식되었다.

어머니 쪽의 육친은 만철 관계자가 많았고 모두 따리엔이나 하얼삔에 있었기 때문에 드디어 집으로 돌아가는 기분이었다. 따리엔 항구에 도착하여 배의 갑판에 나오자 11월의 바람이 차가왔다. 거기서 본 부두에서 우선 나의 눈에 들어온 것은 크고 무거운 짐을 어깨에 맨 중국인 쿨리

---

1 羽田澄子, 1926년생. 기록영화작가. 저서로 『映画と私』(晶文社), 『早池峰の賦』(平凡社)가 있다.

[苦力]가 등을 굽히고 묵묵히 검은 행렬을 만들어 짐을 운반하는 광경이었다. 후의 일이지만 따리엔에서 태어나 따리엔에서 자란 친구가 도쿄[東京]의 학교 기숙사에서 함께 있었을 때 "일본에는 일본인이 인부나 막노동을 하고 있어서 깜짝 놀랐다"라고 말했다. 식민지의 주인공에게 육체노동을 하는 것은 당연히 중국인이고 일본인이 아니었던 것이다.

뤼순은 녹음이 짙은 아름다운 도시였다. 작은 도시지만 관동주청(뒤에 따리엔으로 이전), 뤼순공대, 뤼순고등학교[舊制], 사범학교, 전 만주에 하나만 기숙사가 있는 중학교, 여학교 등이 있는 학원 도시라 여학교 시절의 친구는 대부분이 만주 오지의 사람들이었다. 살고 있는 일본인은 관리자나 학교 선생님, 회사원, 상점 주인이라는 사람들로 모두 우아한 생활을 하였다. 중국인 가운데는 일본인이 상상도 못할 만큼의 큰 부자들도 있었지만 남의 밑에서 고생하며 노동하는 일은 어쨌든 중국인의 몫이었다.

집에는 매일 중국인 가게에서 주문을 받으러 사람이 왔다. "사모님 오늘 무엇이 필요합니까?" 일주일에 한 번 농가의 아줌마가 빨래를 하러 왔다. 아줌마는 전족(纏足)을 하고 있었다. 이 당시 만주 여자는 모두 전족을 하였다. 기껏해야 10여 센티 정도 밖에 안 되는 발이 어른 몸을 지탱하고 있었다. 허리를 흔들고 장단을 맞추면서 걷고 있는 여자들을 보고 동심에 도대체 어떤 발이 되어 있을까라고 생각하였다. 여학교 1학년 쯤 당시 병원 통원이 많았던 나는 어느 날 구급침대에 누워 있는 중국 여자 환자를 만났다. 드러낸 맨발이 이쪽을 향하고 있었다. 중국 여자는 절대로 발에 감고 있는 천을 빼지 않는다고 말했지만 여기는 병원이다. 나는 내 눈에 보인 그 발을 보고 숨을 죽였다. 나무 그루터기같이 딱딱하고 단단하고 큰 발뒤꿈치. 그러나 나머지 발가락은 엄지발가락을 두고 세게 안쪽으로 구부러져 있고 발바닥에는 어린이처럼 작은 4개의 발가락이 거꾸로 늘어서서 죄어들어 있었다. 발 형태는 정확하게 삼각형이 되어 있고 발뒤꿈치와는 대조적으로 유아같이 하얗고 부드러운 살결이었다. 이러한 발이니까 여자들은 발뒤꿈치만으로 그렇게 걷는 방법을 쓰지 않으면 안 되었던 것이다. 무언가 보면 안 될 것을 본 것 같은 느낌이 들어 나는 급히 그 장소를 떠났다.

일본인은 중국인을 경시하는 것을 당연하게 생각하여 모두 그러한 태도를 취하였다. 나는 한 번 중국인 인력꾼에게 소리치면서 발로 차고 있는 일본인을 보고 놀랐던 적이 있다. 그때 인력꾼은 팔을 머리 위로 가릴 뿐 아무런 저항도 하지 않고 쪼그려 앉아 있었다. 나는 일본 남자가 부끄러웠다. 이런 장면을 한 번밖에 보지 않았지만 어쩌면 비슷한 일이 많이 있었던 것은 아닐까.

초등학교 5학년부터 여학교 2학년까지 학교에서는 중국어 시간이 있었다. 마음먹으면 중국어를 배우는 절호의 환경에 있었지만 그런 의식을 가진 적이 없었다. 교류하는 것은 일본인뿐이고 생활은 모두 일본어로 이루어졌다. 중국인도 일본어로 말해 주었다. 원래 어학을 싫어하는 나는 중국어도 시험 때만 암기하고 바로 잊어버리는 상태였다.

태평양전쟁의 패전을 따리엔에서 맞이하였다. 만주에서 일본 지배는 한 순간에 붕괴되었다. 일본인과 중국인의 공수(攻守) 위치가 바뀐 것이다. 소련군의 진주, 그리고 중국인에 의한 시정부의 수립, 일본인의 주택접수 등 여러 가지 있었다. 그래도 따리엔은 만주 본토와 달리 20여 만 명의 일본인이 그대로 살고 있었고 일본인 사회가 남아 있었다. 1946년

제1차 귀환이 시작되었을 때 나는 잔류의 길을 선택하였다. 내가 좋아하는 풍토, 그리운 토지를 떠나고 싶지 않았기 때문이다. 1947년 봄 제1차 귀환을 마쳤다. 20여 만 명의 일본인은 7,000여 명이 되었다. 한산한 거리를 걸으면서 나는 거리의 표정이 완전히 변한 것을 알 수 있었다. 당연한 것이지만 거리를 걷고 있어도 일본인을 만날 수 없고 중국인은 일본어를 사용하지 않게 되었다. 따리엔은 완전히 중국이 되었던 것이다. 그런 것은 생각으로는 처음부터 알고 있었던 것이다. 나는 점차로 가슴 깊은 곳에서 여기는 중국이라는 것을 느꼈다. 다음 해 1948년 여름 귀환하여 나는 일본으로 돌아왔다. 22세였다. 나에게 만주는 아득한 먼 곳이 되었다.

공생하는 마음속 깊은 두 개의 문화

왕인[1]

나는 따리엔에서 태어나고 자라서 어렸을 때부터 일본식 교육을 받아 일본 문화에 대해 그다지 위화감을 가질 것도 없이 길러졌다. 한편으로는 중국 고전과 사상 책을 가까이하여 거기서도 큰 영향을 받고 있었다. 아버지는 교육에 열정적이어서 당시 중국보다 약간 앞서 있다고 생각되는 일본 교육을 받아들이면서도 아이들에게 항상 '중국인인 것을 잊지 말라'고 계속 말하였던 것이다. 일본의 패전까지 나는 아버지의 진위를 잘 몰랐다. 어린 내가 '오족협화'를 이해했던 것도 아니고 단지 주위 친구들(일본인)과 자연스럽게 융합하여 차별이란 것을 느낀 적이 없었기 때문이다. 생활환경이 각별히 악화된 징후도 없이 맞이한 1945년이었지만 관동군의 움직임은 황망하고 B29의 폭격도 있어서 세상은

---

1 王仁, 1927년생. 중국 일본우호협회이사.

어수선하였다고 한다. 소년들을 군수공장에서 근로 봉사를 시켰던 것도 전시하에서는 당연한 것이라고 받아들였다. 이제까지와는 다르다고 느낀 것은 친구 집에 초대를 받았을 때, 생각 탓인지 가족의 모습에서 명랑함이 부족해 보이는 정도였다. 아버지는 어느 관계자로부터 정보를 듣고 있었다고 나중에 알려주었지만, 우리 같은 소년의 피부에도 일본 패전의 예감이 전해졌다.

그때쯤 아버지가 계속 말씀하셨던 것을 음미하고 있었지만 내 자신의 가치관은 크게 흔들리고 있었다. 어떤 모순도 느끼지 않고 두 개의 문화가 혼재한 생활에 만족하고 있었던 자신의 세계가 하루아침에 뒤바뀌어 서서히 만주의 일본인이 우리 중국인과는 격절된 형태로 자기들의 행복을 추구하고 있었던 것을 알게 되었기 때문이다. 고민 끝에 인민해방군에 참가하는 것으로 국가와 인민에게 봉사하는 길을 선택하였다. 그 후 일본어 지식을 평가 받아 중일우호사업에 참가할 기회를 얻었고 후일 영사로서 삿포로[札幌]에 주재하는 등 일본 문화에 다시 접근하게 되었다.

내가 일본 문화에 흥미를 가지게 된 계기는 '수(數)'였다. 어렸을 때 일본인 친구가 '구구단'을 외우고 있는 것을 보고 '중국을 모방하고 있다'고 말하면 '너야말로 일본인을 모방하고 있다'고 반발하여 싸웠던 적이 있다. 중국에서는 오래 전부터 '소구구'(시아오 지우지우)라는 것이 있어 일본의 '구구단'과 같은 방법으로 수를 외웠던 것이다. 살펴보아도 역시 내가 옳았다. 일본의 '구구단'은 중국에서 전해 준 것이다. 그때 아버지가 '수 때문에 일본인과 싸우는 것이 좋지 않다'고 타이르면서 1부터 9까지의 숫자로 중국과 일본 문화의 차이를 가르쳐 주셨다. '구구'를 하는 김에 '구(九)'를 예를 들면 중국에서 '구'는 좋은 숫자이지만 일본에서는 좋지 않다고 한다. 성스러운 짐승으로(聖獸)로 '구룡(九龍)'이 있고 황제는 '구룡천자(九龍天子)'라고 한다. 춘절의 길상 그림에 있는 연근은 '아홉 구멍'이 있기 때문에 운이 좋다고 한다. 그렇지만 일본에서는 '구'를 귀히 여기지 않는다. '구'는 '궁(窮)'이라든가 '구(究)'든가 또는 '고(苦)'로 통하여 시야가 좁아졌다. 아버지는 숫자에 따라 다른 중·일 세계관과 인생관의 차이점을 상세하게 말해 주셨던 것이다. 그때부터 나는 더욱더 '수'의 마력에 끌려 일본 문화에 깊이 빠져들게 되었다.

시대상은 당시 그곳에 있었던 사람밖에 말할 수 없다. 일본 지배하의 만주에서 태어나 해방전쟁에 참가하고 중일우호작업에 관여하면서 건국 후의 동북지역의 변화를 빠짐없이 보아 온 나에게 그 땅은 특별한 의미를 지닌다. '만주는 키메라'라고 갈파한 학자가 있었다고 들었지만 일본의 만주 경영은 패전의 결과론으로서가 아니라 처음부터 실패했다고 생각한다. 괴뢰국가 만주에서 일본이 실효적으로 지배하고 있었던 것은 만철연선과 그 주변에 불과하고 한 걸음 들어가면 그 일대는 모두 공산 게릴라나 농민 빨치산(일본인은 그들을 비적 혹은 마적이라고 불렀다)의 세계로 아무리 시간이 걸려도 현지 사람들의 지원을 받고 조직된 그들을 지배하는 것 등은 불가능했던 것이 아닐까.

나에게 만주는 중국인 아이덴티티를 강하게 의식케 만든 장소였다. 그와 동시에 내 마음 속 깊이 두 개의 '문화 공생'을 가능케 한 토지였다. '그때는 좋았다'고 당시의 모두를 긍정적으로 붙들고 발언하는 많은 일본인의 소리가 결코 기분 좋게 울리는 것은 아니다. 다만, 변함없는 소년시절의 우정을 계속 보여준 친구들의 존재가 '문화 공생'의 중요성을 확실한 형태로 증명하여 '일의대수(一衣帶水)²라는 말을 문제 삼을 필요 없이 상호 이해의 길을 암시하고 있다고 생각한다.

---

2 일의대수는 옷의 띠와 같은 물이라는 뜻으로, 좁은 강, 해협(海峽), 또는 그와 같은 강을 사이에 두고 가까이 접해 있음을 이르는 말이다.

따리엔과 나를 엮어 놓은 운명의 실

김수봉[1]

우리 가족이 따리엔으로 건너갔던 그날부터 나의 운명은 결정되어 있었는지도 모른다. 내가 7세 때는 만주(滿州)나 중국 화북지방(華北地方)에서는 항일의 분위기가 짙게 감돌고 있었던 시기였다.

내가 초등학교에 입학한 후 여동생들도 잇달아 학교에 입학하여 일본인 교육을 받았다. 생활도 서울의 것과는 전혀 다른 것이었다. 우리 집의 창씨개명은 내가 학교에 다니기 전부터 되어 있었고 학교 명부에도 일본명으로 기입되어 있었다.

어린아이들은 바뀐 환경에 바로 정들어 적응도 빨랐다. 가정에서의 회화는 어느새 일본어로 바뀌어 있었다. 아버지나 어머니의 조선어 교육과는 관계없이 우리들 자식의 모국어 기구(機構)가 일본어 패턴이 되

---

1 金壽奉, 1930년생. 일본어 어휘론. 저서로『日本語詞学教程』(上海駅文社)가 있다.

따리엔의 중국인 거리 풍경

어 있었던 것이다. 아버지가 조선어로 말을 걸면 우리의 대답은 반드시 일본어였다.

　서울의 변두리에서 자랐기 때문인지 따리엔의 모든 것, 특히 중국인의 풍물, 생활양식 등이 아주 신기하였다. 우리 집은 일본인 주택지에 있었지만 큰길을 사이에 둔 건너편은 중국인 거리였다. 중국인 신부를 맞이하는 혼례 행렬이나 출관하는 장의의 장사 행렬이 우리 집 앞을 지나갔다. 자주 2층 창문에서 물끄러미 보았다. 호기심이 강한 나는 혼자서 자주 중국인 거리에 구경을 갔다. 거기에서 보는 것 듣는 것 모두가 진귀하였고 이상하게 마음이 끌리는 느낌이었다. 빨간 벽돌 검은 벽돌로 만든 낮은 건물 벽에는 팔자모양으로 난 콧수염의 인단 광고나 대학

안약, 미원 광고가 걸려 있었다. 상점 앞에 빨간 천으로 만든 '찜통' 같은 것이 매달린 곳은 음식점, 고약같이 된 판자를 매달고 있는 곳은 약국이라는 것을 알 수 있었다. 영화관도 있었는데 그 앞 광장에서는 형형색색의 음식을 팔고 있었다. 음식에서 나는 기름 냄새가 코를 찌르고 먼지가 가득했지만 중국인 아이들은 입 안 가득 물고 맛있게 먹고 있었다. 겨울 추위가 심한 날에는 길모퉁이에서 동사한 사체를 보고 도망쳐 돌아간 적도 있었는데, 어른들은 죽은 그를 아편중독자라고 말하면서 웃었다.

음력 연말이 되면 설빔 물건을 사려는 사람으로 중국인 거리는 더욱 번화해졌다. 조상들을 제사지내기 위한 빨간 초와 굵은 선향(線香), 경극(京劇) 그림, 아이들 그림 등의 '연화(年畵)' 등 거리 전체가 화려하게 느껴졌다. 그믐날 밤은 제야의 종이 울릴 때까지 북, 동라, 심벌즈 등으로 둥둥땡땡 울리며 폭죽을 터트렸다. 조선인 가정도 구정을 중시하였기 때문에 중국인과 마찬가지로 즐겁게 지냈다. 그러나 우리 집은 신정도 마찬가지로 축하하였다. 중국의 자연 풍물과 생활 풍속을 관찰하고 체험해서 중국 문화를 조금씩 이해하게 된 것은 이후 나의 인생에 크게 영향을 주었던 것 같다.

태평양전쟁이 절망적인 단계로 들어간 해에 중학교에 진학했지만 군사훈련, 근로 동원 등으로 공부 쪽은 소홀하기 쉬웠다. 사회의 생활물자도 부족하였다. 이 시기 당국은 중국인을 관동주인, 만주인, 중국인(당시는 지나인라고 했다)이라는 식으로 나누어서 배급을 했었던 것 같다. 이것은 종전 후 중국인 친구에게 들었던 이야기다. 당시 내가 있었던 반에는 중국인 동창생이 5명 정도 있었지만 그들도 이러한 차별을 받았는지 모른다.

원폭과 소련군의 대일 선전으로 정세가 급변하였다. 관동군의 파멸로 기민이 된 일본인 개척민이 포화 가운데서 가까스로 요동반도 쪽으로 피난해 왔다. 그리고 쇼와 천황[昭和天皇]의 무조건항복 수락 방송이 있었다. 신의 보호를 받은 일본국은 전쟁에서 패한 적이 없다고 가르침을 받았던 나는 이 패전의 의미를 바로 이해할 수 없었다. 학교가 폐교되어 비로소 일본의 패전이 사실이라고 납득했지만 어떻게 해도 말로는 표현할 수 없는 감정이 솟구쳐 오르는 것을 느꼈다. 일본의 패전과 함께 '오족협화', '왕도낙토'를 약속한 만주국도 붕괴하여 그 황제도 관동군의 괴뢰로 끝났다. 다만 동시에 우리 집 식구도 '국적을 빼앗긴' 무국적의 낭인이 되어 만주의 황야로 쫓겨났다. 소련 병사의 진입을 막기 위해 현관문에 붙인 한국의 깃발만이 한국인인 것을 표명하였다. 동심으로 그렸던 나의 무지개 꿈 등은 생각할 여유도 없었다. 그리고 일본인이 귀환하였다. 신세를 진 여러 동창생이 따리엔에서 없어졌고 완전히 따돌림을 당하는 심경이 되었다. 친구들이 남겨준 연락처의 주소만이 마음속에 의지가 되었던 것이었다.

그때부터 반세기라는 세월이 흘러 부모도 고인이 되었고, 우리 형제도 중국 국적으로 되어 중국인과 마찬가지로 남들만큼의 생활을 해 왔다. 그동안 대약진, 인민공사, 반우파투쟁, 문화대혁명이라는 정치운동을 거쳐 수많은 경험을 하고 얻은 것도 많았다. 어린 시절 중국인의 생활 습관이나 풍습을 관찰해 온 것이 중국인으로서의 생활에 녹아 들어가는 것에 도움이 되었다. 현재 형제간에 나누는 회화는 중국어 하나뿐이다. 여동생들도 일본어를 거의 잊어버렸다.

따리엔에서의 65년의 생활은 우여곡절이 있었지만 그 덕분에 시세(時

勢)를 냉정하게 보고 매사를 객관시하는 여유를 가질 수 있게 되었다. 지난 72년의 나의 인생을 회상하면, 암연(暗然, 흐리고 어두움)하지만 더없이 사랑스런 따리엔과 나를 연결한 불가사의한 운명의 실을 의식하게 된다.

연 도	내 용
1840(天保 11)	아편전쟁 발발
1842(天保 13)	난징조약(청, 5개 항구 개항, 홍콩을 영국에 할양)
1851(嘉永 4)	태평천국의 난
1853(嘉永 6)	페리 내항 / 크림전쟁
1854(安政 元)	일미화친조약(1855 러일통호조약)
1856(安政 3)	애로우 전쟁발발(영불 대청침략전쟁)
1858(安政 5)	영, 인도의 직접통치 개시 / 영 · 불 · 미 · 러 4개국, 청과 티엔진조약 / 일미수호통상 조약 / 아이훈조약(러 · 청 간)
1860(萬延 元)	베이징조약(지우룽반도의 일부를 영국에게 할양 / 러, 엔하지죠우 획득)
1864(元治 元)	영 · 불 · 미 · 네덜란드 4개국 함대 시모노세키 포격
1868(明治 元)	메이지유신
1871(明治 4)	미, 통상을 구하는 강화도요새 점령 / 청일수호조규
1874(明治 7)	일본, 대만 출병
1875(明治 8)	사할린[樺太], 지시마[千島]교환조약 / 강화도사건
1876(明治 9)	조일수호조규
1879(明治 12)	류큐 처분
1882(明治 15)	임오사변
1884(明治 17)	갑오사변 / 청불전쟁 발발 / 러, 조선과 국교수립
1885(明治 18)	티엔진조약(청, 베트남 종주권방기. 불, 보호국화)
1887(明治 20)	불령 인도지나 연방 성립
1891(明治 24)	오쓰[大津]사건 / 러, 시베리아 철도 건설 개시
1894(明治 27)	조선동학운동 / 청일전쟁 발발
1895(明治 28)	시모노세키조약(청, 일본에게 요동반도, 대만, 펑호도 할양) / 삼국간섭 (요동반도 반환)

연 도	내　　　용
1898(明治 31)	러, 뤼순, 따리엔조차, 동청철도선(하얼삔-뤼순-따리엔)의 시설권 획득 / 독, 지아오 죠우완 조차 / 영, 웨이하이웨이 조차
1899(明治 32)	미, 대청문호개방선언 / 불, 광죠우완 조차
1900(明治 33)	의화단의 운동(러 · 일을 주력으로 하는 8개국 연합군 출병)
1901(明治 34)	베이징의정서(청, 열국에 다액의 배상금과 군대 베이징 주둔 승인) / 동청철도 개통
1902(明治 35)	시베리아 철도 블라디보스톡-하바로프스크간 개통, 동청철도 하얼삔-만죠우리 간 개통 / 일 · 영 동맹
1903(明治 36)	동청철도 하얼삔-뤼순간 개통 및 잉커우 지선 개통
1904(明治 37)	러일전쟁 발발 / 한 · 일의정서(한국 내에서의 일본군 행동자유 획득) / 제1차 한일협약(일본정부 추천자를 재정 외교고문에)
1905(明治 38)	포츠모스조약(한국보호권, 동청철도의 챵춘이남과 부속이권, 남사할린, 요동반도의 조차획득) / 제2차 한일협약(외교권 장악하여 한국을 보호국화, 통감부설치, 초대통 감 이토히로부미) / 히비야 소타사건 / 가쓰라 · 하리만 간의 남만주철도경영에 관한 각서 성립(후 일본 측이 파기)
1906(明治 39)	남만주철도주식회사설립(초대 총재, 고토 신페이) / 관동도독부를 뤼순에 설치(도독 으로 육군장관을 임명)
1907(明治 40)	헤이그 밀사사건 / 제3차 한일협약(한국 군해산, 내정권 장악) / 제1차 러일협약(비밀 협정에 의해 일본의 남만주, 러시아의 북만주 이익범위, 일본의 한국, 러시아의 외몽 골의 특수이익을 상호 승인)
1909(明治 42)	일본, 청국간의 간도협약(청국, 조선의 국경 확정, 간도지역 조선인 반일운동의 단속 등) / 이토 히로부미, 안중근에 의해 하얼삔에서 암살됨 / 미, 만주철도의 중립화를 제 의(후에 러 · 일 양국거부)
1910(明治 43)	일본, 한국병합(한국의 명칭은 폐지하고 조선으로, 조선총독부 설치, 초대총감 데라 우치(寺內正毅))
1911(明治 44)	신해혁명 / 일본, 관세자주권 회복 / 몽골독립선언
1912(大正 元)	청조멸망, 중화민국 성립 / 제3차 러일협약(신해혁명, 외몽골의 독립문제를 계기로 러 · 일 세력범위의 분할선을 내외몽의 경계선까지로 연장하고 내몽골을 새롭게 동 서로 분할)
1913(大正 2)	몽골 · 티베트조약(상호독립승인) / 몽골자치(중국주권)에 관한 러 · 중 선언
1914(大正 3)	제1차 세계대전 발발 / 일본, 청도 점령
1915(大正 4)	일본, 대화 21개조 요구(관동주조차권을 99년간 연장) / 러 · 중 · 몽, 카흐타협정(외몽 골, 중국종주권하의 자치국으로)
1916(大正 5)	위엔스카이 사망(이후 군벌정권) / 제4차 러일협약(중국에서 제3국에 대한 군사동맹)
1917(大正 6)	러시아혁명 / 이시이 · 란싱협정 / 소비에트 정권 수립
1918(大正 7)	시베리아 출병
1919(大正 8)	3.1독립운동 / 관동도독부를 개조, 관동청과 관동군설치 / 5.4운동 / 중, 몽골에 자치 를 철폐

연 도	내 용
1920(大正 9)	국제연맹 발족
1921(大正 10)	중국 광둥군 정부 성립 / 상하이에서 중국공산당 성립
1922(大正 11)	쑨원, 북벌개시 / 쟝쭤오린, 동삼성독립선언 / 워싱턴해군군비제한조약 / 9개국조약 (중국에 대하여 미국의 주장이 통해 일본의 권익은 후퇴)
1924(大正 13)	제1차 국공합작 / 몽골인민공화국독립선언
1925(大正 14)	쑨원 죽음, 지앙지에스, 북벌 개시 / 5·30사건(상하이에서 노동자의 반제국주의 운동)
1926(昭和 元)	쟝쭤오린, 베이징에서 군정부를 조직하여 대원수로
1927(昭和 2)	일본, 제1차 산뚱출병 / 일본, 동방회의(만몽분리책, 국민당지원의 방침 결정) / 지앙지에스의 쿠데타, 제1차 국공합작붕괴 / 마오저똥, 홍군에 의한 무장해방구 투쟁 개시
1928(昭和 3)	국민당정부 북벌 재개 / 일본, 제2차 산뚱출병 / 쟝쭤오린 폭살사건 / 쟝쉬에량, 국민 정부에 합류 / 파리부전조약 / 이시하라 간지, 관동군 참모로
1929(昭和 4)	세계대공황시작
1930(昭和 5)	간도 5·30봉기(간도주재 조선인공산주의자의 봉기)
1931(昭和 6)	리우티아오후사건 / 관동군, 펑티엔, 치치하얼 점령
1932(昭和 7)	관동군, 하얼삔 점령 / 만주국 건국선언 / 리튼조사단 내만 / 일·만의 정서
1933(昭和 8)	관동군, 샨하이 점령, 러허성 침공 / 일본, 국제연맹 탈퇴 / 정전협정
1934(昭和 9)	만주국제제실시(황제 푸이)
1935(昭和 10)	일·만·소, 북만철도(중동철도)양도협정
1936(昭和 11)	일독방공협정 / 시안사건(쟝쉬에량에 의해 지앙지에스 감금, 죠우언라이 설득)
1937(昭和 12)	루꺼우치아오사건 / 제2차 국공합작 / 국민정부, 충칭[重慶]천도
1938(昭和 13)	제1차 고노 성명(일·중 국교단절) / 제2차 고노성명(동아신질서성명)
1939(昭和 14)	노몬한에서 외몽골군과 만주국군 충돌(일·소 양군의 전투로 발전) / 독, 폴란드 침공 (제2차 세계대전발발)
1940(昭和 15)	일·독·이 3국 군사동맹
1941(昭和 16)	일소중립조약 / 일본, 진주만공격(대영미전쟁발발)
1944(昭和 19)	안샨, 펑티엔, 따리엔에 미군 B29 처음 내습
1945(昭和 20)	소련, 대일선전포고 / 중소우호동맹조약, 만주철도, 뤼순, 따리엔에 관한 협정 / 일본, 무조건 항복 / 미·소, 조선반도 남북 분할 / 만주국 황제 푸이 퇴위
1946(昭和 21)	국민당정부, 몽골인민공화국 승인 / 소련군, 중국 동북에서 철퇴 / 국공내전 본격화
1947(昭和 23)	대한민국 성립 / 조선민주주의인민공화국 성립
1949(昭和 25)	중화인민공화국 성립

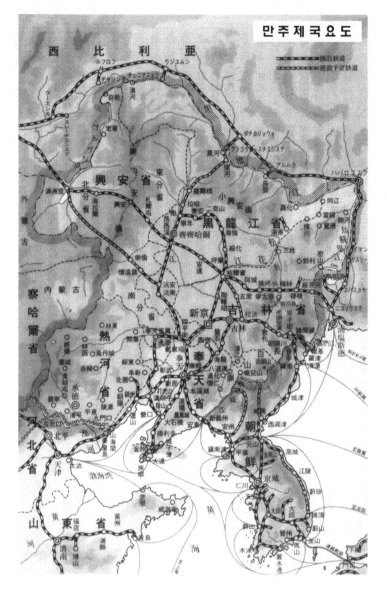

만주국 지도
전전의 군사엽서에 묘사된 것을 복원(太平洋戰爭硏究會 編, 『圖說 滿洲帝國』, 河出書房新社, 5면)

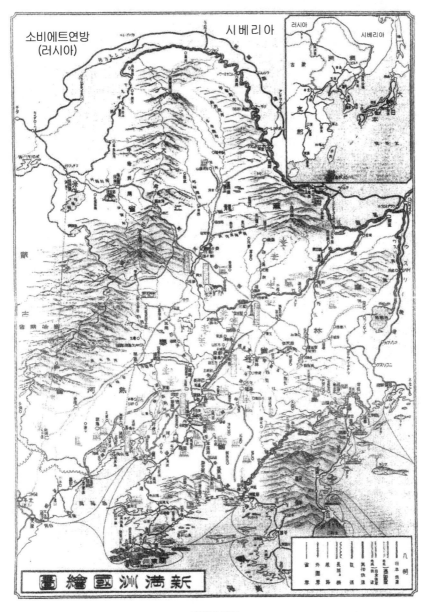

만주국 지도
『新滿洲國寫眞大觀』, 大日本雄弁會講談社, 1932年

2007년 벚꽃이 아름다운 비처럼 흩날리는 어느 따스한 봄날, 자전거를 타고 여유롭게 일본의 미야자키 역사 유적지를 돌아다니다가 들렀던 서점에서 『만주란 무엇이었는가』라는 책을 마주 대하게 되었다.

만주에 대해 학문적으로 관심을 갖고 연구하기 시작하면서 만주사변 발발 이래 중일전쟁 기간 동안 조선인과 중국인의 항일투쟁, 국공내전 기간 국민당과 공산당의 만주장악 경쟁, 한·중·일의 간도라는 영토문제를 둘러싼 갈등 등, 주로 만주지역에서 일어난 굵직하고 중요한 국내외적 갈등문제와 해결과정을 연구하는데 많은 시간을 할애하였다. 이는 청 말에서 중화인민공화국이 성립되기 이전까지 만주 지역에서 발생한 주요한 사건이면서 역사적 의미가 깊은 내용들이다.

이상의 역사적 사실은 중국사 그 자체에서도 역사적 의미가 큰 것이지만 동아시아 모든 국가가 관심을 가졌던 만주의 공간성을 적나라하게 드러낸 것이기도 하다. 시간적으로도 한·중·일 뿐만 아니라 러시아(소련)가 만주 지역에서 활동하던 역사적 시간성도 포함하기 때문이다.

동아시아 여러 국가의 활동무대이자 국제적 분쟁지였던 만주는 무엇이며, '나'(한반도)와 '너'(각기 중국, 일본 혹은 러시아 등) 그리고 '우리'(동아시아)에게 만주는 어떠한 의미가 있는가에 대해 많은 고민을 하였다.

물론 나는 만주라는 지역의 지정학적, 전략적, 교통적, 경제적 중요성을 익히 알고 있기에 이 지역에서 벌어지는 국내외적 갈등 문제 이해에 관심을 가지면서도 만주가 무엇이며 어떻게 이해해야 좀 더 명쾌하게 설명할 수 있을 것인가 하는 것은 영원한 숙제였다.

그런 와중에 만난 『만주란 무엇이었는가』라는 책은 나름대로 나에게 많은 도움이 되었던 것이다. 이 책은 역사 속에서 만주가 어떤 지역이었으며 어떠한 일들이 있었는가에 대해 포괄적으로 검토한 만주 길잡이서라고 해도 과언이 아니기 때문이다. 만주의 의미에서부터 시작하여 만주를 둘러싼 중국 · 일본 · 러시아 · 몽골 · 한국 등 다양한 국가들이 만주와 어떻게 관련지어져 있는가에 대해서도 검토하였으며 만주가 역사 속에서 어떤 의미를 지녔는지에 대해 규명하였다.

이 책은 단순히 만주에 대한 역사적인 관심뿐만 아니라 건축, 영화, 사진, 의학, 문학 등에 표출된 만주 및 만주국상을 그렸으며, 개인과 집단의 만주관을 적절히 규명하여 만주의 다양한 면모를 보여 주었다. 만주를 연구하는 전문가들의 만주 관련 연구논문과 회고록까지도 포괄한다는 점에서 만주의 다양한 면모를 살펴볼 수 있는 특징이 있다. 그런 점에서 이 책은 만주에 관한 '뷔페'라고도 할 수 있다.

세계적으로 만주 연구가 많은 국가 중의 하나인 일본에서도 이 책이 만주를 종합적으로 바라본 최초의 저서이다. 비록 수미일관된 체계는 없어 보일지 몰라도 카멜레온 같은 성질이 있는 만주의 다양한 면모를 보여주기에는, 엉성해 보이는 듯하면서도 '여백의 미'를 지니고 있어서 다채로운 만주의 면모를 이해하는 데 도움이 된다.

이 책을 처음 접할 때는 간단하게 일본이 그리는 만주상 정도를 파악하는 것으로 생각하였으나 각종 학문 분야의 전문적인 내용 하나 하나에 대해 정확하게 이해하기가 쉽지 않았다. 따라서 내 스스로가 일본어를 복습할 겸 이타노 미에[板野美江] 선생님과 틈 날 때마다 일본어를 읽으면서 문장 해석도 하고 내용에 대해 토론도 하였다.

그러다 보니 2008년 1년이라는 시간이 지나가 버렸고, 2009년 중반이 되어서야 대략 한글 수정본이 정리되었다. 가볍게 내용 파악 정도로 책을 읽기 시작하였으나, 나 혼자서만 보기는 아쉬운 점이 있어 동학 및 일반 독자들과 더불어 만주에 대한 관심을 나누고 싶어서 출판하기에 이르렀다.

다양한 저자들이 글을 쓴 것이어서 글을 쓰는 스타일이나 표현 방식에서 많은 차이가 있어 전체적으로 통일하기 쉽지 않았다. 따라서 교정을 위해 걸린 시간이 무척 길었다.

아무리 수정해도 끊임없이 튀어 나오는 어색한 표현을 잡는 데는, '세계가 논의한 만주'를 연구하기 위해 하버드대학에 나와 1년간 연구하고 있는 이 시간까지도 손을 대야 할 정도였다.

　이 책은 원래 『環―역사, 환경, 문명』(10호, 2002.7, 藤原書店)이라는 잡지에서 만주를 총체적으로 조명하기 위해 구상한 것이었다. 독자들의 성원과 주문이 쏟아져서 잡지가 매진되어도 계속 주문 요청이 있게 되자 그 성원에 힘입어 책으로 묶어서 2006년 11월 30일에 출간하게 된 것이다. 책을 출간하면서 일부 학자들은 조금 수정을 가하기도 하였지만 대체적으로는 기존의 내용을 유지하였다.

　이 책은 기본적으로 일본의 만주상을 다룬 것이지만, 한국에서 만주 및 만주국을 이해하는데도 유용하다. 이 책이 만주와 불가분의 역사를 지니고 있는 한국에서 과연 만주가 어떤 의미였는가를 이해하는데 많은 시사점을 던져 주길 바란다. 우리가 바라보는 만주는 무엇이며 역사속의 만주, 그리고 현재와 미래의 만주가 우리와 어떤 관계가 있는가를 좀 더 심도 있게 바라보는 책이 향후 출간될 수 있기를 기대해 본다.

　원서에 일부 그림과 사진 그리고 지도 등이 곁들어 있어서 내용 이해에 도움을 주었지만, 한국 독자들의 이해를 돕기 위해 번역본에서는 더욱 다양한 참고 자료를 첨부하였다. 오랫동안 만주관련 자료를 모아 오신 소명출판 사장님이 좋은 책을 만들려는 열의로 귀중한 자료를 선뜻 내어 주신 것에 대해 특별히 감사드린다. 일반 독자들이 접하기 어려운 만주 관련 사진을 이 책을 통해 볼 수 있는 것은 사장님의 학문적 열의와 독자를 배려하는 차원에서 나온 것이다. 그 덕분에 역자도 귀한 역사 자료를 손으로 만져 볼 수 있었던 것에 대해 감사드린다.

많은 시간을 동고동락하며 이 책을 같이 읽고 토론했던 이타노 미에 선생님, 늘 건강하시길 바란다. 그리고 이 책이 소명출판에서 출판될 수 있도록 흔쾌히 주선해 주시고 조언해 주신 원광대 김재용 교수님께 감사드린다. 분주한 회사 생활 속에서도 못난 선생을 도와주고 윤문과 조언을 아끼지 않은 서영실 포항공대 졸업생에게 고마움을 전한다.

교육과 연구에 눈코 뜰 새 없이 바쁜 와중에도 이 책을 전반적으로 윤문해 주신 강원대 김창호 교수님께 특별히 감사드린다. 문학적 표현력이 부족한 역자의 부끄러움을 중국문학전공자이신 김창호 교수님께서 꼼꼼하게 검토해 주셔서 해당 논문의 문학적 표현이 적절하게 수정되어 독자와 만날 수 있게 되었다.

또한 '몽골에게 만주란' 논문에 등장하는 수많은 몽골 관련 인명이나 지명에 대해서는 몽골사 전공자이신 외국어대 이평래 교수님께서 특별히 검토해 주셨다. 고려대 유수정 교수님은 '역사속의 만주상'이라는 논문에 대해 의견을 주셨다.

최종 수정을 위해 일본어를 재검토할 때는 하버드 옌칭연구소에서 연구 중이던 다수의 일본인 학자들에게 도움을 받았다. 번역서 전반에 걸쳐 좀 더 한글다운 표현을 바로 잡기 위해 이화여대 국문과 박사과정생이자 하버드 옌칭연구소의 펠로우인 안예리 선생님이 신경 써 주셨다.

원서에도 없었던 많은 사진 자료를 재정리해서 멋진 책으로 편집해 주신 소명출판 편집부 여러분께 감사드린다. 이 책이 부끄럼 없이 한국 독자들을 만날 수 있었던 것은 다 이 분들의 노고 덕분이다.

마지막으로 내가 무엇을 하든 언제나 아낌없이 조언해 주시고 기도해 주시는 부모님과 형제자매들, 나의 '예쁜 왕자들'을 보살펴 주시면서 온갖 궂은일을 도맡아 해 주시는 시모님, 내가 기쁠 때나 슬플 때나 언제 어디서나 든든한 친구이자 동반자이며, 위로자이자 후원자가 되어주는 사랑하는 남편께 감사의 말씀을 드린다.

2012년 5월
하버드 옌칭연구소에서 박선영

/ 찾아보기 /